U0840153

山西大同大学基金资助

A Study on Some Semantic Problems of Chinese

汉语词义问题研究

裴瑞玲　王跟国◎著

光明日报出版社

图书在版编目（CIP）数据

汉语词义问题研究 / 裴瑞玲，王跟国著．-- 北京：光明日报出版社，2013.5

ISBN 978-7-5112-4592-2

Ⅰ．①汉… Ⅱ．①裴…②王… Ⅲ．①汉语—词义学—研究 Ⅳ．①H13

中国版本图书馆 CIP 数据核字（2013）第 086805 号

汉语词义问题研究

著　　者：裴瑞玲　王跟国

出 版 人：朱　庆　　终 审 人：孙献涛

责任编辑：曹美娜　　责任校对：张明明

封面设计：中联学林　　责任印制：曹　净

出版发行：光明日报出版社

地　　址：北京市东城区珠市口东大街 5 号，100062

电　　话：010-67078248（咨询），67078870（发行），67078235（邮购）

传　　真：010-67078227，67078255

网　　址：http://book.gmw.cn

E-mail：gmcbs@gmw.cn　caomeina@gmw.cn

法律顾问：北京市洪范广住律师事务所徐波律师

印　　刷：北京天正元印务有限公司

装　　订：北京天正元印务有限公司

本书如有破损、缺页、装订错误，请与本社联系调换

开　　本：710×1000 毫米　1/16

字　　数：330 千字　　印　　张：17.5

版　　次：2013 年 5 月第 1 版　　印　　次：2013 年 5 月第 1 次印刷

书　　号：ISBN 978-7-5112-4592-2

定　　价：52.00 元

前　言

我国汉语词义研究的历史已经很悠久了,词义研究涉及的问题较广,本书选取其中一些问题加以研究。

研究汉语词义的传统学科是训诂学,新兴学科又有词汇学和语义学,它们的研究对象都涉及词义,各自又有侧重。关于这些学科的概论性著作我们时有所见,但是许多著作的研究内容显示出人们对这些学科的研究对象和研究范围存在分歧,时常让我们感到困惑,感到无所适从。它们的交叉之处究竟在哪里?区别又在何处?这是值得探讨的。前人虽有论及,常常只是泛泛而谈,似少详细剖析。即使泛论时各家观点也常有相左,笔者试图对这个问题进行初步探索。

有些问题是语言学界的老问题,至今尚有分歧,可是又是我们研究词义时不能避开的问题。比如:联绵词、叠音词的性质问题。像这样的问题,笔者认为,我们不能逃避,能剖析到什么程度就到什么程度,有什么见解就提什么见解,这样有利于问题研究的深入进行,只有这样才有可能有一天在新的理论支撑下有新的突破。一些问题虽是常谈话题,可是从不同角度来谈,各有千秋,各有利弊,有时难免有失偏颇,使人难窥全貌,如词义的类型、词义的变化等问题。笔者综合各家观点,融入自己的看法,力求全面剖析,让读者能够多切面、多角度地看待问题。对于有的常见问题,学界分歧颇大,如探求词义方法、释义的方式,笔者在前贤的基础上按照自己的理解进行梳理,力图有所创见,希望能够抛砖引玉。

在编撰本书的过程中我们虽力求竭尽心力而为,但由于时间仓促、学识水平有限,本书仍难免存在错漏之处,敬请大家批评指正。

作者

2012 年 11 月

目　录
CONTENTS

第一章

词义的类型

人类社会是一个以劳动为基础人类相互交往、共同活动形成的各种关系的有机系统。社会中的人不可避免地有着各种各样的联系，频繁地进行着各种各样的交际活动。人类进行交际的工具有语言、文字、体态语、旗语、电报号码、红绿灯、数学符号、化学公式等等。其中，语言是人类最重要的交际工具，也是人类进行思维的工具。

语言是人类在生产劳动过程中产生的，是一种音义结合的符号系统。语音是语言符号的物质形式，所表达的意思就是语言符号的内容。文字是记录语言的书写符号，也是人类进行交际的一种重要交际工具。通过语言进行交际虽然便捷，但是也有缺点。首先，它受时间、空间的限制，某时某地的语言一发即逝，如果没有科学技术手段的介入不能"传于异地，留于异时"。其次，聋哑人由于自身生理的缺陷也不能通过语言与人进行交流。而文字的产生突破了时空的限制，克服了以上所述用语言进行交际的一些缺点，具有不受时空限制的优点，成为人类进行交际的一种很重要的辅助工具。文字是形、音、义的结合体。人类的任何一种语言，都应当而且可以有一种与之科学地对应起来的文字。文字是在语言的基础上产生的，是"言之记"，并且随着语言的发展在不断演变。

词是语言中最小的能够自由运用的语言单位。词是属于语言系统的，是音和义的结合体。语音是它的物质形式，词义是它的内容。词义和词的语音形式结合在一起表示事物或现象。如："人"这个词的词义就是和 rén 这个语音形式结合在一起来表示人这种能制造工具并且使用工具的高级动物的。我们不能将词和字混为一谈，要将它们区别开来。字属于书写符号系统，是形、音、义的结合体，有形、有音、有义，它的外在形式是字形，是用"形"通过"音"来表达"义"的。如："人"这个词就是用我们看得到的这个形体来表示的。词可以用字来表示，字表示的不一定是词。词有单音词（一个音节的词）和复音词（两个或两个以上音节的词)。古代汉语中单音词占优势,现代汉语中,复音词占优势,主要是双音词(两个音节组成的词)。词有时用一个字来表示,有时用多个字来表示。汉字记录汉语的情况可分为三种:(1)对于单音节词来说,一个字记录的就是一个词,字义就是词义。如:“天”、“地”、“人”、“马”等。(2)对于合成词来说,一个字记录的是一个语素,字义是语素义。如:“人民”中的“人”和“民”,“群众”中的“群”和“众”。(3)对于单纯词来说,一个字记录的是一个音节,字没有意义。如:“咖啡”中的“咖”和“啡”,“葡萄”中的“葡”和“萄”,“阿莫西林”中的“阿”、“莫”、“西”、“林”。

关于词义类型,有不同的学说和分类方法。我们依据不同的分类标准,从多个角度来看词义类型。

一、从词的指称功能和组合功能看词义

(一)词汇意义

词的词汇意义是“人们对现实现象的反映以及由此带来的人们对现实现象的主观评价”(叶蜚声、徐通锵 1997:128)。词汇意义包括词的理性意义和色彩意义。

1. 理性意义

理性意义,也称概念义,是人们对词语所指称对象的概括性认识,是反映客观对象本质属性的意义。它是词汇意义的核心,以现实现象为基础,不涉及人们的主观态度。大多数词与现实现象(包括客观存在的现象和存在于人们思想中的现象)有着指称和被指称的关系,尤其是实词大都有特定的指称对象,包括:事物、动作、行为、形态、特征、数量等。如:

表:计时的器具,一般指比钟表小而可以随身携带的。

裹:(用纸、布或其他片状物)缠绕、包扎。

猎狗:受过训练,能帮人打猎的狗。

乱:没有秩序、没有条理。

酱:豆、麦发酵后,加上盐做成的糊状调味品。

理性意义对现实现象的反映是一种抽象的、概括的反映。它的作用是对现实想象加以分类,将有共同特点的现象归类、命名,与其他现象区别开来。如:“人”这个词的意义摒弃了现实中人的性别、年龄、相貌、高低、职业、品格等种种差异,只概括所有人共同具有的一些特征,将人和其他动物区别开来。理性意义的这种概括性将纷繁、复杂的事物简单化,将具体、特殊的东西抽象化。

2. 色彩意义

有的词除了理性意义之外，还有附属意义，我们称之为色彩意义。

(1)语体色彩

在实际生活中，根据不同的语言环境来有效地进行语言交流，不仅涉及所要表达的内容，而且也涉及语言本身，包括语言材料及其表达手段、组合方式等等的准确选择。人们在各种社会活动领域中，针对不同对象、不同环境，使用语言进行交际时形成了常用词汇、句式结构、修辞手段等一系列运用语言的特点，这就是语体风格。根据语体风格的异同划分出来的语言的类别就是语体。语体一般情况下分为口语语体和书面语体两大类，其中口头语体包括谈话语体和演讲语体，书面语体又分为文艺语体、科技语体、政论语体、公文语体。

词也有语体色彩，这是由词经常出现的语体久而久之赋予它的风格特点。口语词通俗易懂、生动活泼、平易朴素，如："邋遢"、"小气"、"缺德"、"逗"、"啥"等；书面语词庄重典雅，如："是否"、"联袂"、"如何"、"会晤"、"巨大"等。意义相同而语体色彩不同的词语，所用的语体或场合不同，有的多用于口语中，有的多用于书面语；有的多用于庄重的场合，有的只用于日常生活中。如："爸爸"、"好看"、"快"、"东西"等常用在口语中，"父亲"、"美丽"、"迅速"、"物品"等常用于书面语中，"在"可以用在口语中，也可以用在书面语中，而"于"一般只用在书面语中。不同语体色彩的词一般情况下被应用于相应的语体中，如："旖旎"、"荡漾"、"摇曳"、"捕捉"、"肃杀"、"盛开"、"含苞"等常用于文艺语体，"参量"、"原子"、"茎"、"形态"、"分贝"等常用于科技语体，"体制"、"法人"、"受益人"、"诉讼"等常用于政论语体，"此致"、"兹"、"当事人"、"拟"、"批示"、"该"等常用于公文语体。但是这也并不是绝对的。有些专用词语只适用于某一种语体；一些通用词语则可以用于多种语体中，如"反对"、"争取"、"选择"、"公开"等。有时为了追求某种特定的表达效果，语体色彩明显的词偶尔也会跨语体使用。比如，毛主席在延安干部会上发表的讲演《反对党八股》："我们每天要洗脸，许多人并且不止洗一次，洗完之后还要调查研究一番，生怕有什么不妥的地方。"例中的"调查研究"本来带有书面语色彩，这儿用在对待日常生活中洗脸这样的事情，就有了诙谐的效果，听众听到这里也就被主席的幽默风趣逗得哈哈大笑。

(2)感情色彩

感情色彩指词义中所反映的主体对客观对象的情感倾向、态度、评价等。对于同样的现实现象，人们的主观态度可能不同。对于所喜爱的事物总是用赞扬、肯定的态度去谈论它，也就是“褒”。带有褒扬、喜爱、肯定、尊敬等感情的词语就是褒义词，如：伟大、英俊、优雅、活泼、聪明、能干、勤劳、善良、坚强、独立、智慧、豁达、开朗、乐观、热心、孝顺、妩媚、温柔、贤惠、才干等。对于所厌恶的事物总是用鄙视、贬斥、否定的态度去谈论它，也就是“贬”。带有贬斥、厌恶、否定、鄙视等感情的词语就叫贬义词，如：猥琐、奸诈、歹毒、丑陋、愚笨、阴险、白痴、变态、呆板、土气、无能、懒惰、庸才、废物、下贱、俗气等。不体现情感倾向、意义不含褒贬色彩的词是中性词，如：天、地、山、水、谈论、保护、结果、害怕等。

在特定的语言环境中，词的感情色彩还可以发生变化。有时为了起到讽刺或幽默的效果，人们将词贬义褒用或褒义贬用，来改变感情色彩。这时，词义的感情色彩是通过语境或修辞手法体现出来的。如：鲁迅《记念刘和珍君》：“当三个女子从容地辗转于文明人所发明的枪弹的攒射中的时候，这是怎样的一个惊心动魄的伟大啊！中国军人的屠戮妇婴的伟绩，八国联军的惩创学生的武功，不幸全被这几缕血痕抹杀了。”其中“伟大”的含义是卑鄙无耻之极，“伟绩”、“武功”实际上是指“罪行”、“罪恶”，三个褒义词都是反其意而用之，化褒为贬，增强了讽刺意味。再如：现代汉语中的“学究”一般指不谙世事、死啃书本的迂腐读书人，是贬义词，如孙建清《拒读十种散文》：“散文写得太迂、太学究，看着就累。”可是鲁迅先生《准风月谈·我们是怎样教育儿童的？》：“中国要作家，要‘文豪’，但也要真正的学究。”中的“学究”则是指治学态度科学严谨的学者，带有褒义色彩了。

大部分词的感情色彩是词语本身带有的。带有褒义色彩的，如：宝宝、利索、爽快、果断、勇敢、慷慨、标致等；带有贬义色彩的，如：可怜虫、土包子、守财奴、吝啬、窝囊废、下贱、狗腿子、浑蛋、愚笨、嘴脸、嚣张、张狂等。有些由词根加词缀构成的词的感情色彩是则由词缀赋予的，如：“小孩儿”、“勺儿”等词中带有的亲切、喜爱的色彩是由“儿”赋予的。很多三音节后缀带有贬义色彩，如：白不拉几、脏不拉几、油不拉几、苦不拉几、傻不拉几、白不叽叽、灰不溜秋等。

多义词含有的几个义项的感情色彩往往也会不同。如：“包袱”一词，用来指用布包起来的衣物包裹时，是中性词，如“她解开包袱，拿出一件衣服来。”用来比喻某种负担时，则带有贬义色彩，如毛泽东《放下包袱，开动机器》：“为了争取新的胜利，要在党的干部中间提倡放下包袱和开动机器。”

有些同义词的区别就在于感情色彩不同。如：“鼓励”是勉励人做好事，是褒义词，“怂恿”是挑动人做坏事，是贬义词；“团结”指为了完成共同的高尚目标联合起来、一致对外，是褒义词，“勾结”指为了进行不正当的活动互相串通、结合，是贬义词；“领袖”用来指人们尊敬的国家、政治团体、群众组织的最高领导人，是褒义词，“头子”指干不正当行为的团伙或反动组织的头目，是贬义词；“理想”是对未来结果的有根据的、合理的、可以实现的希望或向往，“妄想”则是指一种不理性、与现实不符、不可能实现的错误信念；“揭发”指将坏人坏事揭露出来，“告密”指向反动当局告发革命者等进步人士的秘密活动；等等。

(3)形象色彩

许多词语除理性意义外，还能以人们的视觉、听觉、嗅觉、味觉、触觉等为基础，引起人们对现实现象的形貌、动作、颜色、声音、味道等特征形象的联想，这就是词义的形象色彩。

有人认为：由于实词直接与事物的形象相联系，所以名词、动词、形容词、象声词、叹词等大多数实词都有较浓厚的形象色彩。如：“牛”是一种吃草的反刍家畜，在人脑中会形成体形高大、四条腿、头上有一对角、身上长毛、有尾巴的这样一种动物的具体形象；“飞”指鸟类在空中拍翅往来活动或物体在空中运动这样的动作，人们也会在脑海中产生“飞”的具体情状；“黑”表示一种像墨和煤那样的颜色，人们谈到“黑”时脑海中会出现一种象墨或煤炭色的形象感。我们认为，这是词所表示的现实现象本身的形象特征在人脑中的感性印象，正如黄伯荣、廖序东《现代汉语》(上)(2007:231)中所说：“这种形象感来自对该事物的形象的概括”，人们并不觉得“牛、鸟、飞”这类词有形象色彩。有的形容词是专门描述事物形象的，它们的理性义就是关于形象的描写，如：“黑”、“美丽”、“衰老”、“和蔼”等；象声词的理性义就是形象地描摹事物、动作的声音，使人如闻其声，如：扑通、哗啦、嘿嘿、吱吱、嘎嘎等。有的词则不同，除了理性义外，还具有浓厚的描绘意味，给人以某种生动具体的感觉，显示出非常鲜明的形象特征，这才是我们这儿讨论的词义的形象色彩。

词义的形象色彩可以分为以下几类：

突出形态形象：鹅卵石、丹凤眼、小人书、瓜子脸、马尾辫、鸡冠花、樱桃嘴、喇叭裤、龙须面、鸭舌帽、大锅饭、铁饭碗、笔直、毛毛虫、烂尾楼等。

突出动态特征：雀跃、鲸吞、碰碰船、蹦蹦床、牵牛花、向日葵、领头羊、摇头丸等。

突出颜色形象：碧玉、雪豹、黄牛、墨斗、黑熊、白云、乌黑、雪白、彩霞等。

突出声音形象：乒乓球、拨浪鼓、布谷鸟、呼啦圈、恰恰舞等。

突出味觉形象：甜蜜蜜、酸溜溜等。

突出嗅觉形象：香喷喷、臭烘烘等。

突出触觉形象：冰冷、火热、软绵绵、热乎乎等。

体现形象感常见的方式主要有：

A. 运用比喻或借代突出特点。

用比喻的，如：黑心棉、囊括（像用袋子全装起来）、龟缩（像乌龟的头缩在甲壳内一样藏起来）、蚕食（像蚕吃桑叶一样逐步侵占）、乌合（像乌鸦一样忽聚忽散，比喻仓促聚合的人群）、鱼贯（比喻按先后顺序行进，如游鱼相连一样）、蜂拥（比喻许多人一拥而上，如同群蜂结伙而飞）、鼠窜（比喻像老鼠那样仓皇逃窜）、狐疑（比喻像狐狸一样犹豫不决）、虎视（比喻像老虎那样凶狠地注视着想要攫取的东西）、猴急、鸟瞰、雀噪、虎踞、龙翔、桃李（比喻老师辛勤培养的学生）、骨肉、结晶、眉目（事物的要领、头绪或条理）、雪白、血红等。

用借代的，如：口舌（话语）、红娘（媒人）、墨水（文化）、乌纱帽（官职）、分寸（限度）、丝竹（乐器）等。

B. 用重叠音节的形容词。如：

涓涓、滚滚、滔滔、巍巍、夭夭、灼灼、悠悠、依依等

C. 加后缀“然”形成表示情状的形容词。如：

欣然、茫然、悠然、猛然、愕然、泰然、漠然、淡然、盎然、蓦然、凄然、安然、嫣然、毅然、怆然、哑然、决然、勃然、孑然、迥然、恍然、索然、飘飘然等。

D. 单音节形容词带上叠音后缀或其他后缀。如：

绿油油、黄艳艳、沉甸甸、黑洞洞、红彤彤、亮堂堂、笑呵呵、泪汪汪、灰蒙蒙、血淋淋、白花花、闹哄哄、黑咕隆咚、灰不溜秋等。

（二）语法意义

词的语法意义指词在句子中所起的语法作用，是由词的语法关系产生的意义，是由语法形式表示的反映词语的组合方式、组合功能、表述功能等的高度抽象的意义。

语法意义大致可以分为结构意义、功能意义和表述意义三种。结构意义反映词语之间或词语内部的结构关系，如主谓关系、动宾关系、偏正关系等，名词的格变化也是反映词语的结构关系的。功能意义是反映词语的组合功能的，如名词可以和形容词、数量词等组合，动词可以和名词、副词等组合。表述意义反映语法形式与所指事物现象以及语言使用者的关系，又可分称述意义和情态意义两种。称述意义反映语法形式与所指事物现象的关系，是从词语的语汇意义中进一步抽象出来的意义。如：名词是表示人、事物、时间或地点名称的词，动词是表示动作、行为、心理活动或存在、变化、消失的词。一个词常常兼有这几种意义。比如名词，既含有结构意义，如偏正结构、联合结构等；也含有功能意

义,经常做主语和宾语,可以受数量词、形容词的修饰等;还含有表述意义,表示人、事物、时间或地点的名称。

实词既有词汇意义,也有语法意义,能充当句法成分。虚词只有语法意义,不能单独充当句法成分。词的语法意义是从词的某一范畴中归纳出来的意义,同一类词具有相同的语法特征。比如,动词"吃、打、走、坐"既有具体的含义,又能直接在句子中做谓语或谓语中心,能够受副词修饰,后边可以带"着、了、过"表示动态。一个实义词可以有不同的语法形式,不同的语法形式表达的语法意义不同。但是,从词汇意义的角度看,这些具有不同的语法形式的词仍然是同一个词汇,表达同样的词汇意义。如:"He works in the school."中的"works"的词汇意义是"工作",它的语法意义是:句子谓语动词,表示第三人称的现在时。而像"的、了、啊"等这些虚词,它们没有实际的词义,只能在句子中帮助使句子通畅、结构完整,或者是表达某种语气。虚词在句子中是依附于实词的,即使有意义,也是通过语法意义获得的暂时的意义,如果脱离了那个语境、那个实词,我们是解释不了它的意义的。例如:"的"单独拿出来,我们解释不出它的意义,但放在句子中,可以组成"开车的"、"卖菜的"、"摆地摊的"等,指称"司机"、"买菜的人"、"摊贩"这样具体的意义。

二、从词义的来源看词义

许多词往往不只一种意义,甚至有的词兼有本义、引申义和假借义。

(一)词的本义

词的本义是指词本来的意义,即词产生时的意义。因为早在文字产生之前,语言已经产生,有些词的本义可能在文字产生时已经消失,或者现存文献中没有记载下来,因此,实际上我们通常所说的词的本义只能指造字之初字所表示的意义,即文字形体结构所反映的、有文献资料证明的词的最早意义。比如:"初",《说文·刀部》解释说:"始也。从刀衣,裁衣之始也。"是会意字,表示用刀裁剪衣服,裁剪衣服是制衣服的起始,它的本义是"起始、开端"。如:《周易·既济》:"初吉终乱。"再如:"及",《说文·又部》:"逮也。从又人。"是会意字,表示后面的人赶上来用手抓住前面的人,它的本义是"追赶上、抓住"。如:《左传·成公二年》:"丑父寝于轏中,蛇出于其下,以肱击之,伤而匿之,故不能推车而及。"

(二)词的引申义

词的引申义指由本义直接或间接发展而来的其他意义。可分为直接引申义和间接引申义。由本义直接派生出来的意义叫直接引申义。由引申义进一步再引申发展而产生的意义叫间接引申义。直接引申义与本义关系最为密切,间接引申义与本义关系较远。直接派生出引申义的意义叫基础义。基础义可以是本义,也可以不是本义。

引申义和本义之间存在着直接或间接的联系。如:"解"有以下几个常见的义项:

(1)宰割、解剖。如:《庄子·养生主》:"庖丁为文惠君解牛。"

(2)分割。如:《国语·鲁语上》:"晋文公解曹地以分诸侯。"

(3)解体、解散。如:《汉书·陈余传》:"恐天下解也。"

(4)解开、消散。如:《孟子·公孙丑上》:"万乘之国行仁政,民之悦之,犹解倒悬也。"

(5)解脱。如:《礼记·曲礼上》:"解屦不敢当阶。"

(6)懂得、理解。如:《庄子·天地》:"大惑者终身不解。"

(7)分析、解释。如:《史记·吕太后本纪》:"太后独有孝惠,今崩,哭不悲,君知其解乎?"

(8)通达。如:《庄子·秋水》:"且彼方跳黄泉而登大皇,无南无北,奭然四解,沦于不测。"

《说文》:"解,判也。从刀,判牛角。"从字形来看,从刀从牛从角,是会意字,表示用刀把牛角剖开。因此,以上义项中,"宰割牛体"是它的本义,其他的义项都是由这一本义引申而来的。宰割的对象范围逐渐扩大,不限于牛,扩展到各种动物,就成为泛指义"解剖、剖开";再扩展到动物以外的其他事物,就是"分割";事物宰割、分割之后,由整体变成部分,对于抽象事物来说也就不再是一个统一体,即为"解体、解散";不管宰割、分割,还是解体、解散,使得事物的组成体脱离原来的位置,就是"解脱";人理解、懂得事理就如同将事物剖析清楚、明白,因有"理解、懂得"之义;给别人解释事理时,必得详细剖析事理,所以又有"分析、解释"之义;解释、理解开来,即豁然开朗,如行在大路畅通无阻,因此有"通达"之义。

词义引申有以下三种类型:

1. 连锁式

连锁式也称"链条式"、"递进式"或"单线式",是指从本义出发沿着同一方向依次引申的方式。如:

朝　本义是早晨,由早晨引申为朝见,由朝见引申为朝廷,又由朝廷引申为朝代。

时　本义是时令、季节,依次引申为时机、时候、时间、按时(时常)、有时。

2. 辐射式

辐射式也称"放射式"、"并列式"，是指以本义为中心向不同方向引申的方式。如：

发 本义是射发，即箭离弦，《说文·弓部》："发，射发也。"由"射发"义直接引申出"出发、发出、派遣、发布、散发、发生、开始"等义。

节 本义是竹节，《说文·竹部》："节，竹约也。"由"竹节"义引申出"木节、关节、季节、节奏、节操、礼节、法度、节约、节制"等义。

3. 综合式

综合式也称"复合式"或"复线式"，是指词义引申时将以上两种方式交织在一起的引申方式。词义引申往往是复杂的，单纯的连锁式引申或辐射式引申很少，绝大多数是综合式引申。如：

封 本义是聚土植树为界。由本义依次引申为田地之界，疆界（边界），封土地、爵位，古代帝王筑坛祭天的盛典，帝王封禅时所建的祭坛和刻石，这是连锁式引申。又由本义引申出"土堆"义，由"疆界"义引申出"密封、查封"义，这又是辐射式引申。

字 义项之一是"书写"。由"书写"这一基础义引申出"文字"义，由"文字"义同时引申出"字体"、"书信"、"书籍"义。"书写——文字——字体/书信/书籍"是连锁式引申，由"文字"引申出"字体"、"书信"、"书籍"义，则是辐射式引申。

（三）词的假借义

词的假借义是指由于音同音近字的假借而具有的意义。词的假借义与词的本义、引申义毫无联系。区分引申义和假借义时，主要看它和本义的联系。有联系的，就是引申义；没有联系的，就是假借义。如："而"的本义为胡须，《说文》："而，须也。"借用来作人称代词、连词、语气词，这些用法都是它的假借义；"来"的本义是麦子，是"麦"的本字，甲骨文、金文像麦子的植株形。"来去"的"来"是同音借用，是假借义。词的假借义，是从文字角度而言的，实际上词是音义结合体，无所谓假借，只不过表示它的字假借其他词的表现形式而已。

由于古书中出现的通假现象非常多，影响古书的阅读，为了有助于读者阅读，一般字典或词典都在解释词义时除了列举本义、引申义、假借义，还要列举表示词的字的通假字并解释其意义。所以，字典或词典中所列的词的义项可以分为几类：本义、引申义、假借义、通假义。我们要对字典或词典中的假借义和通假义加以区别。二者的共同点是都是由于用字的假借造成的。假借义虽然最初是借来表示别的词的意义的，但是由于时间的久长，它已经成为它的词义的一部分,即已经成为词的一个固定意义。而通假义只是在特定情况下借来替代本字而临时具有的意义,不是一个词固有的词义,意义具有临时性。准确地说,通假义不应该算作是一个词的意义。如:

狂 《古代汉语词典》中列的义项有:(1)狗发疯。引申为:人疯癫。又引申为失去常态,狂乱。(2)放荡,不收拘束。(3)狂妄。(4)急躁。(5)通“诓”。欺骗。(6)气势猛烈。其中,第一个义项中的“狗发疯”是本义,第五个义项“欺骗”是通假义,其余的都是引申义。

焉 《辞源》中列的义项有:(1)鸟名。(2)安,何。(3)代词。犹言“之”。(4)犹言“于此”。(5)连词,犹言“乃”、“则”。(6)犹言“是”。(7)犹言“于”。(8)语气助词。(9)词尾,犹言“然”。其中,第一个义项是本义,其余的义项都是假借义。

三、从词义的使用频率看词义

汉语中一词多义现象非常普遍,词义根据使用频率的多少可分为常用义和非常用义。常用义指多义词中使用频率最高、运用范围最广的意义;非常用义与常用义相反,指多义词中不经常使用的意义。如:“气”在现代汉语中有以下义项:气体;特指空气;气息;指自然界寒、暖、阴、晴等现象;气味;生气、发怒;使人生气;中医指人体内能使各器官正常发挥功能的原动力;中医指各种病象;姓。其中,“气体”、“空气”是常用义,其他义项为非常用义。再如:“囊”在古代汉语中的意思有(依照《辞源》列):盛物的袋子;以囊盛物;敛藏;姓。其中,第一个义项是常用义,其他义项是非常用义。

在一个词的众多义项中,哪个或哪些会成为常用义会受诸多因素的制约。制约词义使用频率的因素主要有:

1. 词义表达的内容在人们生活中的地位(即常见与否和重要程度)

如果一个词的某个或某些义项表示的是人们交际中最常见的概念,是人们日常生活中常见的事物、动作或行为、性质或状态等,那么自然也就会成为它的常见义。如:空气是人类赖以生存、必不可少的物质之一,气体是自由散布在人类周围常见的物质,因此义项“空气”“气”成为“气”的常见义。随着社会的发展、人们生活具体内容的变化,词义表达的内容在人们生活中的地位也会发生变化。如:在诸侯国遍地的夏商周三代和春秋战国时期,“诸侯国”是“国”的常用义,随着周王室统治的彻底瓦解,中国一统天下局面的到来,“诸侯国”在人们的日常交际中当然也就辉煌不再,“国家”慢慢地成为“国”的常用义。

义项的常用与否还与人认识事物的深度和广度密不可分。随着科学技术的发展,人类认识世界的水平的不断提高,表示科学认识的概念才会进入词义容纳的范围,当人类还不知周围到处都充斥着空气时,"空气"这一义项就不可能成为"气"的义项,更不可能成为它的常用义。

2. 表达相同概念的词的数量

表示相同概念的词的数量越少,拥有该义项的词越可能成为常用词。如:"天"、"地"、"人"、"马"、"牛"、"手"等词表示的意义是它们独一无二的权利,人们在表达该意义时当然就只能选择它们来表示。如果表示相同意义的词数量较多,人们就有可供选择的更大余地,就会根据需要结合其他因素来选择用词。如:"囊"本来在古代汉语中的常用义是"袋子",可是由于在现代汉语中人们使用"袋子"、"口袋","囊"的常用义就只遗留在一些诸如"探囊取物"、"囊空如洗"、"囊括"等古语词中,更常用的意义反而是"像口袋的东西",如"胆囊"、"胶囊"、"囊肿"等。

3. 表达相同概念的词的语体风格

一个词某个义项会不会成为常用义还取决于该词的语体风格。如:"口"、"嘴"、"嘴巴"都可以指人和动物吃东西和发声的器官,而"口"是书面语词,庄重文雅,"嘴"是口语词,简洁通俗,"嘴巴"有点儿粗俗意味,常带有贬义,因此,在现代汉语中更常用"嘴"表示人和动物吃东西和发声的器官,另一义项"形状或作用像嘴的东西"(如:茶壶嘴儿)则相比之下不太常用。"口"意义丰富,除了表示人和动物吃东西和发声的器官外,还可表示:容器通外面的地方,如:瓶口;出入通过的地方,如:门口、港口;特指关口(多用作地名);破裂的地方,如:口子。现代汉语中"口"的引申义"出入通过的地方"反而在它的义项中更为常用,是常用义。

四、词义与语素义

词是最小的能够独立运用的有音有义的语言单位。词是由语素组成的。语素是最小的有音有义的语言单位。语素可以分为成词语素和不成词语素。成词语素是能够独立成词的语素,如人、走、我、大、葡萄等。不成词语素是不能独立成词的语素。不成词语素又可分为两类。一类是可以承担所组成的词的全部或部分基本意义、位置自由的语素,如民、习、羽、荣、丰等;一类是表示附加意义的、位置固定的语素,如:阿、老、子、儿、头等。词义是词的意义,语素义是指在合成词和固定结构中语素(包括成词语素和不成词语素)的意义。

我们仔细考察字典、词典等工具书的释义,就会发现:对于某个词来说,有的意义是它的词义,如:“脆”,依照《现代汉语词典》的解释,它的义项有:①容易折断破碎,与“韧”相对。例:这种纸不薄,但是有点儿脆。②(较硬的食物)容易弄碎弄断。例:这瓜又甜又脆。③声音清脆。例:她的嗓音很脆。④(方言)说话做事爽利痛快。例:这件事办得很脆。以上这些意义都是“脆”的词义。通常说来,词义也可能是它的语素义,如:“脆骨”、“脆快(方言)”、“脆亮”、“脆生(口语)”中的“脆”的意义即为语素义。再如:“累”的“疲劳”义,在“我累了,想休息一会儿。”中是词义,在“劳累”中是语素义。有时我们所说的某个词的某一词义实际上只是它的语素义,如:“凯”的“胜利的乐歌”义,(如:凯歌、凯旋)、“发”的“毛发”义(如:头发、毛发、理发、美发、染发、烫发)等。

我们从研究的角度来看,字典、词典等工具书中的释义,在处理词义和语素义方面有一些问题。主要问题有:

1. 有些词的词义、语素义都列,有些词的词义、语素义列的不全(主要表现在漏收语素义)。以《现代汉语词典》为例,如:

“兵”的词义、语素义都列举,义项有:①兵器。②军人、军队。③军队中的最基层成员。④指军事或战争。⑤姓。在现代汉语中,义项②、③、⑤是词义,①、④是语素义。

“天”的本义“人的头顶”在现代汉语中已经消失,但是作为语素还存在于“天灵盖”、“天庭”中。《现代汉语词典》在解释“天”的时候,收了“天灵盖”、“天庭”,却没有列“天”的语素义是“人的头顶”。(《古代汉语词典》、《现代汉规范词典》也没有列,《辞源》列。)

2. 往往将一个词的词义和语素义不加区别,混排在一起,没有说明是词义还是语素义。对此,一般的读者并不加以区分,可是我们研究时就有必要区别对待。如:

“共”在《现代汉语词典》中的义项有:①相同的,共同具有的。②共同具有或承受。③一起,一齐。④一共,总计。⑤共产党。⑥姓。这些义项中,③、④、⑥是词义,其他义项都是语素义。

3. 举例子时,有时在词义义项下列举的例证是语素义,或者在语素义义项下列举的例子是词义。如:

《现代汉语词典》在“科”的第一个义项“学术或业务的类别”下举例“科目、文科、理科、专科、牙科、妇科”。这些例词中“科”是语素,意义当然是语素义。应该举“科”作为词的例子,如:“这个医院总共有二十几个科。”如果举的例子是作为词的例子,在下面收词语时再列举作为语素的例子我们可以明白,可是列举作为语素的例子,很容易引起人们误解,以为只可以作语素。有的词例处理得较为妥当。如:《现代汉语词典》关于“揽”的释义就处理得较为妥当。建议处理时,如果义项既是词义又是语素义的,举例子时,两种例词最好都举。如果是词义,列举词义的例子。如果是语素义,列举语素义的例子。

第二章

词汇的演变

一、词汇系统的变化

语言的三要素中，词汇变化最快，汉语的词汇从古到今发生了很大变化。词汇随着历史的发展、社会的变迁而变化。它们随着客观事物或现象的产生而产生，随着客观事物或现象的消亡而消亡，或者随着事物或观念的存留继续沿用下来继承发展。现代汉语词汇是古代汉语词汇的继承和发展，它们既有联系，也有区别。

（一）旧词的消亡

在历史发展的过程中有些词汇被淘汰，它们只保留在古代文献中而一般不再出现在社会交际活动中，我们把这样的现象称之为旧词的消亡。如：太后、少师、太师、诸侯、寡人、执事、弑、稽首、脼、亟、盍、箪、矛、盾、耒、耜、瘏、寐、尔、焉、笃、逝等。

有些词的消亡是由于科学技术的进步导致的旧有事物的消失。如：秦汉前主要的书写材料是竹简、木片。古代汉语中用"牍"指用于书写的长方形木板，常由松木、柳木制作。《说文》："牍，书版也。"如："尺牍"指书信，"奏牍"指手版、笏版，旧时把文书称为"书牍"、"案牍"。刘禹锡《陋室铭》："无丝竹之乱耳，无案牍之劳形。"现在由于书写材料发生了变化，用纸张而不再用木牍，现代汉语中已经基本不用"牍"这个词，"牍"只作为语素遗留在个别成语中，如"连篇累牍"。

有的词的消亡则是由于旧有制度的废除。在中国有文字记载的几千年历史中，无论是奴隶社会还是后来的封建社会，政治生活的核心是严格的宗法等级关系。从天子到下面的各级官吏，等级不同，名号不同。先秦时期，最高统治者被称为“王”，王下是诸侯，统称为“公”，诸侯之下是“卿”、“大夫”，贵族的最低等级是“士”，普通老百姓是“庶人”。不仅本人，就连他们的妻子都有专门的名号。“天子之妃曰后，诸侯曰夫人，大夫曰孺人，士曰妇人，庶人曰妻”（《礼记·曲礼下》）。活着如此，死了也要分个尊卑贵贱。“天子死曰崩，诸侯死曰薨，大夫死曰卒，士曰不禄，庶人曰死”。在皇权至上的封建社会中，连皇帝的自称也是独一无二的，自称“朕”是皇帝独有的特权。随着等级制度的消亡，“王”、“公”、“卿”、“大夫”、“士”等这些带有等级色彩的词汇或者词义也就随着消亡了。

官职制度是国家政治制度的重要组成部分，我国古代的官职历代建置不同，其间因袭变革，积淀下来的官职名称不可胜数。就拿宰相一职来说，实际职权范围和名称因时而异。夏商时称之为“巫”、“史”，西周春秋为公卿，战国以后多称宰相，其间又有变革。汉武帝后，宰相的职权转到尚书台，相当于宰相的是尚书令。魏晋南北朝时期的宰相之职，分属于尚书省、中书省、门下省，三省的长官就是宰相。隋代，用内史令、内书令代称中书令。唐代尚书省的长官是左右仆射（pú yè），称中书令为右相、凤阁令、紫微令等。明代废除中书省及宰相等职，设立华盖殿、谨身殿、武英殿、文华殿、文渊阁、东阁等大学士，为皇帝顾问，后来这些入阁大学士号称“辅臣”。首席大学士称“元辅”、“首辅”，职权最重，主持内阁大政，相当于宰相。清朝相当于宰相职务的，康熙时是“南书房行走”，雍正以后是“军机大臣”。现在随着制度的变革，这些表示官职的名称也随之消亡了。

有些词的消亡是由于生产、生活方式的改变。如：古代人们对牲畜辨别得特别细致，甚至对同一种颜色出现在不同身体部位的同一种牲畜还要命名加以区别。如：马，《尔雅·释畜》：“膝上皆白，惟馵（zhù）。四骹（qiāo）皆白，驓（céng）。四蹢（dī）皆白，首。前足皆白，騱（xī）。后足皆白，翑（qú）。前右足白，启；左白，踦（qī）。后右足白，骧（xiāng）；左白，馵。即：膝盖以上白色的马叫“馵”，四条小腿都是白色的马叫“驓”，四蹄全白的马叫“首”（《尔雅》一本作“𩦠”），前脚白色的马叫“騱”，后脚白色的马叫“翑”，右前脚白色的马叫“启”，左前脚白色的马叫“踦”，右后脚白色的马叫“骧”，左后脚白色的马也叫“馵”。牛，《尔雅·释畜》：“黑唇，犉（chún）。黑眦（zì），牰（yòu）。黑耳，犚（wèi）。黑腹，牧。黑脚，犈（quán）。”即：黑唇的牛叫“犉”，黑眼角的牛叫“牰”，黑耳朵的牛叫“犚”，黑腹牛叫“牧”，黑小腿的牛叫“犈”。动物的年龄不同，名称也常常不同。如：三岁牛称犙（sān），四岁牛称牭（sì）。这些都反映出远古时期在以畜牧经济为主的社会和生产力仍然十分低下的农业经济时代，牲畜在古代人们生活中的重要性。随着科学技术的提高,经济的多元化,社会生活的不断丰富,人们对牲畜的关注程度也越来越小,这些用以区别牲畜的名称慢慢地也就随着消失了。

旧词的消亡并不是我们想象得那么简单,情况比较复杂,彻底消亡的词较少。有的词在交际场合中不再使用,可是作为历史词汇我们还会谈到;有的词在口语中消亡,却在书面语中保存着;有的词在共同语中消亡了,却在方言中保存着;有些词作为词已经消亡了,却作为语素在词语中留存了下来。如:“与”、“及”都有“和”义,它们现在在口语中一般不用,可是在书面语中仍然使用;“吝”在现代汉语口语中不再使用,可是还作为书信用语使用,如“还请不吝赐教,”并且还作为语素留存在“吝啬”、“吝惜”等词中。再如:“荷”(hè)有“扛、担负”义,如《论语·微子》:“子路从而后,遇丈人,以杖荷蓧。”“荷”在现代汉语中已经很少使用,但是还在个别成语中存留,如“荷枪实弹”,而且一些方言区如晋语区多个县市方言(榆次、太谷、介休、清徐等方言)仍然使用此词。又如:“窈窕”一词常用来形容女子仪态、心灵的美好,如《诗经·周南·雎鸠》:“关关雎鸠,在河之洲。窈窕淑女,君子好逑。”还可指女子妖冶的样子,如李斯《谏逐客书》:“而随俗雅化,佳冶窈窕,赵女不立于侧也。”至今晋语仍然保留着这个词,在晋中的太原、榆次、太谷、祁县、平遥、介休等地,形容女子妖艳、风骚、轻浮时用这个词。如:“那妮子可窈窕咧,成天和后生们吊眉扯眼。”(那女孩子很轻浮,成天和小伙子眉来眼去的。)作为语素保留下来的古词特别多,如:观(观看、观赏、景观、旁观)、惧(恐惧、惧怕、惊惧)、虑(忧虑、思虑、考虑、疑虑)、患(祸患、病患、忧患、患难)、愤(愤怒、愤恨、忧愤、发愤)、蹈(舞蹈、赴汤蹈火、手舞足蹈)等。

(二)新词的产生

语言是人类认识世界的反映,人们对世界的认识每深入一步,就会用语言将自己的认识成果固定下来,就会有一批新词出现。所谓新词,指的是一种语言的词汇系统中原来没有的、随着社会的发展出现的新的词语,不包括产生了新义的既有词语。如:近年来,把好看叫“养眼”,把打车叫“打的”,称展示为“秀”,表示“很带劲、真棒”用“给力”、指一个人在一个群体中的受关注度、受欢迎程度时用“人气”,等等。而像以下的这类就属于旧词产生的新义,如:“病毒”本指引发疾病的微生物,现在可以特指损害计算机的有害指令或程序代码;“充电”本指给蓄电池等设备补充电量,现在可以指为了提高自己的专业知识、能力水平或思想认识而学习,来补充知识、力量;“宰”由宰杀牲畜借指商贩用狡诈的手段使顾客蒙受经济损失。

我们就拿单音节词的发展来说，东汉许慎的《说文解字》收字9353个，清朝《康熙字典》收字47035个，民国时期的《中华大字典》收字48000多个，二十世纪末的《汉语大字典》收字56000个左右。虽然这些字典中所收的字有的是异体字，而且并非所有的字都表示词，但是绝大部分字表示单音节词。因此，我们从中仍然可以看出单音节词的发展情况，会发现产生的新词数量确实可观。词汇的推陈出新一方面是由于语言内部的需求，这是内因；另一方面是由于社会的发展，这是外因。

产生的新词大致可分以下两类：

其一，指称对象是新发明的、新出现的或者新发现的事物、现象。

冶金业的发展会促使与金属有关的词产生。甲骨文中从“金”的字几乎没有，金文中就很多，《古文字类编》金部字收61个（张之强，1984:527）。丝织业的发达会催生丝的种类、丝织品、颜色及加工手艺的名称。商朝的甲骨文中有“蚕”、桑”、“丝”、“帛”等。西周到战国时期，又出现了“绘”、“锦”、“缟”、“素”、“纤”、“练”、“绢”等。秦汉以后，我国丝织业进入兴盛时期。《说文》中与丝织品有关的糸部字、素部字和丝部字所收正字共有257个。医学的发展会促使医学术语的产生。战国时期我国的医学就有了较大的进步，出现了“痹”、“痈”、“疥”、“腹”、“肾”、“疡”等词。现在医术发达，病症名称、药品名更是数不胜数。科技产品的出现会使得科技产品相关的名称、术语日新月异，让人目不暇接。现代汉语中的“汽车”、“电灯”、“电视”、“计算机”、“手机”、“卫星”、“火箭”、“原子弹”、“纳米”、“克隆”、“网络”等词是古代汉语中没有的。

随着一些社会新现象和新观念的产生，也出现了大批词，如：下海、练摊、下岗、分流、走穴、内退、托福、考研、减负、房市、期房、按揭、超市、减肥、蹦迪、量贩、追星、粉丝、打拐、打黑、打假等。这类新词的产生往往是一组一组地产生的。如：“的”字族（打的、轿的、摩的、的哥等）、“裸”字族（裸官、裸捐、裸聊、裸考、裸视等）、“秀”字族（选秀、脱口秀、作秀、秀场等）、“网”字族（网站、网址、网吧、网校、专网、公网等）、“吧”字族（酒吧、串儿吧、茶吧、网吧、迪吧、冰吧、氧吧、泡吧等）、上岗、下岗等等。

其二，指称对象或含义没有变，由于用了不同的名称而产生了新词。现代与古代相比较，出现了大批新词。如：

舟—船　曰—说　食—吃　矢—箭　皆—都　既而—不久

无—没有　何—什么　其—他的　必——定　然—是的　归—回去

履、屦、屣—鞋　夫子、先生、师—老师　尔、汝、若—你　乃—就

新词产生的情况可分为两种：一种是汉语内部自身产生新词。另一种是借

自其他语言,是外来词。特别是在民族融合时期,进入汉语的外来词特别多。比如:元代,由于汉蒙民族接触频繁,不少蒙古语进入汉语,杂剧作品中常常出现蒙语词,甚至有些词后来成为汉语的基本词汇,如“驿站”的“站”、“好歹”的“歹”、胡同、蘑菇、褡裢等。

(三)词汇的沿用

汉语中一些词汇消亡了,而相当一部分词则一直沿用至今。考察这些继续沿用词的古今义,可以分为以下两种情况:

1. 古今词义基本相同

有时人们在谈古今义异同时,是就某个意义或者某些义项而言,我们这儿所谈的是一个词的所有义项。古今词义基本相同的词数量很少,约占沿用词汇的10%。它们主要属于基本词汇。有的是自然现象,如:日、月、风、雨、星、云等;有的是动植物名称,如:人、马、牛、羊、鹿等;有的是方位名词,如:东、西、南、北、上、下等;有的是常见动作和行为,如:笑、进、退、飞、开、钓等;有的是常见形容词,如:大、高、长、短、轻、重、白、黑等。这些词汇虽然少,但是很重要,使用频率极高,生命力很强。正因这些词的存在,汉语的词汇才有了一定的稳固性,它们和发展缓慢的语法结构一起使得古今汉语能够相通。这些基本词汇一方面作为独立的词沿用下来,另一方面作为构词语素构成新词,而且有极强的能产性。如:“人”作为语素构成的词有“人民”、“工人”、“人性”、“哲人”、“人文”、“能人”、“穷人”、“女人”、“达人”等。

2. 古今词义发生变化,有所不同

继续沿用的词汇中绝大部分词义发生了变化,这类词约占90%。即使基本词汇,绝大部分的意义也发生了变化。如“天”,它的“天空”义是古今延续的,而“天”的本义是“人的头顶”。《说文》:“天,颠也。”“天”的此义在现代汉语中已经不用,只是作为语素义在“天庭”、“天灵盖”中保留着(天灵盖即头盖骨,额上两眉之间为天庭)。“地”的古今词义基本相同,在现代汉语中新增“路程”义。“丈夫”一词,它的古义是男子,常指成年男子。如:《谷梁传·文公十二年》:“男子二十而冠,冠而列丈夫。”又可指男孩。如:《国语·越语上》:“生丈夫,二壶酒,一犬;生女子,二壶酒,一豚。”《孔子家语·七十二弟子》:“昔吾年三十八无子,吾母为吾更取室。夫子使吾之齐,母欲请留吾。夫子曰:‘无忧也,瞿过四十当有五丈夫’,今果然。”后来也指有所作为的人,犹言大丈夫。如:《汉书·李广传》:“昏后,陵便衣独步出营,止左右:‘毋随我,丈夫一取单于耳!’”(唐)孟郊《答姚怤见寄》诗:“君有丈夫泪,泣人不泣身。”(宋)张思光《门律自序》:“丈夫当删《诗》《书》、制礼乐,何至因循,寄人篱下。”中古以后产生了“女子配偶”义。如:杜甫《遣遇》诗:“丈夫百役死,暮返空村号。”《水浒传》第十七回:“只见老婆问道:‘丈夫,你如何今日这般嘴脸?’”现代汉语中,“丈夫”意思是“女子配偶”,它的“成年男子”义只作为语素义存留在“大丈夫”、“丈夫气”等少数词语中。

近代汉语虽然和现代汉语较相近,但是也有许多词古今意义有区别。如《水浒传》第十六回中,“杨志这一行人要取六月十五日生辰,只得在路上趱行。”中的“取”,古义是“赶”,今义是“拿、拿走”;“杨志却待要回言,只见对面松林里影着一个人,在那里舒头探脑价望。”中的“影”古义是“遮蔽、躲藏”,是动词,今义是“影子”,作名词;“那计较都是吴用主张。”中的“计较”古义是“计策”,今义是“计算比较;争论;打算”。

在历史的发展过程中,就某个词来说,可能产生新的义项,也可能旧的义项消亡,还可能原有的义项发生了变化。具有演变关系的新旧义项,有时同时共存,有时以新代旧。义项的主次地位或者常用义、非常用义可能发生变易。有时常用义不变,有时常用义、非常用义易位,有时新义成为常用义。所以,纵观词义的发展演变,杂有义项、语素义的多种复杂的演变,呈现出错综复杂的情况。

二、词形的变化

(一)词汇的双音化

把文言文翻译成现代汉语时,我们会发现译文的字的数量大大增加,这正反映了古今汉语构词形式的不同特点。在构词形式上,古代汉语词汇以单音词为主,现代汉语词汇则是以复音词(主要是双音词)为主。单音词,即单音节词,是指由一个音节构成的词,在书面语上常用一个汉字来记录;复音词与单音词相对,包括双音节词和多音节词,是由两个或两个以上音节构成的词,在书面语中常用两个或两个以上的字来记录。汉语在发展过程中,词形由单音词向复音词(主要是双音词)发展。

古代汉语中,单音词占优势,上古汉语中尤为突出。“殷商时代语言的词汇系统本质上是单音节的(董秀芳 2011:9)。”据周荐(1999)统计,在赵诚的《甲骨文简明词典——卜辞分类读本》中,单音词占 77.51%。董秀芳(2011:10)认为,“复音化的各种构词法萌芽于西周早期,发达于春秋战国。”春秋战国时期复音词的数量大量增加,成为汉语复音化迅速发展的第一个时期(马真 1980/1981,郭锡良 1994)。双音化的步伐从东汉开始大大加快(程湘清 1992《 <论衡

>双音词研究》,方一新 1996 等),叶蜚声、徐通锵(2010:267 ~268)曾指出:"汉代开始,用复合法构造的双音词开始增多,南北朝以后新词中复合双音词已占绝对优势,单音孳生法已基本不再使用。"到了唐代,双音词为主的词汇系统已经建立,在近代汉语中双音化的程度得到进一步的提高(程湘清 1992《变文双音词研究》等)。现代汉语中,双音词已经占了主体地位。据周荐(1999)统计,《现代汉语词典》(中国社会科学院语言研究所词典编辑室编,商务印书馆,1996 年修订本)中,双字组合就占所收录条目的 67.625%。

对比古代汉语单音词和现代汉语复音词,主要有以下几种情况:

1. 用完全不同的复音词取代单音词。如:

目—眼睛　涕—眼泪　股—大腿　师—军队　何—什么

亡—丢失　无—没有　与—参加　闻—听说　卒—步兵

2. 由单音词作为词根加上词头词尾,构成复音词。如:

燕—燕子　蚊—蚊子　石—石头　木—木头　忽—忽然

虎—老虎　鼠—老鼠　师—老师　姨—阿姨　鸟—鸟儿

3. 两个同义或近义的单音词作为语素,构成复音词,替代原来的单音词。如:

行 + 走→行走　儿 + 子→儿子　道 + 路→道路　辛 + 劳→辛劳

退 + 让→退让　命 + 令→命令　退 + 却→退却　解 + 释→解释

类似的还有:饥饿、恭敬、畏惧、朋友、土壤、土地、忧虑、危险、优良、进入、观看、继续、过错、灾荒、命令、背叛、群众、众多、率领、婚姻等。

4. 把单音词作为语素,再与其他与它意义相关的语素结合,构成复音词。如:

见—看见　失—失去　梦—梦见　兵—兵器　知—知道　田—农田

齐—齐国　歌—歌唱　习—熟习　愿—愿意　专—专门　南—南面

衰—衰弱　事—事情　母—母亲

关于双音词逐渐占优势的原因,前辈及时贤已经作过诸多探讨,提出一些不同观点,如张世禄(1930)、王力(1980)、马真(1980/1981)、朱庆之(1990)、黄志强和杨剑桥(1990)、程湘清(1992《先秦双音词研究》)、徐通锵(1997)、冯胜利(1998,2000)、洪波(1999)等。我们认为原因主要有以下几方面:

其一,单音词自身有着不可克服的缺陷。

随着新事物、新现象的出现,需要用新词来表示。如果通过单音孳生法衍生新词的话,就会产生大量的单音词。而汉语的语音系统是有限的,尤其魏晋之后汉语的语音系统大大简化,许多不同音的词魏晋之后都变得同音了,再产生新的单音词,同音词势必会更多。语言中同音词过多不仅会增加人们学习语言的负荷,而且可能造成混淆,给人们的交际带来一些麻烦。

其二,双音词比单音词表义更明确、更清晰,且能避免同音造成的歧义。这是双音词的主要优势所在。

单音词往往承担了多种意义,一个词兼职过多的情况随处可见,这样一来,用词是比较经济,可是在交际时,对于听话的一方或阅读的一方来说,不易辨析词在具体语境中的意义。理解语言时要进行大量的词义筛选,才能捕捉到某词在该语境中准确的词义,对于理解语言造成很大的困难。词义的专职化就能避免这个问题,提高词义表达的清晰度。如:古代汉语中的"辞"有多种含义:言辞、文辞;告辞、辞别;辞退;推辞等,具体是什么意思要依据语境在众多义项中进行筛选确定。很明显,表义的清晰度和与之对应的双音节词不能相比。且双音词往往用已有的单音词作为语素帮助造词,这样不仅不会增加人们的记忆负担,而且由于许多构词语素的意义与双音词的词义有联系,表义更加清晰,更易掌握运用,同时又避免了同音混淆造成的歧义。正因为双音词有表义明确、清晰、经济的优势,人们在运用语言表达思想、进行交际的时候,当然也就倾向于选用双音词替代单音词。

其三,从韵律方面看,双音词可以增强节奏感,同时双音词的大量产生也是上古音节结构的演变结果。

双音节词或多音节词,常常成为韵律结构要求的韵律词,而单音节词只有在特殊的情况下才能成为韵律词。韵律词是不再分割的韵律单位,它的语音标准是没有停顿的发音。偶数音节的词音节整齐匀称,比奇数音节的词读起来更朗朗上口,听起来更匀称和谐,所以这也成为单音词双音化的一个原因。现代汉语中大多数词语或短语是两个音节或四个音节。目的就是为了造成音节上的匀称,可以增加语言的音乐美。

冯胜利(2005:61~85)认为:汉语的双音化当源于汉语的双音步,而双音步当源于上古汉语的音节简化和声调的出现。音节简化使单韵素音步无法成立;声调的出现又抵消了音节的长短之分,因此产生双音节韵步。然后在结构中存在的这种音步又以"结构扩散"的方式而发展,不断创造新的结构,可能最终改变了语言的整体面貌,使得汉语中双音节词占据优势(具体解释可参看原文)。冯胜利(Feng1995,见董秀芳 2011:45 注释①)认为大量的同义双音词的出现是为了满足在汉代新建立的双音节音步的韵律需要,三音节词也是在双音词基础上再生的产物。

其四,佛经的翻译在双音节词的产生和发展过程中也有推动作用。随着佛教传入我国,不仅一些梵文中的词进入汉语中,而且佛经词语的形式很可能对中土文献的词汇面貌造成一定的影响。朱庆之(1990)认为翻译佛经中大量使用双音节词语的现象与佛典的译者为了信众便于记诵而大量使用四字格的语言形式有关。董秀芳(2011:45)认为仿译也是一个因素。“佛典原文中有不少复合词包含两个语素,出于忠实于原典的目的,译者仿照原词的构造逐字对译,结果就会创造出一个全新的双音复合词。”当然,这只是外因,主要原因还在于语言系统内部的需要。

(二)古代汉语复音词

先秦两汉时期的古代汉语中已经出现了少量的复音词,既有单纯词,也有合成词。

1. 复音单纯词

复音单纯词是指由两个或两个以上音节组成的单纯词。

(1)连绵词

连绵词,也称联绵词、联绵字或连语,指由两个不同音节连缀表义的单纯词。近代学者王国维先生曾经说:“联绵字,合二字而成一语,其实犹一字也。”如:犹豫、倜傥、忸怩、造次、镃基、觳觫、逡巡、逍遥、须臾、望洋等。绝大多数连绵词不是现代的产物,而是古代汉语的遗留。周荐(2001:34)认为:连绵词绝大多数产生于六朝前,产生最根本的原因可能与汉语的词由单音节向复音节发展有较大关系。

A. 连绵词的特点

其一,组成连绵词的两个音节,具有不可分性,不能拆开来讲。这是单纯词的基本特点。如:《汉书·高后纪》:“计犹豫未有所决。”(唐)颜师古注:“犹,兽名也……此兽性多疑虑,常居山中,忽闻有声,即恐有人来且害之,每豫上树,久之无人,然后敢下,须臾又上,如此非一,故不决者称犹豫焉。一曰陇西俗谓犬子为犹。犬随人行,每豫在前,待人不得,又来迎候,故云犹豫也。”注解把“犹豫”拆分开来解释,犯了望文生义的毛病。

其二,组成词的两个字语音大多密切相关。有的是双声,即声母相同。如:参差、萧瑟、仿佛等。“参”“差”古音都是清母字,双声;“萧”“瑟”古音都是心母字,双声;“仿”属滂母,“佛”属並母,二字准双声。有的是叠韵,即韵部相同。如:峥嵘、蹉跎、仓皇等。“峥”“嵘”古音都属庚韵,“蹉”“跎”古音都属歌部,“仓”“皇”古音都属阳部。有的是双声兼叠韵,如“辗转”。“辗”“转”都属端母元部字,既是双声又是叠韵。也有少数既不是双声,也不是叠韵,如:芙蓉、浩荡、扶摇等。

由于语音的历史演变,我们今天看待古代遗留下来的连绵词时,其声韵关系可能与古代有所不同。古代是双声或叠韵的,现在未必是。如:"萧瑟"现代不是双声,古代却都是心母字,是双声。古代不是双声叠韵的,现在可能是。如:"望洋"现在是明显的叠韵关系,古代却不具有明显的叠韵关系。当然,也有些词古代有双声或叠韵关系,现在仍然是。如:"倜傥"、"忸怩"、"抑郁"古代和现代都是双声,"逡巡"、"逍遥"、"须臾"古代和现代都是叠韵。也有些古代不具有双声或叠韵关系,现在仍然不是。如:鸱鸮。因此,我们判断古代汉语连绵词音节的语音关系时,不能以今律古,不能以今音为依据,要以古音为依据。另外,对于同一个连绵词,学者们的观点由于执行的标准有严有宽,导致分类结果不同。如:"缤纷",其中"缤"是帮母真部字,"纷"是滂母文部字,有的学者认为是双声兼叠韵(参见朱振家《古代汉语》66 页),可是如果我们执行得严格一点,它们就不具有双声叠韵关系了。

其三,由于表示连绵词的字只记音,不表义,而汉语中的同音字又多,所以连绵词在古代的用字不太固定,一个词往往有多种写法。如:"犹豫"古文中又写作"游预"、"犹与"、"由预"、"由与"、"容与"、"犹予"、"犹夷"、"优与"、"游移"等;"匍匐"古文中又写作"蒲服"、"蒲伏"、"扶服"、"俯伏"、"匍伏"等;"望洋"又写成"望羊"、"望阳";"仓皇"也作"仓惶"、"仓黄";"踟蹰"又写作"踟跦";"委蛇"也作"逶迤"、"逶移"、"逶蛇"、"委佗"、"委迤"、"委移"。不过,留存在现代汉语中的连绵词的书写形式绝大多数已经固定下来了,我们现在书写时就要按现在的固定写法去写。

其四,表示连绵词所用的两个字,绝大多数具有相同的偏旁。如:崎岖、彷徨、婆娑、踟蹰等。

B. 连绵词的词性

连绵词多数是形容词或者名词。是形容词的如:犹豫、倜傥、忸怩等;是名词的如:镃基(锄子)、觱篥(一种管乐器)、扶摇(上升的旋风)、布谷等;是动词的,如:辗转、驰骋、酝酿等。有的连绵词是兼类词。如:"扶摇"既可以作名词,也可以作动词。作名词时,有两种意思,一是指上升的旋风。如:《庄子·逍遥游》:"鹏之徙于南冥也,水击三千里,抟扶摇而上者九万里。"又(晋)葛洪《抱朴子·交际》:"灵乌萃于玄霄者,扶摇之力也。"二是神话传说中的树名。如:《庄子·在宥》:"云将东游,过扶摇之枝而适遭鸿蒙。"陆德明《释文》引李颐曰:"扶摇,神木也,生东海。"作动词时,义为"盘旋而上,腾飞"。如:《淮南子·览冥训》:"(赤螭青虬)若乃至于玄云之素朝,阴阳交争,降扶风,杂冻雨,扶摇而登之,威动天地,声震海内。"高诱注:"扶摇,发动也。"又(宋)范成大《次韵赵正之客中》:“君自扶摇有霄汉,从渠蜩鷃舞蒿莱。”

C. 关于连绵词目前悬而未决的问题

问题一:关于连绵词存在语言事实与定义不相符合的情况。关于连绵词的传统定义并不能涵盖一些大家公认的连绵词(包括许多古代汉语教材中所举的例子),或者说有些连绵词并不符合现行连绵词的定义,导致连绵词的定义与连绵词词例有抵牾之处。

连绵词的定义说明构成连绵词的两个字都不是语素,不能拆开来讲,只能连缀表义。但是人们所公认的连绵词中,大多数是不可分割的,还有少数连绵词是可以拆分的。情况分为以下几种:

a. 连绵词的两个字都可独立成义,且意思与连绵词词义有关。有的字可以作为语素与其他语素构成复合词,有的甚至可以独立使用。如:

匍匐,《说文·勹部》:“匍,手行也。”(勹,音 bāo,古同“包”。《说文·勹部》:“裹也。”段玉裁注:“今字‘包’行,而‘勹’废矣。”)段玉裁注:“今人以手摸索,其语薄乎切,当作此字。”《说文·勹部》:“匐,伏地也。”段玉裁注:“匐、伏叠韵。……按:二篆可合用,可析言。”再如:坎坷,《说文·土部》:“坎,陷也。”“坎”就是指下陷的地方。《说文·土部》:“坷,坎坷也。梁国宁陵有坷亭。从土可声。”“坷亭”即“窠亭”,“坷”指土凹下的地方。“梧”和“桐”都可以独用,独用时都可以指“梧桐”。对于这种情况,我们认为实际上相当于合成词,它们的两个语素通常同义或者同源。

b. 连绵词其中一字可独立成义,且意思与连绵词词义有关系,另一字不能独立成义。如:

寂寞,形容冷清孤单的样子。“寂”可独立成义,意思是“非常静,没有声音。”如:《周易·系辞上》:“《易》无思也,无为也,寂然不动,感而遂通天下之故。”又《老子》:“寂兮寥兮,独立不改。”“寞”字不能独立成义。再如:望洋,形容仰视的样子。“望”有“看,往远处看”的意思,很明显与“望洋”的意思相关。“洋”虽有意义,但与“望洋”词义并无关系。《庄子·百川灌河》:“于是焉河伯始旋其面目,望洋向若而叹曰……”(清)郭庆藩《集释》:“‘洋’、‘羊’皆假借字,其正字当作‘阳’……言望视太阳也。太阳在天,宜仰而观,故训为仰视。”郭注把“望阳”看作正字,用“阳”训“洋”、“羊”,理由不太充分,有望文生义之嫌。“望洋”又可写作“望羊”、“望阳”、“茫洋”、“盳洋”等,这一类词实际上作为连绵词还是比较典型的,因为它们仍然相当于只包含一个语素。

周荐(2001:35)提出:“一些连绵词由于使用既久,人们较为熟悉等原因,其中的某个字可被独立出来,代表原所构成的连绵词的意义去构造新的词。”并举例“蝴蝶”的“蝶”字、“鸳鸯”的“鸳”字、“芙蓉”的“芙”字、“蜻蜓”的“蜓”字等。认为“这代表字一般只能是构成这个连绵词的两个字的某一个,而不能同时是两个”,且“代表连绵词的代表字不能独立自由地作为单语素词来使用,而只能在其他词语中充当一个构成成分,并在此种情况下代表本该由连绵词呈现的意义”。

c. 连绵词中的一字或者两字虽然不能独立使用,但是可以作为构词成分与其他语素构成词。如:

“崎岖”,形容地面高低不平的样子,又作“岖崎”。“崎”不能单用,可是可以和其他语素组成“崎崟”(山峰高低不平的地方)、“崎岭”(形容山路险阻不平)。“岖”也可以和其他语素组成“岖崄”(形容山势险峻,也作“岖崟”)、“岖嵚”(形容山石险峻的样子)。

我们这儿所说的连绵词的可拆分现象指的是在正常的情况下而不包括出于修辞的需要拆开连绵词的情况。因为在诗歌中或者其他韵文中,为了押韵和填补音节的需要,有时也要分开来用。如:《老子·二十一章》:“道之为物,惟恍惟惚。惚兮恍兮,其中有象,恍兮惚兮,其中有物。”其中的“恍惚”被拆开。毛泽东《七律·人民解放军占领南京》“虎踞龙盘今胜昔,天翻地覆慨而慷”中的“慷慨”也被拆开。

产生这种连绵词可以拆分解释的情况,原因有二:一是学者开始研究连绵词时,比较浅显,深度不够。词本来可以分训,但是由于人们又对其古义不太熟悉,以为不可分训,按一个整体义去理解。因此,学习者或研究者古代汉语程度的高低会影响其对某个连绵词能不能分训的看法。一般的读者认为不能分训,古代汉语水平高的人则可能认为可以分训。二是连绵词本来不能拆开,经常使用之后,组成连绵词的字带有连绵词的意义,而后与其他语素组成词,反而变得可以拆开。

对于这个问题解决办法不外乎两个:一是剔除那些不符合定义的连绵词。一是对连绵词的性质进行再探讨,修正定义。一些学者对连绵词是单纯词的性质提出了质疑。白平(2002:147)在谈连绵词时列举了一些大家公认的连绵词之后说:“这种词语并非两个音节共同表示一个‘语素’,它们其实是由两个词组合起来的并列结构的骈联式词语的一种”,并选取了二十多个被今人明确指为单纯词的连绵词对它们的内部结构进行了分析,认为:连绵词的研究是一项艰巨的任务,应该对这一类语言单位作一次普遍的研究,“对于实在研究不清楚的一部分材料,也只能用存疑的态度去对待,决不可以武断地给它们贴上一个‘单纯词’的封条了事”(2002:207~208)。

问题二:一些连绵词能不能拆开,大家意见不一。如:

辟易,《史记·项羽本纪》:"人马俱惊,辟易数里",张守节正义云:"言人马俱惊,开张易旧处,乃至数里。"王力主编《古代汉语》(1999:91)认为:"辟易"是连绵词,形容倒退的样子,不能拆开来讲,而注解把"辟"字解释为"开张","易"字解释为"更易",是望文生义。白平(2002:176~177)认为:虽然张守节注解不能成立,是望文生义,但是"辟易"并不是单纯词。"辟"是"避"的古字,有"避开"义;"易"通"逷",而"逷"是"逖"的古字,"逖"有"使远避"义。甚至周玉秀(1994:70)认为,"窈窕、铿锵、恍惚、欷歔"等词都可以拆开单说,且二字意义相同。

D. 连绵词的来源、形成及其演变

周玉秀(1994:68)认为,"古代学者的论述及现代古音学的研究成果都表明:联绵词的形成途径主要有三条:一是古代语音的分化;二是外语音译词;三是同义词连用形式。"古代语音的分化包括两方面:一是古代复辅音声母的分化。二是某些单音词的切语形式。张振林(2007)说:"单音词缓读长言析为二音节是连绵词的重要来源。"王云路(2007)认为,连绵词的来源主要有单音词扩展和双音词音变两种。单音词扩展为连绵词通过两种方式:一是音节缓读,一字析为两字,如"浑"变为"囫囵"。二是音节延展。如"澜"变成"涣澜",是向前延展;"径"变成"径涏",是向后延展。连绵词也可以由双音实词变化而成。双音节实词在使用过程中逐渐变得意义单一、语音相关,具备了成为连绵词的必要条件,当具有多种写法之后就标志着连绵词成熟了。举例,"零丁"由词组凝固成词,又由于它本身具有叠韵的语音形态;同时又由于人们的误解,在偏旁类化的习惯心理驱使下写作同一偏旁,逐渐变成连绵词。有的连绵词是由于发生音变形成的,认为"伶俜"就是"零丁"的变体。

大部分连绵词产自汉语内部,只有少数连绵词借自别的语言。汉语自身内部产生的连绵词的主要来源有:一是单音节词,一是双音节词。由单音节词发展为连绵词的途径之一是缓读。至于周玉秀(1994:68)提到的语音的分化之一"古代复辅音声母的分化"笔者觉得还有待于深入研究。顾炎武谈切语时曾举例说:"《诗经·墙有茨》传:'茨,蒺藜也'。'蒺藜'正切'茨'字。'八月断壶',今人谓之'胡卢',《史记·后妃传》作'瓠卢','瓠卢'正切'壶'字。"这类的例子他还举了"终葵"切"椎","不律"切"笔"等。王念孙《广雅疏证》中也列有"窟窿"切"空"、"髑髅"切"头"等。途径之二是增加音节,也就是"音节延展"。

发展成为连绵词的前身大部分是同义连用的词组,当然也有相反相对或相关的词组合而成的词组。如:王念孙《读书杂志》中说:"凡謰语之字,皆上下同义,不可分训。"实际上说的应该是由两个同义词连用逐渐合成的连绵词。如:"坎坷"两字都指下陷的地方,同义;再如,"辗转",《诗经·周南·关雎》:"辗转反侧"。郑玄笺:"卧而不周曰辗"。《经典释文》:"辗,本亦作展。"《说文》:"展,转也。"《玉篇》:"辗,转也。"《说文》:"转,运也。从车,专声。""辗""转"二字同义。它们在早期使用时,位置还可以颠倒,也就是古人所说的倒言。正如王云路先生所说,两个实词组合在一起形成词组,由于经常合在一起使用,意义变得单一,成为一个不可分割的整体,人们又对其古义又不太熟悉,经常按整体去理解,也不再把它们分开使用或者分开使用的频率大大减少,组成连绵词的两个字逐渐变得不可分训。词固定下来之后,词无定形,形成了多种写法。又由于连绵词的两个字往往同义或同源,音近义通,所以大部分连绵词就会有双声叠韵等语音关系的特点。

还有些连绵词来源于叠音词。白平先生(2002:169~172)认为:"有的双声连绵字的本质就是叠音词语,这些词语和叠音词语之间只存在书写形式上的差别,除此之外,二者是完全可以划等号的。"造成这种情况的直接原因在于语流音变。叠音词语在口头交际中连读时会发生语流音变而读音不同,于是人们使用两个读音不同的字来记录叠音词语。如:《元曲选·还牢末》二折:"把衣服扯得似纸提条。"中的"提条"是"条条"的音变;董解元《西厢记诸宫调》卷一:"玉壶一夜,积渐里冰澌生满"中的"积渐"(也作"即渐")是"渐渐"的音变。(2002:172)甚至认为"部分所谓的双声连绵字,实际上是一种叠音复合词语,除书写字形的差异之外,它完全应当和叠音词一例看待,在词汇学上没有必要为它们另立户头。"不过我们认为,它们从源头来看虽然是叠音词,可是既然形态变化既久,且很多又有不同写法,人们从书写形式上已经看不出它们意义源头,依据它们后来的形态看作连绵词更好,尤其对于一般读者掌握起来更为便利。

来源于外来词的连绵词,通常是按原词的语音形式翻译过来的外来词(外来词还包括意译词),我们称之为音译词。如:葡萄、苜蓿、玁狁、琵琶、月氏、乌孙、罗汉、袈裟、琉璃、天竺、燕支等。汉语词汇中的外来词,先秦时期就已经出现。古汉语中的外来词一部分属于我国少数民族语言,一部分属于外国语。主要来源于旧称的西域、匈奴、印度等,取自佛语的尤其多,如:浮屠,古代也作"佛图"、"佛佗"、"佛驼"等,省称作"佛",就是从梵语音译而来。这些音译词具备一般连绵词的大部分特点,但是由于是音译,双声叠韵关系不是它们的构成特点。

连绵词和万事万物一样也在不断演变。不仅其内部结构的意义发生变化,而且其外部形式也在发生演变。张应斌(2007)认为,连绵词演变的形式是分化和合成,分化成两个实词或合成一个单音词。连绵词分化的问题较复杂,我们这儿不再涉及;合成的情况,如:"蝃蝀"合成"虹","骷髅"合成"头"等。由此可见,连绵词的产生与单音节词和其他双音节词密切相关,其演变也和单音节词和其他双音节词纠缠不清。因此,我们应该用历史的观点去看待连绵词。

(2)叠音词

A. 叠音词的概念及性质问题

古代汉语教材给叠音词下的定义大致相同,认为叠音词是由两个相同音节重叠构成的单纯词,又称重言词。如:朱振家主编《古代汉语》(1994:63)、宋学农等主编《古代汉语》(1997:331)、荆贵生主编《古代汉语》(2005:242)等。现代汉语教材下的定义也类似,如黄伯荣、廖序东主编《现代汉语》(增订四版)(2007:222):"由不成语素的音节重叠而成,它只是一个语素构成的词。"都将叠音词定性为单纯词。

在叠音词问题的研究中,"叠音词"与"叠字"、"词的重叠"、"重叠式合成词"诸概念因为都是由重叠音节构成、在书写形式上记录这两个音节的字相同存在着混乱,我们应加以区别。如:荆贵生主编《古代汉语》(2005:242)说:"叠音词又叫'重言词'、'叠字'等。"将"叠音词"等同于"叠字"。白平《古代汉语》(1997:207)中谈多音节词的产生途经时提到"改用叠音词"的方式,举的例子是"叔—叔叔 伯—伯伯",这儿的"叠音词"实际上是指重叠式合成词。罗邦柱主编《古汉语知识辞典》(1988:149~150)这样解释"叠字":"旧称'重言'。指由同一个字叠合而成的词语。大致可分为两类:一类是叠音词。例如《诗·周颂·执竞》:'斤斤其明,钟鼓喤喤。''斤斤'和'喤喤'都是叠音单纯词。……另一类是词的重叠式。例如《诗·召南·卷耳》:'采采卷耳,不盈满筐。''采采'是动词'采'的重叠式。"认为"叠音词"是"叠字"的一种。向熹《〈诗经〉里的复音词》(1980)统计《诗经》中共有4000多个词,其中复音词1329个,占30%弱,而叠音词353个。其中的叠音词包括所有由两个相同单音节叠用的形式。

我们综合各家观点认为,可将两个相同单音节叠用的形式称之为叠字。叠字又分为三类:

一类是叠音词,由没有意义的音节叠加而成,或者单字虽有意义却与整个词的意义无关,属于单纯词。如:"关关雎鸠"中的"关关"是雎鸠鸟的鸣叫声,与"关"的"关闭、合拢、拘禁"等意义没有关系;"车辚辚"中的"辚辚"是车行走的声音,与"辚"的"门槛"、"轮子"等意义没有什么关系;"举手长劳劳"

中的“劳劳”形容忧愁伤感的样子,与“劳”的“辛苦、辛勤”等意义没有关系;《礼·曲礼》:“猩猩能言,不离禽兽。”中的“猩猩”是一种动物的名称。“猩猩”可以省称为“猩”,《辞海》(修订本)注:“猩,猩猩的省称。”因为先有叠音词“猩猩”,然后才有省称“猩”(黄义昆 1987:83),所以我们不能认为“猩猩”是“猩”重叠而成的合成词。叠音词以象声词和形容词居多。是象声词的如:坎坎、丁丁、霍霍、萧萧、唧唧、喈喈、淙淙、潺潺等。是形容词的如:斤斤、习习、离离(可形容盛多的样子、浓密的样子、井然有序的样子、飘动的样子等)、漠漠(可形容寂静无声的样子、迷蒙的样子、密布的样子等)、蓁蓁(形容草木茂盛的样子、事物集聚的样子)等。叠音词还包括单字虽然有意义但是极少使用,常常以叠音的形式出现的词,如:夭夭、蚩蚩、恢恢等。(后文我们有详细论述,参看后文。)

一类是重叠式合成词,由两个相同的词根语素重叠而成,属于合成词。词中单字的意义往往与整个词的意义一致。如:“爹爹”、“妈妈”在宋代就已经出现。(宋)汪应辰《祭女四娘子文》:“爹爹妈妈以清酌、时果庶羞之奠,祭于四小娘子之灵。”(宋)陆游《避暑漫抄》:“太后回銮,上设龙涎沉脑屑烛。后曰:‘尔爹爹每夜常设数百枝。’上微谓宪圣曰:‘如何比得爹爹富贵。’”“爹”、“妈”在《广雅》中就有解释,《广雅·释亲》:“爹,父也。”“妈,母也。”

一类是单音词的叠用。单音词的叠用只是通过用重叠的方式、词形的变化表示动作的尝试、暂时或持续,或语气的加重、缩小,以及表达某种感情色彩。动词的重叠常常表示动作、行为的持续反复,动作的短暂和尝试,某种语气或者描写动作的状态。如:《诗经·周南·卷耳》:“采采卷耳,不盈满筐。”中的“采采”表示多次进行“采”这种动作,义为“采了又采”“不断地采”。形容词的重叠通常表示程度的加深或适中,且常带有一定感情色彩,有时着重强调、感叹语气。如:《诗经·小雅·都人士》:“彼都人士,狐裘黄黄。”中的“黄黄”形容狐狸皮做的袍子颜色黄黄的,表示的程度比“黄”加深,也带有喜爱的感情色彩。名词的重叠常常表示“每一”、“全部”的意思。如:(唐)白居易《买花》:“家家习为俗,人人迷不悟。”中的“家家”、“人人”分别是“家”、“人”的重叠使用,表示全部或逐指,“每一家”“每一人”。量词的重叠表示“每一”或者“一……又一……”。

许多书谈到叠音词的时候,说又叫“重言”。实际上古代汉语中的“重言”包括两种情况:一类是指上面所述的叠字。如:(清)王引之《经义述闻》卷七:“《周语》云:‘熙,广也。’重言之则曰熙熙。”另一类是指同一词语或语句的重复出现。如:《左传·隐公元年》:“惠公元妃孟子,孟子卒。”孔颖达疏:“重言孟子者，服虔云：嫌与惠公俱卒，故重言孟子。”（嫌：疑惑。）这儿的“重言”指的是词语的重复。王引之《经义述闻》卷七：“孔子赞禹曰：‘禹，吾无间然矣。’终又曰：‘禹，吾无间然矣’；美颜回曰：‘贤哉回也’，终又曰：‘贤哉回也’。重言嗟叹，是其例也。”（间，音 jiàn，缝隙。无间，没有丝毫可议之处。）这儿的“重言”指语句的重复。

与连绵词研究存在的问题一样，学者们经过深入研究发现，叠音词的传统定义并不能涵盖一些大家公认的叠音词（包括许多古代汉语教材中所举的例子），或者说有些大家公认的叠音词并不符合现行叠音词的定义，叠音词的定义与叠音词词例有抵牾之处。有一些叠音词从现代汉语角度看是单纯词，叠音词的单字不再使用，可是从古代汉语角度去看就不是单纯词，组成它们的单字有意义，且与词义有关系，只是单用的时候少而已。这样的词有夭夭、蚩蚩、恢恢、滔滔、悠悠、绰绰、迟迟、惶惶、皑皑、茫茫、巍巍、勃勃、匆匆、纷纷、荡荡、区区、趯趯（形容跳跃的样子）、杲杲（明亮的样子）、融融、泄泄、戚戚等。以下选取几例试做分析。如：

《诗经·周南·桃夭》：“桃之夭夭，灼灼其华。”中的“夭夭”形容绚丽茂盛的样子。而“夭”就有“茂盛”义，如：《书·禹贡》：“厥草惟夭，厥木惟乔。”又“夭年”即指盛年。草木茂盛是绚丽之景，人正当年轻是美丽之色，所以“夭”就有艳丽、美丽之义，如：“夭秀”、“夭丽”义为娇艳美丽，“夭妍”义为美丽妩媚，“夭桃”比喻少女容颜美丽，“夭秾”比喻年少貌美，“夭娜”形容婀娜、轻盈艳丽，“夭娆”义为娇艳妩媚，“夭冶”义为艳丽。

《诗经·卫风·氓》：“氓之蚩蚩，抱布贸丝。”中的“蚩蚩”形容敦厚老实的样子。而“蚩”就有“无知，痴愚”义。《释名》：“蚩，痴也。”如：《后汉书·刘盆子传》：“儿大黠，宗室无蚩者。”再如：“蚩拙”义为粗俗笨拙，“蚩骏”义为痴呆笨拙，“蚩伫”义为鲁钝庸劣，“蚩鄙”义为粗野拙劣，“蚩人”指愚人，“蚩妍”同“媸妍”，指丑与美。

《庄子·养生主》：“恢恢乎其于游刃必有余地矣。”中的“恢恢”形容宽大广阔的样子。而“恢”就有“大”义。《说文》“恢，大也。”《公羊传·文公十五年》：“恢郭也。”（恢郭：宽大的外城。）“恢伟”义为壮伟、魁伟，“恢奇”义为雄伟杰出，“恢卓”义为宽大高明。

《诗经·齐风·载驱》：“汶水滔滔，行人儦儦。”中的“滔滔”通过叠用形容词“滔”来形容大水奔流的样子，而“滔”本来就是用来形容水流大的样子。《说文》：“滔，水漫漫大貌。”“滔滔不绝”中的“滔滔”则是由形容水流之大发展出来的的引申义，比喻言行或其他事物连续不断。“悠悠苍天”中的“悠悠”也是叠用式的合成词,是“长久、遥远”的意思,而“悠”意思就是“久,远,长”,如:悠久、悠远、悠扬等。“绰绰有余”中的“绰绰”形容宽裕、舒缓的样子,而“绰”就是“宽裕,缓”的意思,如:宽绰。有的词用字也同联绵词一样不固定,有几种书写形式,似乎是记音,实际上却仍然是由一个语素重叠以后构成的,也就是说每个字都有意义。如:《诗经·召南·草虫》:“未见君子,忧心忡忡。”中的“忡忡”又作“冲冲”,形容忧虑不安的样子。“忡”即有忧虑义,《说文》:“忡,忧也。”如:《诗经·邶风·击鼓》:“忧心有忡。”(“有”是词头)“忡然”义为忧愁的样子,“忡怅”义为忧伤惆怅。再如:《诗经·卫风·硕人》:“四牡有骄,朱幩镳镳。”(朱幩(fén):马嚼环两旁的红色扇汗用具。也可用作装饰。)中的“镳镳”形容盛多貌,可写成“儦儦”、“瀌瀌”、“镳镳”。虽然写成了不同的字,但都有美盛的意思,由于描写的对象不同,就写成了不同的字,从根本上说表示的还是一个词。

这些词在归类的时候确实不好处理。在古代汉语中组成它们的单字虽然有意义,但是却远不如叠音形式常用,人们会误解为词义与单字义无关。其中留存在现代汉语中的,单字已基本不再使用,甚至不作为构词语素出现,现在的人们对它的古义又不熟悉,因此一般认为是单纯词。照顾到习惯问题我们可以仍然将它们归为单纯词。可是如果和纯粹是单纯词的叠音词不加以区分,不利于我们了解词义的语源和掌握词义,所以我们应该对这类词加以说明。

大多数叠音词的形成实际上是由单音词的叠用形成的。单音词的叠用形式被人们使用久了,定型了,一个叠音词就形成了。随着时间的推移,有些叠音词已经消亡了,如“关关”、“夭夭”、“瀌瀌”、“迟迟”等;也有一些仍然在现代汉语中使用,如“滔滔”、“悠悠”、“翩翩”、“忡忡”等。

B. 叠音词的作用

关于叠音词的作用,刘勰《文心雕龙·物色》早有阐述,“是以诗人感物,联类不穷,流连万象之际,沉吟视听之区,写气图貌,既随物以婉转;属采附声,亦与心而徘徊。故灼灼状桃花之鲜,依依尽杨柳之貌,杲杲为日出之容,瀌瀌拟雨雪之状,喈喈逐黄鸟之声,喓喓学草虫之韵。皎日慧星,一言穷理;参差沃若,两字穷形。并以少总多,情貌无遗矣。”

有的叠音词用来摹拟声音,形象、逼真,起到渲染气氛的作用,使人如临其境、如闻其声,有很强的艺术感染力。如:

《诗经·周南·关雎》:“关关雎鸠,在河之洲。”

《诗经·周南·伐檀》:“坎坎伐檀兮,置之河之干兮。”

《诗经·召南·草虫》:“喓喓草虫,趯趯阜螽。”(趯,音 tì。)

《诗经·小雅·伐木》:"伐木丁丁,鸟鸣嘤嘤。"

《诗经·周南·葛覃》:"黄鸟于飞,集于灌木,其鸣喈喈。"

《木兰诗》:"小弟闻姊来,磨刀霍霍向猪羊。"

杜甫《兵车行》:"车辚辚,马萧萧,行人弓箭各在腰。"

以上例中,"关关"、"嘤嘤"、"喈喈"是鸟鸣声,"坎坎"、"丁丁"是伐木声,"喓喓"是虫鸣声,"霍霍"是磨刀声,"辚辚"是车行走的声音,"萧萧"是马叫声。

有的叠音词描绘状貌,夸张其事,铺陈张扬,给人留下深刻的印象。如:

《诗经·小雅·湛露》:"其桐其椅,其实离离。"离离:盛多的样子。

《诗经·小雅·采薇》:"昔我往矣,杨柳依依。"依依:随风飘摆的样子。

《诗经·小雅·无羊》:"尔羊来思,其耳湿湿。"湿湿:耳动的样子。

《诗经·周颂·执竞》:"自彼成康,奄有四方,斤斤其明。"斤斤:形容明察的样子。

《孔雀东南飞》:"举手长劳劳,二情同依依。"劳劳:形容忧愁伤感的样子。依依:形容依恋不舍的样子。

有的叠音词既可摹拟声音,又可描绘状貌。如:潺潺,可以作象声词摹拟水声、雨声。如:(宋)欧阳修《醉翁亭记》:"渐闻水声潺潺而泻于两峰之间者,酿泉也。"此处摹拟水声。(唐)柳宗元《雨中赠仙人山贾山人》诗:"寒江夜雨声潺潺,晓云遮尽仙人山。"此处摹拟雨声。也可以形容水缓流的样子,如(三国魏)曹丕《丹霞蔽日行》:"谷水潺潺,木落翩翩。"又(明)王錂《春芜记·宴赏》:"看霏霏山抹微云,更潺潺水遶孤村。"再如:习习,可作象声词,如(唐)陈润《宿北乐馆》诗:"溪流潺潺雨习习,灯影山光满窗入。"此处模拟雨声。可形容微风和煦的样子,如《诗经·邶风·谷风》:"习习谷风,以阴以雨。"毛传:"习习,和舒貌。"可形容频频飞动的样子,如《楚辞·九辩》:"骖白霓之习习兮,历群灵之丰丰。"朱熹《集注》:"习习,飞动貌。"可形容盛多,如(汉)蔡邕《陈留太守胡公碑》:"祁祁我君,习习冠盖。"(祁祁:众多的样子。)可形容清雅和谐的样子,如(汉)傅毅《舞赋》:"或有矜容爰仪,洋洋习习。"还可形容辛辣、痛痒等感觉,如(宋)沈括《梦溪笔谈·药议》:"细辛出华山,极细而直,深紫色,味极辛,嚼之习习如椒,其辛更甚于椒。"

总之,使用叠音词描写景物,生动、准确、形象,能够深刻逼真地刻画事物的情貌、抒发自己的思想感情,融情景于一体。而且,叠音词音韵和谐,节奏整齐鲜明,可以增强语言的音乐美。因此,叠音词不仅作为一种词语构成类型在古代汉语、现代汉语中大量存在,尤其在诗、词、赋、民歌等韵文中运用更为广泛,大大地提高了语言表达效果。

2. 复音合成词

由两个或两个以上的语素构成的词叫合成词。古汉语中的合成词不发达。

(1)复合式

复合式合成词指由词根和词根组合而成的词。从结构形式来看,主要有以下几种:

联合式:道路　恭敬　夙夜　爪牙　仓廪　干戈　宾客　祭祀　朋友
左右　恐惧　宗庙　谄谀　尊贵　飘摇　膏腴　骨肉　饥馑

偏正式:百姓　小人　天下　足下　美人　诸侯　狐裘　天子　妇人
黄金　寡人　鄙语　公子　黄雀　太牢　处士　（定中）
长驱　先生　（状中）

动宾式:将军　执事　稽首　集事　开罪　许诺　败绩　视膳　终身

主谓式:冬至　日食　霜降　春分　御用　人定

动补式:扰乱　平定　断绝　击走

古汉语合成词中以前两种形式常见。在联合式的合成词中,从两个语素在词中所起的表义作用来看,可以分为三类:同义复词、偏义复词、变义复词。

A. 同义复词

同义复词指的是由两个意义相同或相近的语素构成、取其共同意思作为词义的复合词。如:

《战国策·齐策》:“齐王闻之,君臣恐惧。”

《战国策·齐策》:“臣窃计君宫中积珍宝,狗马实外厩,美人充下陈,君家所寡有者以义耳。”

《孟子·梁惠王上》:“斧斤以时入山林,材木不可胜用也。”

《战国策·齐策》:“愿君顾先王之宗庙,姑反国统万人乎!”

《战国策·齐策》:“臣奉使使威后,今不问王而先问岁与民,岂先贱而后尊贵者乎?”

《战国策·楚策》:“臣请辟于赵,淹留以观之。”

B. 偏义复词

偏义复词是用两个意义相近或相关、相反或相对的语素构成,而词义偏向其中一个语素(即其中一个语素的意义成为这个复音词的意义,另一个语素只是起陪衬作用)的复合词。

关于偏义复词的类型,王卯根(2007)指出,汉语词汇学关于“偏义复词”的理论,迄今为止,只涉及到语素意义相反和相关联两种类型,而忽略了另外一种重要类型——包容关系类型,导致了偏义复词理论的研究缺乏应有的概括性和周延度。包容关系的偏义复词的两个语素的字面意义分别指称同一事物的整体和局部,其构词语素之间在逻辑上属于属概念和种概念的关系,在语义上体现为包容关系,即表示事物整体概念的语素意义包容了事物局部概念的语素意义(王卯根 2007)。王卯根(2007)将偏义复词分为三种关系:类义关系、反义关系、包容关系。我们认为,为了科学研究的深入,分类愈细致愈好。可是实际上,相关也包括包容关系,包容关系既然是整体概念与部分概念的关系,那么它们是属于相关联的一种情况,应该属于相关类型,不应该另立一类。且我们认为类义关系的说法也欠妥。类义关系是指一组词在意义或逻辑上属于同一种类。类义词可能是近义词,如"娘"和"令堂"是近义的称谓类的类义词;也可能是反义词,如"黑"和"白"就是反义的颜色类的类义词;也可能既不是近义也不是反义,只是同一类属的关系,如"苹果"和"葡萄"是水果类的类义词。因此,类义关系有时涵盖反义关系。鉴于以上理由,我们将两个语素意义表整体概念和部分概念的偏义复词归在语素意义相关一类,也不采用类义关系的说法,这样虽然有点儿笼统,却便于说明问题。

a. 语素意义相近或相关

语素意义相近的,如:

《墨子·非攻上》:"今有一人,入人园圃,窃其桃李。"(古代栽树的地叫"园",种菜的地叫"圃",词义相近。这里的"园圃"意思偏向"园","圃"只起陪衬作用。)

语素意义相关的,如:

《礼记·玉藻》:"大夫不得造车马。"("车马"词义偏"车"。)

《史记·廉颇蔺相如列传》:"吾所以为此者,以先国家之急而后私仇也。"("国"最初指诸侯的封地,"家"是卿、大夫的封地,"国家"偏向指"国"。现代汉语中,"家"指家庭,一般作陪衬语素。)

《孟子·告子下》:"苦其心志,劳其筋骨,饿其体肤,空乏其身。"("体"指身体,"肤"指皮肤,"体肤"偏向"体"义,具体指肠胃。)

(唐)孟浩然《临洞庭湖赠张丞相》:"欲济无舟楫,端居耻圣明。"("舟"义是船,"楫"指船桨,"舟楫"偏指舟,泛指船只。)

《楚辞·九章·惜往日》:"乘氾泭以下流兮,无舟楫而自备。"("舟楫"偏指"楫",指船桨。这种意义不如泛指船只常见。)

(唐)韩愈《招扬之罘》:"野马不识人,难以驾车盖。"(古代车上有遮雨蔽日的篷盖,像雨伞一样,呈圆形,下有柄。"车"是整体,"盖"是车的构成部件,"车盖"偏指车。据王卯根(2007:41~45)考察,"车盖"表示车的时代较晚,大约出现在南北朝时期,南北朝以后用例颇多。《太平御览》全书“车盖”共出现32次,其中偏指车的3次。)

b. 语素意义相反或相对。如:

诸葛亮《出师表》:“宫中府中,俱为一体,陟罚臧否,不宜异同。”(“异同”意思偏向指“异”,不同。)

《孔雀东南飞》:“昼夜勤作息,伶俜萦苦辛。”(“作”义为“劳作”,“息”义为“歇息”,“作息”偏向“作”,“息”字为陪衬,劳作之义。)

顾炎武《日知录》:“爱憎,憎也;得失,失也;厉害,害也;缓急,急也;成败,败也;异同,同也;祸福,祸也。”现代汉语中,也有少量偏义复词,如:国家、动静、褒贬、好歹等。“国家”偏向指“国”;“动静”偏向指“动”,如“听听动静去!”;“褒贬”偏向“贬”,如“那个人就喜欢褒贬人”;“好歹”偏向“歹”,如“别去了,有个好歹怎么办?”。

C. 变义复词

由意义相关或相对的语素组成,词的意义既不是语素义的简单相加,也不是取它们共同的意义或偏向指其中一个语素,而是产生了新的意义,词的意义与构成它的语素意义有所不同,这样的词我们称为变义复词,有的教材(如宋学农等主编的《古代汉语》)称之为变义合成词。如:

《孟子·尽心下》:“民为贵,君为轻,社稷次之。”

《后汉书·仲长统传》:“船车贾贩,周于四方,废居积贮,满于都城。”

《礼记·文王世子》:“春夏学干戈,秋冬学羽籥,皆於东序。”

《战国策·赵策》:“遂辞平原君而去,终身不复见。”

《战国策·楚策》:“不知夫公子王孙,左挟弹,右摄丸,将加己乎十仞之上,以其类为招。”

《战国策·赵策》:“太后明谓左右:‘有复言令长安君为质者,老妇必唾其面。’”

以上例中,“社稷”本指土神和谷神,由于古时的君主为了祈求国家太平,五谷丰登,每年都要到郊外祭祀土地神和五谷神,后来人们就用“社稷”来代称国家,于是产生新义“国家”;“都城”本指封邑的城墙,如《左传·隐公元年》:“都城过百雉,国之害也。”新义指国都;“干戈”本指干和戈,“干”指盾牌,“戈”指进攻的类似矛的武器,例中指古代武舞。“干戈”有时通称武器,如(汉)桓宽《盐铁论·世务》:“兵设而不试,干戈闭藏而不用。”也可指战争,如《史记·儒林列传序》:“然尚有干戈,平定四海,亦未暇遑庠序之事也。”“终身”中“终”可指“终竟、从开始到末了”,“身”可指人的生命或一生,形成整体含义“一生”。“公子”

中“公”本泛指诸侯,“子”指子女或特指儿子,“公子”原指诸侯的儿子,新义称官宦人家的儿子。“左右”本指左面和右面,新义代指手下人。

D. 词组和复合词的判定

复音词大都经历了由单音词连用到临时组合进而凝固成词这样一个发展过程。凝固成词的过程是一个漫长的渐变过程。开始阶段,单音词连用成为词组,意义是单音词意义的简单相加,或是同义复用。由于经常连用,意义慢慢就发生了变化,组合体的意义逐渐成为一个整体意义,不再是单音词意义的简单组合或是同义词的重复使用,结构也逐渐稳定,最终定型为复音词。

词组凝固成词之后,在一段时间内词组与词的用法可能同时存在,形成词组、词两种形式并行的情况。如:“社稷”,在“君惠徼福于敝邑之社稷,辱收寡君,寡君之愿也。”(《左传·僖公四年》)中是词组,“社”是土神,“稷”是谷神,“社稷”指土神和谷神,而“君能有终,则社稷之固也,岂惟群臣赖之?”(《左传·宣公二年》)中的“社稷”则指国家。再如:“于是”,在“于是荀首佐中军矣,故楚人许之。”(《左传·成公三年》)和“于是羊舌职死矣。”(《左传·襄公三年》)中是词组,“于”是介词,相当于“在”,“是”是代词,意思是“这时候”,“于是”意思是“在这时候”,而在“对曰:‘赤也可。’于是使祁午为中军尉,羊舌赤佐之。”(《左传·襄公三年》)中,“于是”的用法与在现代汉语中相同,是连词。这说明:《左传》时代,“社稷”、“于是”有时是词组,有时是词。一个组合体在具体语境中是什么意思主要根据语境来确定。如:“归敌者,父母妻子同产皆车裂。”(《墨子·号令》)中的“妻子”是词组,不是指男子的配偶,而是指妻子儿女;“王曰:‘虽然,必告不谷。’”(《左传·成公三年》)中的“虽然”也不能按照现代汉语中的让步连词用法去理解,而是词组,是连词“虽”和代词“然”的组合,意思是“虽然这样”;“师之耳目,在吾旗鼓,进退从之。”(《左传·成公二年》)中的“耳目”也不能理解为“替人刺探消息的人”,而是词组,指耳朵和眼睛。

区分词与词组对于语言的分析和运用有着重大的意义。词和词组虽然在理论上界限明确,在实践中却是一个难以解决的复杂问题。它们结构关系非常相似,都有复合、附加和重叠等基本类型,而且复合式都有五种基本结构关系。又由于汉语的使用历史悠久,古今交错的现象比较突出,界限模糊的地方的确很多,而现代汉语的词绝大部分是双音节的,古代汉语绝大部分是单音节的,组合很容易,组成部分究竟是词还是语素,有时确实不好区分。如何判断特定时期的一个组合体是词还是词组?词和词组的划界标准是什么?如何判断复合词和词组?学者们曾提出一些区分标准和方法。我们认为可有以下办法：

其一，语法上，看结构是否凝固，能否扩展，即中间是否可插入其他成分。这是学界公认的一种基本方法。由于词是最小的能够独立运用的语言单位，所以词具有完整性，词内部语素和语素之间是凝固的，不能分离和随意替换，分离之后，与原来的意思就不相同了。词不能扩展，表现在：词的组成部分不能单独受修饰语修饰；词的组成部分不能单独与其他成分组成并列结构；中间不能插入其他成分①。词组虽然能够独立运用，但却不是最小的语言单位，所以，词组具有离散性，是可以分离和自由替换的。中间往往可以插入别的造句成分，即可以扩展。同一个组合体在不同的语境中可能属于不同的语言单位。如："头痛"，在"这件事，我很头痛"中不能扩展，是词；而在"我今天头痛"中就可以扩展为"我今天头很痛"，是词组。

其二，语义上，看意义是否有融合性。词所表达的概念，一般是比较单纯固定的，词义不是语素义简单的相加，而是一个融合在一起的整体概念。如："白菜"意思不等于"白的菜"，而是指一种十字花科芸薹属叶用蔬菜。如果一个组合体在同一时期已经有了多个义项，这说明组成部分的意义已经融合在一起，可以视为同义复词。如："淹留"在《楚辞》中既有"羁留、逗留"义，如《楚辞·离骚》："时缤纷其变易兮，又何可以淹留？"也有"隐退；屈居下位"义，如《楚辞·九辩》："时亹亹而过中兮，蹇淹留而无成。"不过意义的融合性这条标准不具有排他性，有些短语，如惯用语，意义也具有融合性，而且语义是主观的东西，不太容易把握。不过，我们仍然可以把这条标准作为一条参考标准来区别大部分词与词组。

其三，结合语境出现的时代去看一个组合体的用法是词还是词组，采取少数服从多数的原则。比如，"虽然"一词，在现代的用法中，不论在什么样的交际环境中都不会是词组，只能是词，因此在一个陌生的交际语境中我们只按词理解即可。而在《左传》时代只能按词组去理解，因为当时还没有发展出词的用法。不过，如果在词组和词并行的时代，在语境中既可以理解为词组、也可以理解为词的时候，判断就有点儿困难了。如《战国策·齐策》："文倦于事，愦于忧，而性懧愚，沉于国家之事，开罪于先生。"中的"国家"究竟是偏义复词"国家"呢还是词组？我们经过调查发现，《孟子》一书中"国家"共7例，其中有6例是偏义复词，只有1例是词组(《孟子·万章下》："人有恒言，皆曰天下国家，天下之

---

① 离合词可以插入成分，但是插入之后不再是一个词了，而是几个词了。如："理发"是一个词，而"理了一次发"中的"理"和"发"是两个词。

本在国,国之本在家,家之本在身。”赵岐注:“天下谓天子之所主,国谓诸侯之国,家谓卿大夫家。”)王卯根(2007)也指出,同是战国时期(时间稍前)的《墨子》全书“国家”共83例,其中包容关系的偏义复词82例。在这种大部分用例是词的情况下,如果可以按词去理解我们就按复音词看待。相反,如果大部分用例是词组,要按词理解时就要慎重了。因此,我们分析古汉语复合词时,要有历史发展的观念,需要结合具体时代、具体语言环境认真分析,才能确定是词组还是词,是什么意思。

较难判定的是单音节同义词连用与同义复词。它们有着共同点,都是取各组成部分的共同义成为整个组合体的意义,意义都带有整体性。同义复词一般都是由同义连用发展而来的,古代汉语中特别是上古汉语中同义连用的现象很普遍,经常出现两个同义单音词连用甚至多个同义词连用的情况。既有实词连用的,也有虚词连用的。实词连用的,如:

《韩非子·外储说左上》:“反归取之。”例中的“反”和“归”都是动词,意思是“返回”。

李白《赠汪伦》:“李白乘舟将欲行。”例中的“将”和“欲”都是副词,“将要”之义。

《战国策·赵策》:“老臣病足,曾不能疾走,……故愿望见太后。”例中的“愿”和“望”意思都是“希望”。

《战国策·齐策一》:“能谤讥于市朝,闻寡人之耳者,受下赏。”例中的“谤”和“讥”意思都是指责议论别人的过错。

《楚辞·离骚》:“览相观于四极兮,周流乎天余乃下。”例中的“览”、“相”、“观”都是动词,观望。

(晋)干宝《搜神记》:“鬼便遂归,作其父形,且语其家:‘二儿已杀妖矣。’”例中的“便”、“遂”都是副词,于是、就。

《后汉书·孔融传》:“是时荆州牧刘表不供职贡,多行僭伪,遂乃郊祀天地,拟斥乘舆。”例中的“遂”、“乃”都是副词,就。

虚词连用的,如:

《论衡·刺孟》:“若设令惠王之问未知何趣,孟子径答以货财之利。”中的“若”、“设”、“令”都是假设连词,如果。

现代汉语中的同义复词非常多。徐流(1996)认为,双音节同义复词在加强节奏、增强语气语义、互相注释等方面都能胜任汉语的表达功能,所以多音节同义并列复用就无须普遍使用。

有些词,我们现在看来是同义复词,在古代某个阶段其实是同义连用的词

组,因为结构还不稳定。结构的不稳定性表现在:

第一,表示类似的意思时,组成成分不固定,随机组合,还处于临时组合阶段。如:"阻"有时与"险"组合,有时与"隘"组合。《左传·成公十三年》:"文公躬擐甲胄,跋履山川,逾越险阻,征东之诸侯。"《左传·僖公二十二年》:"古之为军也,不以阻隘也。"

第二,组成成分的次序可以颠倒。如:

"人民"也作"民人",如:《韩非子·五蠹》:"上古之世,人民少而禽兽众。"《孟子·滕文公上》:"后稷教民稼穑,树艺五谷,五谷熟而民人育。"

"会计"也作"计会",如:《孟子·万章下》:"孔子尝为委吏矣,曰:'会计当而已矣。'"《战国策·齐策》:"后孟尝君出记,问门下诸客:'谁习计会,能为文收责于薛者乎?'"

"介绍"也作"绍介",如:《战国策·赵策》:"平原君曰:'胜请为绍介而见之于先生。'"《新唐书·张行成传》:"古今用人未尝不因介绍。"

"险阻"也作"阻险"。如:《孙子兵法·军争》:"不知山林、险阻、阻泽之形者,不能行军。"《史记·淮阴侯列传》:"且彼未见吾大将旗鼓,未肯击前行,恐吾至阻险而还。"

"甲兵"也作"兵甲",如:《孟子·梁惠王上》:"抑王兴甲兵,危士臣,构怨于诸侯,然后快于心与?"诸葛亮《出师表》:"今南方已定,兵甲已足,当奖率三军,北定中原。"

"困乏"可说成"乏困"、"朋友"可说成"友朋",等等。像这样的组合体我们还是按词组对待较好。

(2)附加式

附加式由词根和词缀构成。在词根前面的词缀叫前缀,以前也叫词头;词根后边的词缀叫后缀,以前也叫词尾。

A. 加词头

在词根前面加词头"阿、有、其、言、于、薄"等。罗邦柱主编《古汉语知识辞典》(1988:172~173)认为'有、言、爰、薄、于、曰、聿、其'等近似于词缀,我们这里依照王力先生《古代汉语》(1999:467~470)将它们看作词缀。如:

《孔雀东南飞》:"阿母谓阿女:'汝可去应之。'"

古乐府《木兰辞》:"阿爷无大儿,木兰无长兄。"

《尚书·召诰》:"我不可不监于有夏,亦不可不监于有殷。"

《论语·有政》:"友于兄弟,施于有政。"

《诗经·邶风·击鼓》:"不我以归,忧心有忡。"

《诗经·邶风·击鼓》:“击鼓其镗,踊跃用兵。”

《诗经·邶风·北风》:“北风其凉,雨雪其雱。”

《诗经·周南·葛覃》:“言告师氏,言告言归。”

《诗经·周南·桃夭》:“之子于归,宜其室家。”

《诗经·周南·葛覃》:“薄污我私,薄浣我衣。”

以上例中,“阿”是名词词头,“阿母”、“阿女”、“阿爷”都是由词根前加词头“阿”构成,其中“阿”无意义,只起构词作用。“阿母”、“阿女”、“阿爷”意思相当于“母”、“女”、“爷”,意思分别是母亲、女儿、父亲。“爷”古义是父亲,如:《木兰诗》:“军书十二卷,卷卷有爷名”;《木兰诗》:“愿为市鞍马,从此替爷征”。“有”既可以作名词词头,也可以作形容词词头。“言、于、薄”是动词词头。“其”既可以作动词词头,又可以作形容词词头。其中,词头“阿”一直沿用到现代汉语。

B、加词尾

在词根后加词尾“然、尔、如、焉、若、乎”等,构成形容词。如:

《战国策·赵策三》:“文王闻之,喟然而叹。”

《庄子·秋水》:“于是焉河伯欣然自喜,以天下之美为尽在己。”

《论语·先进》:“子路率尔而对曰。”

《论语·乡党》:“孔子于乡党,恂恂如也,似不能言者。”

《诗经·小雅·小弁》:“我心忧伤,惄焉如捣。”

《诗经·卫风·氓》:“桑之未落,其叶沃若。”

《战国策·楚策四》:“(黄鹄)奋其六翮,而凌清风,飘摇乎高翔,自以为无患,与人无争也。”

这些词尾用在形容词词根或动词词根后边,使原来的形容词更具形象化色彩,或是使动词具有了形容词的性质,整个词成为形容词。其中,“然”是一个最为常见的词尾,用它做后缀构成的词非常多,如:喟然、欣然、怡然、豁然、勃然、怃然、填然等。

三、词义的变化

词汇系统的变化是从汉语词汇总量的变化上来看的,古今词义的变化主要表现在同一个词意义的变化上。从绝对意义上来说,一个词在古代汉语中的意义是古义,在现代汉语中的词义是今义。从相对意义上来说,上古汉语中的词义是古义,中古汉语中的词义可以说是今义;中古汉语中的词义是古义,近代汉语中的词义亦为今义。我们这儿所说的古义和今义有时指绝对意义,有时指相对意义。我们比较词的古今义,发现它们不仅在义项的数量上常常有变化,而且义项的具体内容往往也有差异。

(一)从词的全部意义看词义变化

1. 义项的增加

在词的原有义项的基础上增加了新的义项。如:

快　在上古汉语里,通常表示快乐、畅快,如《战国策·秦策》:"文信侯去而不快。"有时也表示"放肆",如《荀子·大略》:"贱师而轻傅,则人有快;人有快,则法度坏。"大约到中古时期,"快"除了保留原有的意义之外,又发展出"迅速"义、"锋利"义,如:《世说新语·汰侈》:"彭城王有快牛,至爱惜之。"李商隐《行次西郊作》:"快刀断其头。""快"由原来的两个义项增加到四个义项。

川　上古汉语中,通常指河流,如《尚书·禹贡》:"奠高山大川。"中古汉语中,又增加了"平野、平地"义,如北朝乐府《敕勒川》:"敕勒川,阴山下。"宋时设西川路和峡路,后将西川、峡二路分为益州、梓州、利州、夔州四路,合称"川峡四路",简称"四川路",由此产生"四川"一名。元时合并四路,设为四川行省。明清时期,"川"成为四川省的省称。"川"由最初的一个义项增加为三个义项。

2. 义项的减少

原有的义项有的消失,义项的数量减少。如:

毙　古义:(1)仆倒,跌倒。如:《左传·成公二年》:"射其左,越于车下;射其右,毙于车中。"《左传·哀公二年》:"郑人击简子中肩,毙于车中"。(2)死。如:《左传·僖公四年》:"与犬,犬毙;与小臣,小臣亦毙。"《聊斋志异·促织》:"及扑入手,已股落腹裂,斯须就毙。"(3)击毙,打死。如:《礼记·檀弓下》:"射之,毙一人。"杜甫《冬狩行》:"禽兽已毙十七八,杀声落日回苍穹。"(4)垮台。如:《左传·隐公元年》:"多行不义必自斃。"今义:(1)死。如:毙命、击毙。(2)枪毙。如:要不然就毙了你。古义中的(1)、(4)义项在现代汉语中消失,在现代汉语中继续沿用的只有(2)、(3)义项。

爱　古义:(1)对人或事物有很深的感情。包括喜爱、宠爱、情爱、敬爱、友爱、仁爱等。(2)爱惜、爱护。(3)吝惜、吝啬。如:《孟子·梁惠王上》:"百姓皆以王为爱也,臣固知王之不忍也。"(4)护、护卫。如:杨雄《法言·吾子》:"剑可以爱身。"现代汉语中,"吝惜、吝啬"义、"护卫"义消失。

短　古义:(1)短,与"长"相对,包括长度、时间、距离等。如:《孟子·梁惠王上》:"权,然后知轻重;度,然后知长短。"(2)缺少,缺乏。如:《后汉书·南匈奴传》:"戎狄之所长,而中国之所短也。"(3)缺点,短处。如:《史记·绛侯周勃世家》:“而梁孝王每朝,常与太后言条侯之短。”(4)指出别人的短处,说人的坏话。如:《史记·屈原贾生列传》:“令尹子兰闻之大怒,卒使上官大夫短屈原于顷襄王。”现代汉语中,义项(4)消失。

后生　古义:(1)后嗣,子孙。如:《诗经·商颂·殷武》:“寿考且宁,以保我后生。”(2)后辈,下一代。如:《论语·子罕》:“后生可畏,焉知来者之不如今也。”(3)弟子,学生。如:《墨子·非儒下》:“夫为弟子后生,其师,必脩其言,法其行,力不足知弗及而后已。”(4)青年男子。(唐)寒山《诗》之二二七:“三五痴后生,作事不真实。”(5)指醒悟较晚。《韩诗外传》卷六:“问者曰:‘古之知道者曰先生,何也?’曰:‘犹言先醒也。不闻道术之人,则冥于得失。不知治乱之所由,眊眊乎其犹醉也。故世主有先生者,有后生者,有不生者……后生者,三年而复,宋昭公是也。’”(6)来生。(北齐)颜之推《颜氏家训·归心》:“若引之先业,冀以后生,更为通耳。”(7)近代汉语中可指年轻。如:《二刻拍案惊奇》卷三:“娘子花朵儿般后生,恁地怎会忘事?”现代汉语中,只留下了(4)、(7)义项,且一般用于方言中。如:(晋方言)好后生;(吴语太湖片的诸暨方言)“她看起来很后生,一点都不像有五十岁。”其他义项都已经消失。

3. 义项的更换

一个词古今义项的数量没有变化,但是其中的成员有所变化,古今义项有同有异。如:

锻炼　古义:(1)冶炼金属。(2)罗织罪名,陷害人。如:《后汉书·韦彪传》:“忠孝之人,持心近厚;锻炼之吏,持心近薄。”(3)锤炼文句。如:刘克庄《跋李贾县尉诗卷》:“友山诗攻苦锻炼而成,思深而语清。”今义:(1)锻造或冶炼。(2)通过体育运动使身体强壮。(3)通过生产劳动、社会斗争和工作实践,使觉悟、工作能力等提高。“锻炼”在古代汉语和现代汉语中都有三个义项,但是古义中的(2)、(3)义项消失,被今义的(2)、(3)义项替代。

来　古义:(1)小麦。如:《诗经·周颂·思文》:“贻我来牟。”(牟:大麦。)(2)来,与“往”相对。(3)句中语气词。《孟子·离娄上》:“盍归乎来!”现代汉语中只留下“来”义,其他两个义项消失,但又增添了以下义项:指问题事情等发生;做某个动作;趋向动词;用在某一动词前面,表示要做某件事;用在另一动词或动词结构后面,表示来做某件事;未来的。

4. 义项数量及其成员都有变化

一个词的古今义项,原有的义项中有的消失,有的意义发生了变化,且有新的义项产生。如:

股　(《古代汉语词典》)古义:(1)大腿。(2)车辐靠近毂的较粗的部分。

(3)事物的分支或一部分。(4)古代数学名词。指直角三角形直角旁的长边。(《现代汉语词典》)今义:(1)大腿。(2)机关组织系统中按业务划分的单位(级别一般比科低)。(3)绳线等的组成部分。(4)集合资金的一份或一笔财物平均分配的一份。(5)指股票。(6)量词。a、用于成条的东西。b、用于气体、气味、力气等。c、用于成批的人(多含贬义)。(7)我国古代称不等腰直角三角形中较长的直角边。实际上,《现代汉语词典》中所列的(1)、(7)义项在现代汉语中一般不用,可以看作已经消失。比较古义和今义,我们发现,虽然义项分列标准的细致程度不同会影响义项的数量,但是大体看来,它的古义与今义的义项数量还是不同,且发展到现代汉语,古义义项与今义义项成员有变化。古义中的(1)、(2)、(4)义项消失,而今义中的(2)、(5)、(6)义项也是古义所没有的,古义中的义项(3)虽然可以涵盖今义中的(3)、(4),但是意义却又有些差别。

饭　古义:(1)熟的谷类食品。如:《庄子·天下》:"请欲固置五升之饭足矣。"多指米饭。(2)吃。《论语·述而》:"饭疏食,饮水,曲肱而枕之,乐亦在其中矣"。(3)给……饭吃。《史记·淮阴侯列传》:"有一漂母见信饥,饭信。"(4)喂养。《楚辞·九章·惜往日》:"吕望屠于朝歌兮,宁戚歌而饭牛。"(5)古代将贝珠玉之类放入死者口中。今义:(1)煮熟的谷类食物。也特指大米饭。(2)每天定时吃的食物。(3)指吃饭。如:饭前、饭后。古义与今义的义项数量不同,且古义中的后三个义项是今义所不具备的,而今义中的(2)、(3)义项虽与古义的(1)、(2)义项相近,却又有区别。

(二)常用义的变化

在历史发展过程中,不仅一个多义词的整体义项有变化,而且其常用义和非常用义往往也并不是固定不变的,会随着时间的推移而发生变化。

有些词的常用义没有变化或者变化不大。如:"进",它的古今常用义基本相同,都指前进,这也是它的本义,如《左传·僖公四年》:"师进,次于陉。""进"在古代还有"进献"义、"推荐"义。再如:"称",它的古今常用义都指称量,如《商君书·算地》:"度而取长,称而取重。"在古代又有"举、兴"、"推举、举荐"、"称述、称道"、"称呼、称为"等义。有的词的常用义则发生了变化。如:"时",现代的常用义指时光、时间;上古常用义指季节(春、夏、秋、冬四季),如晁错《论贵粟疏》:"粟米布帛生于地,长于时。"

由于使用频率的改变,一个词原来的常用义可能降为非常用义,而原来的非常用义则可能上升为常用义,或者产生的新义项成为它的常用义。如:上古汉语中"池"有"池塘"义、"护城河"义。"池塘"义如:《孟子·万章上》:"昔者有馈生鱼于郑子产,子产使校人畜之池。”“护城河”义如:《左传·僖公四年》:“君若以力,楚国方城以为城,汉水以为池,虽众,无所用之。”又《孟子·公孙丑下》:“城非不高也,池非不深也,兵革非不坚利也,米粟非不多也,委而去之,是地利不如人和也。”而“池”的常用义是“护城河”,“池塘”是它的非常用义。现代汉语中“池塘”则是“池”的常用义。再如:上古汉语中“国”有“国家”、“首都”、“诸侯的封地”等义。“国家”义如:《诗经·魏风·园有桃》:“聊以行国。”《诗经·大雅·民劳》:“国无有残。”“首都”义如:《左传·隐公元年》:“先王之制,大都不过参国之一,中五之一,小九之一。“诸侯的封地”义如:《左传·隐公元年》:“都城过百雉,国之害也。”《论语·季氏》:“丘也闻有国有家者。”《战国策·齐策》:“孟尝君就国于薛。”《孟子·梁惠王上》:“寡人之于国也,尽心焉而已。”《史记·留侯世家》:“汉王之国,良送至褒中,遣良归韩。”“国”的常用义是“诸侯的封地”。汉魏之后,“国家”逐渐成为“国”的常用义。如:(宋)陆游《十一月四日风雨大作》:“僵卧孤村不自哀,尚思为国戍轮台。”(唐)魏征《谏太宗十思疏》:“思国之安者,必积其德义。”直至现代汉语,“国家”义仍然是“国”的常用义。又如:“亡”在古代汉语中有“逃亡”、“死亡”、“丢失”、“消亡、灭亡”等义,其中“逃亡”义是它的本义,也是它的常用义,如《史记·陈涉世家》:“今亡亦死,举大计亦死,等死,死国可乎?”现代汉语中“亡”的常用义是死亡。

根据词的常用义的差别程度,我们可以分为几种情况:

1. 古今常用义迥然不同

该　古义:完备。如:《楚辞·招魂》:“招具该备,永啸呼些。”又《论衡·自纪》:“幼老生死古今,罔不详该。”今义:应该、应当。此义是中古以后才有的。如:(唐)白居易《洛下卜居》:“该知是劳费,其奈心爱惜。”《西游记》二十一回:“如来照见了他,不该死罪。”

去　古义:离开。如:《孟子·公孙丑下》:“孟子去齐。”成语中的“拂袖而去”、“扬长而去”中的“去”也是“离开”之义。今义:离开。“我去上海”中,“上海”是我要到达的目的地,而“孟子去齐”中,“齐”则是孟子离开的地方。

谢　上古汉语中“谢”的常用义是道歉,而不是感谢。如:《管子·大匡》:“齐人杀彭生,以谢于鲁。”又《战国策·齐策四》:“封书谢孟尝君。”又《战国策·赵策四》:“入而徐趋,至而自谢曰……”现代汉语中“谢”的常用义是“感谢”。此义是两汉以后才有的,如:《汉书·张汤传》:“安世尝有所荐,其人来谢。”《史记·项羽本纪》:“哙拜谢,起,立而饮之。”

行李　古义:外交使节。如:《左传·僖公三十年》:“若舍郑以为东道主,行李之往来,共其乏困,君亦无所害。”今义:出门时携带的衣物、铺盖等东西。

故事　古义:先例,旧日的典章制度。如:《汉书·魏相传》:"相明《易经》,有师法,好观汉故事及便宜奏章。"又《三国志·魏书·武帝纪》:"天子命公赞拜不名,入朝不趋,剑履上殿,如萧何故事。"又(宋)苏洵《六国论》:"苟以天下之大,而从六国破亡之故事,又在六国之下矣。"今义:一种文学体裁,把真实的或虚构的事情用作叙述对象,从而阐发道理,情节跌宕起伏,富有吸引力。

2. 古今常用义稍微有别

再　古义:两次、第二次。如:《左传·庄公十年》:"一鼓作气,再而衰,三而竭。"《左传·僖公五年》:"一之谓甚,其可再乎?"今义:又一次,表示动作重复,又。

访　古义:咨询。如:《左传·僖公三十二年》"穆公访诸蹇叔。"今义:探访、访问。"拜访"义是中古才产生的。如:(唐)杜甫《赠卫八处士》:"访旧半为鬼,惊呼热中肠。"又(唐)孟浩然《访袁拾遗不遇》:"洛阳访才子,江岭作流人。"

劝　古义:勉励。如:《左传·成公二年》:"郤子曰:'人不难以死免其君,我戮之不祥。赦之,以劝事君者。'"又《管子·权修》:"然后申之以宪令,劝之以庆赏,振之以刑罚。"又《汉书·艺文志》:"播百谷,劝耕桑,以足衣食。"今义:劝说、劝导。此义汉时出现。如:《史记·高祖本纪》:"亚父劝项羽击沛公。"又《后汉书·邓寇列传》:"军师韩歆及诸将见兵势已摧,皆劝禹夜去,禹不听。"现代汉语中"劝"的"勉励"义只作为语素义存在于"劝勉"等个别词中。

勤　古义:辛劳、劳苦。《说文》:"勤,劳也。"如:《论语·微子》:"丈人曰:'四体不勤,五谷不分,孰为夫子?'"又《左传·僖公三十二年》:"师劳力竭,远主备之,无乃不可乎?师之所为,郑必知之。勤而无所,必有悖心。""劳"和"勤"前后互文,词义相同。今义:勤快,与"懒惰"相对,指努力工作,只在"辛勤"等个别词语中保留了古义。

给　古义:供给,供应。指一方缺乏,另一方供应,使之满足。如:《战国策·齐策》:"孟尝君使人给其食用,无使乏。"又《韩非子·外储说右上》:"振贫穷而恤孤寡,行恩惠而给不足。"今义:给予,指使对方得到。现代汉语中"给"的"供给"义只存在于"给养"、"供给"、"自给自足"等个别书面语词中。

好　古义:与"丑"相对,貌美。如:《战国策·赵策三》:"鬼侯有子而好,故入之于纣。"又《史记·滑稽列传》:"当其时,巫行视小家女好者,云'是当为河伯妇。'即娉取。"今义:与"坏"相对,优点多或使人满意的,美好。此义中古以后才有。如:(宋)苏轼《卜算子·感旧》:"蜀客到江南,长忆吴山好。"

羹　先秦时指带汁的肉。《尔雅·释器》:"肉谓之羹。"如:《左传·隐公元年》:"公赐之食。食舍肉。公问之。对曰:'小人有母,皆尝小人之食矣,未尝君之羹。请以遗之。'"文中前边说"肉",后边说"羹",所指相同。今义:指用肉、菜等做的汤。如:肉羹、玉米羹等。

走　古义:跑。《说文》:"走,趋也。"《释名·释姿容》:"徐行曰步,疾行曰趋,疾趋曰走。"如:《战国策·楚策》:"虎以为然,故遂与之行,兽见之皆走。"又《韩非子·五蠹》:"兔走触株,折颈而死。"今义:行走。

稍　古义:逐渐。如:《史记·项羽本纪》:"项目乃疑范增与汉有私,稍夺之权。"今义:稍微。

亲戚　上古所指较广,既可指亲属,又可指父母兄弟。如:《墨子·节葬下》:"其亲戚死,朽其肉而弃之,然后埋其骨,乃成为孝。"又《大戴礼记·曾子疾病》:"亲戚既殁,虽欲孝,谁为孝?"两例中"亲戚"都指父母。《史记·五帝本纪》:"尧二女不敢以贵骄,事舜亲戚,甚有妇道。"此指父母弟妹等。又《战国策·秦策一》:"苏秦曰:'嗟乎!贫穷则父母不子,富贵则亲戚畏惧。'"此则指亲属。今义:不指父母,只指有血统关系和婚姻关系的其他亲属。

感激　古义:感动激发。如:(汉)刘向《说苑·修文》:"感激憔悴之音作而民思忧。"《后汉书·列女传·许升妻》:"升感激自厉,乃寻师远学,遂以成名。"诸葛亮《前出师表》:"先帝不以臣卑鄙,猥自枉屈,三顾臣于茅庐之中,咨臣以当世之事,由是感激,遂许先帝以驱驰。"今义:由衷地感谢。此义中古以后出现。如:《宋书·范晔传》:"又有王国寺法静尼亦出入义康家内,皆感激旧恩,规相拯拔。"《水浒传》第七九回:"韩存保感激无地,就请出党世雄相见,一同管待。"

粪　古代的常用义有:(1)扫除。《说文》:"粪,弃除也。"古书中"粪""除"常常连用。如:《左传·昭公三十一年》:"将使归粪除宗祧以事君。"(粪除宗祧:把宗庙扫除干净。)(2)名词,被除的秽土,即垃圾。先秦"粪""土"常常连用。如:《论语·公冶长》:"朽木不可雕也,粪土之墙,不可杇也。"(3)给禾苗除草、培土和加肥料。如:《礼记·月令》:"可以粪田畴。"孔颖达疏:"粪,壅苗之根也。"段玉裁《说文解字》"粪"字下注云:"凡粪田,多用所除之秽为之,故曰粪。"今义指粪便,此义显然由"秽土"之义引申而来,古今义有所关联,却又有点儿区别。这个意义在东汉已经出现。如:《吴越春秋·卷第七·勾践入臣外传》:"今者臣窃尝大王之粪,其恶味苦且楚酸。"不过这种用法在古书中并不多见。

在阅读古书时,那些古今词义稍微有别的词需要我们特别注意。因为古今词义迥然不同的词在具体语境中如果按照今义理解很明显不合文意,而古今词义微殊的词按照今义理解也能说得通,实际上却违背了文中原意。

(三)从词义演变的结果看词义变化

这是就单义词的意义和多义词的某一义项而言的。从古到今,许多单义词的意义在演变,多义词的某些义项往往也在演变。词义演变的结果主要表现在以下几个方面:

1. 词义范围的变化

(1)词义的扩大

所谓词义的扩大就是指词的新义表示的事物概念与原义所表示的事物概念相比,内涵减少,外延扩大。即:演变后的新义所反映的事物或现象的范围比原来旧义的范围大。

A. 名词词义的扩大。指称事物由分类变成总类,由特指变成泛指,由部分扩大到整体。

①分类到总类

菜　古代指蔬菜,不包括肉类、蛋类等。《说文》:"菜,草之可食者。"如:《国语·楚语下》:"庶人食菜,祀以鱼。"现在既可指蔬菜,又可指包括蔬菜、蛋类、鱼、肉在内的菜肴。这是中古以后才有的意义,如《北史·胡叟传》:"饭菜精洁,醯酱调美。"

皮　本义:兽皮,是带毛兽皮的总称。《说文》:"皮,剥取兽革者谓之皮。"如:《左传·僖公十四年》:"皮之不存,毛将安傅?"引申泛指人或生物体表面的一层组织。如:《汉书·高帝纪上》:"高祖为亭长,乃以竹皮为冠。"

响　本指回声,如《尚书·大禹谟》:"惠迪吉,从逆凶,惟影响。"孔传:"吉凶之报,若影之随形,响之应声。"又(汉)贾谊《过秦论》:"斩木为兵,揭竿为旗,天下云集响应,嬴粮而景从,山东豪杰遂并起而亡秦族矣。"后指一切声音。如:杜甫《重简王明府》:"君听鸿雁响,恐致稻粱难。"

布　本指用麻织成的布,如《孟子·滕文公上》:"布帛长短同,则价相若。"后来引申为棉、麻织物的通称。如:《南史·西域高昌国》:"有草实如茧,茧中丝如细纑,丝名曰白叠子。国人取织以为布,布甚软白。"这里的"布"指的就是棉布。现在,棉、麻、化纤等织物统统可以称为布,词义所指的范围远远超过古代。

②专称到泛指

河　最初专指黄河,如《尚书·禹贡》:"导河积石,至于龙门。"又《尔雅·释水》:"河出昆仑虚,色白;所渠并千七百一川,色黄;百里一小曲,千里一曲一直。"后成为河流的通称。如:《诗经·周南·召南》:"关关雎鸠,在河之洲。"又《三国志·吴书·吴主传》:"信著金石,义盖山河。"

江　古代专指长江。如:《诗经·小雅·四月》:"滔滔江汉,南国之纪。"后发展成为江河的通称。如:《老子·三十二章》:“譬道之在天下,犹川谷之于江海。”

③部分到整体

秋 本指谷物成熟。《说文》:“秋,禾谷熟也。”引申指秋季。如:《左传·昭公四年》:“春无凄风,秋无苦雨。”由于秋季是庄稼成熟的季节,而北方一年种一次作物,所以“秋”由指秋季一个季节扩大到指一年。如:《史记·梁孝王世家》:“上与梁王燕饮,尝从容言曰:‘千秋万岁后将传于王。’”今有成语“千秋万代”、“万古千秋”。

脸 本指脸颊。如:(南朝)梁简文帝《妾薄命》诗:“玉貌歇红脸,长嚬串翠眉。”(唐)杜牧《冬至日寄小侄阿宜》:“头圆筋骨紧,两脸明且光。”(宋)晏殊《破阵子·春景》:“疑怪昨宵春梦好,元是今朝斗草赢,笑从双脸生。”后指整个面部。如:《金瓶梅》十四回:“只见妇人……从房里出来,脸吓得蜡渣也似黄。”上古表示人的整个面部用“面”,“脸”字在魏晋时期才出现,只表示面颊,到了唐宋时期,口语中才用“脸”表示整个面部。

B. 动词词义的扩大。动作行为本身的范围扩大或者动作的关涉者(即实施动作行为的主体、对象范围)扩大或者动作行为的方式扩大等。

睡 古代指坐着打瞌睡。《说文》:“睡,坐寐也。”如:《史记·商君列传》:“孝公既见卫鞅,语事良久,孝公时时睡,弗听。”文中,“孝公时时睡”是说孝公不停地打瞌睡,而不是时时躺下来睡觉。后扩大到指睡觉,如(唐)柳宗元《骂尸虫文》:“幸其人之昏睡。”

归 本义:女子出嫁。《说文》:“归,女嫁也。”如:《诗经·周南·桃夭》:“之子于归,宜其室家。”女子出嫁为什么叫“归”?《易经·渐》:“女归,吉。”(唐)孔颖达疏:“女人生有外成之义,以夫为家,故谓嫁曰归也。”后来泛指回家、回来。《广雅》:“归,返也。”《论语·先进》:“冠者五六人,童子六七人,浴乎沂,风乎舞雩,咏而归。”《史记·高祖本纪》:“大风起兮云飞扬,威加海内兮归故乡。”

醒 本义:酒醒。如:《左传·僖公二十三年》:“姜与子范谋,醉而遣之,醒,以戈逐子犯。”引申可指睡醒或处于没有睡着的状态。(唐)韩愈《东都遇春》诗:“朝曦入牖来,鸟唤昏不醒。”也指清醒、醒悟。如:《楚辞·渔父》:“举世皆浊我独清,众人皆醉我独醒。”(汉)贾谊《新书·卷七·先醒》:“故世主有先醒者,有后醒者,有不醒者。”

集 本义:众鸟栖集在树上。如:《诗经·周南·葛覃》:“黄鸟于飞,集于灌木。”引申为聚集、集合,聚集的主体不限于鸟,可以是一切事物。如:《孟子·梁惠王上》:“海内之地,方千里者九,齐集有其一。”

洗 本指洗去脚污。如:《孟子·离娄上》:“沧浪之水清兮,可以濯我缨;沧浪之水浊兮,可以濯我足。”后泛指用水去掉污垢,洗的对象扩大到人体的各种部位以及其他事物。

涉 本义:步行渡水。《说文》:“涉,徒行濿水也。”金文字形作[illegible],中间是水,两边两只脚,象涉水之形。后泛指渡水。如:《尚书·泰誓下》:“斮朝涉之胫,剖贤人之心。”后来动作的方式扩大,泛指渡水。如:《吕氏春秋·察今》:“楚人有涉江者,其剑自舟中坠于水。

“治”由“治水”义发展出泛指义“治理、管理、整治”,动作涉及对象范围扩大,如:治国、治兵、治地、治丝、治人、治学等;“理”由“治玉”义发展出“整治、整理、处理、管理”义,动作支配的对象扩大,如:理丝、理红妆、理云鬓、理财、理事等。

C. 形容词词义的扩大。(形容的对象范围扩大)

深 原指水深,与“浅”相对。如:《诗经·邶风·谷风》:“就其深矣,方之舟之。”引申指从上到下或从外到内的距离大。如:《诗经·小雅·十月之交》:“高岸为谷,深谷为陵。”

浅 原指水不深。如:《诗经·邶风·匏有苦叶》:“深则厉,浅则揭。”引申指从上到下或从外到内的距离小。如:(唐)白居易《钱塘湖春行》:“浅草才能没马蹄。”

好 原指容貌美。如:《战国策·赵策三》:“鬼侯有子而好,故入之于纣。”后来扩大到形容人容貌、身体、品格等各个方面好。而且不仅可以用于形容人,也可以形容其他事物、现象等。

(2)词义的缩小

词义的缩小是指词的新义所表示的概念与原义所表示的概念相比,内涵扩大,外延缩小。即:演变后的词义所反映的现实现象的范围比原来的小。词义的缩小比词义的扩大少见。

A. 名词词义的缩小

①总类变分类

金 上古是金属的总称,包括金、银、铜、铁、锡。商周时可特指青铜,“金文”指的就是刻在青铜器上的文字。(“金”还可以指兵器或金属制的乐器。“鸣金收兵”中的“金”就是指锣鼓。)今专指贵重金属黄金。“金”的古义只遗留在个别词中,如:“五金”、“合金”等。“金”由金属的总称到专指黄金,词义缩小。

瓦　上古时常用来泛称陶器。(“瓦”的本义是纺锤,秦汉竹简字形像纺锤。如:《诗经·小雅·斯干》:“乃生女子,载寝之地,载衣之裼,载弄之瓦。”《说文》:“瓦,土器已烧之总名。”许慎把常用义当成了本义。)如:《荀子·性恶》“夫陶人埏埴而生瓦。”后常指覆盖房屋的瓦片。如:《后汉书·光武帝纪上》:“会大雷风,屋瓦皆飞。”

宫　上古泛指房屋、住宅。《尔雅·释宫》:“宫谓之室,室谓之宫。”如:《国语·周语上》:“彘之乱,宣王在邵公之宫,国人围之。”又《韩非子·难二》:“景公过晏子曰:‘子宫小近市,请徙子家豫章之圃。’”秦汉以后,专指帝后太子住的房屋,如“阿房宫”、“未央宫”等,“故宫”因是明清两代的皇宫,所以也冠以“宫”名。有时,也指寺庙,如雍和宫、宫馆(祠庙)、宫庙(宗庙)等。现在,只有某些文化娱乐场所称“宫”,如“少年宫”、“民族宫”、“文化宫”。还专指子宫。

子　古代是后代子女的通称,兼指儿子和女儿。如:《礼记·曲礼下》:“子于父母,则自名也。”注:“言子者,通男女。”《战国策·赵策四》:“丈夫亦爱怜其少子乎?”此指儿子。《战国策·赵策》:“鬼侯有子而好,故入之于纣。”此指女儿。现在专指儿子,类成员由两类缩小为一类。

祥　古代指吉凶的征兆,通指吉凶。如:《左传·僖公十六年》:“是何祥也?吉凶焉在?”有时指吉兆。如:《礼记·中庸》:“国家将兴,必有祯祥;国家将亡,必有妖孽。”有时指凶兆。如:《尚书·咸有一德》:“亳有祥,桑谷共生于朝。”后来只指吉兆,类成员也由两类缩小为一类。

②泛指到专称。如:

诗　本指有韵律可歌咏的一种文学体裁。《说文》:“诗,志也。”如《尚书·舜典》:“诗言志,歌永言。”先秦时称《诗经》为诗,在古书中凡称“诗曰”、“诗云”其中的“诗”都是指《诗经》,词义由泛指诗歌缩小到专指《诗经》。因西汉时被尊为儒家经典,始称《诗经》,并沿用至今。现代汉语中,保留下了它的泛指义,其特指义消失。

书　古代就可通称书籍。如:《孟子·万章下》:“颂其诗,读其书,不知其人,可乎?”后来可作为《尚书》的专称。如:《荀子·劝学》“故《书》者,政事之纪也。”(现代汉语中,只保留了泛指义,专称义消失。)

B. 动词词义的缩小

动词的关涉者(即施动者或受动者)的范围缩小。如:

蓄　养活人和动物。如:“蓄内”指蓄养内人,“蓄私”指蓄养妾媵私人。(宋)辛弃疾《美芹十论》:“使得植桑麻、蓄鸡豚,以为岁时伏腊婚嫁之资。”后来指饲养动物。

(3)词义的转移

词义的转移是指词由原来的一个意义转变为另一个意义,新义与原义的本质特征不同,它们没有共同的成员,所包括的成员分别属于不同的概念范畴。即:原义表示某类现实现象而新义转变为表示另一类现实现象。

从是否转变词类的角度可以分为两种情况:一是转义而不转词类。一种是转义兼转词类。

A. 转义不转词类。即:词义转移,但是词性没有转变。

有的是名词的转移,即由甲类事物转移指乙类事物。如:

脚 古义:小腿。《说文》:"脚,胫也。"如:《荀子·正论》:"捶笞膑脚。"中古以后,"脚"词义发生转移,由指小腿转指踝骨以下部分——足。如:《乐府诗集·木兰诗》:"雄兔脚扑朔,雌兔眼迷离。"又李白《梦游天姥吟留别》:"脚著谢公屐。"

汤 本义:热水。《说文》:"汤,热水也。"如:《孟子·告子上》:"冬日则饮汤,夏日则饮水。"转指煮东西的汁液或烹调后汁特别多的食物,如米汤、菜汤。现代汉语中,"热水"义只在成语"赴汤蹈火"中保存着。

兵 古义:兵器。如:《左传·成公二年》:"擐甲执兵。"后由兵器转指士兵,所指对象由作战时用来杀伤对方的器具变成了作战时用兵器杀伤对方的人。也指士兵的集体即军队,还可指军队从事的活动即战争、军事。现代汉语中它的古义"兵器"不再使用,只在少数成语中保存着,如"短兵相接"、"秣马厉兵"。

钱 音 jiǎn,原指一种农具,形状像后世的铲,用以耕地除草。如:《诗经·周颂·臣工》:"命我众人,庤乃钱鎛。"因为上古在交易中用它作为媒介,后来铸造货币时仿照它的形状,取名为泉,取泉水流行周遍之义。因而转指金属货币、货币,音 qián。如:《国语·周语下》:"景王二十一年,将铸大钱。"又《汉书·爰盎晁错传》:"非谤不治,铸钱者除。"

币 本义丝织品。《说文》:"币,帛也。"先秦泛指礼物(包括钱财),如:《管子·国蓄》:"以珠玉为上币,以黄金为中币,以刀布为下币。"秦汉指货币。如:《史记·吴王濞列传》:"乱天下币。"现在指货币,且只用为构词语素,如货币、人民币、钱币、金币、港币。

涕 本指眼泪。如:《诗经·小雅·小明》:"涕零如雨。"《楚辞·离骚》:"长太息以掩涕兮,哀民生之多艰。"后转指鼻涕。如:(汉)王褒《僮约》:"目泪下落,鼻涕长一尺。"(唐)韩愈《寄皇甫湜》:"坼书放床头,涕与泪垂四。"现代汉语除了"感激涕零"、"破涕为笑"等成语中还保留古义外,已经不用来指眼泪了。

领　本义:脖子。《说文》:“领,项也。”如:《左传·成公十三年》:“及君之嗣也,我君景公引领西望曰:‘庶抚我乎!’”引申为领子、衣领。如:《荀子·劝学》:“若挈裘领,诎五指而顿之,顺者不可胜数也。”

动词的转移,如:

走　古义:逃跑、奔向。如:《战国策·楚策一》:“兽见之皆走。”又《孟子·梁惠王上》:“弃甲曳兵而走。”今义:行走。词义向相关动作转移。

毙　古义:仆倒,跌倒。如:《左传·成公二年》:“射其左,越于车下;射其右,毙于车中。”《左传·僖公四年》:“与犬,犬毙;与小臣,小臣亦毙。”今义:死。如:毙命、击毙、枪毙。词义由动作转向了结果。

B、转义兼转词类。即:词义发生转移,并且词性也发生了转变。一个事物与它实施的或涉及的相关行为动作以及它的性质状态密切相关,它们之间可以互相引申产生新义。如:

履　战国以前通常作动词,义为“踩、践踏。”如:《诗经·小雅·小旻》:“战战兢兢,如履薄冰。”又《诗经·魏风·葛屦》:“纠纠葛屦,可以履霜。”(战国以前称鞋子一般用“屦”)后由指“践踏”这一动作引申指与此行为相关的事物——鞋,由动词变为名词。如:《韩非子·外储说左上》:“郑人有欲买履者。”

治　古有“治理、从事某种工作”义,如《孟子·梁惠王上》:“此惟救死而恐不赡,奚暇治礼义哉?”由治理引申为治理好了,即社会安定、太平。如:《战国策·齐策》:“齐国大治。”由动词变为形容词。

臭　古义:(1)名词,气味,今读 xiù,后写作“嗅”。如:《周易·系辞上》:“同心之言,其臭如兰。”(2)名词,秽恶难闻的气味。如:《国语·晋语》:“惠公即位,出共世子而改葬之,臭达于外。”(3)动词,用鼻子闻味,今读 xiù。如:《荀子·礼论》:“三臭之,不食也。”今义:形容词,指气味难闻。此义是由指恶臭之味这一名词“臭”发展而来,汉代以后出现。如:刘向《说苑·尊贤》:“厨中有臭肉,则门下无死士矣。”“臭”由名词变为形容词。

响　本指回声,后泛指声音,又由“声音”引申出“发出声音”之义。如:(唐)王维《谒璵上人》:“高柳早莺啼,长廊春雨响。”这是由名词变为动词。又可形容声音洪亮,如:《南史·齐本纪上》:“上后于所树华表柱忽龙鸣,震响山谷。”则是由名词变为形容词。

在词形的转变上,不管是古代汉语,还是现代汉语,动词转名词和名词转动词是最常见的词性转变现象。据张志毅、张庆云(2005:240)考察,这两类之和,占词性转变总数的47.73%。

转移从原义和新义的关系来看，又可分为邻近转移和相似转移。

A. 邻近转移，或叫相关转移，指原词义表达的事物和所要表达的新事物相邻近或相关联，人们通过联想，原词义衍生出了新义。如：

闻，本义是听到，用于听觉，后转指相关的感觉——嗅觉，意思是“嗅、嗅到”，如《孔子家语·六本》：“与善人居，如入芝兰之室，久而不闻其香，即与之化矣。”

贼　本义：败坏、伤害。《说文》：“贼，败也。”如：《韩非子·饰邪》：“此行小忠而贼大忠者也。”也特指杀害、暗杀。如：《左传·宣公二年》：“宣子骤谏，公患之，使鉏麑贼之。”又可指作乱为害社会的坏人。如：《论语·阳货》：“乡原，德之贼也。”又指杀人的人。如：《史记·留侯世家》：“秦始皇大怒，大索天下，求贼甚急。”大概因为实施残害、杀人这些行为的人往往也干偷盗之事，后转指盗窃之人。

脚，本义是小腿，由于小腿与脚部位相邻，引申出“脚”义。领，本义是脖子，由于脖子与衣领邻近，引申出“衣领”义。官，本义是官府，由于官府里有处理政务的人，引申出“官吏”义。汉，本义是汉水，由于刘邦曾被封为汉王，主要领地是汉水上游的汉中，所以刘邦建国后，国号为汉，汉就具有了“汉朝”义。昏，本义黄昏，由于古代男女结婚多在黄昏时进行，引申出“结婚”义。上文所提到的“履”、“响”、“涕”、“走”、“毙”、“币”、“钱”、“兵”等也都是邻近转移。

B. 相似转移，即词的原义所表示的事物在形象特征以及性质、功能等方面与新义所表示的新事物具有某种相似之处，通过比喻的方式引申出新义。如：

英　本义：花。《说文》：“英，草荣而不实者。”如：《诗经·郑风·有女同车》：“有女同行，颜如舜英。”传：“华也。”（舜：木槿的别称。）花是植物的精华，与人中才能出众的人相似，因而用来比喻杰出的人物。如：《礼记·礼运》：“大道之行也，与三代之英，丘未之逮也。”（逮：赶上。）

崩　本义：山倒塌。如：《左传·成公五年》：“梁山崩。”比喻崩溃、垮台。如：《左传·隐公元年》：“不义不暱，厚将崩。”古代等级社会中，天子统治天下，地位最高，与山的高大相似，人们把天子的死看得很重，觉得天子之死就如山之崩塌，由此比喻天子死。如：《礼记·曲礼下》：“天子死曰崩。”

斗　本义：带柄的酒器。因天上的北斗星与有柄的酒器形状相似，于是用舀酒器的“斗”称北斗星。也指形如斗状的器物，如烟斗、漏斗等。

题　本义：额头。《说文》：“题，额也。”后引申指题目、标题。如：脱脱等《宋史·列传第七十》：“臣尝私习此赋，请试他题。”额头在人身体的最上端，标题、题目也在文章的最前面，二者所处位置相似。

永　本义:水流长。《说文》:“永,水长也。”如:《诗经·周南·汉广》:“江之永矣,不可方思。”(方:乘筏渡水。)空间上的长与时间上的久远相似,因而引申为时间的久远。如:《诗经·卫风·木瓜》:“匪报也,永以为好也。”

涉　本有引申义“渡水”。又引申为游历,如:《后汉书·景鸾传》:“少随师学经,涉七州之地。”也引申为经过。如:白居易《与元微之书》:“仆自到九江,已涉三年。”还引申为进入,如:《左传·僖公四年》:“不虞君之涉吾地也,何故?”渡水必得进入河流,穿河而过,这些引申义之间有相似点。

历　甲骨文字形像人从禾旁经过,表示经过,本义是经过、经历。因在空间行走需要一定的时间,于是引申出“历时”义。

(4)词义色彩的变化

随着社会的发展、风俗习惯的变化,人们对客观事物的爱憎态度以及评价也在改变。词的理性义不仅发生变化,其褒贬色彩也在发生变化。

A. 褒义化

有的由中性词上升为褒义词,如:

牺牲　古代是名词,指祭祀、盟誓、宴享用的牲畜,是中性词。如:《左传·庄公十年》:“牺牲玉帛,弗敢加也,必以信。”《国语·鲁语上》:“赐女土地,质之以牺牲,世世子孙无相害也。”(晋)皇甫谧《帝王世纪》:“取牺牲以充庖厨,以食天下,故号曰庖牺氏。”现在是动词,是褒义词,指为了正义的事业、大众利益而舍弃自己的生命、权利等。

祥　上古泛指吉凶征兆,如:《管子·枢言》:“天以时使,地以材使,人以德使,鬼神以祥使,禽兽以力使。”现在指吉利、吉祥,由中性词变为褒义词。

有的由贬义词上升为褒义词,如:

强人　近代白话中指强盗,带有贬义色彩。如:《水浒传》第十六回:“都管,你不知,这里正是强人出没的去处。”现在带有褒义色彩,如:“女强人”指精明强干、事业有成的女性。

B. 贬义化

有的由中性词降为贬义词。如:

谤　上古汉语中指公开批评、指责别人的过失,是中性词。如:《国语·周语上》:“周厉王虐民,国人皆谤。”周厉王暴虐,国人议论他的过失,不算是诽谤。又《汉书·贾邹枚路传第二十一》:“古者圣王之制,史在前书过失,工诵箴谏,瞽诵诗谏,公卿比谏,士传言谏,庶人谤于道,商旅议于市,然后君得闻其过失也。”汉代逐渐演变出“毁谤,恶意地攻击别人”义,成为贬义词。如:《史记·屈原贾生列传》:“信而见疑,忠而被谤,能无怨乎?”韩愈《原毁》:“是故事修而谤兴,德高而毁来。”

卑鄙 古义指身份、地位卑微,见识浅陋,是中性词。如:(三国蜀)诸葛亮《前出师表》:“先帝不以臣卑鄙,猥自枉屈,三顾臣于草庐之中。”清代以后逐渐有“品行恶劣、举止不端”之义,带有贬义色彩。如:《官场现形记》:“贾某总办河工,浮开报销,滥得保举。到京之后,又复花天酒地,并串通市侩黄某,到处钻营,卑鄙无耻。”

贿 上古汉语指财物,是中性词。如:《诗经·卫风·氓》:“以尔车来,以我贿迁。”赠送财物也叫“贿”,也是中性词。如:《左传·宣公九年》:“孟献子聘于周,王以为有礼,厚贿之。”逐渐发展出“行贿”、“受贿”之义,是贬义词。如:《国语·晋语九》:“吾主以不贿闻于诸侯。”隋唐以后,贬义用法常见。如:《隋书·炀帝纪下》:“政刑驰紊,贿货公行,莫敢正言,道路以目。”

勾当 近代汉语中指营生、行当、事情,是中性词。如:《儒林外史》第一回:“这是万古千年不朽的勾当,有甚么做不得?”《水浒传》十六回:“夫人处吩咐的勾当,你三人自理会。”现在常指坏事,变成贬义词。

学究 原是读书人的通称,是中性词。如:(宋)陆游《自咏》:“衣冠醉学究,毛骨病维摩。”后来指见解鄙陋、迂腐固执的读书人。如:老学究、村学究、学究气。

有的由褒义词降为贬义词。如:

爪牙 古代指武臣、重臣,具有赞美的意味。如:《国语·越语上》:“夫虽无四方之忧,然谋臣与爪牙之士,不可不养而择也。”《汉书·李广传》:“将军者,国之爪牙也。”后指党羽、帮凶,为贬义词。如:(唐)元结《问进士》之一:“外以奉王命为辞,内实理车甲,招宾客,树爪牙。”

复辟 指帝王恢复王位重新掌权,带有褒义。如:(唐)元稹《迁庙议状》:“中宗复辟中兴,当为百代不迁之庙。”今泛指被推翻的统治者重新上台或指恢复旧制度,是贬义词。如:孙犁《白洋淀纪事·纪念》:“住在定县的还乡队回村复辟。”

走狗 古代可比喻功臣,带有褒义。如:《史记·越王勾践世家》:“范蠡遂去,自齐遗大夫文种书曰:‘飞鸟尽,良弓藏;狡兔死,走狗烹。越王为人长颈鸟喙,可与共患难,不可与共乐,子何不去?’”后来发展出“帮凶”义,是贬义词。如:(清)孔尚任《桃花扇·听稗》:“正排着低品走狗奴才队,都做了高节清风大英雄!”

C. 中性化。包括褒义词变为中性词和贬义词变为中性词,张志毅、张庆云(2005:251～252)把这两种情况分别称之为“降格”、“升格”。如:据程祥徽

(1996),“人士”原指有名望的人物,常跟“权威”、“爱国”、“进步”、“成功”等词组合,现在某些地区出现中性化的苗头,指一般人员,可以和中性词和贬义词组成“吸烟人士”、“可疑人士”等。据张志毅、张庆云(2005),“嘴”在宋元明时用于人时带贬义,到清代失去贬义,也逐渐中性化。

(5)词义轻重(强弱)的变化

A. 词义加重。如:

恨　古义是“遗憾”。如:《史记·老庄韩非列传》:“寡人得与此人游,死不恨矣。”诸葛亮《前出师表》:“未尝不叹息痛恨于桓灵也。”(痛恨:痛心遗憾。)今义:仇恨。

诛　本义指责备、谴责。如:《论语·公冶长》:“朽木不可雕也,粪土之墙不可杇也,于予与何诛?”后演变为“杀戮”义。如:《荀子·正论》:“诛纣,断其首。”又《史记·项羽本纪》:“立诛杀曹无伤。”

愤　本义:憋闷。《说文》:“愤,懑也。”如:《楚辞·九章·惜诵》:“惜诵以致愍兮,发愤以杼情。”后变为“愤怒、怨恨”义。如:(明)高启《书博鸡者事》:“袁人大愤,然未有以报也。”

购　本义:悬赏征求,指用重金收买。如:《史记·项羽本纪》:“吾闻汉购我头千金,邑万户,吾为若德。”后泛指买。如:《清史稿兵志》:“请令两广总督臣续购大小洋炮。”再如:现代汉语中的“求购”、“购房”、“购买”等词。

B. 词义变轻。如:

怨　本义兼上古常用义:恨、仇恨、怨恨。《说文·心部》:“怨,恚也。”如:《左传·成公二年》:“子其怨我乎?”《荀子·尧问》:“禄厚者民怨之,位尊者君恨之。”又《史记·淮阴侯列传》:“秦父兄怨此三人,痛入骨髓。”今义:埋怨、责怪。此义出现较早。如:《论语·宪问》:“不怨天,不尤人,下学而上达,知我者其天乎!”又《荀子·荣辱》:“自知者不怨人。”

饿　古义:非常饥饿,指没有饭吃,生命受到死亡的威胁。如:《左传·宣公二年》:“见灵辄饿,问其病,曰:‘不食三日矣。’”从上下文我们可以看出,这是三天不吃饭导致的饿,到了将死的地步,而不是我们现在一般说的肚子饿。今义:与“饱”相对,指肚子空,想吃东西。古代相当于今义“饿”的词是“饥”。如:《孟子·梁惠王上》:“老者衣帛食肉,黎民不饥不寒,然而不王者,未之有也。”“饥”和“饿”的区别在以下例子中体现得尤为明显。如:《韩非子·饰邪》:“家有常业,虽饥不饿。”又《淮南子·说山训》:“宁一月饥,无一旬饿。”

病　本义:重病。《说文·疒部》:“病,疾加也。”如:《论语·述而》:“子疾病,子路请祷。”(疾病:重病,病危。)后泛称疾病,指生理上或心理上出现的不健康或不正常的状态。如:《韩非子·喻老》:"君之病在肌肤。"此指小病。

触 本义:用角抵人或物。《说文》:"触,牴也。"也泛指撞。如:《左传·宣公二年》:"触槐而死。"后发展出"触碰"、"接触"、"触动"义,词义变轻。如:《庄子·养生主》:"手之所触,肩之所倚,足之所履,膝之所踦,砉然响然,奏刀騞然,莫不中音。"

(四)词义演变的复杂性

一个词词义的演变,常常是复杂的,往往转移、扩大、缩小交织在一起。有时转移后缩小,或者缩小后转移;有时转移后扩大,或者扩大后转移;有时转移后缩小、扩大,然后再转移;等等。如:

被 本义:被子。《说文》:"被,寝衣,长一身有半。"如:《楚辞·招魂》:"翡翠珠被,烂齐光些。"被子是盖在身上的,因此用作动词就有覆盖之义。如:《楚辞·招魂》:"皋兰被径兮斯路渐。"又有"身披、身穿"之义,如:《楚辞·九歌·山鬼》:"若有人兮山之阿,被薜荔兮带女萝。"这个意义后来写作"披"。"被"的"加盖"义引申为"施加、施及"义,如:《楚辞·九章·哀郢》:"众谗人之嫉妒兮,被以不慈之伪名。""施加"义进一步引申为"蒙受、遭受"义。如:《孟子·离娄上》:"今有仁心仁闻,而民不被其泽,不可法于后世者,不行先王之道也。"这种"遭受"义的"被"字用在另一个及物动词前就可以表被动,"被"表被动的用法在战国末期就产生了。如:《韩非子·五蠹》:"今兄弟被侵必攻者,廉也;知友被辱随仇者,贞也。""被"词义的演变过程中,由一个意义发展到另一个意义,词义的转移和词义的扩大往往混合在一起起作用。

有时由于角度不同或者难以确定一个词最初的意义和其用例时间等问题,甚至就连是词义的扩大还是缩小也难以甄别。如:

蟲 (后简化为"虫"。古代"虫"、"蟲"本是两字,"虫"读 huǐ,大多数人认为:甲骨文字形像蛇形,指一种毒蛇。张儒先生(2005:81)认为:两字是同一个字,古文字单体、复体往往无别,字形象昆虫之形,本义是昆虫,并引段玉裁说"古虫、蟲不分,故以蟲谐声之字多省作虫"以证己见。)本义:昆虫的通称。如:《荀子》:"肉腐出虫,鱼枯生蠹。"《尔雅》有《释虫》篇,其中所释之词多是昆虫。后泛指一切动物。如:《韩非子·说难》:"夫龙之为虫也,柔可狎而骑也。"又《论衡·物势》:"含血之虫,以四兽为长。"(四兽:指龙、虎、凤、龟。)古人把虫分为五类,"禽为羽虫,兽为毛虫,龟为甲虫,鱼为鳞虫,人为倮虫。"(《大戴礼记·曾子天圆》)后来又专指昆虫,也可特指有脚的虫子。《说文·蟲部》:"有足谓之虫,无足谓之豸。"段玉裁注:"有举浑言以包析言者,有举析言以包浑言者。此虫豸析言以包浑言也。虫者,蠕动之总名。"许多人认为,"虫"古义可泛指一切动物,今指昆虫,是词义的缩小。可是如果我们以“蟲”的本义为起点来看,也可以理解为:“蟲”由指昆虫到作为动物的通称,是词义的扩大;然后这两种意义并存,而后“泛指动物”义慢慢消失,到现代汉语中只留下“昆虫通称”义,则是义项的减少。

有的词词义演变后原来的意义消失,新义替代了旧义;有的词原来的意义还保留着,原义和新义共存,形成了多义词;也有些词词义变为语素义保存在其他词中。前面有论述,此不赘述。

有时词义引申之后,人们为了区别意义,改变词的读音,甚至另造字来表示,而这种变化又巩固了词义演变的结果,最终成为一个词正式分化成几个词的标志。

改变读音的,如:“饮”,本义是喝,甲骨文象一个人靠近酒坛饮酒之形,读yǐn。如清代罗振玉《殷墟书契菁华》:“亦有出虹,自北饮于河。”(大意:天上出现彩虹,从北方伸头到河中饮水。)有时特指喝酒。如:《史记·项羽本纪》:“项王即日因留沛公与饮。”后可指把水给人或牲畜喝,读 yìn。如:《诗经·大雅·公刘》:“饮之食之,教之诲之。”再如:“食”,本义是饭食,读 shí,如《左传·隐公元年》:“小人有母,皆尝小人之食矣,未尝君之羹。”还有“吃”、“食物的通称”等义。引申出“给……吃、喂食”义,读 sì,如《战国策·齐策》:“食之,比门下之客。”又如:“瓦”,意思是“瓦片”时,读 wǎ。引申出动词义“盖瓦”,读 wà。如:他们在房上瓦瓦呢。

另造字来表示的,如:表“懈怠”义的“懈”本作“解”,如《诗经·大雅·烝民》:“既明且哲,以保其身,夙夜匪解,以事一人。”“解”的“解散”义引申出“懈怠”义是顺理成章的事,人们另造“懈”以突出它的形义联系。“智慧”的“智”本作“知”,如《庄子·逍遥游》:“故夫知效一官,行比一乡,德合一君,而征一国者,其自视也,亦若此矣。”其实“智慧”是“知”的一个引申义,由“知道”义引申而来。“竖立”的“竖”其实本作“树”,其“树立”义由“栽种”义引申而来,由于后来人们意识不到是“树”的意义引申而来,另造“竖”字来表示此义。

(五)词义演变的规律

1. 虚化,即词义由具体变得抽象。

A. 实词的具体义虚化为抽象义。这是虚化现象中的主要现象。如:

从　本义是“随行,跟随”,甲骨文字形象二人相从之形。《说文》:“从,随行也。”引申为归顺,如《左传·庄公十年》:“小惠未遍,民弗从也。”又义为依从、顺从、听从。如:《左传·隐公元年》:“公从之。”本义较具体,引申义较抽象,词义虚化。

即　本义:走近去吃东西。会意字,甲骨文是人面对食器之形。《说文》:“即,就食也。”引申为“走近、靠近、走向”义,动词涉及对象的范围扩大,有的是具体的人或物,有的是抽象事物。如:《诗经·卫风·氓》:“匪来贸丝,来即我谋。”此处“即”的对象是“我”,是具体的人。又《左传·成公二年》:“擐甲执兵,固即死也。”此处“即”的对象是“死”,是抽象事物,“即”的意义也较抽象,相当于“面临”。又引申为“走上、登上”,对象一般是抽象事物,词义也很抽象。如:《史记·高祖本纪》:“甲午,乃即皇帝位汜水之阳。”“即皇帝位”意思是登上皇帝位。这些义项中,本义具体,引申义越来越抽象。

隆　本义:山的高处。如:《孙子兵法·行军》:“战隆无登。”(意思是打仗时敌人在高处不要攻打。)引申出形容词用法,形容高。如:《史记·高祖本纪》:“高祖为人,隆准而龙颜,美须髯。”(准:鼻子。)又引申为“隆盛、兴盛”义,如:《礼记·檀弓上》:“道隆则从而隆,道污则从而污。”由“具体的山高”到形容一般事物的属性“高”再到抽象的“隆盛、盛大”,意义越来越抽象。

B. 实词虚化为虚词。如:

将　形声字,从寸,酱省声。本义:取,拿。如:《孟子·滕文公下》:“井上有李,螬食实者过半矣,匍匐往将食之。”(《说文·寸部》:“将,帅也。从寸,酱省声。”所解释的本义不妥。)引申出介词用法“把”,如杜甫《寄李十二白》诗:“已用当时法,谁将此义陈。”“将”由动词虚化为介词。

焉　常作指示代词,指代某一范围或方面。如:《左传·隐公元年》:“制,岩邑也,虢叔死焉。”由于它经常处于句尾,逐渐具有了语气词的性质,特别是和“于”字词组同时出现的时候,代词性非常弱,语气词性质异常突出。如:《孟子·梁惠王上》:“夫子言之,于我心有戚戚焉。”逐渐发展为纯粹的语气词。如:《左传·僖公三十二年》:“击之,必大捷焉。”“焉”由指示代词虚化为语气词。

实词转为虚词的,其中最为常见的是动词转化为介词。汉语中的介词大部分是从动词虚化而来的,如:“以”由动词“用”虚化为表示动作行为以某物为工具或凭借的介词“用”;“因”由动词“依靠、凭借”虚化为介词“通过”;“被”由动词“遭受”虚化为介词被动标记“被”。类似的词还有:把、比、叫、让、由、给、沿、和、跟、同、与、往、连、拿、照、趁、乘、赶、替、依、据、按、为、除、距、离、随等。还有相当一部分语气副词源自动词或形容词,如“的确”、“确实”、“肯定”、“难怪”、“实在”等。

C. 虚词继续虚化,虚化程度加深。如:

“以”可作介词,介绍动作施行的原因,意思是“因为、由于”。如:《左传·襄公三十一年》:“晋侯以我丧故,未之见也。”又《史记·廉颇蔺相如列传》:“以此知之,故欲往。”虚化为连词,用来连接前后两项,表因果关系,或者前边是原因后边是结果,或者前边是结果后边是原因。如:《左传·僖公三十年》:“晋侯、秦伯围郑,以其无礼于晋,且贰于楚也。”此例前果后因。《史记·汲郑列传》:“以数切谏,不得久留内。”柳宗元《小石潭记》:“以其境过清,不可久居。”上两例前因后果。“以”由表原因的介词虚化为表因果关系的连词。(介词和连词的鉴别:如果“以”和后边的名词、代词或名词性词组组成介宾词组修饰谓语动词,做状语,则为介词;如果“以”字连接两个分句,引进原因,则为连词。)“以”还由表工具、方式的介词虚化为表目的关系的连词。

2. 泛化。即词义由专指到泛指,由个别到一般。如:

“红娘”本是元曲《西厢记》中的一个人物,后来比喻促成别人婚姻的人,即媒人;“娘子军”本是唐高祖李渊之女平阳公主所率军队的名称,后泛指由女子组成的队伍;“伯乐”本是秦穆公时一个擅长相马的人,后用来比喻发现人才的人;“梨园”本是唐玄宗训练乐工的处所,后泛指与戏曲有关的事物,如称戏曲演员为“梨园子弟”,把几代人从事戏曲艺术的家庭称为“梨园世家”,称戏剧界为“梨园界”、称戏剧频道为“梨园频道”。前面我们所谈的词义的扩大绝大部分属于这种情况,可参看词义扩大的前两种情况中的例词。

3. 词组的词汇化。由词组凝结成词,意义逐渐整体化。如:

地方　原是词组,是“地”与“方”的结合,“地”是“区域、疆土”,“方”意思是“……见方”。如:《战国策·楚策》:“今王之地方五千里,带甲百万,而专属之昭奚恤。”后发展为一个词,可指地点、处所。如:《红楼梦》第六八回:“只求妹妹在二爷跟前替我好言方便方便,留我个站脚的地方儿。”可指中央以下行政区。如:《儿女英雄传》第一回:“这一个水灾,也不知伤了多少民田民命,地方大吏飞章入奏请帑。”后发展为一个词,可指本地、当地。如:《二刻拍案惊奇》卷十一:“议论之间,只见许多人牵羊担酒,持花捧币,尽是些地方邻里亲戚,来与大郎作贺称庆。”

然而　原是指示代词“然”和“而”的连用,“然”回指前文,指代并肯定上文所述的事实,“而”表示转折,词组可以译为“如此,却还”,“虽然这样,但是”。如:《孟子·梁惠王上》:“七十者衣帛食肉,黎民不饥不寒,然而不王者,未之有也。”“然”和“而”在频繁结合使用的过程中,“然”的回指功能不断弱化,意思向“而”字靠拢,最终凝固成词,表示单纯的转折,相当于现代汉语的“但是”。据刘利(2008)考证,双音词性质的“然而”在战国初期就出现了,从战国初期到西汉,双音词“然而”的使用呈现越来越频繁的趋势。

动静　原为词组,指运动和静止。如:《易·系辞上》:“动静有常,刚柔断矣。”后来凝固为词,指:①动作或说话的声音。如:屋子里静悄悄的,一点动静也没有。②(打听或侦察的)情况。如:一有动静,就马上报告。

再如:“其实”原是词组,“其”是代词,作定语,意思是“它的”,“实”指实际情况。如:《战国策·楚策》:“故北方之畏奚恤也,其实畏王之甲兵也——犹百兽之畏虎也。”例中,“其实”意思是“这件事的实际情况”。后来“其实”凝固成词,作副词,意思是“事实上”。“消息”原指消减与增长。如:《周易·丰卦》:“天地盈虚,与时消息。”后指音信或情况报道;“衣裳”原是词“衣”和“裳”的结合,古时上衣叫衣,下衣叫裳。如:《诗经·齐风·东方未明》:“东方未明,颠倒衣裳。”后来发展成词,指衣服。“知道”原是词组,如:《礼记·学记》:“玉不琢,不成器;人不学,不知道。”例中,“知”是“知道、明白、懂得”义,“道”义为道理。后来“知道”发展成词,指对事物有所了解、认识。“指示”作词组,如:《史记·廉颇蔺相如列传》:“璧有瑕,请指示王。”例中,“指”是“指出”义,“示”是“给……看”义。后成为词,有“用手指点表示、指引”、“上级对下级或长辈对晚辈说明处理某项问题的原则和方法”等义;“非常”原来是词组,“不同寻常”义。如:《唐人小说·柳氏传》:“柳夫人容色非常,韩秀才文章特异。”后成词,意思是“十分”、“异常的”等义。“相当”作词组,如:《唐人小说·霍小玉传》:“如此色目,共十郎相当矣。”“相当”意思是“相匹配”,后发展成词,意思有“合适、适宜”、“很、十分”等义。“果然”原作词组,如:《庄子·逍遥游》:“适莽苍者,三飡而反,腹犹果然。”例中“果”是“吃饱”义,“然”是词尾,……的样子。“果然”指饱足的样子,后来发展成词,作副词,“确实如此”义。“世界”原是佛教用语,佛教中指无限的时间与空间,其中“世”是时间义,“界”是空间义。现在“世界”词义偏向“界”,只表示空间,指人类所生活居住的地球。

4. 主观化。即词的客观意义逐渐减弱,主观意义不断增强。

有的词义演变过程中伴随着主观化。沈家煊(2008:317):“主观化是指主观性从无到有或程度加深的过程。所谓‘主观性’是指说话人在表述一个命题时同时对这个命题表明自己的认识、态度或情感。”

大多数语气副词经历了主观化过程,由对事物或现象的客观反映发展为表明说话人对事物或现象的主观评价。如:“其实”由词组“它的实际情况”义发展为副词“实际上、事实上”义,词义演变过程中既有语法化(虚化)、词汇化,也有主观化。由实在的意义变得空灵、抽象,这是语法化;由词组凝结为词,这是词汇化;同时,“它的实际情况”是说话人对事情的真实性进行客观的陈述,没有语用功能,而副词义“实际上、事实上”则对句子的命题意义进行了主观评价,含有了说话人强烈的主观感情色彩,表明了说话人的观点、态度,表达的是说话人对命题的一种确认态度,这就是主观化。据戚国挥、杨成虎(2010)认为,“最好”的演变过程也是如此,其中既有语法化、词汇化,也有主观化。由意义实在的词组变为意义较虚的副词,这是语法化与词汇化;由明确的客观指称意义(表示事物或现象“好”的最高级)到表达说话者希望出现的一种做法或局面,这是主观化。

(六)词汇系统变化和词义演变的原因

胡斌彬(2010)曾说:“语言不是一个独立的系统,它是客观现实、生理基础、心智作用、社会文化等多种因素综合作用的结果,要对语言现象作出全面、合理和统一的解释,就要从心理、生理、社会、文化、交际等角度着手。”我们研究词汇的变化以及词义的演变也是如此。叶蜚声、徐通锵(2010:262)认为:“词汇和词义的演变都与社会的变化有关,与系统内的聚合或组合关系有关,也与一个语言内部语音、语法等其他子系统有关系。”总体看来,词汇系统变化和词义演变的原因主要有以下几方面:

1. 客体世界的变化

词义是客体世界(物质的和精神的)直接或间接的反映,客体世界不断发生的变化是词汇的变化和词义演变的原动力之一。社会政治制度、经济制度、习俗礼制的变动以及人们社会生活的变化等都会给词义系统带来变化。如:“小姐”一词,本非美称,宋时是对地位低下女子的称呼,有时也专称妓女,或是姬妾。清代文史家赵翼《陔余丛考》说:“宋时闺阁女称小娘子,而小姐乃贱者之称”。(宋)钱惟演在《玉堂逢辰录》中,记有“掌茶酒宫人韩小姐”,此处“小姐”称宫女。(南宋)洪迈《夷坚志》:“傅九者,好使游,常与散乐林小姐绸缪。”中“林小姐”是个艺人。(宋)苏东坡有《成伯席上赠妓人杨小姐》诗,此处“小姐”用来称妓女。这是封建社会男尊女卑、妓女制度的产物。后成为对未婚女子的敬称,通常用来指大户人家的小姐;也用于母家的人称呼已出嫁的女子。如:《西厢记》:“只生得个小姐,小字莺莺,年一十九岁,针黹女工,诗词书算,无不能者。”看来能不能称小姐又以家庭经济状况为条件了。近现代则成为对未婚女性的尊称。改革开放以后,随着社会生活的变化,本来是褒义色彩的“小姐”受到色情的污染,现在已经变成了蔑称,用来指从事色情行业的女性。

客体世界的变化包括两方面:其一,客体世界涌现出了新事物或新现象,而语言中又缺乏对该事物、该现象的指称,这就产生了新的表义需要,促使词义系统增加新的意义,或者由原来词承担,或者新创制或吸收新的词语来表示。由原来的词承担新义,最终造成一词多义,增加了词的义项,或者新义替代旧义。新创制或吸收新的词语来表示新义,就会增加新词,丰富词汇系统。客体世界的旧事物和旧现象的消失,同时也使得部分词丧失了表义价值,成为词义系统的精简对象,有的词或词的义项逐渐退出交际舞台。其二,客体世界的事物或现象发生了一定的变化,表示这些事物或现象的相关词语的意义也随之演变。如:“坐”,古代和现在都指人休息的一种姿势,但是字义内容发生了变化,所指的姿势有所不同。古人席地而坐,坐时两膝着地,把臀部靠在脚后跟上。后来,人们坐的姿势改变,凡将臀部放在椅、凳等支撑物上的姿势都叫“坐”,古人所谓的“坐”姿只在特殊场合下出现,现在我们叫“跪”。再如“镜”,古今都指照形取影的器具,因古代用金、银、铜、铁等金属(以铜最为多)制作,“镜”指有反射性能的表面抛光金属器具。后来随着玻璃制镜技术的出现,“镜”就指玻璃镜子了。

2. 语言使用者的变化

词义是语言使用者对客体世界能动的反映,语言使用者的思维认知、思想观念、感情态度等都对词汇的变化和词义演变有很大的影响。

研究词义演变我们一定要重视人类的思维认知因素。随着人类认识水平的提高,词义也逐渐科学化和现代化。各种语言都是如此,汉语也不例外。人类非常善于抽象化,通过具体概念来理解抽象概念是人类最一般的认知方式,由认识物体的具体的可感特征到认识事物的抽象的本质属性(内在属性)这个思维规律推动着词义的发展。词义演变的过程同时就是个心理过程。许多学者都强调联想。德国心理学家、哲学家冯特(1900)把具体联想分为“近似的联想、接近的联想及对立的联想”;乌尔曼的(Ullmann,S)《语义学原理》(1951)和《语义学》(1962)认为:联想有名称联想,观念联想;相似联想,相近联想。联想主要的表现是隐喻和转喻。词义的转移就是在原来意义的基础上通过隐喻、转喻等方式引申出来的。陆俭明、沈阳(2004:355、357)说:“把一个领域的概念‘投射’到另一个领域,或者说是从一个认知域(来源域)向另一个认知域(目标域)‘投射’的认知方式就是‘隐喻’”“隐喻是两个相似认知模型之间的‘投射’”。一个词演变之后的新义和原义所表示的两种事物或现象之间有相似的关系,如外形的相似、某种性质的相似、整体部分关系的相似等。相似转移就是通过隐喻方式达成的。如:“英”由指花到指杰出的人物,二者都是同类的精华;“崩”由指山倒塌到表示天子之死,二者都具有高的特点,山高大,天子居于高位;“相”由指扶助盲人的人到指辅佐君主的人,二者所起的扶助作用类似;“道”由指道路到指达到某种道德标准或思想标准的途径,两者都是达到目的的途径。转喻,也叫“换喻”,转喻是两个相关认知模型的投射,两种事物或两种现象之间是相关关系,二者或者关系密切,或者通过某种条件可以联系在一起。相关转移就是通过转喻达成的。如:“秋季”因是一年的一部分,与一年有关系,而由表示一个季节可以表一年;诸葛亮本是三国时蜀国的政治家、军事家,由于民间故事中对他的智慧谋略多所渲染,所以后来借指足智多谋的人;“兵”由表兵器变成手持兵器的人——士兵;“黄泉”本指地下的泉水,因墓穴在地下,就借指墓穴。但是不同国家、民族之间又存在着思维模式、联想的差异。体现在非言语交际中,如:同性之间适当的身体接触,中国人会联想到友谊,而西方人则会想到情爱。在语言交际中也是如此,如:汉语中“龙”由指古代传说中的一种奇异动物引申指卓异之人,因为中国人认为龙是神圣的,是权力的象征,而西方人听到中国人说“望子成龙”会感到疑惑不解,他们认为龙是非常可怕的。

社会思想观念的更新经常会引起词义内容、评价、色彩等方面的变化。称谓系统中的敬称尤其容易受社会价值取向的左右,称谓往往深深地打上时代的烙印。在革命战争年代,“同志”曾是十分神圣的称呼,用来称为了共同的理想、事业而奋斗的战友,解放后“同志”广泛使用,成为习用的一个称呼。文革时代,强调工人阶级领导一切,“师傅”之称逐渐多了起来,不管是对农民、还是对教师,一概可以称之为“师傅”。改革开放以来,人们的思想观念发生了很大变化。当前时代,敬称呈多元化趋势。对从事经济活动的人,不管他是否腰缠万贯,人们喜欢称一声“老板”;对从事教育的人,不管他(她)的职称高低,一概称“教授”;对在行政部门工作的人,不论其职务高低,均称其为“领导”;对于女性,不管她长得是否漂亮,常尊一声“美女”;对于年轻的小伙子,不管他是否真的帅气,都呼其为“帅哥”。最近几年,有人发现,“老师”之称也满天飞了,“老师”有了每个行业的前辈之义。

一个词词义的变化往往杂有多种因素,而语言使用者的心理认知因素、思想观念、情感态度等又是受社会环境、经济形态和物质条件等因素的制约的,因此,语言使用者的变化归根到底是由客体世界的变化决定的。物质决定精神,客体世界的发展为人类的思维认知提供了条件和认识基础,又引导着人的思想观念、情感态度的变化。

3. 语言系统内部因素

客体世界和语言使用者方面的原因只是词汇变化和词义演变的外因,外因是通过内因起作用的。词义演变的内因就是自身内部因素,即语言系统本身。

(1)语法因素引起的词义演变

一个词所处句法位置的变化会使得词义发生变化,经常如此使用,逐渐形成词的新义。如:

免　有脱身之义,如《礼记·曲礼上》:“临财毋苟得,临难毋苟免。”当后边跟宾语时,词义发生变化。如:《左传·成公二年》:“人不难以死免其君,我戮之不祥。”此例中意思是“使……脱身”。《左传·成公二年》:“乃免之。”例中“免”是“释放”义。

饮 有“喝”义,如《论语·述而》:“饭疏食,饮水,曲肱而枕之,乐亦在其中矣。”当后边跟双宾语时,意思是“给……喝”,如《左传·宣公二年》:“秋九月,晋侯饮赵盾酒,伏甲将攻之。”“饮”跟在动词后作宾语,为名词,意思是饮料,如《论语》:“一箪食,一瓢饮,在陋巷,人不堪其忧,回也不改其乐。”例中“饮”指水。

(2)词义相因演变

A. 词与词经常连用而生的词义感染。如:

涕,古代指眼泪,并不指鼻涕,上古鼻涕叫“泗”。如:《诗经·陈风·泽陂》:“寤寐无为,涕泗滂沱。”毛传:“自目曰涕,自鼻曰泗。”“涕”常与“泗”连用。如:(北齐)魏收《魏书·元顺传》:“顺即哽塞,涕泗交流,久而不能言,遂令换之。”(唐)孙棨《北里志·天水仙哥》:“全贪其重赂,径入(南)曲追天水入兜舆中,相与至宴所,至则蓬头垢面,涕泗交下。”又有“涕泗滂沱”、“涕泗纵横”、“涕泗横流”等语,由于“涕”“泗”经常连在一起使用,“涕”受“泗”词义的感染,逐渐转指鼻涕。汉代,“泪”字产生,“涕”就有了“鼻涕”之义。如:(汉)王褒《僮约》:“目泪下落,鼻涕长一尺。”这是较早的材料,但这种意义只出现在历代接近口语的作品中。汉以后的文章,包括诗歌,仍旧经常用“涕”指眼泪。即使“涕”“泪”连用时,一般也指眼泪,而不指鼻涕眼泪。

B. 受语义场中词义的影响而生的词义感染

这就是(董为光 2004:148)所说的“义场调整引起的词义演变”。叶蜚声、徐通锵(2010:270)曾说:“从词义系统内部来看,词的意义之间是相互联系的。一个词的意义的变化也可以引起和它有联系的词的意义的变化。”语义场是指在同一个语义系统中,在共时条件下若干个具有共同义素的义位聚合起来的聚合体。语义场中的成员必须有一个共同语义要素。如:由“牛、羊、马、猪、骡”等构成了一个语义场,它们的共同语义要素是“家畜”。词义的存在不是孤立的,同一语义场中的词语互相依存、互相制约,是相互联系,相互补充的。一个词意义范围的扩大或缩小可能会影响到其他词语,同样,一个词的意义也会受到语义场内其他词语的影响。每增减一个词,场内的语义就要重新调整;语义场某一个成员发生变化,常常促使其他成员做出相应的调整。

①受反义词的影响。可以分为以下两种情况:

一种情况是:一对反义词中的某个词引申出其他意思,另一个词受它的影响产生了相反的意思。如:“熟”有“食物煮熟”、“植物成熟”义,如《尚书·金縢》:“岁则大熟。”“生”有“食物生”、“植物不成熟”义,如《荀子·礼论》:“饭以生稻。”“熟”和“生”是一对反义词。后来,“熟“发展出了“熟习”、“熟悉”义,如(唐)韩愈《昌黎集》二一《送石处士序》:“若驷马驾轻车,就熟路。”“生”也引申出相反的意思,有了“不熟习”、“陌生”义,如(唐)王建《七村居即事》诗:“因寻寺里薰辛断,自别城中礼数生。”再如:先秦时期,“清”有“水清澈”义,如《诗经·郑风·溱洧》:“溱与洧,浏其清矣。”引申为“高洁”义,如《论语·公冶长》:“崔子弑齐君,陈文子有马十乘,弃而违之。至于他邦,则曰:‘犹吾大夫崔子也。’违之,至一邦,则又曰:‘犹吾大夫崔子也。’违之。何如?子曰:‘清矣。’”“浊”是“清”的反义词,可指“水不清、浑浊”,如《诗经·小雅·四月》:“相彼泉水,载清载浊。”引申为“污浊”,如(唐)姚崇《冰壶诫》:“与其浊富,宁比清贫。”

另一种情况是:一对反义词的某个词引申出一个意思,另一个词受它的影响也引申出同样的意思。据李为政(2012),“今”和“古”、“好”和“恶”、“行”和“坐”都是这样。“今”有“现在”义,“古”有“往昔、旧时”义,是一对反义词。因为“今”除了“现在”义还有表结果的连词用法“因此”,“古”受“今”的影响相因生义,也逐渐具有了表结果的连词义。“好”在先秦有“优等”义,“恶”在先秦有“劣等”义,是一对反义形容词。而“好”在宋代产生了程度副词义“很”,如:(宋)石孝友《西地锦》:“风儿又起,雨儿又煞,好愁人天色。”“恶”受“好”的影响,也在宋代产生了程度副词“很”义,如(宋)邵雍《自咏吟》:“平生积学无他效,只得胸中恶坦夷。”在先秦,“行”有“行走”义,“坐”有“停留”义,可以看作是一组反义动词。“行”在先秦还有副词义“将”,“坐”受“行”的影响在唐代也产生了“将”义,如(唐)沈佺期《和杜麟台元志春情》:“青春坐南移,白日忽西匿。”

②受同义词或相关词的影响。如:

现代汉语中,“吃”和“喝”可以说是一组同义词,都有“把东西咽入口中”之义,区别是:“吃”的对象一般是固体食物,如:吃水果、吃菜、吃饭等;“喝”的对象一般是液体饮料或流质食物,如:喝水、喝茶、喝酒、喝饮料、喝粥、喝汤、喝咖啡等。虽然也有极个别的对象既可以搭配“吃”,也可以搭配“喝”,如:吃药/喝药、吃茶/喝茶、吃醋/喝醋等。除了“吃药”和“喝药”的意思差不多,“吃茶”和“喝茶”、“吃醋”和“喝醋”的意思都不一样。“喝茶”指的是喝茶水;“吃茶”则是一种旧时遗留下来的婚俗,表示女子受聘于男家,通常意味着许婚。“喝醋”指吞食醋这种调味液体;“吃醋”一般比喻产生嫉妒情绪,多指男女关系方面。以前,“吃”的对象并不限于固体食物,还包括液体食物,如:《水浒传》中经常说“吃酒”,后来由于“喝”分担了“吃”的一部分意义,“吃”的对象就一般只限于固体食物。

董为光(2004:148)认为:程度副词“相当”的语义变化是受“很”的影响。《现代汉语词典》(第5版)对“相当”的释义是:“表示程度‘高’,但不到‘很’的程度。”而实际上“相当”在几十年内发生了变化,表示的程度已经超过了“很”。由于“很”的使用频率太高,在表达稍微高的程度时,人们偏向选用“很”来表达,降低了“很”的“可信度”,使得“很”的语义有点儿泛化,这就促成了程度语义场的调整。当人们需要强调程度高的时候,选用不太常用的“相当”表达。如:他英语说得相当好。

胡斌彬(2010)也指出,“裸讲、裸奔”最初分别指“裸着身子讲授”、“当众光着身子行走”,后来受“裸视、裸捐”等词语的影响,分别衍生出了“不依赖文稿的讲演或讲授”、“跟原地完全脱离职务和工资关系后投奔其他地方”。

(3)语用因素导致的词义演变

特定词语使用的特定语境也会引起词义演变。如:2006年中央电视台春节联欢晚会上宋丹丹、赵本山、崔永元演的小品《说事儿》中,多次使用“相当”一词强调程度。现摘录使用“相当”的对白如下:

①白云:拿礼物!过节了,给你带个纪念品,你这小辈儿的你说……(黑土拿出饭盒)啥玩意儿这是?真是的,你这人儿!(黑土拿出书)相当有纪念意义。

②白云:不用报,都小钱儿!现在,有钱,瞅这穿的,相当有钱!嘿,太有钱了!哎呀,这都是挺贵的。

③白云:智商相当高。

④白云:签字售书那天那家伙那场面那是相当大呀!那真是:锣鼓喧天,鞭炮齐鸣,红旗招展,人山人海呀。那把我挤桌子底下去了,那一摞儿书都倒了。

⑤白云:那怎么叫“特别”壮观呢?那是“相当”壮观哪!那家伙,那场面大的,那真是:锣鼓喧天,鞭炮齐鸣,红旗招展,人山人海,那……

⑥崔永元:我知道,其实大妈成了名人以后见世面挺多的,参加的活动很多吧?

白云:那是“相当”多。一天到晚,俺们就是到处演出,四处演讲,还给人剪彩。

⑦崔永元:我听说,那个,读者特别期待?

白云:怎么说“特别”期待呢?那是“相当”期待呀!那家伙,那,看完《月子Ⅰ》就想看《月子Ⅱ》,都搁那憋着呢。

⑧黑土:那,这话是真的。那憋得是“相当”难受啊!那村长啊,就上俺家就堵着门儿就告诉你:“别让你媳妇儿遥哪乱走了,赶紧写《月子Ⅱ》吧,村头厕所可没纸了。”

⑨崔永元:哎呀,你看哪,本来这节目收视率就低,你说要把这播出去,那收视率“相当”高了就。

小品中用“相当”对程度进行夸张,收到了令人捧腹的搞笑效果。经此小品使用,“相当”火了,人们动不动就用“相当”来搞笑,“相当”本来用于强调程度高,结果因为在幽默小品这种特殊语境的使用,反而由于衍生出的不严肃、戏谑的意味,而所表的程度却有所降低。所以此后,当人们想要强调程高时,反而不敢轻易使用“相当”,有人可惜地直呼:“相当”被捧杀了!

第三章

研究词义的学科

我国围绕着汉语词义研究的历史已经很悠久了,研究汉语词义的传统学科是训诂学,新兴学科有词汇学和语义学。这些学科既有交叉之处,各自又有侧重的对象。

一、训诂学

“训诂”是古代汉语研究领域中的一个专业术语,有时也是“训诂学”的简称。最初,“训”和“诂”是单音词,可以说是同义词,既有相同的一面,也有不同之处。(汉)许慎《说文解字·言部》:“训,说教也。诂,训故言也。”意思是说:“训”是解释字词用来教人的,也就是用通俗的话来解释词义;“诂”是解释古代的语言。这是加以区别时“训”和“诂”的细微差别。如果不加区别,它们都可以表示“解释”之意。(晋)郭璞注《尔雅·释诂》中“释诂”时说:“此所以释古今之异言,通方俗之殊语。”表明“诂”不仅可以用来指解释古语今词,也可以指解释方言俗语。汉代以后,“训”和“诂”有时连用,如(西汉)毛亨的《诗经诂训传》。由于“训”和“诂”常常合在一起使用,逐渐凝结成复音词,取二字之共同义为义,意思是“解释”。孔颖达解释说:“训诂者,通古今之异词,辨物之形貌,则解释之义尽归于此。”近人黄侃说:“训诂者,用语言解释语言之谓。”[①]陆宗达、王宁在《训诂与训诂学》(1994:7)中说:“按黄季刚先生的说法,训诂即是词义解释之学,用易懂的众所周知的语言来解释难懂的或只有少数人能懂的语言。”

“训诂”虽然是“解释”之意,但是现在所用领域极小,只作为专业术语用于古代汉语研究领域中。我们可以这样认识“训诂”:它是古代汉语研究中的一个

① 见黄焯:《文字声韵训诂笔记》,上海古籍出版社1983年版,第181页。

专业术语，一般为"解释"之义，既是名词，也是动词，"解释词义叫'训诂'，词义的解释也叫'训诂'"。[①] 它最初专指语言研究中用研究时所处时代的通用语言解释古代的语言或方言俗语。现在，特指通过考证，对古代文献语言及方言俗语做出前人未做过的解释或订正前人错误解释的专门性的学术工作。

我国的训诂实践工作久已开始，萌芽于先秦时期，成熟于汉代，在清朝达到鼎盛，给后世留下了浩瀚的训诂材料。但是这一学科的理论体系却是从近代才开始创建的，训诂学的理论是以古代训诂材料和现代训诂理念为基础的。王宁(2008:415)说："中国训诂学是植根于汉语的，以词汇意义为研究意义，以语义探求(考证)、贮存与解释为应用实践的传统学科。"

训诂学是以古汉语词义解释为主要研究对象的一门学科，是中国传统语言学的重要组成部分，古代与文字学、音韵学合称为"小学"。它研究训诂的体例、训诂的内容、训诂的原理及其方法、训诂术语等，通过对训诂实践材料的分析、总结，揭示语义系统，推求词语根源，探索词义发展的内部规律，用来指导训诂的实践。

从发展阶段来看，训诂学可以分为传统训诂学和新训诂学，它们在研究材料、内容、研究方法和目的方面都有很大不同。传统训诂学在各方面都存在着很大局限性，而新训诂学则在各方面都更加完备。从研究材料和课题来看，传统训诂学研究的语言材料一般仅限于上古文献经典，直到清代仍然主要着眼于先秦经传及部分经传诸子的材料，对经传之外或后代的词义只是偶有涉及，以汉代注释为主要依据，因袭老课题较多，开辟的新领域很少。新训诂学则广泛涉及各个历史时期的各种语言材料。传统训诂学着力于搜集编纂，很少归纳概括，理论论述比较零散，缺乏对训诂原理和方法的阐述。新训诂学是一门独立的具有一定体系的学科。从研究方法看，传统训诂学的研究方法往往是片面的，缺乏历史观念和发展观念；新训诂学的研究方法则是全面而科学的，具有历史观和发展观。从研究目的看，传统训诂学的研究目的只是在于通经致用，而新训诂学的研究目的除了更好地指导训诂实践之外，还要全面、深刻地探求语义系统和语义发展演变的规律。

现在，训诂学的研究范围不断扩展，从汉魏以前古书中的词义已经扩展到唐宋元明乃至有清一代的俗语词。根据当代训诂学的重点研究对象，当前训诂学的主要任务是：1. 运用训诂学理论，继续深入研究古代经典文献或者挖掘前人很少涉足的古白话材料，正确解释其中的语词意义，开创新的训诂学天地。

---

① 周大璞：《训诂学初稿》，武汉大学出版社1987年7月版，第2页。

2. 不断完善训诂学理论。3. 培养出一批出色的训诂学人才,编纂整理古籍,更好地继承古代文化遗产。

二、词汇学

词汇学,是研究词汇及其发展演变的一门学科。胡明杨先生在周荐先生著的《词汇学和词典学研究》(2004)中的序中说:"似乎是从20世纪七十年代开始才有个别汉语词汇学的著作问世,不过大都是参照苏联或西方国家的词汇学或语义学的著作的理论和体系,加上汉语的一些例子写成的。"

词汇学研究词汇,包括词汇理论和词汇运用两大方面。黄伯荣、廖序东主编的《现代汉语》(2007)中《词汇》一章内容包括:词汇和词的结构;词义的性质和构成;义项和义素;语义场;词义和语境的关系;现代汉语词汇的构成;熟语;词汇的发展变化和词汇的规范化。张志毅、张庆云(2001:5)将传统词汇学的研究内容总结如下:1. 词汇类别:基本词汇和一般词汇、共同语词汇、方言词汇、术语和行业词汇、古语词汇、旧词汇、新词汇等。2. 构词法和造词法。3. 词义类聚:多义词、同义词、近义词、反义词、类义词等。4. 词的中心义和色彩义。5. 词义跟概念、语音、事物之间的关系。6. 词源和词的理据。7. 词和词义的变化和演变。8. 词和词义的解释和教学。9. 词和词义的翻译。10. 词典学。

随着对词汇学日渐深入的研究,人们又发现传统词汇学中"词汇"并不完全是词汇,还包括"语",因此,温端正先生主张把词和语分开,再建立一门语汇学。他在《论语词分立》(2002)指出:"语词"分立的意义非常重大。首先,在理论上可以避免许多过去纠缠不清的问题,有利于建立汉语语词研究的科学体系。其次,有利于加强'语'的研究和教学。最后,还有利于语词类辞书的编纂。有的学者还从汉语的实际问题出发对汉语实际语料进行分析、统计,如周荐先生的《词汇学和词典学研究》,对词和语的划分、各类固定短语的分类以及定义等问题做了研究,尤其对一些根本问题,如对基本词汇和一般词汇的划分,提出了自己的看法。李如龙(2004:80)认为:"同其他语言现象一样,词汇的衍生在世界各种语言中应该有共同的规律,而各民族的语言也会有自己特殊的规律。同一种语言的词汇滋生在不同的时代也一定有不同的情况。有关这些问题的研究,对于了解不同民族、不同时期的语言的特征,了解语言和社会生活、语言和人类思维的发展的关系,都是十分重要的,因此,这应该是词汇学的重要研究课题。"随着学者们对近代汉语词汇的关注,近代汉语词汇研究也开始兴盛起来了。蒋绍愚(2005:287)主张:"近代汉语词汇研究应该包括以下几方面:(1)词语的考释(2)构词法的研究(3)常用词演变的研究(4)专书词汇研究(4)各阶段词汇系统的研究(6)近代汉语词汇发展史的研究。”

现在,词汇的研究不断深化,传统的词汇研究内容继续加强,新的研究内容也蒸蒸日上。新词新语现象正在成为热门的研究课题,运用各种先进理论解释词形、词义以及义位衍生的方式及其流变也成为一种热潮。词汇学研究采用的研究方法主要有:一、定量分析法。张志毅、张庆云(2004:24)认为:“因为词汇单位数以万计,单位之间关系特别复杂,所以更须要选择典型域或典型群,更须要对选定的域或群进行科学的定量分析,把有限枚举升格为穷尽枚举。”二、比较法。对共同语内部不同语域词语的风格进行比较,对方言词汇和普通话词汇进行比较,对不同方言的词汇进行比较,对古今词汇进行比较,对不同语言的词汇进行比较。随着相关学科的联系越来越紧,吸收其他学科的知识为词汇学服务成为一种重要的研究手段和趋势。但是由于词汇系统内部成员众多,且更新又快,复杂多变等多种原因,现在研究的工作还大多是个别词或个别词族演变描绘和解释,对不同时代的词汇系统还缺乏整体勾勒和详细描画。不过,随着研究成果的日益丰富,必将为词汇的更进一步研究提供更多的材料,最终绘就一幅宏伟的词汇画卷。

三、语义学

语义学是一门以语言的意义为研究对象的语言学学科。可以分为三个时期:训诂学、传统语义学、现代语义学。训诂学时期,训诂学是语义学的一部分。我们这儿只谈传统语义学和现代语义学。

传统语义学诞生于19世纪末,是从词汇学中独立出来的一门学科,其活动期主要在19世纪60年代至20世纪30年代。它研究词义及其历史演变。在词这一层面研究语义,也就是只着眼于词义研究,对语义进行独立、全面、系统的研究。张志毅、张庆云(2005:2)认为:传统语义学以语义为中心,研究以下一系列的问题:词源;词的理据;词义的变化和演变;词义类聚——多义词、同义词、反义词、同音词;词的中心义和色彩义;词义和概念的关系;词义、语音和客观事物三者的关系;词义解释和教学;词语翻译;词典编纂。

现代语义学诞生于20世纪六十年代。七十年代后期,才有人把现代语义学介绍到我国大陆。有的学者开始将现代语义学的观点和方法应用于现代汉语、古代汉语和我国少数民族语言的研究中去。我国的训诂学成果曾经很丰富,所以自然而然,有的学者将现代语义学就用于训诂学成就的整理和总结上。

贾彦德《汉语语义学》(1992)研究了以下内容:语义单位、语义系统和语义的分析方法;义素分析法;义素和义位的性质;语义场、句义附加义、语义的明确与不明确;语义中的普遍因素和民族特点;语义的演变等。现代语义学以词义为中心,除了包含传统词汇学研究包括的内容之外,侧重以下内容:1. 词汇和词义系统。2. 词义结构、界说和性质。3. 语义场。4. 位素理论。5. 词位、义位的民族个性和共性。6. 语素的语义组合,义位组合,义丛、义位组合的规则。7. 义位的语境语用义。8. 词汇和词义的外部因子,如社会、民族、历史、文化、思维、心理等。9. 用相关的学科成果对词义的演变等问题进行解释。10. 词位、义位的共时变化和历时演变。现代语义学分为三个阶段:一、以词义为中心研究词义演变。二、以词义为基础研究言语交际(双方在语境中的互动机制,理解)和语义结构关系。三、研究语义学和语用学的互相重叠。苏新春、孙茂松(2004:65)认为:汉语语义系统中有哪些核心词语,也是当前汉语词汇学界、语义学界,乃至中文信息处理界非常关注的一个问题。张志毅、张庆云(2005:9)说:"现今的语义学的最新成就已经能对自然语言用比较清晰和详尽的公式来描写,但是它的理论及其成果还带有'推测性',对具体语言材料研究得还不深透,应用的程度还不够高。"

现代语义学与传统语义学相比,研究范围扩大,重点突出。从微观方面来看,已经扩展到词义内部的各种元素(义位、义素、语素义)。从宏观上说,已经从词汇单位、语法单位扩展到词组、句子、句群以至更大的言语作品(一席话、一篇文章、一本书、某个人的全部著作);从一种民族语的语义特点扩展到各民族语的语义共性;从语义内部扩展到语义外部。研究的重点是对自然语言做形式化的精确描写。与之相关的当前热点语义课题是:题元、照应、量词辖域等。但是,词义仍然在语义学中占核心地位。

四、训诂学、词汇学、语义学三者的关系

现在,学科的门类分得越来越细,但是一些学科的研究对象仍出现交叉之处。训诂学、词汇学、语义学这三种学科既有交叉之处,各自又有侧重的对象。它们既有联系,也有区别。张永言、汪维辉(1995)指出:训诂学与词汇学有密切的联系,又有本质的区别。"目前在语言学界还存在着一种模糊认识,有意无意地将训诂学和词汇史混为一谈,以为考释疑难词语和抉发新义就是词汇史研究的全部内容。这种认识对词汇史研究的开展是不利的。"

这三个学科的主要研究对象都是汉语词义,研究内容都涉及词义的联系和

系统。尤其训诂学与传统语义学还在以下两方面有着相似的地方：

1. 对词义的研究方式都主要是原子主义的，对词义系统的认识也非常有限，在理论方面都很薄弱。古人在训诂实践中虽然运用词义的联系去训释，但是大规模地进行联系还是很少见的，而且，训诂学在清代之前还没有人提出什么明确的理论，对于词义的系统更是无从谈起了。传统语义学虽然对语义系统的论述比较细致深刻，但是涉及的面很小，从宏观上说还没有把词义看作一个整体系统。也没有充分运用分析法对词义进行更深入的分析，只是把词义当做一个整体，没有深入到词义内部，从词义中分析出更基本的元素。

2. 涉及面都很广，与许多学科关系密切。训诂学除与语音学、语法学、文字学、音韵学等语言学学科关系紧密，还与修辞学、语源学、方言学、词典学、文献学这些语言学学科有密切的联系，甚至与校勘学、版本学、古代文学、历史学、古代哲学等非语言学学科有关。训诂学的研究，离不开这些学科的研究成果。同时，训诂学的发展，也必然促进这些学科的发展。语义学历来是语言学、逻辑学、哲学的交叉学科。语义学可以分为四种：(1)语言学中的语义学。它研究各种自然语言单位的意义及其相互关系、语义的共时变化和历时演变。(2)逻辑学的语义学。研究逻辑形式化语言中的指示、真实和可满足等问题。(3)哲学的语义学，即语义哲学。认为哲学是分析科学，主张语言是哲学分析的唯一对象或主要对象。新实证论流派认为哲学的分析对象是科学的语词和语句的逻辑关系。(4)普通语义学。主要研究语言使用的实际问题——言实相符。语义学还与语言教学、词典编撰、翻译等实际工作密切相关。研究语义学需要借鉴哲学、数学、数理逻辑、认知心理学等其他学科的理论和方法。只有借鉴这些方面的理论和方法，研究状态才有可能从较多的个别性、随意性、非公理性转入较多的普遍性、系统性、客观性、公理性。(张志毅，张庆云 2005:9)

这三个学科又有着本质的区别。其一，它们虽然都着重研究词义，但是侧重点和目的有所不同。训诂学重在考释古典文献中的词语，尤其是旧训诂学，人们甚至将它视为经学的附庸。而词汇学和语义学都把汉语的词汇作为本体去研究，研究词语涵义及其发展演变规律。张永言、汪维辉(1995)曾指出“训诂的目的是‘明古’，训诂学的出发点是为了读古书——读懂古书或准确地理解古书。因此，那些不必解释就能理解无误的词语，对训诂学来说就没有多少研究价值。词汇学则颇异其趣，它的目的是为了阐明某一种语言的词汇的发展历史及其演变规律，而不是为了读古书，尽管不排除客观上会有这种功用。所以，在训诂学看来没有研究意义的词汇现象，从词汇史的立场去看可能恰恰是极为重要的问题。”其二，它们的研究对象虽有重合的地方，却也有不同之处。训诂学虽然也以词义解释为主要研究对象，但它涉及面广，不仅释义范围比较宽泛，不限于字词，还包括句义的串讲、章旨的概括，而且注释内容包括字音的标注、语法的阐述、修辞的说明、文字的校勘、句读的分析、乃至篇章结构的分析以及名物制度的考释等等。不过，它所涉及的别的方面的知识和宽泛的释义范围都是服务于疏通词义、句义这一基本目的。词汇学研究的对象是词汇，包括研究词汇的各个方面，除了词义，还包括词汇的其他方面，如：构词法、造词法等。传统语义学注重实词的词义研究，很少涉及句义；现代语义学的研究对象是各种语言单位，除了研究词义，还研究句义、句群义乃至篇章义等词以外的单位，而且在意义方面作抽象的、全面的、体系的研究。

在理论研究和具体工作实践中，这三个学科又常常结合在一起。字典、词典的编撰就是以训诂学、词汇学、语义学为学术基础，对这三方面成果的综合使用。它们的结合为我国的语言研究做出了很大贡献，编纂了不少语文工具书，如《辞源》、《辞海》、《新华字典》、《现代汉语词典》等。同时，字典、词典的释义也为这三个学科的深入研究提供了丰富的资料。比如说：语义学研究中，义素分析法的第二步骤是比较，贾彦德先生（1992：71～72）提出的一种比较法是"比较词典中有关义位的释义"，而这种比较法是"从分析词典的释义入手，来寻找义位中的义素。"我们就可以以词典的释义为基础，比较出某一语义场各义位的结构式子。

第四章

词义训释实践成果的形式

古人在词义训释实践中，把其中的点点滴滴记录下来，形成了几种形式。现在我们所看到的古人词义训释实践成果的形式主要有以下几类：正文体、注释体、字典辞书体、杂考笔记体。这四类中，以第二类和第三类为主。

一、正文体

这类形式出现得最早，远在甲骨刻辞的正文中就有。后来，《尚书》中也有一些。如：

《尚书·洪范》："五行：一曰水，二曰火，三曰木，四曰金，五曰土。"

春秋战国时期，正文体释义就更加多了。据张新武的《先秦文献正文中词义训诂辑录》统计，《周易》、《左传》、《孝经》等31部古籍中共有1562条。

从解释的内容来看，大多数解释的是实词，如：

《左传·昭公二十九年》："凡师有钟鼓曰伐，无曰侵，轻曰袭。"

《礼记·曲礼下》："生曰父曰母曰妻，死曰考曰妣曰嫔。"

《庄子·逍遥游》："南冥者，天池也。齐谐者，志怪者也。"

《荀子·大略》："礼者，人之所履也。"

《韩非子·五蠹》："古者仓颉之作书也，自环者谓之私，背私谓之公。"

也有少量解释虚词的，如：

《墨子·经上》："必，不已也。"

二、注释体

注释体是指随书籍原文进行注释的形式，即章太炎所说的"附经"。这种体式，为了便于读者结合注解阅读原文，在相应的语句、一段或几段后解释词义，释义的文字字号常常小于正文，与正文的大号字相区别，古注通常用双行小字在原文后加注。

（一）词义训释的名称

词义的训释有许多名称，较早的有“传”、“说”、“解”、“诂”、“训”，后来又有“笺”、“注”、“释”、“说”、“诠”、“述”、“学”、“订”、“校”、“考”、“证”、“微”、“隐”、“疑”、“义”、“疏”、“故”、“正义”、“音义”、“章句”等别名。有的名称虽异，所指却同，有的意义稍有不同。有的结合在一起使用，如：“注疏”、“义疏”、“校注”、“解诂”、“疏证”、“诂训”、“训注”、“注训”、“笺释”、“注解”、“注释”等。“解诂”、“诂训”、“注训”、“注解”都出现于汉代，“注释”似出现于宋代，近代以来，“注解”与“注释”最为流行。

“传”是传述之义，即解释说明，指阐明经义。《汉书·艺文志》：“《春秋》有《左氏传》、《公羊传》、《谷梁传》，《诗》有《韩诗内外传》、《毛诗故训传》。”《周易》有经有传，传由十翼组成，共十篇，其中，有的是战国时期的作品，有的是汉代的作品。孔子所注《十翼》，《太史公自序》引作《易大传》。子夏有《仪礼·丧服传》，等等。不过，有的传是对原文内容进行解释来传达作者之意，而有的却不仅仅只解释原文之意，而且揭示作者表达的意图以及事情的来龙去脉、前因后果，是对文章背景知识的讲解。《春秋》的三传中，《左传》以补充史实为主，而《公羊传》、《谷梁传》则偏重于解释词义。当然，《左传》在补充史实的过程中也夹杂着词义的解释，而且多用词义对比的方法。如：《左传·庄公三年》：“凡师一宿为舍，再宿为信，过信为次。”又《左传·文公七年》：“兵作于内为乱，于外为寇。”传有内传、外传、大传、小传、补传、集传之分。《四库全书总目提要》说：“其书杂引古书古语，证以诗词，与经义不相比附，故曰外传。”言外之意，内传就是与经义相比附的注解，外传就是不与经书相比附的注解。东汉以来，有些学者称《左传》为《春秋内传》，《国语》为《春秋外传》。而“大传”这个名称，始于汉代张生和欧阳生的《尚书大传》，再如《易大传》。郑玄《尚书大传序》：“伏生为秦博士，至孝文时年且百岁，张生、欧阳生从其学而受之，音声犹有讹误，先后犹有差舛，重以篆隶之殊，不能无失。生终后，数子各论所闻，以己意弥缝其阙，而又特撰其大义，因经属指，名之曰传。”据此，“大传”即是“大义”的意思。“小传”与“大传”相对，是一种谦词，大概是取“不贤者识其小”之意，义同“裨传”、“稗传”，如：刘敞《七经小传》、吴仪《春秋稗传》。

“说”是分析解释之义。《说文》：“说，说释也。一曰：谈说。”《墨子》有《经》，分上下两篇，还有《经说上》和《经说下》，其实就是对《经》上下两篇的解释，这四篇通称为《墨经》；《韩非子》的《内储说》、《外储说》也是先列出经文，然后加以解说、论证;(宋)司马光有《易说》,(清)惠士奇有《礼说》。

“解”也是分析之义。《说文》:“解,判也。从刀判牛角。”“判,分也,从刀,半声。”“解”的本义是“用刀分割牛体”,引申为“分解、分析”。注解就是分析语义,所以叫做“解”。《管子》书中的《牧民解》、《形势解》、《立政九败解》、《版法解》、《明法解》等就是对前面篇章《牧民》、《形势》、《立政九败》、《版法》、《明法》的分析;《韩非子》中《解老篇》、《喻老篇》等是对《老子》的注释。不过这些注解不是逐字逐句的注释,而是阐释其意旨。

“故”与“诂”同义,也是“解释古代语言”之意。段玉裁《说文解字注·言部》中曾说:“汉人传注多称故者,故即诂也。”汉代多写作“故”,后来多用“诂”。《汉书·艺文志》所载三家《诗》有《鲁故》、《齐后氏故》、《韩故》。

“注”,《说文》:“注,灌也。”“灌注”是其本义,“注释”义是它的后起义。关于此义如何而来,有四种说法:一、刘知几《史通·补注篇》:“注者,流也,流通而靡绝。”二、《仪礼·士冠礼》贾公彦疏:“注者,注义于经下,若水之注物。”三、段玉裁《说文解字注》:“注之云者,引之有所适也,故释经以明其义曰注。”四、孔颖达《毛诗正义》:“注者,著也,言为之解说,使其著明也。”前三种说法都认为是引申义,最后一种认为是假借义,是“著”的假借。比较起来,第二种说法好像更为妥当。郑玄著有《周礼注》、《仪礼注》、《礼记注》等。郑氏之后,称注书为“注”的人越来越多,“注”成为训释的通称,如郭璞《尔雅注》、颜师古《汉书注》等,称“传”的越来越少。甚至马融、王肃所注诸书,本称为传,《隋书·经籍志》中也将书名改为通行的“注”了。“注”字后来也写作“註”。段玉裁《说文解字注》云:“汉唐宋人经注之字无有作註者,明人始改注为註,大非古义也。”认为“注”作“註”从明代开始。周祖谟则据《一切经音义》卷六引《字林》“註,解也”,认为“注”作“註”由来已久。

“笺”,《说文》:“笺,表识书也。”注书称“笺”始于东汉的郑玄,是在注《诗经》时所称。郑玄《六艺论》云:“注诗宗毛为主,毛义若隐,略更表明。如有不同,即下己意,使可识别也。”孔颖达《毛诗正义》:“郑于诸经皆谓之注,此言笺者,吕忱《字林》云:‘笺者,表也,识也。’郑以毛学审备,遵畅厥旨,所以表明毛意,记识其事,故称为笺。余经无所尊奉,故谓之注。”可见,“笺”有补充与订正毛传的意思,一方面对毛传简略隐晦的地方加以阐明,另一方面把不同于毛传的意见提出,使可识别。后代称注书为“笺”的较少。

“释”,《说文》:“释,解也。从采,采取其分别物也,从睪声。”《尔雅》中的19篇都是以释为名,后世中一些注释书称“释”的,如晋代李顒《尚书新释》、唐代陆德明《经典释文》、清代马瑞辰《毛诗传笺通释》等。

“诠”,《说文》:“诠,具也。”《晋书音义》引《字林》云:“诠,具也,谓具说事理。”本义具说事理。后世注书叫“诠”的,如(唐)李翱《易诠》、(元)赵汸《周易文诠》、(明)邓伯羔《古易诠》、《今易诠》,近人杨树达的《词诠》。

“疏”、“义疏”、“正义”这几个名称都是既对原文作注,又给注作注的一种双重注释体例。魏晋时期,人们觉得不仅古书难懂,就连前人的注释都有点难以理解了,需要对古书重新做注,就出现了这种经注兼释的体例。如:梁武帝《周易讲疏》、《尚书大义》,北周沈重《周官礼义疏》,皇侃《论语义疏》、《孝经义疏》等。六朝以后,“义”也与“义疏”同义,如:巢猗《尚书义》、何修《礼记义》等。“正义”名称始于唐代,如孔颖达等人的《五经正义》。“正义”最初多是官修而成,而且注释采取“疏不破注”的原则,即完全依照旧注的观点去解释,不过,后来它的意义等同于“疏”、“义疏”,因此后代也有私人作正义的情况。

“注疏”则是把同一本书的注和疏合在一起,如《十三经注疏》。《十三经注疏》包括我国十三部文献经典的注和疏,各部书的注疏如下:《周易》,(魏)王弼、韩康伯注,(唐)孔颖达等正义;《尚书》,旧题(汉)孔安国传,(唐)孔颖达等正义;《诗经》,(汉)毛亨传,(汉)郑玄笺,(唐)孔颖达等正义;《周礼》,(汉)郑玄注,(唐)贾公彦疏;《仪礼》,(汉)郑玄注,(唐)贾公彦疏;《礼记》,(汉)郑玄注,(唐)孔颖达等正义;《春秋左传》,(晋)杜预注,(唐)孔颖达等正义;《春秋公羊传》,(汉)何休注,(唐)徐彦疏;《春秋谷梁传》,(晋)范宁注,(唐)杨士勋疏;《论语》,(魏)何晏集解,(宋)邢昺疏;《孝经》,(唐)玄宗注,(宋)邢昺疏;《尔雅》,(晋)郭璞注,(宋)邢昺疏;《孟子》,(汉)赵岐注,(宋)孙奭疏。宋代以前,《十三经注疏》的注和疏是分成两本书印行的;宋代以后,为了便于阅读,才把注和疏合成一本书。注和疏合成一本后,疏一般放在注后,如果一段中有几个注,疏就放在几个注之后,如果一段中只有一个注,疏就放在一个注之后。疏一般先疏正文,再疏注文。先略引被疏的文字,一般是起讫各引两三个字,然后再疏,中间用圆圈隔开。

“章句”,《后汉书·桓谭传》李贤注:“章句谓离章辨句,委曲枝派也。”这种体例主要串讲句意、释章旨,当然有时也要解释词义。刘师培《国学发微》:“故传二体,乃疏通经文之字句也;章句之体,乃分析经文之章句者也。”阐明了“章句”与“故传”的区别。如:(汉)赵岐《孟子章句》、(汉)王逸《楚辞章句》、(宋)朱熹《大学章句》、《中庸章句》等。这种体例盛行于西汉,但是由于许多章句太过繁琐,西汉末年以来,许多学者“羞为章句”,章句这种体例也逐渐少见了,甚至以前的一些章句也失传了。

“集解”、“集注”、“集传”、“集释”、“集说”,这些注释名称用来指把各家代表性的注解汇集在一起间或提出自己的见解的注释体例。如:(三国魏)何晏的《论语集解》、(南朝宋)裴骃《史记集解》、(唐)颜师古《汉书集注》、(宋)朱熹《诗集传》、(清)王先谦《荀子集解》、(清)郭庆藩《庄子集释》等。我们试举一例来看集解体例:

子曰:"学而时习之,不亦说乎?"马曰:"子者,男子之通称。谓孔子也。"王曰:"时者,学者以时诵习之。通习以时,学无废业,所以为说怿。"

集解中"马曰"的"马"指马融,"王曰"的"王"指王肃。集解类著作在列举各家观点时,往往会使用"某曰"的说法,用某位注释家的姓指称他。注释书的序中通常注明集解中汇集了那几家的注解,我们就可以知道"某曰"的"某"指的是谁。序中没有提到的注释家,往往在注中第一次提到时会使用他的全名,而以后只使用他的姓。"集解"还有另一种含义,是指把经传合并在一起进行解释,如晋杜预《春秋经传集解》,就是把《春秋》和《左传》合在一起进行解释。

"音义"是"辨音释义"之义,是既注音又释义的一种注释体例,起于汉魏之际。如东汉应劭《汉书集解音义》、晋代徐广《汉书音义》、吴人韦昭《汉书音义》、唐代慧琳《一切经音义》。唐代陆德明《经典释文》包括十四部古书的音义(《周易音义》、《尚书音义》、《毛诗音义》、《周礼音义》、《仪礼音义》、《礼记音义》、《左传音义》、《公羊音义》、《谷梁音义》、《孝经音义》、《论语音义》、《老子音义》、《庄子音义》、《尔雅音义》)。"音义"有时也省称"音",如晋代徐邈《毛诗音》等。音义往往涉及校勘,也称为"音训"、"音诂"、"音注"、"音释"、"音解"、"音证"、"音隐"、"释文"等,如:(汉)服虔《汉书音训》、《春秋音隐》;宋元之际胡三省的《资治通鉴音注》等。

"补注"通常是指补前人注释的缺略。如:(宋)洪兴祖《楚辞补注》,是补汉王逸的《楚辞章句》的缺略;(清)王先谦《汉书补注》是补(唐)颜师古《汉书注》的缺略,王先谦《后汉书补注》是补唐李贤《后汉书注》的缺略。也有个别"补注"是指补原文的缺略的,如刘知己《史通·补注篇》中的补注即如此。

表示解释的还有"义"、"记"。如:(汉)王玢《春秋左氏述义》、(魏)刘璠《毛诗义》、(晋)崔豹《论语集义》等。赵振铎先生(1988:15)曾说:"《汉书·艺文志》六艺略的礼类著录有《记》百三十篇。原注:'七十子后学者所记也。'这是《礼》经的古文记。现在虽然看不见了,但是它的篇目还可以考出一些。现在看到的《礼记》是汉代戴德纂集的,它或补充记录经义之不备,或录经外之话以明经。它的作用与传差不多。"

有时注释往往和其他整理古籍的工作合在一起。既校正原文,又加注释,即为校注,或称校释、校义、校诠、校诂等。这种做法似起于清代,至今人们还这样做，如今人高亨《墨经校诠》、《老子校诂》等。晚近以来，还有“点校”、“译注”。“点校”以标点校勘为要务，偶尔也酌情加一点注释，有时也称“校点”。“译注”是先列原文、后加注释、并配以译文的体例，是现在最为流行的一种整理古书的做法。它针对古文功底并不深厚的一般读者，适应大众读者的要求，不需要读者的古文阅读古书能力有多高，就能理解古书意思、吸收其中的思想、了解历史事实，有利于继承中国传统文化，如杨伯峻《论语译注》、《孟子译注》、《庄子译注》等。

（二）词义训释的基础工作——校勘

我们对一部古书的词义进行训释时，如果不考虑校勘问题只是一味地从词义入手来解决问题，不仅不能还原古代文献经典的原貌，浪费我们巨大的精力，而且会偏离语言事实，无意中把读者导向歧途，有害于整理古籍的工作。所以我们在训释词义时，应该结合版本的校勘问题努力寻求词义。

在印刷术发明之前，我国的古书靠手抄流传后世。在手抄流传过程中，难免会出现衍文、脱文和讹文。特别是东汉以后，以经附注，虽然附注是依照一定格式规范的，但人们传抄过程中仍不可避免地出现经注混淆的现象。即使是翻刻，由于诸多原因也会出错。这些现象都会影响正确版本的流传，需要校勘、订正，以便后人阅读。

校勘又有“校雠”、“校订”等名，分为狭义和广义两种。狭义校勘是指参证各种版本及其他资料，校正古书在传抄、翻刻、翻印等流传过程中由于多种原因而产生的字句、篇章等方面的错误进行的校正、勘定工作。广义的校勘除此之外，还包括考辨古书的真伪和辑佚。考辨古书的真伪指的是辨别古书作者、时代的真伪，如：一些学者考证出伪古文《尚书》和伪托战国列御寇的《列子》；还有许多学者认为晋干宝的《搜神记》也不是原卷，有些篇章是后人从其他书籍（《法苑珠林》）中摘出收在《搜神记》中的。辑佚就是辑收古书中遗失的篇章，把某些古书中早先已经亡佚、而在其他书中征引的某些章节或语句搜集起来，编辑成册。

我国的校勘之学远在春秋时期就已经开始。《国语·鲁语下》：“昔正考父校商之名颂十二篇于周太师，以《那》为首。”《公羊传》记载孔子校理“先王典籍”。孔子删《诗》《书》，定《礼》《乐》，就是对古籍进行校勘、整理。《公羊传·庄公七年》“不修《春秋》曰：‘雨星不及地尺而复’，君子修之，曰：‘星陨而雨’。”《吕氏春秋·察传》：“子夏之晋，过卫，有读史记者曰：‘晋师三豕涉河。’子夏曰：‘非也，是己亥也。夫己与三相近，豕与亥相似。’至于晋而问之，则曰，晋师己亥涉河也。”子夏指出“三豕”是“己亥”之误，就是在校改讹字，他不仅指出了讹字,而且有理有据,指出讹误的原因在于“三豕”与“己亥”的形体相近。不过这个时期校勘工作还只是零零星星的。

大规模的校勘工作开始于汉代。秦焚书坑儒,许多古籍付之一炬。汉代采取了一系列抢救古籍的措施。汉惠帝时,大收篇籍,广开献书之路,百年之间,书如山积,亟待整理。汉成帝时,组织了一次大规模的校书活动,刘向等人曾奉命领校书,整理了大批古书,如《管子》、《晏子》、《韩非子》、《列子》、《邓析》、《关尹子》、《子华子》以及《战国策》等,所撰《别录》是我国目录学鼻祖。汉哀帝时,刘向的儿子刘歆子承父业,负责总校群书,在刘向撰的《别录》的基础上,修订成了历史上有名的图书分类目录《七略》。汉明帝、汉章帝曾诏令班固、傅毅总校群书,《汉书·艺文志》就是班固把他人和自己的校勘成果加以总结写成的专著,开创了正史立“艺文志”的先河。郑玄所注《周易》、《尚书》、《毛诗》、《仪礼》、《礼记》、《论语》、《孝经》、《尚书大传》等诸书为世人所称道,其中一个重要原因是他能够“囊括大典,网罗众家,删裁繁诬,刊改漏失。”(《后汉书·郑玄传》)郑玄虽然以注书为主,但其中也包括了校勘功夫。他在校勘上的贡献是兼录异文,考订误字,指明衍脱,整理错简,分析致误原因,并作出范例性的说明,在一定程度上体现了校勘的基本原则。东汉高诱的校勘成果虽然不多,但创立了异文并存而两通的校勘体例。

魏晋时期,据史书记载,官家校书加起来约有 20 次之多。南北朝到隋唐时期,学者不仅把校勘对象扩展到经典以外的史学杂著,而且使校勘这门学科脱离了专书注疏的附属地位。颜之推使古书校勘理论化和系统化,《颜氏家训·书证》篇汇集有关典籍及诗歌俗文的训诂校勘,开创了一种脱离专书而广泛论述各种书籍所见错讹的札记体式。陆德明集汉以下校勘学之大成著《经典释文》,对 14 部古籍注音释义并校勘,其《条例》介绍本书音义、校勘之凡例,不仅视校勘为释义之前提,而且提出校是非与校异同并重、反对轻改有意改的原则。唐代,官方曾五次校书,颜师古在《汉书》校勘方面取得了较大的成就。

两宋时期,校勘实践继续发展,校勘学初具理论性质。北宋太宗时,有《崇文总目》66 卷;徽宗时,增补《崇文总目》而成《祕书总目》;南宋高宗时,有《中兴馆阁书目》70 卷;南宋宁宗时,张攀受命编《中兴馆阁续书目》30 卷,在正目之外又增添了 14943 卷。宋代,由于雕版印刷的盛行,书籍易得,又由于书籍讹误多,所以宋代私家校书超过了前代。据蒋元卿《校雠学史》(1935:132 ~ 143)第五章《校雠学的复兴时期》十二《私家校雠之盛》,经部有:郑樵《书辨讹》七卷、张淳《仪礼识误》、朱熹《孝经考异》、毛居正《六经正误》、旧题岳珂《九经三传沿革例》。史部有:赵抃《新校前汉书》一百卷、余靖《汉书刊误》三十卷、张泌《汉书》刊误一卷、刘攽《东汉书刊误》四卷、吴仁杰《两汉刊误补遗》十卷、刘巨容《汉书纂误》十卷。子部有：黎錞校《荀子》二十卷，钱佃《荀子考异》一卷，陆佃校《鬻子》一卷，沈揆《颜氏家训考证》一卷，朱熹《阴符经考异》一卷、《参同契考异》一卷，陈襄校《梦书》四卷、《相笏经》一卷、《京房婚书》二卷。集部有：洪兴祖《楚辞考异》一卷，黄伯思《校定楚辞》十卷、《校定杜工部集》二十二卷，方崧卿《韩集举正》十卷、《外集举正》一卷、朱熹《韩文考异》十卷，彭叔夏《文英华辨正》十卷。除此外，宋人笔记中也有不少零星的校勘材料，如王应麟的《困学纪闻》、洪迈的《容斋随笔》、周密《齐东野语》、龚颐正的《芥隐笔记》、袁文的《甕牖闲评》、姚宽的《西溪丛语》等，都不乏校勘精辟之语。影响校大的校勘著作有《相台书塾刊正九经三传沿革例》、《文苑英华辨证》。清代，校勘实践鼎盛，理论已经成熟。官方校书有：乾隆年间，编撰《四库全书》，收书3503种，79337卷。私人校书有：顾炎武撰《九经误字》、《五经同异》、《古经考》；卢文弨校《抱经堂丛书》17种，包括《经典释文》、《仪礼》、《逸周书》、《白虎通》、《方言》、《荀子》、《新书》、《春秋繁露》、《颜氏家训》、《群书拾补》、《西京杂记》、《独断》、《三水小牍》、《钟山札记》、《龙城札记》、《解春集文钞》、《抱经堂文集》，其中仅《群书拾补》就校勘经史子集《五经正义》、《周易注疏》等37种书籍；戴震校有《算经十书》、《周髀算经》、《九章算术》、《海岛算经》、《五曹算经》、《夏侯算经》、《张邱建算经》、《五经算术》、《缀术》、《辑古算经》，以及《水经注》、《大戴礼记》和《仪礼》等，以精审著称；阮元曾主持校勘十三经；王念孙《广雅疏证》校出1208条讹误，他的《读书杂志》是史子集《逸周书》、《战国策》、《史记》、《汉书》、《管子》、《晏子春秋》、《墨子》、《荀子》、《淮南内篇》、《汉隶拾遗》、《后汉书》、《老子》、《庄子》、《吕氏春秋》、《韩非子》、《法言》、《楚辞》、《文选》等18种古籍的训诂、校勘笔记，其中《淮南内篇杂志后序》为总结校勘之力作，不仅"推其致误之由"，而且归纳出六十四种条例；王引之《经义述闻》是研读经籍的札记，兼及训诂与校勘，其中《通说》下篇十二条，即为归纳校勘之作；俞樾《古书疑义举例》是一部总结古书校释等规律的专著，涉及校勘的有32例；章学诚《校雠通义》专讲古籍目录、校勘、辑佚。

近现代是独立校勘学理论的建立和成熟时期。在此时期，校勘对象与范围继续扩展。一是对旧小说、戏剧、话本、传奇的校勘。二是对佛藏、医籍等其他典籍的校勘。梁启超在《清代学术概论》一书将校勘学完全从经学和小学中剥离出来与之并列，宣告了校勘学的独立。史学家陈垣总结其校勘《元典章》的丰富成果，写成《元典章校补释例》（后更名为《校勘学释例》）。这是一部独立的校勘学著作，其特点是以沈刻《元典章》为典型资料，融会清代乃至近代校勘学的成果,具体而又全面地通过各类通例的归纳和解释,来阐发校勘理论。倪其心的《校勘学大纲》构筑了体系完整的校勘学理念,是校勘学理念达到成熟的标志。

新中国成立以来的校勘工作主要体现出以下特点:1. 校勘工作和其他古籍整理工作结合起来,最多见的是校点、校注点的结合,基本有校必有点。如:王孝鱼点校的《周易外传》,王学初的《李清照集校注》,方向东的《贾谊集汇校集解》等。2. 兼顾普及和研究两个方面。如:郭沫若校订的《盐铁论读本》、王利器的《盐铁论校注》等。3. 与研究相关的校勘力求全面。有求一家之全者,如:詹瑛的《李白全集校注汇释集评》,屈守元主编的《韩愈全集校注》,陈铁民编著的《王维全集校注》,萧涤非主编的《杜甫集校注》;有求一代一体之全的,如《两汉全书》、《全唐五代诗》、《全宋诗》等。4. 一种书往往有几种各有特色的校本出版。5. 社会科学、自然科学方面的古籍并重。如:石声汉校释的《齐民要术》、刘衡如校的《灵枢经》、钱宝琮校的《算经十书》等。6. 既重视传世古籍,也重视出土文献。如:高明的《帛书老子校释》,黄征、张涌泉的《敦煌变文校注》等。7. 既重视汉语古籍,也重视少数民族古籍;既重视常见古籍,也重视地方文献;同时还继承了民国时期对旧小说的校理传统。

台湾在校勘方面也作出了很大成绩。其中,史书方面成就最大。如:黄彰明主持《明实录》校勘;王叔岷《史记斠证》;由台湾的国史馆和故宫博物院合作完成的《清史稿校注》;80 年代出版有点校本的正史《史记》、《汉书》、《后汉书》、《三国志》、《晋书》、《南齐书》、《梁书》、《魏书》、《北齐》、《周书》、《南史》、《北史》;王崇开《明本纪校注》、张以仁《国语集证》等。子书方面有:王叔岷《墨子斠证》、《管子斠证》、《晏子春秋斠证》、《南宋蜀本南华真经校记》、《庄子校释》、《荀子斠校理》、《说郛本韩非子斠记》、《商君书斠补》、《文子斠证》、《列子补正》、《淮南子斠证》、《颜氏家训斠注》,他的《诸子斠证》收入了不少子书校注的成果;屈万里《屈万里先生手批老子》、林尹《新校正切宋本广韵》。出土文献方面的校著有:王叔岷《伦敦博物馆敦煌诸子残卷斠补》,劳榦《居延汉简考证补正》。

校勘方法大致可分为:对校法、本校法、他校法、理校法。

对校法又称"死校法",指的是用同书别本互校,即选用同一古书的祖本(原始版本)或善本(较好的本子)做底本,以其他版本为参考本,然后对这些本子进行对读,校其异同,在不同之处做标记。这是最常见也最简便易行的一种校勘方法。

本校法是用同书同本校对,即通过对同一本书前后互相比证,从而抉择是非，校正讹误。其校勘的依据是本书的行文通例及上下文相同或相近的句式、词语以及本书中其他资料。通过研读本书，发现本书中前后抵牾之处，再依据本书的行文通例和书中一贯持有的观点，来决断讹误之处。如：王充《论衡》中"深目玄准，雁颈而鸢肩，浮上而杀下，轩轩然方迎风而舞。"有的校注认为："深目玄准"中"深目"后脱"而"字，就是依据后边句式"雁颈而鸢肩，浮上而杀下"推断的。

他校法是用他书校本书的一种方法，即用其他书籍或相关资料来校勘本书。本书中的一些史料如果被载于其他书籍资料，就可以用这些共同记载同一史料的书籍或资料来校对。如：《论衡・道虚篇》黄晖《论衡校释》："儒书言：卢敖游乎北海，入乎玄关，至于蒙谷之上，见一士焉，深目玄准，雁颈而戴肩，浮上而杀下，轩轩然方迎风而舞。"刘盼遂《论衡集解》认为："玄关"之"关"应为"阙"、"戴"应为"鸢"。注云："孙人和曰：案：'玄关'，当从《淮南・道应篇》作'玄阙'。高注云：'玄阙，北方之山也。''玄关'乃六朝以来佛家语，汉代无此名也。《蜀志・郄正传》：'卢敖翱翔乎玄阙。'薛道衡《出塞曲》：'绁马登玄阙。'并不作'关'。'关'、'阙'形近，后人又习闻'玄关'之语，故致误耳。""案：'戴'宜依《淮南・道应》改作'鸢'。"刘盼遂集解将他校法作为校勘的一种方法，用《淮南子》、《蜀志》等相关资料进行了校勘。再如：《左传》、《国语》和《史记》记载了许多相同的历史事件，校勘时可以作为材料互相参证。

理校法是不直接依据古书资料的语言记载，而是利用文字、音韵、训诂及其他方面的知识来推定正误的校勘方法。这种方法多在以上几种方法难以实行或难以决断是非的时候采用。

在校勘中这几种方法往往结合在一起使用。如：《战国策・赵策》有："左师触詟愿见太后"，清代训诂学家王念孙认为"詟"字是"龙""言"二字误合而成，"触詟"应为"触龙"。理由如下：1."若无'言'字，则文义不明。"触龙说希望谒见太后，太后听了报告，才气呼呼地等待他。2.《战国策》姚本中说："一本无言字"，那么姚本本来是有"言"字的，今刻姚本没有"言"字，则是后人依据鲍本而改。3. 古书中有人名"触龙"，没有发现"触詟"之名。《汉书・古今人表》、《荀子・议兵篇》中有"左师触龙"，《史记》中有"触龙"，且《太平御览・人事部》引赵策说"左师触龙言愿见"，更是明确点出"龙""言"二字。王氏考证中，综合使用多种校勘方法，将姚本与鲍本、古本与今本对校，又引他书别文进行他校，对校、他校中又结合理校，尤其理校之法运用娴熟，论证材料充实，结论令人信服。事实证明，王氏的观点是正确的，1973 年长沙马王堆三号汉墓出土的帛书《战国纵横家书》正作"触龙言愿见"。

校勘离不开训诂,因为校书需要有广博的知识,特别是文字、音韵、训诂方面的知识,而训诂要做到博大精深,又必须辅以校勘。甚至有的时候,看似训诂问题,实际上是校勘问题,是因为“讹文”、“衍文”、“脱文”等现象造成的词义理解困难。如果把“讹文”、“衍文”、“脱文”纠正了,训诂问题也就解决了。如:《礼记·檀弓上》:“有子问于曾子曰:‘问丧于夫子乎?’”中的“问”字,王力主编《古代汉语》(1999:207)依《经典释文》认为:“问,当作‘闻’。”在这里是“听说”之义。再如:《礼记·檀弓下》:“与其邻重汪踦往,皆死焉。”的“重”字及此篇中下面句子里的“重”字,王力主编《古代汉语》(1999:209)认为:“重,当作‘童’,下同”,是指“未成年人”。

(三)释义举例

注释体释义时一般解释的是词语在具体语境中的意义,词义具体明确。实词意义实在,是语句表情达意的主要载体,所以古书中一些关键词语和较难理解的实词就成为词义解释工作的重点。注释体既有解释实词词义的,也有解释虚词词义及用法的。如:

《诗经·周南·关雎》:“窈窕淑女,君子好逑。”毛传:“窈窕,幽闲也。淑,善;逑,匹也。言后妃有关雎之德,是悠闲贞专之善女,宜为君子之好匹。”

《论语·微子》:“孔子下,欲与之言。”注:“包曰:‘下,下车也。’”

《汉书·郊祀志》:“汉兴,高祖初起,杀大蛇。有物曰:‘蛇,白帝子,而杀者赤帝子也。’”颜师古注:“物,谓鬼神也。”

上边第1例中毛传从“窈窕”到“匹也”与后两例的注释都是对实词词义的解释,分别解释了“窈窕”“淑”“逑”“下”“物”等词。

中国历史悠久,在漫长的奴隶制、封建制社会中,形成了形形色色的制度,包括礼、乐、刑、兵、官职、天文、历法、舆服等制度。古人文中常常提到反映这些制度的名称,注释者为了使读者读懂古书,就不得不对这些制度名称做出解释。如:

《淮南子·泰族训》:“商鞅为秦立相坐之法而百姓怨矣。”高诱注:“相坐之法,一家有罪,三家坐之。”(坐:因某而犯罪。百姓:指百官,此指无官职之贵族。)高诱在注中解释了什么是“相坐之法”这一刑法制度。

《汉书·文帝纪》:“(代王)乃令宋昌骖乘。”颜师古注:“乘车之法,尊者居左,御者居中,又有一人处车之右,以备倾侧。是以戎事则称车右,其余则曰骖乘。骖者,三也,盖取三人为名誉耳。”注中注解了古代设立骖乘的乘车制度。

虚词虽然远不如实词数量多,但是在古书中使用频率却很高,且有些虚词的用法复杂,成为读者阅读古书的障碍。注中说明虚词词义、用法的,如:

《诗经·周南·麟之趾》:“于嗟麟兮!”毛传:“于嗟,叹辞。”

《论语·学而》:“孝弟也者,其为仁之本与?”朱熹《论语集注》:“与者,疑辞。”

《左传·僖公二十四年》:“晋侯赏从亡者。介之推不言禄,禄亦弗及。”杜预注:“之,语助。”

章句虽然侧重串讲句义、点明章旨,但是其中也夹杂有词义的解释,以便于章句的概括。如:

《诗经·鄘风·柏舟》:“之死矢靡它。”毛传:“矢,誓;靡,无;之,至也。至己之死,信无它心。”(此诗写一位少女,有了意中人却遭到母亲的阻拦,她抱怨母亲不体谅自己的心,并表示誓死不改变自己的初衷。矢:通“誓”,发誓。)“矢,誓;靡,无;之,至也。”是解释词义。“至己之死,信无它心。”是串讲句意,意即:到自己死,也没有二心。

《楚辞·离骚》:“日月忽其不淹兮,春与秋其代序。”王逸章句:“淹,久也。代,更也。序,次也。言日月昼夜常行,忽然不久,春往秋来,以次相代,言天时易过,人年易老也。”(日月:指时光。忽:迅速。淹:久留。代序:递相更替。一说“代序”为“代谢”。古“序”“谢”同声相通。)“淹,久也。代,更也。序,次也。”是解释词义,后面几句是串讲句意。

《孟子·梁惠王上》:“孟子见梁惠王,王立于沼上,顾鸿雁麋鹿,曰:‘贤者亦乐此乎?’”赵岐章句:“沼,池也。王好大苑囿,大池沼,与孟子游观,顾视禽兽之众多,心以为娱乐,夸咤孟子曰:‘贤者亦乐此乎?’”章句中“沼,池也。”是解释词义,后面几句都在串讲句意。在这一章的末尾,赵岐《章句》云:“圣王之德,与民同乐,恩及禽兽,则忻戴其上,太平化兴。无道之君,众怨神怒,则国灭祀绝,不得保守其所乐也。”则是点明本章章旨。

(四)注释体代表著作简介

西汉毛亨的《诗经故训传》,简称《毛传》,三十卷,是现存最早最完整的《诗经》注解,也是现存最早的体例完备的注释体著作。此书注重名物训诂,重点解释字词句,还解释题旨、章旨、典章制度、历史史实等,注释内容丰富,体系严密完整,解释精当,在注释体例、释义方法、释义术语及其格式等方面具有开创之功,奠定了古书注释的基础,对后世的影响极大,具有极高的学术价值。

东汉郑玄所注《毛诗笺》、《周礼注》、《仪礼注》、《礼记注》,被收在《十三经注疏》中。郑玄,字康成,北海高密(今山东高密)人。建安初拜大司农,史称“郑司农”。兼通古文经、今文经,治学以古文经为主,兼采今文经说,遍注群经,世称“郑学”,是汉代经学一代宗师。他在《六艺论》中说:“注《诗》宗毛为主。

毛义若隐略,则更表明;如有不同,即下己意,使可识别也。”郑玄注其他书也是这样,陈澧曾经这样阐发郑玄注经的原理:“郑注《周礼》、《仪礼》、《论语》、《尚书》,皆与笺《诗》之法无异。有宗主,亦有不同,此郑氏家法也。何邵公墨守之学,有宗主而无不同;许叔重《异义》之学,有不同而无宗主。唯郑氏家法,兼其所长,无偏无弊也。”郑玄注经基本上本着如下原则:一、前人旧说,如果释义准确明白,即本旧说。二、前人旧说释义正确,但不够明白,有嫌简略,就加以补充。三、旧注不妥,就提出自己看法加以订正。

东汉何休的《春秋公羊解诂》十一卷,是《春秋》的一个重要注解本,收入《十三经注疏》中。何休,字邵公,任城樊(今山东济宁)人,今文经学家。《春秋公羊解诂》是现今仅存的今文经著作,因此是研究汉代今文经学的重要资料。

东汉赵岐的《孟子章句》十四卷,是现存最早的《孟子》注本,被收入《十三经注疏》中。赵岐,字台卿,京兆长陵人。初仕州郡,因得罪京兆尹唐玹,被迫隐姓埋名避祸。后被举荐,拜并州刺史。汉献帝时为太仆,后拜太常。《孟子章句》以串讲句意、解释章旨(即文章段意)为主,兼释字词,每章末都概括文章段意,各篇开头说明篇名之意。

东汉王逸的《楚辞章句》十七卷,是《楚辞》最早的注解本。王逸,字叔师,南郡宜城(今湖北宜城)人。安帝时为校书郎,顺帝时官至侍中。《楚辞章句》着重释句意、章旨,兼释词义,而且每篇都有叙说明写作背景和命名含义,对篇中各小题也作了解释。此书不但是阅读和研究《楚辞》重要的参考资料,而且由于书中保存了不少楚地方言,又多古音古义,对训诂研究有很大的价值。

三国魏何晏的《论语集解》采集汉魏孔安国、包咸、郑玄、陈群、王肃、周生烈等十几家注解,择其善说,适当补充己见,编撰而成。此书因汇集前人注释精华,被世人推重,今收入《十三经注疏》中。何晏(190~249),字平叔,三国魏宛(今河南安阳)人。官至魏吏部尚书,后被司马懿杀害。除《论语集解》外,另注《老子讲疏》、《无为论》、《道德论》、《周易解》等书,均亡佚。

晋杜预注的《春秋经传集解》,又名《春秋左氏传集解》,书中杜预将《左传》分年附在《春秋》经之后,然后注释,是流传至今的最早的最完整的《左传》注释本,具有很大的参考价值,今收入《十三经注疏》中。杜预(222~284),字元凯,京兆杜陵(今陕西西安)人,因率兵灭吴有功,官封当阳县侯。除《春秋经传集解》,还著有《春秋长历》、《春秋释例》传世。

东晋郭璞的《尔雅注》五卷,是现存最早的《尔雅》古注,一直为世所重,流传至今。它援引晋时方言俗语,以俗释雅,以今释古,并用“转语”解释语言的雅俗古今之变。黄侃曾评价它有五个长处:一曰取证之丰,二曰说义之慎,三曰旁证《方言》，四曰多引今语，五曰阙疑不妄。郭注不仅为《尔雅》释义、引证、注音，而且还附有图，形象地说明《尔雅》所解释的那些名物，可惜那些图已经失传。当然郭注也有缺点，黄侃指出：一曰袭旧而不明举，二曰不得其义而忘文生训。它与宋代邢昺的《尔雅疏》被收入《十三经注疏》。

东晋郭璞的《方言注》是《方言》的第一个注本，周祖谟曾在《方言校笺自序》中阐明《方言注》的五个条例：一、原来释词不明确的给一个明确的解释。二、说明方言中一个语词所以这样说的意义。三、用普通语词来解释特殊语词或特殊文字。四、用语言里的复音词来解释原书的单音词。五、说明语转。这些方法都是值得肯定的，受到历代学者的重视。

《论语义疏》，南朝梁皇侃撰。皇侃（488～545），吴郡（今江苏苏州）人，官至员外散骑侍郎。《论语义疏》，全称《论语集解义疏》，以何晏《论语集解》为主，博采各家之说，详细讲解字句，阐发经义。在原文下先列《集解》，再列己疏，既解释经文，也释注文。

《三国志注》，南朝宋裴松之注。裴松之（372～451），字世期，河东闻喜（今山西闻喜）人。博览群书，南朝宋时官至中书侍郎，后为永嘉太守，授国子博士。《三国志注》是《三国志》现存最早的注本，此注广泛征引资料，考辨是非，补充大量史料，引书多达159种，不仅具有训诂意义，而且具有很高的史料价值。

“史记三家注”是南朝宋裴骃《史记集解》、唐司马贞《史记索隐》和唐张守节《史记正义》的合称。裴骃，生卒年不详，字子驹，裴松之之子，河东闻喜人，官至南中郎参军。他在徐广《史记音义》的基础上采集经传百家并先儒之说，并汇集《史记》其他注本之精华，材料丰富，考辨精审，是《史记》较好的注本之一。《史记索隐》30卷以裴骃《史记集解》为本，兼采南朝宋徐广《史记音义》、裴骃《史记集解》、齐邹诞生《史记集注》、唐刘伯庄《史记音义》、《史记地名》等诸家的注文，参阅韦昭、贾逵、杜预、谯周等人的论著，抒发己见，解其所未解，申其所未申，探幽发微，故名曰《索隐》。该书音义并重，注文翔实，对疏误缺略之处颇多补正，用大量的文献作校勘材料，考证人名、史实、司马迁生平等，具有极高的史学研究价值，对后世影响极大。同时，它保存了丰富的历史文献，使一些书目得以流传下来，对于我国的目录学功不可没。《史记正义》所长在于说明地理，故《自序》曰：“郡国城邑，委曲详明”，还对一些字加了音注。“史记三家注”三个注本各有所长，相得益彰，今三家注合刻本通行于世。

《水经注》四十卷，北朝北魏郦道元所撰。郦道元（约470～527），字善长，范阳涿州（今河北涿州）人，我国古代地理学家、散文家。出生在一个官宦世家，世袭永宁侯，博览奇书，遍游天下，是我国游记文学的开创者。《水经》是一部地理书，成书约在三国时代，作者不可考。全书只有八千二百多字，内容十分简略，记载了河流137条，公式化地简单记述了它们的发源地、简单的流程以及在何处汇入大海或另一条大河。郦道元广泛收集资料，加上自己的游历见闻，将记载河流扩展到1252条，详细介绍了这些河流以及与它们相关的郡县、城市、物产、风俗、传说、历史等，还记录了不少碑刻墨迹和渔歌民谣，全面而系统地介绍了河流所流经地区的自然地理和经济地理等诸方面内容，全书三十多万字，已经不仅仅是《水经》的一个注本，可以看作是一部独立的新著，资料和价值远远超过《水经》原书。《水经注》内容丰富多彩，叙述完整，文笔雄健俊美，是山水文学的优秀作品，是我国古代较完整的一部以记载河道水系为主，历史、地理、文学价值都很高的综合性地理著作。

《世说新语注》，南朝梁刘孝标撰。刘孝标（462～521），名峻，以字行世，平原（今山东平原）人。该书不仅诠释文字，且补充了大量史料，还对原书错误进行了纠正。征引广博，"引书多达395种之多"（孙永选、阚景忠2007:286），《四库全书提要》说这些书籍"已佚其十之九，惟赖是注以传，故与裴松之《三国志注》、郦道元《水经注》、李善《文选注》同为考证家所引据焉"。注中保留了大量六朝俗语词，为六朝时期词汇研究提供了资料。

《五经正义》，包括《周易正义》、《尚书正义》、《毛诗正义》、《礼记正义》、《春秋左传正义》五种，180卷，唐孔颖达等作，既解释经书原文，也解释前人的注释。孔颖达（574～648），字冲远，冀州衡水（今河北衡水）人，曾任唐国子监祭酒，博通经籍，精于训诂。《五经正义》既解释经书原文，也解释前人的注释。《周易正义》采用王弼、韩康伯注，《尚书正义》采用伪孔传，《毛诗正义》采用毛亨传、郑玄笺，《礼记正义》采用郑玄注，《春秋左传正义》采用杜预集解。此书融合了南北经学家的见解，是集魏晋南北朝以来经学大成的著作，现被收入《十三经注疏》中。

唐颜师古《汉书注》，又称《汉书集注》，采取"集注"的形式，征引唐代以前23家注释，保存旧说，加以删改、补充，解释详明，成就一家之言。在审定音读、诠释字义方面做出了卓越的成绩，深为学者所重。颜师古（581～645），名籀，以字行世，祖籍琅邪临沂（今属山东）人，后迁为京兆万年（今陕西西安）人。其祖父颜之推、父亲颜思鲁都以儒学著称，他受家学的影响，博览群书，学问渊博，尤精训诂，所著《汉书注》、《急就章注》、《匡谬正俗》流传于世，影响较大。

李善（约630～689）所注《文选》广征博引，详细考证，是一部集大成之作，具有很高的史料价值，一直为世所重。此书引用诸经传训一百余种，小学三十七种，纬候图谶七十八种，正史、杂史之类将近四百种，诸子之类一百二十种，兵书二十种，道释经论三十二种，诏、表、启、诗、赋、颂、赞等文集将近八百种（《文选》所收的文章不计在内）。而这些书籍多已亡佚，所以《文选》的注就成为很重要的一种文献。书中训诂内容也颇有价值。

唐李贤的《后汉书注》是范晔《后汉书》流传至今最古的注本，具有比较重要的史料价值，其中的训诂资料内容尤为丰富，虽然注中存在一些失误之处，但仍然不失为研读《后汉书》的重要参考资料。

唐杨倞的《荀子注》是现存最早的《荀子》古注本。《荀子》一书，以难读著称，杨倞是对《荀子》作全面整理注释的第一人，后世学者多从杨注。

南宋朱熹（1130～1200）的《四书集注》是《大学章句》、《中庸章句》、《论语集注》、《孟子集注》的汇编，是四书的重要参考注本。既引他人之注又加自己的见解加以注释，有时结合解释阐发天理人性。虽引一些理学家的理学言论或阐发自己的义理观点，却大多时候能够保留异说。不仅解释字句，还对各篇章的主旨加以概述。

清代邵晋涵著的《尔雅正义》，是清代《尔雅》注本的代表作。此书以郭璞注为主，进行疏释，又博采众家，分别疏在其下，郭璞对于《尔雅》不清楚的地方曾注"未详"，共一百四十二处。宋代邢昺作疏只解释了十条，邵晋涵疏对郭注"未详"之处多处做了深入探索。他还注意到古音通假，对草木鸟兽虫鱼诸多名物作了辨别疏证。

清郝懿行撰的《尔雅义疏》的特点是根据目验辨识草木鸟兽。尽管论述古音部分有一些错误看法，但是价值仍然很大。黄侃评价说："郝疏晚出，遂有驾邢轶邵之势，今之治《尔雅》者，殆无不以为启辟门户之书。"

清段玉裁著的《说文解字注》是《说文解字》的重要参考注本。作者花近30年时间写成，内容极为丰富。能够从形音义各个方面去研究《说文》，既谈本义，以声训发明许意，以经证字，也讲引申义、假借义、后起义，还进行同义词的辨析。不仅运用历史观点深入研讨先秦两汉的语言，而且对汉以后的语言也有所涉及，有些阐发语言理论的论述非常精彩，且有的注文引人入胜，极具启发性，对于某些古文字的论断，在近年来考古发掘中得到了证实，清王念孙亲为作序，称"盖千七百年以来无此作矣。"此外，段注还揭示了《说文》的一些体例，并对许书做了一些补正删校工作，使《说文》有了一个可以利用的本子。当然段注也有不足之处，如：有时由于盲目尊许，对许慎的一些错误说解极力维护；有时过于主观武断，证据不够充分就擅改《说文》；有时滥谈引申等。但这些毛病瑕不掩瑜，段注的学术价值依然很高。

王念孙的《广雅疏证》是校注训释《广雅》的重要著作，全书共十卷，第十卷由他儿子王引之完成。王念孙先以明刻曹宪的音义本为底本,对《广雅》进行了校勘,然后搜群书故训和例证,进行疏证。疏证时,不但举例翔实,而且"就古音以求古义,引伸触类,不限形体"(见《广雅疏证·自序》),采用以声音通训诂的方法进行疏通、证明,冲破了传统训诂学受字形的束缚,为训诂学的发展开辟了新的道路。《广雅疏证》校正了《广雅》的讹误,纠正了前代的一些错误解说,揭示了《广雅》的某些体例,对《广雅》作了一次系统的整理。它在疏证词义时,揭示了训诂原则和训诂方法,并对词的词源意义作了一些有趣的探索,同时还发掘了一批语言史料。它的价值远远超出了《广雅》本身,是汉语训诂学史上乃至整个语言学史上的一部光辉著作。

三、字典辞书体

(一)辞书

1. 一般辞书

一般辞书指的是收集词语较为广泛的辞书,以下择其重要辞书作详细介绍。

(1)《尔雅》

《尔雅》,是我国的第一部词典,也是训诂学的奠基之作,被认为是我国古代第一部语言学专著。关于《尔雅》的命名,刘熙《释名·释典艺》云:"《尔雅》,尔,昵也;昵,近也。雅,义也;义,正也。"《汉书·艺文志》张晏注:"尔,近也;雅,正也。"也就是说,"尔"是近的意思;"雅"是正的意思,指雅正之言,是社交活动中使用的较规范的语言,是当时华夏的共同语——雅言。《尔雅》命名之意就是以雅正之言解释古词语、方言词,使之近于规范,正如郭璞所言"所以释古今之异言、通方俗之殊语",以达到疏通古今异语、沟通各地方言的目的。

从整体编排体例来看,是一部义类词典(即按照语义分类的),共分十九篇,收字词共4300个,每一篇就是一类词语的聚合。分别是:释诂、释言、释训、释亲、释宫、释器、释乐、释天、释地、释丘、释山、释水、释草、释木、释虫、释鱼、释鸟、释兽、释畜。有人认为成书于秦汉年间,陆俭明、沈阳(2004:19)认为,"《尔雅》是周秦之间的人所编,后不断有所补充,今本《尔雅》可说是成于众人之手。"

学术界对前三篇的分篇标准有很大争议,主要观点有:一、《释诂》解释古词语,《释言》解释常用词,《释训》解释形容写貌之词。此说以郝懿行为代表,他认为:《释诂》"皆举古言,释以今语";《释言》"约取常行之词,而以异义释之";

《释训》“多形容写貌之词，故重言叠字累载于篇”。二、《释诂》解释古词语，《释言》解释当时的方言，《释训》则解释双声词、叠韵词、连语等。此说以朱骏声为代表，学者李煌、孙雍长亦持此说。三、《释诂》解释词的本义，《释言》解释词的非本义，以黄侃为代表。此种观点以词义的来源为标准，骆鸿凯《尔雅论略》、俞樾《群经平议·尔雅》同意此说。四、《释诂》、《释言》、《释训》三篇并无多大区别，以陆德明为代表，他所著《经典释文》中说：“《释诂》以下三篇，皆释古今之语、方俗之言。”周大璞《训诂学初稿》、叶青注《尔雅》、白兆麟《训诂和训诂学刍议》同意此说。我们认为：首先，从后十六篇来看，很明显是根据语义归类而分的各类名物无疑，一般来说，一本书的体例是统一的，既然分为三篇，必然也有分类标准。不可能后边篇目分类有标准，前边篇目的分类没有标准。如果前三篇没有什么区别的话，应该合为一篇，何必分为三篇？其次，三篇篇名不同，所解释的词语也会有所区别。从后十六篇来看，每篇中解释的词语都与篇名关系密切，那么这三篇同样也应该如此。最后，虽然我们现在看来，前三篇都解释古今之语、方俗之言，区别不是太明显，但是许多人又都觉得郝懿行之语似乎有道理，而且在众多观点中主张篇目有分类标准的占多数。因此，从内容上来看，这三篇的内容还是有区别的，只是分类不太严格。我们认为分类不太严格的原因有两个：一是由于古人认识有限或是为了便于编排。《尔雅》是我国的第一部词典，不能够做到尽善尽美，整部书的分类本身存在不太科学的毛病，这种情况我们从后十六篇也可以看到。一是由于我们的研究不到位，不能辨别清楚当时的常用词、古语词和方言的使用情况。综合来看，《释诂》、《释言》、《释训》三篇都解释的是一般词语。虽然目前学者们对前三篇的分类标准还没有可信的结论，大体来看，《释诂》主要解释古语词；《释言》主要解释当时的常用词；《释训》解释的多是形容词，且大多是重文叠字。各篇分别举例如下：

《释诂》：羞、饯、迪、烝，进也。

流、差、柬，择也。

《释言》：还、复，返也。

告、谒，请也。

《释训》：明明、斤斤，察也。

穆穆、肃肃，敬也。

《释亲》以下十六篇解释了各类名物，既包括自然界事物，也包括社会现象。

《释亲》解释亲属名称，其中又分为宗族、母党、妻党、婚姻四类。如：

父为考，母为妣，父之考为王父，父之妣为王母。（宗族）

母之考为外王父，母之妣为外王母。（母党）

妻之父为外舅,妻之母为外姑。(妻党)

妇称夫之父曰舅,称夫之母曰姑。姑、舅在,则曰君舅、君姑;没,则曰先舅、先姑。谓夫之庶母为少姑。(婚姻)

《释宫》解释宫室以及有关的道路、桥梁的名称。如:

宫谓之室,室谓之宫。

牖户之间谓之扆,其内谓之家,东西墙谓之序。(扆:音 yǐ,古代房子窗户和门之间的地方。)

路、旅,途也。路、场、猷、行,道也。

堤谓之梁,石杠谓之徛。(徛:音 jì,放在水中供人踩着过河的石头,或指石桥。)

《释器》解释各种器物的名称,其中包括食物、饰品以及对器物的加工动作。如:

木豆谓之豆,竹豆谓之笾,瓦豆谓之登。

弓有缘者谓之弓,无缘者谓之弭,以金者谓之铣,以蜃者谓之珧,以玉者谓之珪。(缘:弓用生丝缠绕后再用漆涂饰。珧:音 yáo,两端用蜃壳装饰的弓箭。)

菜谓之蔌。

肉曰脱之,鱼曰斮之。

金谓之镂,木谓之刻,骨谓之切,象谓之磋,玉谓之琢,石谓之磨。

《释乐》解释音乐及乐器的名称。如:

宫谓之重,商谓之敏,角谓之经,徵谓之迭,羽谓之柳。(徵:音 zhǐ。)

大瑟谓之洒。

大琴谓之离。

《释天》解释有关天文的名称,分为四时、祥、灾、岁阳、岁名、月阳、月名、风雨、星名、祭名、讲武、旌旗十二类。如:

穹苍,苍天也。春为苍天,夏为昊天,秋为旻天,冬为上天。

谷不熟为饥,蔬不熟为馑,果不熟为荒。仍饥为荐。

北极谓之北辰。

春祭曰祠,夏祭曰礿,秋祭曰尝,冬祭曰烝。(礿:音 yuè,周代夏季宗庙祭祀的名称。)

《释地》解释有关地理的名称,分为九州、十薮、八陵、九府、五方、野、四极七类。如:

两河间曰冀州。(两河:指东河和西河。战国秦汉时将今河南武陟县以下略呈南北流向的一段黄河称为东河,将今山西、陕西间北南流向的一段黄河称为西河。)

河南曰豫州。(河:黄河。)

楚有云梦。

邑外谓之郊,郊外谓之牧,牧外谓之野,野外谓之林,林外谓之坰。(坰:音 jiōng。)

九夷、八狄、七戎、六蛮,谓之四海。

《释丘》解释高地和崖岸的名称,分为丘、崖岸两类。如:

绝高为之京。非人为之丘。

重厓,岸。岸上,浒。(重厓:两厓相叠,高涯。浒:水边,涯岸。)

《释山》解释有关山岳的名称及其形状。如:

河南华,河西岳,河东岱,河北恒,江南衡。

山有穴为岫。

《释水》解释关于水流的各种名称,分为水泉、水中、河曲、九河四类。如:

"河水清且澜漪",大波为澜,小波为沦,直波为径。

正绝流曰乱。(正:直。绝:横渡。)

水中可居者曰洲。小洲曰陼,小陼曰沚,小沚曰坻。人所为为潏。(陼:音 zhǔ,或作"渚"。沚:音 zhǐ。坻:音 chí,本或作"泜"。潏:音 yù,堤堰、鱼梁等人工建造的水中土石工程。《释文》:"案郭《图》,水中自然可居者为洲。人亦于水中作洲,而小不可止住者名潏,水中地也。")

《释草》解释草本植物的名称,其中包括一些木本植物。如:

荼,苦菜。

卉,草。

蘠蘼,虋(mén)冬。(蘠蘼:即蔷薇,落叶灌木。虋冬:蔷薇的别名。)

笋,竹萌。簜,竹。(簜:音 dàng,大竹。)

木谓之华,草谓之荣。不荣而实者谓之秀,荣而不实者谓之英。(前一个"不"字为衍文。《释文》:"众家并无'不'字。")

《释木》解释木本植物的名称。如:

柏,椈。

杜,甘棠。

杜,赤棠,白者棠。

灌木,丛木。

《释虫》解释昆虫的名称。如:

蟋蟀,蛬。(蛬:音 qióng。)

蟫,白鱼。(蟫:音 yín。)

《释鱼》解释或列举各种鱼类动物(包括爬行动物)的名称或类别。如:

鲤。

鰝,大虾。

蝾螈,蜥蜴。蜥蜴,蝘蜓。蝘蜓,守宫也。(蝾螈:两栖动物,形状像蜥蜴,但体表没有鳞,头扁,背面黑色,腹面红黄色,四肢短,尾侧扁。)

一曰神龟,二曰灵龟,三曰摄龟,四曰宝龟,五曰文龟,六曰筮龟,七曰山龟,八曰泽龟,九曰水龟,十曰火龟。

《释鸟》解释鸟类等飞禽名称。如:

雎鸠,王雎。

蝙蝠,服翼。

鼯鼠,夷由。(鼯鼠:哺乳动物,外形像松鼠,尾长,背部褐色或灰黑色,前后肢之间有宽大的薄膜,能借此在树林中从高处往下滑翔,古人误以为鸟类。也叫夷由、大飞鼠。)

鸟之雌雄不可别者,以翼。右掩左,雄;左掩右,雌。

《释兽》解释或列举兽类动物的名称,分为寓属、鼠属、齸属、须属四类。如:

罴,如熊,黄白文。

兕似牛。

鼢鼠。

《释畜》解释或列举家畜的名称,分为马属、牛属、羊属、狗属、鸡属、六畜六类。如:

小领,盗骊。(领:脖子。盗骊:良马名,颈细,色浅黑。)

其子犊。

羳羊,黄腹。

鸡,大者蜀;蜀子,雓。

狗四尺为獒。

《尔雅》具有极大的价值,在训诂学史和词典学史上都有伟大的功绩。首先,它第一次对古今异言、方言殊语以及各种名物进行了全面的研究、作了系统的整理,汇编成一部粗具条理的汉语分类词典,这在训诂学史上是一个重大的突破,为我国的训诂学奠定了坚实的基础。其次,《尔雅》对以前的训诂材料沿袭使用,汇集和保存了许多汉语词语的故训,同时也以辞书的形式将它们继承下来。这些解释不仅可以用来解读先秦经书,还可以作为阅读先秦时期其他作品的重要工具书,同时,也为后代进行语言研究提供了宝贵的资料。再次,它是我国第一部词典，也是第一部按照语义编排的义类词典，对词典的编撰具有开创之功。自从《尔雅》问世以来，人们争相效仿，义类词典层出不穷，如《小尔雅》、《释名》、《广雅》、《埤雅》、《尔雅翼》、《骈雅》、《通雅》、《比雅》、《叠雅》、《支雅》等。《尔雅》的编排体例、释义方法、释义术语及其格式等对词典的编撰影响极为深远。许多辞书就连书名都仿照《尔雅》命名，含有"雅"字，雅书已经成为辞书的代名词，雅学研究也成为我国传统语言学的一大研究内容。后世辞书在《尔雅》的基础上不断改进，逐渐走向完善。最后，它还保存了我国古代的一些礼俗。《尔雅》的《释亲》、《释宫》、《释乐》等篇涉及我国古代文化多个方面，能够帮助我们了解古代社会文化，更好地继承古代文化遗产。因此，《尔雅》不仅是我们学习古代文献、研究古代语言的重要工具书，也是我们探索汉语语义发展演变的宝贵参考资料，它对词典学和训诂学的发展都起着引领的作用。

《尔雅》作为我国第一部词典，草创之故，往往会很粗略，难免会出现诸多缺陷。以下择其大者而言，有以下几点：第一，在分类上只是一个粗略的分类，不够精细、科学。前三篇《释诂》、《释言》、《释训》如前所言，其分类标准执行得不太严密，自乱其例，以致学者们现在对其分类标准仍是众说纷纭，甚至认为这三篇彼此之间的区别并不明显，概括地说"皆释古今之语、方俗之言"（陆德明）"这三篇都是解释表达一般意义的词语"（叶青，1998：1）等等。在解释各类名物时，篇名不能严格地涵盖篇中解释的词语，许多篇中包括了与篇名相关或相似而不是所属的名物。如：《释宫》中包括道路、桥梁，甚至还解释了一组与宫室相关的表示人行走的近义词"时"、"行"、"步"、"趋"、"走"、"奔"，如"室中谓之时，堂上谓之行，堂下谓之步，门外谓之趋，中庭谓之走，大路谓之奔。"《释器》中包括食物、衣饰以及对器物的加工行为，《释天》把讲武、旌旗与四时、祥、灾并列，《释草》中将一些木本植物当做草类，《释鱼》混入爬行动物，等等。第二，所收词语及其义项不够完备。《尔雅》收字词共 4300 个，远远不能满足阅读者阅读古籍的需要。书中解释词语时，没有列举所释词语的全部义项，只列举了它们的部分义项，过于简略，阅读古籍时碰到的词义问题得不到全部解决。第三，所用释义方法有时欠妥，释义不够明确。往往用多义词解释词语，意义不够明确。如《释诂》："豫、射，厌也。""厌"有饱足、满足、安乐、厌倦之义，这儿究竟用它的哪一个意思解释说明被释词，让人不能确定。有时把意思不相同的词放在一起，用同一个词来解释，使人误解。如《释诂》："台、朕、赉、畀、卜、阳，予也。"被释的词中，"台"、"朕"、"阳"有"我"的意思，而"赉"、"畀"、"卜"则是"赐予"的意思，它们本是两组词，不应该列为一组解释。这样合并在一起解释，让人误以为它们是一组同义词，而且也犯了用多义词解释的毛病（"予"兼有"我"和

"给予"两个意思)。第四,个别地方还出现了重复解释的情况,如《释水》:"浒,水岸。"《释丘》:"岸上,浒。"对于同一个词的解释分列几处,如在《释木》中"杜,甘棠。"之后又解释了若干词条之后列"杜,赤棠,白者棠。"

《尔雅》成书以来,许多人给它作过注。晋代郭璞有《尔雅注》五卷,一直为世所重,不过在后世看来,郭注已经显得有点儿简略,因此出现了一些疏。宋代邢昺等奉诏作《尔雅疏》十卷,以郭注为主,黄侃称赞邢疏有"补郭注之阙""知声义之通""达词言之例"等"三善","虽清儒有时逊之矣"。清代,又有邵晋涵《尔雅正义》、郝懿行《尔雅义疏》等。其中,郝疏问世较晚,汲取了以前诸家的长处,其中融入了清代古音学的成就,运用了"声近义通"、"引申触类"的训诂原理,释义精确可信,流传最广。

(2)《小尔雅》

《小尔雅》,是宋代人从《孔丛子》这部书录出来的,作者不详。据宋元以来学者考证,《孔丛子》是一部伪书。① 《小尔雅》大约是一部汉人的著作,按康有为之说②,它的著作时代当在《尔雅》之后,《说文》之前。是一部增广《尔雅》之作,体例也仿照《尔雅》。共分十三章:《广诂》、《广言》、《广训》、《广义》、《广名》、《广服》、《广器》、《广物》、《广鸟》、《广兽》、《广度》、《广量》、《广衡》。全书共收词语 374 条,所收词条大都是《尔雅》所漏收的先秦词语或者是两汉时期的通行词语。即使是和《尔雅》一样的词条,其释义也和《尔雅》有所不同。它与《尔雅》相互补充,有一定的参考价值。《小尔雅》较为精审的注本有清代宋翔凤的《小尔雅训纂》。

(3)《释名》

《释名》,旧题汉北海刘熙成国撰,成国是刘熙的字。《三国志 · 吴书 · 韦曜传》:"见刘熙所作《释名》,信多佳者"。而《后汉书 · 文苑传》却说刘珍"撰《释名》三十篇,以辨万物之称号"。据毕沅考证,刘熙大约是汉末或魏时人,时代比刘珍稍晚。《释名》可能始作于刘珍,刘熙加以补充而成。《释名》共八卷二十七篇。篇名及分卷如下:

卷一:释天第一、释地第二、释山第三、释水第四、释丘第五、释道第六。

卷二:释州国第七、释形体第八。

卷三:释姿容第九、释长幼第十、释亲属第十一。

卷四:释言语第十二、释饮食第十三、释采帛第十四、释首饰第十五。

---

① 《四库全书总目提要 · 子部 · 儒家类一》。

② 康有为:《新学伪经考 · 汉书艺文志辨伪下》。

卷五：释衣服第十六、释宫室第十七。

卷六：释床帐第十八、释书契第十九、释典艺第二十。

卷七：释器用第二十一、释乐器第二十二、释兵第二十三、释车第二十四、释船第二十五。

卷八：释疾病第二十六、释丧制第二十七。

《释名》的编排体例仿效《尔雅》，也是一部义类词典，但是它的分类比《尔雅》更为细致、合理。这部书的目的如刘熙在序中所言，他认为一切事物的名称都有缘由，他著此书就是为了推求事物名称的由来。因此，此书是我国第一部探索汉语语源的著作。《释名》所用的主要训诂方法是声训，即因声求义，从词与词的语音联系去推求词义。总体来看，释义体例分为两种情况：一是先用声训，然后补充说明所释词与被释词的词义联系或命名关联。如：

日，实也，光明盛实也。（《释天》）

月，阙也，满则阙也。（《释天》）

川，穿也，穿地而流也。（《释水》）

一是声训和义训相结合，并对所释词与被释词的词义联系或命名关联加以说明。如：

土，吐也，吐生万物也。已耕者曰田。田，填也，五稼填满其中也。（《释地》）

广平曰原。原，元也，如元气广大也。（《释地》）

凡服上曰衣。衣，依也，人所以芘寒暑也。（《释衣服》）

谒，诣也。诣，告也，书其姓名于上以告所至诣者也。（《释书契》）

甚至偶尔有结合形训之例，如：

老而不死曰仙。仙，迁也，迁入山也，故其制字人旁作山也。（《释长幼》）

采用声训方法时，所释词与被释词的语音关系，杨树达曾有论及，他在《释名新略例》中说："《释名》音训之大例有三：一曰同音，二曰双声，三曰叠韵。其凡则有九：一曰以本字为训，二曰以同音字为训，三曰以同音符之字为训，四曰以音符之字为训，五曰以本字所孳乳之字为训，此属于同音者也；六曰以双声字为训，七曰以近纽双声字为训，八曰以旁纽双声字为训，此属于双声者也；九曰以叠韵字为训，此属于叠韵者也。"（《积微居小学金石论丛》卷五）概括起来，就是现在我们所说的音同或者音近。虽然，由于语音的演变，有的被释词与解释词的语音联系在今天看来不太密切，甚至大相径庭，但是大多数词例仍然给我们留下了明显的痕迹，有的是读音相同，有的读音相近。现在仍然是同音字相训的，如：

雨,羽也,如鸟羽动则散也。(《释天》)

双声为训的,如:

含,合也,合口停之也。(《释饮食》)

叠韵为训的,如:

礼,体也,得其事体也。(《释典艺》)

关于《释名》的价值,近人胡朴安《中国训诂学史》曾评价说:"《释名》在训诂学上之价值,不在《尔雅》、《方言》之下。"总体来看,它的价值有以下几点:第一,此书是我国第一部探索汉语语源的著作,为我国的语言学研究拓宽了思路,开创了语源学研究领域,也为系联同源词提供了线索。如:"父之弟曰仲父。仲,中也,位在中也。""仲父之弟曰叔父。叔,少也。"(《释亲属》)"智,知也,无所不知也。""勒,刻也,刻识之也。""纪,记也,记识之也。"(《释言语》)第二,通书所用的声训方法为以后学者们在训诂道路上的因声求义工作,在实践方面做出了榜样,有导夫先路之功。第三,它所用的声训方法保存了东汉末年的语音资料,为研究汉代的语音提供了宝贵的资料,也为研究语音的演变提供了线索。第四,它像《尔雅》一样也保存了许多词语的古义,记录了许多当时或以前的名物、典章制度、风俗习惯等,帮助我们了解当时乃至以前的社会文化,为学者们研究古代文化提供了资料。

《释名》的缺陷是:书中所用的声训有许多是唯心主义的,有些被释词与解释词虽然音同或者音近,但是在词义上并没有关系,作者生硬地拉在一起解释,流于穿凿附会。有的解释词与被释词的语义联系缺乏确实可靠的依据,不能令人信服。清代《四库全书总目提要》:"以同声相谐推论称名辨物之意,中间颇伤于穿凿。"王力先生《中国语言学史》:"刘熙的释名,跟前人一样,是唯心主义的。"张永言《训诂学简论》:"作者所使用的声训方法较为原始,没有严格的准则,解释语源近乎猜谜,所以'偶尔臆中'的地方固然有,远离正鹄的地方也很多。"如:

山,产也,产生物也。(《释山》)

姊,积也,犹日始出积时多而明也;妹,昧也,犹日始入历时少尚昧也。(《释亲属》)

研究《释名》比较重要的著作有清代毕沅的《释名疏证》和清代王先谦的《释名疏证补》等。毕沅的《释名疏证》对《释名》进行了校正、补遗和疏通证明;王先谦的《释名疏证补》八卷据毕沅原本,参考众家校注,采纳诸家之说,对《释名》进一步进行校释,补充毕书缺略,订正失误,收罗材料丰富,比毕书更加详密,是整理《释名》集大成之作。

(4)《广雅》

《广雅》,三国时期魏国张揖撰,在隋代因避隋炀帝讳改“广”为“博”,也称《博雅》。《广雅》是为增广《尔雅》而作,其编排体例、篇目名称和次序都与《尔雅》相同,也分19篇。词条安排虽然有一些变动,但基本和《尔雅》一致,释义方法也和《尔雅》差不多。为了补《尔雅》之不备,它收进了《易》、《书》、《诗》、《周礼》、《仪礼》、《礼记》、《左传》、《公羊传》、《谷梁传》、《论语》、《孟子》、《淮南子》、《法言》、《仓颉》、《训纂》、《滂喜》、《方言》、《说文》等著作中的一些训诂成果,是我国古代重要的辞书,也是一部重要的训诂学著作。隋代曹宪的《尔雅音》为《广雅》增加了音切,并间或释义。清代王念孙(第十卷由他儿子王引之完成)所撰的《广雅疏证》是《广雅》的精彩注本。

其他一般辞书,如:

《埤雅》,北宋陆佃撰,20卷。书名“埤雅”取增补《尔雅》之意。今本不是完本,共分八类,分别是《释鱼》、《释兽》、《释鸟》、《释虫》、《释马》、《释木》、《释草》、《释天》,解释了297条名物词,其中主要是动植物名词,天文天象名词只有13个。释义全面详细,从形状、特点等方面来解释各种动植物名称,广征博引,保留了许多古义和古书佚文。

《尔雅翼》,南宋罗愿撰,33卷。专释动植物名词,分《释草》、《释木》、《释鸟》、《释兽》、《释虫》、《释鱼》六类,每类以下又分若干卷。阐释词义时穷本溯源,多方引证,结合多方面的知识加以阐释,《四库全书》说此书“在陆佃《埤雅》之上”。

《骈雅》,明朱谋玮撰,7卷。此书专释两字或两字以上相连的词语,故名《骈雅》。所释词语共分十三类:《释诂》、《释训》、《释名称》、《释宫》、《释服食》、《释器》、《释天》、《释地》、《释草》、《释木》、《释虫鱼》、《释鸟》、《释兽》。该书收集范围极其广博,经史子集小说难理解的骈词都收录。有些词过于冷僻,使用价值较小。

《通雅》,明代方以智撰,52卷。所释词语分为二十大类:《释诂》、《天文》、《地舆》、《身体》、《称谓》、《姓名》、《官制》、《事制》、《礼仪》、《乐曲》、《乐舞》、《器用》、《衣服》、《宫室》、《饮食》、《算数》、《植物》、《动物》、《金石》、《谚原》,很多大类下又分为若干子目。该书释词广征博引,考据精核,特点在于探讨词源,清永瑢、纪昀编的《四库全书提要》十分推崇方以智的《通雅》,说“而穷源溯委,词必有证,在明代考证家中,可谓卓然独立者矣”。

《别雅》,5卷,清代吴玉搢撰。原名《别字》,后改名《别雅》。所解释的词,都是字形不同而音义相同的词,以双音词为主,也有少量单音词。每个词都罗列出它的别字异体，辨析它们的同用、通用或转训假借的关系。本书征引广博，所引有焦竑《俗书刊误》、周伯琦《六书正讹》、方以智《通雅》，受方以智《通雅》的影响尤多。《别雅》有乾隆七年(1742)新安程氏督经堂刊本，前有王家贲序和程嗣立序，后来道光末又有重刻本。书中不少词语失收，有些说解错误。后许瀚校勘，著《别雅订》5 卷，补正了书中的不足与错误。

《比雅》，清代洪亮吉编，19 卷。搜录古书训诂集成一书，作者的目的是要把见于古书中有关义类相近的语词的解释比写在一起，以便观览和理解。原为遗稿，尚未编定次序，后人依照《尔雅》编排，也分为 19 类。篇次和名目略有改变，《释天》、《释地》、《释山》、《释水》列于《释亲》之前；把《释亲》改称《释人》；并《释丘》于《释山》；又于《释水》之外别出《释舟》，包括《释车》。原书因为未定稿，其中归类错乱之处不少。《比雅》有《粤雅堂丛书》本和商务印务馆《丛书集成》排印本。

《拾雅》，清夏味堂撰，20 卷。旨在拾《尔雅》、《广雅》之遗漏，所以书名取名为《拾雅》。他在《自叙》中说："所补大要有三：《尔雅》各部已释而未详一也，《广雅》各部已释而未详二也，《尔雅》、《广雅》所遗释三也。"故此，书分为《拾雅释》、《拾广释》、《拾遗释》三篇。作者堂弟夏纪堂曾为之作注。

《叠雅》，13 卷，清史梦兰撰。作者广泛收集经史子集和诸家注疏的重言叠字，依照《尔雅·释训》的体例，分条排列。

《支雅》，2 卷，清刘灿撰。共分释词、释人、释宫、释学、释礼、释兵、释舟、释车、释岁、释物十篇。

2. 方言俗语辞书

《方言》，全称为《輶轩使者绝代语释别国方言》，西汉杨雄著，是一部专门解释方言词语的辞书。"輶轩使者"是古代帝王派到各地采风和记录方言的使者，表明了全书的资料来源；"绝代语释"(古今词语解释)和"别国方言"表明全书包括的内容。因重点在"别国方言"，所以简称《方言》。它收集解释了我国汉代的大量方言词语，还夹杂一些少数民族语言词汇，共收词语 675 条，首次将活的口语词汇作为研究对象，是我国第一部方言词典，开创了方言研究的先河，也是汉语方言学的第一部著作。编排体例仿效《尔雅》，按义类分卷，只列卷数，不标类名。释义方法与《尔雅》相似，常常列举一些同义词，用一个常用词解释。只是这些同义词是属于不同的方言词汇，或是采用方言互释，或用共同语解释方言。对方言词，从横纵两方面进行分析，不仅使人看到同一时代不同地区的方言词汇，也能看到方言词汇的发展。如：《方言》卷一："嫁、逝、徂、适，往也。自家而出谓之嫁，由女而出为嫁也；逝，秦语也；徂，齐语也；适，齐鲁语也；往，凡语也。"书中常用"转语""语之转"来解释语词在地域上的语音变体,以及在时间上的语音变化,通过语音的转变来考察词语,这在训诂学上是一种新的方法,为训诂研究开辟了一条崭新的更为广阔的道路。但是由于《方言》是草创之作,材料的编排显得有点儿散乱。有些学者说,可能是一部未完成的著作。东晋郭璞的《方言注》是《方言》的第一个注本,受到历代学者的重视。清代,戴震的《方言疏证》博采四部及小学诸书,吸收时贤研究成果,旁征博引,多有精当之处,是疏证《方言》比较精审的著作。王念孙的《方言疏证补》为补充戴震的《方言疏证》而作,列杨雄《方言》、郭璞注、戴震疏,补充疏证,解说比戴氏更为精审。钱绎的《方言笺疏》注释引证广博,特别注重以声音通训诂,触类引申。清代其他注本有钱侗的《方言义证》、刘台拱的《方言补校》、顾震福的《方言校补》等。今人周祖谟的《方言校笺》也是较好的注本。

《续方言》,清杭世骏撰,2 卷。它是为了补充《方言》的不足,搜集唐宋以前的经史传注和字书中的古方言词语编辑而成。后来,程际盛为此书作了疏补,还有沈龄的《续方言疏证》、程先甲的《广续方言》、徐乃昌的《续方言又补》。

《吴下方言考》,清胡文英撰,12 卷。此书按平水韵编排,收集江南一带方言俗语,证以古训,探求吴语词的渊源。凡与吴语可相互参证的其他方言,也一并附入。

《新方言》,近人章炳麟撰,11 卷。收集方言俗语 800 余条,运用声韵通转的规律,以古语证今语,以今语通古语,从时间、地域两个角度说明方言词语的演变,对汉语语源研究有一定的贡献。但是,由于作者笃信"今之殊语不违姬汉",执意在《尔雅》、《说文》等古籍中寻找现代方言词语的本字,难免穿凿附会、主观臆断。

《通俗文》,相传为东汉服虔撰,1 卷。解释俚言、俗语,既释字义,又释字音。早已亡佚,今所存是辑佚本。清人任大春、臧庸、马国翰、顾怀三、黄奭、顾震福编有《通俗文》的辑本,近人龙璋也辑有《通俗文》1 卷。

《匡谬正俗》,唐颜师古撰,8 卷。他认为世俗之言多谬误,于是"质诸经史,匡而正之",撰成此书。从字形、字音、字义方面纠正古籍和俗语中的错误,考证也多精当,一向为训诂学家所推崇。当然,书中也存在一些缺点错误。

《俚言解》,明陈士元撰,2 卷。考释俗语,所收词语多选自史传杂记杂说,兼及类书等。载明万历刊本《归云外集》第五十六卷。今收入日本长泽规矩也编、汲古书院版《明清俗语辞书集成》第 1 辑。

《恒言录》共 6 卷,清钱大昕撰。"恒言"也就是常言、俗语,此书收集常言、俗语词 800 余条,考证其源流。分为吉语、人身、交际、毁誉、常语、单字、叠字、亲属称谓、仕宦、选举、法禁、货财、俗仪、居处器用、饮食衣饰、文翰、方术、成语、俗谚等19类,分类较《通俗编》简单科学,编写体例接近于现代词典。不但收录了不少双声叠韵词,同时注意收集等义词和近义词。

《通俗编》38卷,清翟灏编,是一本辑录、解释俗语并加以考源的著作。《通俗编》收集俗语五千余条,分天文、地理、时序、伦常、仕进、政治、文学、武功、仪节等38类,每类一卷。每条注明出处,或出于经史,或出于笔记、诗文,大都是人们口里常说的词句,并逐条考辨语义,引书证释,探索源流,征引颇为详赡,对许多成语的发展变化加以说明,有助于我们考查一些词语的解释、故事的出典以及民间风俗等,全书资料丰富,至今仍是语言工作者学习、研究及辞书编撰等工作必不可少的参考书,且对于汉语语源学、构词法、汉字简化与古代名物制度的研究均有参考价值。缺点是:品类较杂,书中关于作者、卷数、篇名等项所记不很完备。同时期钱塘人梁同书著有《直语补正》一书,载《频罗庵遗集》卷十四,专记民间口头俗语,共收词语400多条,可与《通俗编》相补充。

3. 虚词辞书

《语助》,一卷,元代卢以纬著。收虚词126个,释字简略,是我国最早研究虚词的一部专著。

《虚字说》,一卷,清代袁仁林撰。收经史诸子百家文中虚字143个。类聚条析,解释颇有精当之处。《马氏文通》论虚字,曾采用其中的一些说法。

《助字辨略》,五卷,清代刘淇著,收字除先秦古籍中的虚词之外,还博采唐宋诗文中的虚词,共收虚词400多个;全面采用训诂方法解释虚词,如"正训""反训"、"通训"、"借训"、"互训"、"转训"等;从词性的角度区分实字虚字,并从句子中的语气和结构中的关系观察虚词的用法,并给以归类。由于收字规模、词类划分、训诂方法三方面的巨大成果,为我国虚词研究奠定了坚实的基础。

《经传释词》,十卷,清代王引之撰,出版于嘉庆二十四年(公元1819年)。全书共收虚词160个,解释周秦两汉时期儒家经传中的虚词,在于纠正汉儒对虚词的解释,是一部研究古代虚词的重要著作。按古声母的顺序排列,释义方法采用举同文以互证、举两文以比例、因互文而知其同训、即别本以见例、因古注以互推、采后人所引以相证等六法。此书重点对虚词的特殊用法进行研究,引证了丰富的材料,作出了许多精彩的结论,纠正了前人的一些失误,释义更加准确。对于《经传释词》的不足之处,章炳麟《王伯申新定助词辨》、裴学海《经传释词正误》、孙经世《经传释词词补》、《经传释词再补》都对它有所补正。

以上四部虚词著作中,前两部科学性较弱、学术价值较低,后两部的价值值得称道。总体来看,由于《经传释词》著书年代比《助字辨略》晚了一个世纪左右,王引之处于“乾嘉时代”,可吸收的学术研究成果更加丰富,研究方法也更加科学,是通过比合许多同类型的句子而又贯串上下文意来推敲词的意义、用法,并且当时人已经具有某些语法观念,比刘淇孤立地从一个句子出发来研究结论更加可信,更兼王引之本人深厚的学术功底和严谨的治学态度,因此,《经传释词》成就更大,受后人的重视程度更高。但是,《经传释词》只着眼在“经传”,援引仅仅截止西汉文为止,《助字辨略》则下逮唐、宋,并且将诗词和所谓“经传”、“史汉”同等看待,难能可贵。

4. 少数民族、外国语辞书

解释少数民族语词语的有刘温润的《羌尔雅》三卷、无名氏的《番尔雅》三卷,可惜都已经亡佚。外国语辞书有清代周春的《佛尔雅》八卷,此书收集佛教书中的汉语译名,仿照《尔雅》体例分为16类:《释名》、《释诂》、《释亲》、《释宫》、《释器》、《释乐》、《释天》、《释地》、《释山》、《释水》、《释草》、《释木》、《释虫》、《释鱼》、《释鸟》、《释兽》。

(二)字典

(1)《说文解字》

《说文解字》,简称《说文》,东汉许慎撰。许慎(约58~约147),字叔重,汝南召陵(今河南省郾城县)人,东汉著名经学家、文字学家。他师事贾逵(东汉经学大师,贾谊九世孙),博学经籍,精文字训诂,时人赞他“五经无双”。他花21年时间编撰《说文解字》,即从汉和帝永元十二年(公元100年)至安帝建光元年(公元121年)。除《说文解字》外,他还著有《五经异义》、《淮南子注》(可惜已亡佚)。因他所著的《说文解字》闻名于世,所以人常称他为“许君”,称其学为“许学”。

《说文解字》是我国第一部系统完备的字典,将分析字形、说解字义、辨别字音结合在一起,也是我国第一部杰出的文字学著作。《说文》全书分15卷,其中1~14卷为本文,15卷为叙。书中收正文9353个,重文1163个,共计收字10516个。正文所收字基本是秦时通用的小篆,还收录了少数籀文以及战国古文等异体古文字。按所收字的字形,把所收字分为540部。对正文的解释分为释义、释形、注音三部分。它据形释义,解释的是字的本义,根据字的形体结构分析字的本义。

《说文》编排体例大致如下:1)始“一”终“亥”。《说文》的部首从“一”部开始,以“亥”部结束。2)据形系联。部首按照形体相近的原则编排,把篆文形体相近或相关的部首排列在一起。如:“三、王、玉、珏”相从,“人、七(化)、匕、从、比、北”相从。3)据义系联。同部首的字按照意义相近的原则编排。如:口部,“噣、喙、吻、咙、喉”相从,“喘、呼、吸、嘘、吹”相从。4)先独体部首,再同体重叠部首。如:“羴”部在“羊”部后,“䖵”、“蟲”在“虫”后。5)先正体,后反体、倒体。例如:部首字“司”,是“后”字之反体,所以排在“后”部之下;部首字“匕”(huà)为“人”字之倒体,排在“人”部后。

《说文》对正篆的说解,分释义、释形、释音三部分内容。一般是先释义,再释形,最后注音(有的字无注音)。如《欠部》:“歁,食不满也。从欠,甚声,读若坎。”“食不满也”为释义,“从欠,其声”为释形,“读若坎”为释音。《说文》释形,以“六书”说为依据。一般用“象形”、“……象形”、“象……之形”之语解释象形字的字形;用“象……之形”或“从某某”之语解释指事字的字形,如“刃,刀坚也,象刀有刃之形。”“寸,十分也。人手却一寸动脉谓之寸口。从又一。”用“从某从某”或“从某某”之语解释会意字的字形;用“从某,某声”之语解释形声字,“从某,某省声”表示所解之字为省声字,“从某从某,某亦声”表示所解之字是亦声字,“从某省,某声”表示所释之字是省形字。《说文》释音,因许慎所处时代还没有反切,对形声字直接指出其“某声”(相当于用直音法注音),对其他字则用“读若”法注音。《说文》解释义、形、音之后,有时还在最后附上该正篆的重文(包括古文、籀文、奇字、或体)。《说文》的说解中有时还出现一个“阙”字,共47见。《说文解字·序》云:“其于所不知,盖阙如也。”段玉裁在“旁”下注:“凡言‘阙’者,或谓形,或谓音,或谓义。”说明用“阙”时表示作者对某个字的字形、字音或字义不明白,这反映了许慎治学实事求是的作风。

《说文》既是一部字典,也是一部文字学著作,同时还是一部训诂学著作,是中国古代语言学的宝藏,有着巨大的价值。从字典的角度来看,它是我国第一部系统完备的字典,它首创了部首编纂法,540部首的建立,是《说文》的重大创造。不过我们需要注意的是:许慎创立的部首与现在的字典、词典的部首虽然都是用来统率字的,但《说文》的部首是依照六书体系的文字学原则的部首,部首与字义有着密切的联系;我们现在的字典、词典采用的部首是检字法原则的部首,只是为了查检字的方便,一定程度上摆脱了六书的体系。明清以后的字典辞书,改用检字法原则的部首,不少字的归部与《说文》的不同。如:“舅”字从男臼声,《说文》归“男”部,《字汇》等字典归“臼”部。从文字学方面的贡献来看,它是我国第一部系统的文字学著作,首次阐发了“六书”的内容,奠定了“六书”的基本理论,并且在说解字义时贯穿了“六书”理论,通过分析字的形体去解释字义,是中国文字学的奠基之作。许慎在《说文解字·叙》中解释了“六书”的名称并列举实例加以说明,许慎关于“六书”的名称一直沿用至今,为汉字建立了理论体系。它还收录了每个字的小篆形体和许多汉代还能看到的籀文(大篆)、古文(战国文字)等古文字,为我们保存下了许多古文字字形,为后世研究古文字及其演变保存了极其珍贵的资料,起到了桥梁作用。从对于训诂学的贡献来看,其形训的训诂方法不仅为后世的训诂提供了范例,而且许多古汉字的形音义赖以保存下来,此后的学者们在词语训释时尤其是训释本义时,《说文》成了必不可少的参考资料。

当然,《说文》也有缺陷:1)书中有些地方宣扬封建思想、迷信观念。如:"神,天神,引出万物者也。"神成了超乎物质之外的所谓创造万物、统治世界的主宰者,这反映了许慎的唯心主义思想和迷信观念。"王,天下所归往也。董仲舒曰:'古之造文者,三画而连其中谓之王。三者,天、地、人也,而参通之者王也。'孔子曰:'一贯三为王。'"这无疑是在宣扬君权神授的天命思想并且还美化了封建统治者。2)有些字义的说解出现讹误或不当之处。如:"为,母猴也。"许慎从小篆字形来看,觉得"为"字形是怀孕的母猴之形,认为"为"的本义是"母猴"。后来,从考古发掘出来的甲骨拓片来看,字形其实是人用手牵象之形,表示役使大象干活,以示做事之义,它的本义正是它的常用义"干、做"。再如:"得,行有所得也。"从小篆字形分析,认为"得"的本义是"走在路上看见东西有所得",其实"得"的甲骨文是手持贝壳之形,因古人曾经以贝为钱币,所以用来表示"得到"之义。尽管字义都表示"得到",但是《说文》解释字义依据的字形分析有误。由于字形的演变,"为"字的小篆形体已经看不出大象长鼻的特征,"得"字的"贝"也与"见"相混,导致《说文》的说解错误。因此,当我们利用《说文解字》来探求字的本义时,一定要注意吸收古文字的研究成果,切不可将许氏的每条说解奉为金科玉律。3)体例欠严谨。首先,部首的排列受唯心主义思想的影响。始"一"终"亥"的体例是受汉代阴阳五行家"万物生于一,毕终于亥"的唯心主义思想影响所致。其次,部首的设立方面有的不科学。有些部首下所统率的字非常少,而且有的从字形和字义来看完全可以归在别的部首,如:"蓐"部只包括"蓐"和"薅"两字、"印"部也只有两字(包括自身)。部首本来是为了统率字的,既然是光杆司令,那么就起不到统率的作用,应当归在别的部首。再次,个别字的归部不妥。如:"词"字,《说文》解释说:"意内而言外也",但是不在"言"部而在"司"部,而且"司"部统率的只有"词"一个字;"詹"字,《说文》解释说"多言也",但是不在"言"部而在"八"部。

关于《说文》的版本:《说文解字》原本早已失传,世所通行的是宋初徐铉奉诏校定的《说文》,并附上《广韵》的反切,世称"大徐本"。此前,徐铉的弟弟徐锴也曾对《说文》作过校勘,并对原文作了注释,世称"小徐本"。研究《说文》最为出名的著作有:段玉裁《说文解字注》、桂馥《说文解字义证》、王筠《说文句读》和《说文释例》、朱骏声《说文通训定声》。其中段玉裁《说文解字注》是阅读《说文》最为重要的注本。

(2)《字林》

《字林》七卷,晋代吕忱著。吕忱,字伯雍,任城人。这部书为补《说文》的漏略而作,体制依照《说文》,也分540部,收字12824个,比《说文》多3471个。与《说文》相比,《字林》有以下几个特点:一、收字较多。二、收了一些异体字。三、参照章句之学,辨别了古籀文和一些奇特疑难之字。四、注释也有所不同,可供参考。而且,《字林》中的小篆写得特别好,张怀瓘说:"小篆之工,亦叔重之亚也。"因此,任大椿在《字林考逸序》中说:"《字林》实承许氏之绪,开《玉篇》之先。"《字林》问世以后,很受人们的重视,唐代尤为盛行。《唐六典》载唐代科举考试要考《说文》六帖,《字林》四帖,足见当时的价值仅次于《说文》。

(3)《玉篇》

《玉篇》30卷,(南朝陈)顾野王所撰,是我国第一部专收楷书汉字的字典。与《说文》相比较,两书既有共同点,也有不同点。两书都是研究中国语言文字的重要著作。在体制上,两书都采用部首法统率汉字,但是《说文》540部,《玉篇》542部。部首有异有同,相同的部首有529个,不同的有13个。除《玉篇》开始的几个部首和最后的干支部首与《说文》的一致外,其他的部首次序则不同。两书的部首安排原则不同。《说文》是"据形系联",而《玉篇》则以义类聚,30卷包括:天文、地理、人伦、颜貌、口舌、上肢、下肢、思想、言语、行止、宫室、木本植物、草本植物、蔬菜瓜果、五谷仓廪、礼器、兵器、金属舟车、水及相关事物、日月气象、黑夜火烛、山阜、马牛羊家畜、鸟鱼、虫蛇、羽毛皮革、丝索织物、巾帛衣裘、语词、数字干支。在收字上,《说文》收的是篆文、古文、籀文等古文字,是古文字的汇编;《玉篇》收的则是今文字楷字。由此看出,两书的编纂目的显然不同,《说文》是为了溯源,《玉篇》是为了应用。说解文字时,《说文》先释义,然后释形、注音;《玉篇》则先注音,然后释义。注音方法方面,《说文》用"读若"法,《玉篇》用反切,注音方法更加先进。释义时,《说文》只解释本义,以说明字形为主,讲本义也是为了证明字形。《玉篇》则对本义、引申义、假借义都加以解释,而且对词义详细列举。从释义上也可以看出《说文》的释义着重溯源,而《玉篇》则着重应用。例证方面,《玉篇》比《说文》更丰富。总之,在编写体例上,《玉篇》比《说文》有很大进步,奠定了我国楷书字典的基础,对后世字书的影响很大。

今本《玉篇》已经不是顾野王的原本,是经宋代陈彭年、丘雍、吴锐等人奉诏重修的，称为《大广益会玉篇》，22561 字，据唐代封演《闻见记》载，顾野王的《玉篇》16917 字，与此书原貌有很大不同。现存《玉篇》还有其他版本，有清代光绪年间黎庶昌刊印的旧抄本《玉篇》零卷，收入《古逸丛书》中，还有罗振玉印的《卷子本玉篇残卷》，可惜都是残本，不能尽见原书全貌。

(4)《字汇》

《字汇》14 卷，明代梅膺祚撰。收字 33179 个，除古书常用字外，还收了许多俗字，但是不收僻字。将《说文》540 部简化为 214 部，按子、丑等地支分为 12 集，第一次使用笔画顺序检字法，将部首和各部中字按笔画多少排列，查起来非常方便，它开创了字典编写的新局面，在字书史上占重要地位。注音先列反切，后注直音，释义通俗易懂。但是因为引书、释义时存在一些问题，所以它只能作为通俗性读物去阅读，不能作为经典性的字典。

(5)《正字通》

《正字通》，明代张自烈著。此书以《字汇》为蓝本而编撰，为补正《字汇》而作，故名，收字 33549 个。体例沿袭《字汇》，但做了以下改进：一、《字汇》对不同部首的异体字分列于各部，而《正字通》除分列于各部外，在正体下也一并列出，便于读者认识异体字。二、《字汇》对连绵字分别在两个单字下重复解释，而《正字通》只在第一字下解释，在第二字下标明"见某字注"。三、《字汇》注音，有时同一个音下列出几个反切，《正字通》一个音只注一个反切，比较简明。从内容上来看，收字、释义、注音等方面多有补充订正，例证也比《字汇》丰富。《正字通》对《康熙字典》的编写有直接的影响，有一定的研究价值。但是有些对"旧注"（实际上指《字汇》的解释）的批评有穿凿附会之嫌，有时征引例证颇显繁芜。

(6)《康熙字典》

《康熙字典》42 卷，是清张玉书、陈廷敬等 30 人奉诏编撰的一部大型官修的大型汉语字典，在《字汇》和《正字通》的基础上编写而成。康熙说："《字汇》失之简略，《正字通》涉于泛滥。"他下令要"增《字汇》之阙疑，删《正字通》之繁冗。"所以，《康熙字典》对《字汇》、《正字通》既有继承，又有发展。编排方法上，都是把《说文》的 540 部简化为 214 部，部首按笔画多少顺序排列，用地支十二支作为集名，部首所属之字，也按笔画多少排列。部首及其排列顺序也没有变化。少数字在归部上与《字汇》、《正字通》略有不同。它收字 47035 个，比《字汇》、《正字通》两书都多，在当时是收字最多的字典。

《康熙字典》对两书的繁复部分作了删节。《正字通》纠正《字汇》的地方，可采用的都采用了。注音方面，针对《字汇》、《正字通》音切混乱的状况，采取

“今则采用古音正音,其他俗韵概置不录”的原则,音项以《唐韵》、《广韵》、《集韵》、《韵会》、《正韵》中的反切为主,如果相同就合并列出,不同就都加以分列。如果以上韵书没有该字的反切读音,就参照《玉篇》、《类篇》、《五音集韵》、经传、《史记》、《汉书》、《老子》、《庄子》等书中的音释。释义方面,主要根据《说文》、《玉篇》进行释义,同时,还广泛采集《广韵》、《集韵》、《洪武正韵》和其他经史传注中的训诂。引例方面,增加了两书没有的用例。因此,它的义项比《字汇》、《正字通》丰富得多,词义考释工作更细致,引证更广泛,例证也更丰富,释义比较完备,更有说服力。义项比较完备,排列较条理,解释也较简明扼要,质量大大超过了《字汇》和《正字通》。出版以后,风行一时,影响很大,至今仍然有一定的参考价值。

但是《康熙字典》也有许多缺点和错误。注音方面:其一,它把《广韵》一系代表中古音韵系统的韵书和《洪武正韵》一类代表近代中原音韵的韵书相提并论,显然不妥。其二,它用叶音说来反映先秦古音,更是缺乏语音演变的历史观念。其三,为了“无一音之不备”,罗列大量不区别意义的反切材料,没有贯彻音随义转的原则加以必要的归纳。其四,在注音中完全以那几部韵书为准,排斥反映俗语俗音的资料,违反了语言约定俗成的原则。释义方面:其一,义项尚有漏落。《康熙字典》是以《字汇》和《正字通》为蓝本的,限于当时的水平,义项收录,还欠完备。如:“船”字在唐宋时期曾表示酒杯,(唐)李濬《松窗杂录》:“上因连饮三银船,尽一巨馅,乘马而去。”《康熙字典》就没有收录这个义项。其二,释义次序并不是按照本义、引申义、假借义的次序给以系统归纳和整理,而是按照经、史、子和杂著中的出现次序罗列的,欠妥。其三,释义错误或陈旧的也有不少。引证方面:其一,引证古籍,多半不举篇名,使人难以核对。其二,所举例证,往往不是始见书籍,起不到用例证来说明语源的作用。如:“船”的第一个义项引《史记》用例,时代晚了些,其实这一义项战国时期就出现了。如:《庄子·渔父》:“有渔父者,下船而来。”《韩非子·功名》:“若水之流,若船之浮,守自然之道,行毋穷之令,故曰明主。”其三,未核查原书,多有错讹。诸如引错书名、篇名、引文注疏相混、删节失当、断句错误、错字别字等问题,其中许多是由于所用版本不善造成的。据清代王引之《康熙字典考证》查出引书错误 2588 条,1981 年王力先生作《康熙字典音读订误》又纠正了它音读方面的错误,共八类五千九百多条。① 其四,收字在当时虽然最多,但仍有漏收的字,有些是生僻字,有的甚至是常用字,如人称代词“你”字。但是由于《康熙字典》是“御定”的,在清朝长

---

① 《康熙字典音读订误》1988 年由中华书局出版,1999 年收入《王力文集》13 卷。

期没有人对它的缺点敢加以批评。

(7)《经典释文》

《经典释文》,唐陆德明撰,30卷。是一部以注音为主,兼及释义、校勘的读经字典。所释经典有十四种,对经典本文及注释中的词加以注音释义,并对各种文字的异同多所考正。"释文"就是释义和注音,《经典释文》包括:《周易音义》、《古文尚书音义》、《毛诗音义》、《周礼音义》、《仪礼音义》、《礼记音义》、《春秋左氏音义》、《春秋公羊音义》、《春秋谷梁音义》、《孝经音义》、《论语音义》、《老子音义》、《庄子音义》、《尔雅音义》。广泛采集汉魏六朝230余家的音切,兼收隋唐以前各家的训诂,为我们研究古代汉语提供了极有价值的音切、训诂、文字资料。黄焯对《经典释文》有深入研究,著有《经典释文汇校》。他在《关于经典释文》一文①中总结它的优点是:一、正读音。二、正讹误。三、存异文。四、存佚文。五、兼采众本。六、兼备众说。七、兼载异音。它的缺点是:一、偏颇。二、是非莫辨。三、误解。

(8)《六书故》

《六书故》,南宋戴侗著,是一部用六书理论来分析汉字的字书。全书有33卷,通释1卷。戴侗字仲达,永嘉人。他认为六书之学是读书的门径,而学者不讲已久,即使有人学,也往往不得其要,所以就《说文解字》订其得失,重新解释"六书"的意义,他把"六书"的次第排列为指事、象形、会意、转注、谐声、假借。编排时,没有沿袭《说文》540部,而是别立479目,称其中189目为文;又称45目不易解释的为疑文;又称其中245目为字。字与文的形体有一定的联系,文为母,字为子。把479目分为九类,每目之下把偏旁相同的字叙列于后,系联方法与《说文》大不相同,戴侗称为"父以联子,子以联孙"。这种系联方法,庞杂紊乱,难以检索。这部书的价值在于:一、能援引钟鼎文来说明字形,又能明辨字义的引申不同于文字的假借。二、对于音义的关系阐发颇多,且有见地。他提出"因声以求义",不仅为了解释形声字的声与义的关系,而且由此可以辨认古书中文字的假借。

(9)《玄应音义》

《玄应音义》,唐代和尚玄应撰,25卷。本名《大唐众经音义》,又称《一切经音义》。"一切经"又称"大藏经",是佛家经典的总称。《玄应音义》是现有佛家众经音义中最早的一部,共注释汉译佛经442部。全书音义并重,所释词语,除佛教专用词语外,还有许多是普通词语,其中有大量的复音词、方言口语词以及

① 此文载陆宗达主编《训诂研究》第一辑。

魏晋以后出现的新词、新义。保留了大量的反切和丰富的词汇资料。注释一般先音后义,兼辨异体字,有时对所引说解中的字也加以注音。释义时博引群书,其中许多早已亡佚,因此它成为考证又有辑佚的宝贵资料。所注音义详略不均,各卷收词多有重复。孙星衍撰有《一切经音义校正》可以参考。

(10)《慧琳音义》

《慧琳音义》,唐慧琳和尚撰,100 卷。原名《一切经音义》,又作《大藏音义》。以《玄应音义》为基础,采辑更广泛,共注释佛经 1300 部;征引古书更多,多达 750 余种,保存了许多失传的古字书、韵书中的资料,是现存佛经音义中集大成之作。注释字音,主要依据《说文》、《字林》、《玉篇》、《字统》、《古今正字》、《文字典说》、《开元文字音义》等七部字书。注音参照《韵诠》、《韵英》、《考声切韵》等书。辽代和尚希麟作《续一切经音义》10 卷,补《慧琳音义》所未备,共注释佛经 226 卷。

(11)《龙龛手镜》

《龙龛手镜》,辽代僧人行均撰,是为和尚们诵经用的一部通俗的汉字字书。这部书熙宁年间始传入宋,宋人重刊时,因避太祖赵匡胤祖父赵敬的讳(敬与镜音同),改名为“龙龛手鉴”。此书收字 26430 多个,按部首编排次序,用部首归字,但是打破了以前一直依从的始“一”终“亥”的传统,依照平上去入四声次序归部,各部首内的字也按四声次序排列,王力先生说此书“开字书音序检字法的先河”(《中国语言学史》),在我国字书发展史上有着重要的地位。各字用反切注音,释义简要。它的编写目的是为佛教教徒研读佛经提供一部形音义可考的字书,因此收了大量的写本佛经中的俗字,这些俗字也是六朝以来民间通用的俗体字,其中不少字是《说文》、《玉篇》等古代字书未收的,收了大量佛经音义书中的字形、字音、字义,对佛经中的大量俗字进行了解释、辨析,每字下详列正体、俗体、通俗体、古体、今字、或体以及误体,并作音义注释。学者们利用它来考证俗字、整理敦煌出土文献,它对于我们了解六朝到唐代民间用字情况以及研究汉字流变、整理校勘此时期的古籍,有一定的参考价值。

(三)罗列古书训释的字典、辞书

有总释群书词义、辑收群书训释材料的。如:

《经籍纂诂》,清代阮元主编,是阮元在杭州任浙江学政时组织编写的,出版于清嘉庆三年,是一部专门收集唐以前各种古书注解的字典。它收字较多,对《佩文韵府》中收录的字全部收录,还从《广韵》、集韵》中增收了一些字。在编排上用的是韵母排列法,按平水韵 106 韵把被释字排列,一韵为一卷,共 106 卷,每字之下,罗列唐以前的注解对这个字的解释。每字下面先列本义,后列引申义和假借义,常常为了证明一个字有确定的意义,把训释相同的材料列在一起,不避重复。它规模巨大,收录的范围非常广泛,把唐以前的训诂几乎网罗无遗,包括:(1)儒家经典和其他古籍本文中的训诂。(2)唐以前古代注疏中的训诂。(3)唐以前训诂专著中的词义解释。(4)古籍中代替正文的训诂。(5)古籍和碑碣中的通假字以及古人名字与训诂有关的内容。《经籍纂诂》编成之后,阮元又组织人编成《经籍纂诂补遗》,对前书的漏落作了补充,对一些前书未收的书如唐人经疏加以增补。《经籍纂诂》材料翔实超过《康熙字典》之类的官书,王引之评价说:"展一韵而众字毕备,检一字而诸训皆存。"此书一出,训诂材料如网在纲,使人们避免了四处翻检之劳,为查找故训带来极大的方便。尽管它只是古代训诂材料的汇编,在音项和义项方面没有做多少整理和概括,但它仍然是人们学习古代汉语、研究古代典籍的一部好的工具书,对于阅读、研究唐以前的古书和从事辞书编纂、古籍整理等工作也有很大帮助。它的缺点是:(1)由于此书采辑,杂出众手,免不了有一些错误之处,也有一些遗漏。(2)按平水韵编排,不便检索。不过,现在有的影印本在前面附有笔画索引,如世界书局1936年影印本、成都古籍书店1982年影印本。我们在使用《经籍纂诂》时,需要注意以下几方面的问题:一是古书注释有时有随文释义的现象,不能都作为字词的义项。哪些是字词的义项,哪些是随文释义,要辨别清楚。二是古书传抄,有时会出现错讹,《经籍纂诂》照抄故训,未作进一步校勘,在使用时要多利用清人和近人研究成果进行比对校勘,以免引例错误。

有针对专书释义,专辑一书的训释材料而成的。如:

《毛诗传义类》,也称《毛雅》,19篇,清陈奂撰。将毛亨《诗经诂训传》的训诂仿照《尔雅》的编排体例加以编排而成,分成十九个义类,为专辑一书的训诂开了先河。其后的《说雅》、《选雅》都仿其例而编。

《说雅》,19篇,清朱骏声撰。作者按照《尔雅》编排体例,仿效陈奂《毛诗传义类》,将《说文解字》中的字重新编排而成,附于《说文通训定声》后。

《选雅》,20卷,清程先甲撰。把李善的《文选注》按照《尔雅》19类重新编排而成。

(四)韵书和类书

韵书虽然最初是为了文人写诗用韵的需要而编的,但是也解释字义,实际上可作字典使用,是可供人们查音审音的按字音编排的字典。如:

《切韵》,隋代陆法言撰,原书早已失传,现仅存残卷。《切韵》流传到唐代,孙缅等人增补之后,称为《唐韵》。

《广韵》,全称《大宋重修广韵》,五卷,是北宋真宗时陈彭年等人奉诏编撰。

为增广《切韵》而作，在唐代孙缅《唐韵》基础上修订而成，是我国第一部官修韵书，是我国现存最完整也是流传最广的一部韵书。它按四声分卷，平声两卷，上声、去声、入声各一卷，每卷若干韵，共206韵。《广韵》与《唐韵》相比，虽然反切用字有一些变动，但是从语音系统来看，和《切韵》系统基本一致，体例也基本相同。

《集韵》，北宋仁宗时丁度等编撰，在《广韵》基础上增补修订而成，书名是集韵书之大成之义。仍为206韵，反切用字变动较大，反切很大程度上反映了宋代语音的变化，释义较简明。收字比《广韵》多，在别的字书里查不到的字或读音，往往在《集韵》中可以查到。

有些专门收集词语的类书也有字典辞书的功用。如：

《佩文韵府》，清张玉书等奉旨编撰，是一部专门为写诗作赋提供辞藻和典故的大型官修类书。"佩文"是康熙的书斋名，故名曰《佩文韵府》。在元明以来流传的《韵府群玉》、《五车韵瑞》的基础上加以修订增补而成。由字统词，字头下收录的是以该字头作尾字的词语，所收词语以二字、三字为主。单字下既有注音，也有释义。

《骈字类编》，清张廷玉等奉诏编撰，共240卷，收单字1604个，是一部查找词语典故的工具书。专收"骈字"，即两字相连的词语，所收词语按首字的义类编排。每字之下，排列以该字为字头的词语。每条词语之下，用双行小字按经史子集的顺序辑录有关的资料，引用诗文时，详细注出篇名或原题。与《佩文韵府》互相补充。

四、杂考笔记体

一些词语训释散见于杂考笔记中，与考订、校勘结合在一起，汇集成册，我们称之为杂考笔记体。这类著作大多是学者阅读群书时所作的考释笔记，其内容专门程度参差不齐，有的内容比较专门，也有的是作者读书心得的笔记，内容比较庞杂。这类著作，汉代就已经出现，最早的一部是东汉班固的《白虎通义》。其后，又有东汉应劭的《风俗通义》、东汉蔡邕的《独断》，晋代崔豹的《古今注》等。其中的词义训释，如：

王者自谓一人者，谦也，欲言己材能当一人耳。(《白虎通义》四部丛刊本，卷一)

笛，谨案：乐器，武帝时丘仲之所作也。笛者涤也，所以荡涤邪秽，纳之于雅正也，长二尺四寸，七孔。其后又有羌笛。(《风俗通义》四部丛刊版，卷六)

朕,我也。古者尊卑共之,贵贱不嫌,则可同号之义也。尧曰:"朕在位七十年。"皋陶与帝舜言曰:"朕言惠可厎行。"屈原曰:"朕皇考"。此其义也。至秦,天子独以为称,汉因而不改也。(《风俗通义》卷上,百川学海本)

陛下者,陛,阶也,所由升堂也。天子必有近臣执兵陈于陛侧,以戒不虞。谓之陛下者,群臣与天子言,不敢指斥天子,故呼在陛下者而告之,因卑达尊之意也。上书亦如之。及群臣士庶相与言曰殿下、阁下、执事之属,皆此类也。(《风俗通义》卷上,百川学海本)

阙,观也。古每门树两观于其前,所以标表宫门也。其上可居,登之可远观,故谓之观。人臣将至此,则思其所阙,故谓之阙。其上皆丹垩,其下皆云气仙灵奇禽怪兽,以昭示四方焉。(《古今注》卷上,畿辅丛书本)

宋代一些学者的笔记诸如沈括的《梦溪笔谈》、王观国的《学林》、欧阳修的《归田录》等中夹杂有训释字词的内容。如:

《楚辞·招魂》尾句皆曰"些",今夔峡湖湘及南北江獠人凡禁咒句尾皆称"些"。此乃楚人旧俗,即梵语"萨缚呵"也。三字合言之,即"些"字也。(《梦溪笔谈》卷三)

"卢"者,字母也。加"金"则为"鑪",加火则为"炉",加"瓦"则为"甗",加"目"则为"矑",加"黑"则为"黸"。凡省文者,省其所加之偏旁,但用字母,则众义该矣。亦如"田"者,字母也。或为田猎之畋,或为佃田之佃。若用省文,惟以"田"字该之。他皆类此。(《学林》卷五)

今世俗言语之讹,而举世君子小人皆同谬者,惟"打"字尔。其义本为考击,故人相殴,以物相击,皆谓之"打"。而工造银器亦可谓之"打"可矣。盖有槌击之义也。至于造舟车曰"打船"、"打车",网鱼曰"打鱼",汲水曰"打水",役夫饷饭曰"打饭",兵士给衣粮曰"打衣粮",从者执伞曰"打伞",以糊粘纸曰"打粘",以丈尺量地曰"打量",举手试眼之昏明曰"打试"。至于名儒硕学,语皆如此。触事皆谓之"打",而遍检字书,了无此字。(《归田录》卷二)

明代,此类著作较为出色的有黄生的《字诂》、《义府》,顾炎武的《日知录》。《字诂》一卷,选取经史群书中的一些词语,考辨音义,订正讹误,侧重于辨识文字的形音义。《义府》二卷,侧重于名物制度的考证,考释了一些经、史、子、集以及金石碑刻中的词语。《日知录》所记内容非常广博,文字、词语考释方面的内容也很丰富。

清代,此类著作数量更多,在这里我们择其要作简介。

《读书杂志》,82 卷,清王念孙撰,是一部读书笔记形式的校勘、训诂专著,其中包括:《逸周书杂志》4 卷、《战国策杂志》3 卷、《史记杂志》6 卷、《汉书杂志》16 卷、《管子杂志》12 卷、《晏子春秋杂志》2 卷、《墨子杂志》6 卷、《荀子杂志》8 卷又《补遗》1 卷、《淮南内篇杂志》22 卷又《补遗》1 卷、《汉隶拾遗》1 卷，是王念孙阅读这些古籍时作的杂记。书中内容，除一部分是解释词句、说明句读以外，大部分是关于校勘的。旁征博引，多方论证，对上述古籍所存在的文字谬误、句读错乱、音训异同等问题进行了考释，在校正文字、阐明文义、因声求义等方面做了作出了许多精彩论断。

《经义述闻》，32 卷，清王引之撰。是对《周易》、《尚书》、《毛诗》、《周礼》、《仪礼》、《礼记》、《左传》、《国语》、《公羊传》、《谷梁传》、《国语》、《尔雅》等经书的考释，另外，还附有《春秋名字解诂》、《太岁考》、《通说》各 2 卷。作者自称其书是“述所闻于父”，故名《经义述闻》。书中观点有的大抵是记述其父亲王念孙之说，有的则是作者依据王念孙之说触类旁通而成。主要校正古书古训和说明假借，以声音通训诂，并结合其他训诂方法，旁征博引，择善而从，解决了许多汉代以来不易解决的疑难问题，为训诂学作出了重要贡献。

俞樾《古书疑义举例》共七卷，前四卷属于训诂范畴，考释范围广泛，不仅包括字词、还扩展到句段、甚至篇章，有字词释义、文字辨析、分析词汇结构、文义训释、语法分析等，后三卷基本属于校勘学范畴。条理精密，语料丰富，论述简明。

这类著作中的词义训释零碎散乱，不成系统，但是也是汉语训诂的宝库，对于研究汉语词汇学、语义学和汉语发展史都有着重要的价值。

第五章

探求词义的原则和方法

一、探求词义应遵循的原则

(一)坚持辩证唯物主义观点

辩证唯物主义既然是一种科学的普遍的观察分析事物的观点和方法,它也必然适用于词义的训释中。训释词义时,坚持辩证唯物主义观点表现在:

1. 探求词义时,要尊重语言实际情况,对语言事实进行考察、分析、归纳,根据语言事实考证词义,得出客观结论,不能进行主观臆断和蓄意曲解。探寻新解要持有证据,不能随意推测。宋代主观唯心主义者陆九渊"六经注我,我注六经"的做法绝不能出现在训诂实践中,不能为了适合自己的观点而故意曲解词义。语言是人类在生产、劳动过程中产生的,是社会的产物,具有鲜明的社会性、约定俗成性。一个词不为个别人使用,而是被社会群体所共同使用。一个词的一个义项不可能只出现在一个具体语境中,要找到多个语境的用例才能立为一个义项。黎锦熙先生说过:"例不十,不立法。"(《新著国语文法》)王力先生(1980:19)也曾说:"假使同时代一切史料都没有这种语言现象(语法结构形式等),只有一部书中有这种现象,这部书就有被证明为伪书的可能。"如:《列子·汤问》中"遇黑卵之子于门,击之三下。"其中"下"很明显是动量用法,可是"下"的这种用法在同时期的其他书中却未见到,这种用法的大量使用出现在魏晋南北朝时期,那我们可以考虑根据"下"的这种用法及其他类似现象推断《列子》伪书的结论,证明它不是战国时期的作品或者其中有些章节是后代最早也是魏晋时期有人假托而作。

2. 吸收前人成果时,即要尊重故训,又不可盲目依从。古人的训释有很多科学的东西,应该充分肯定并继承,但也带有时代及个人思想观点的局限性,要注意鉴别。如:《说文解字》是一部价值很大的著作,但是由于作者身处封建社会,不可避免地受封建思想的影响,存在宣扬封建道德、崇信迷信观念的做法。“凤,神鸟也;见则天下大安宁”这类的解释便是明证。另外,由于作者所处时代的局限而导致释义错误的情况也时有发生,如前所述“为”“得”等错解。作者所处时代科学技术不发达,许慎只看到小篆,没有看到更古的字形,而小篆的形体已经发生演变,有的不象形了。所以,我们要批判地继承前人的研究成果,取其精华,去其糟粕。

(二)坚持历史的观点

探求词义时,要懂得词义是不断发展变化的,而且遵循一定的演变规律,静态分析与动态分析相结合。如:《左传·僖公四年》:“君惠徼福于敝邑之社稷,辱收寡君,寡君之愿也。”与《左传·宣公二年》:“君能有终,则社稷之固也。”中的“社稷”词义并不相同,前者是词组,指“土神和谷神”,后者则应该按照双音词去理解,指的是“国家”,我们训释时,需要根据语境确定它的词义。这是因为汉语大部分复音词的形成都先经过词与词的临时组合阶段,在临时组合阶段时只是词与词的并列使用,即使凝结成词以后,往往还存在一个词组与词并用的阶段,“社稷”在《左传》时代,有时是词组,有时则是词。再如:《易经》:“汤武革命,顺乎天而应乎人。”中的“革命”也不能按照今义去理解,现在的“革命”是双音词,指社会的大变革。此处的“革命”是词组,“变革天命”之意,古代认为帝王受命于天,改朝换代是天命变革的结果。后来这个词组被日本语吸收,赋予了新的涵义,又被汉语借了回来,所指意义和语言单位与古时相比都发生了变化。又如:《左传·宣公二年》:“董狐,古之良史也,书法不隐。”中的“书法”指“记事的原则”,而在现代汉语中是双音词,指文字的书写艺术,也特指用毛笔写汉字的艺术。因此,我们在解释词义时,要有历史发展的观念,着眼于词义在不断发展这一动态事实上,不能以今律古。

我们还要把词义的发展变化同社会的发展变化联系起来进行研究。词义具有社会性,语言中词义的使用是受社会环境制约的。我们在训释词义时,要结合当时的政治制度、经济制度、社会文化生活等各个方面全盘考虑。

(三)理论结合实际的原则

探求词义时,还要理论结合实践。语言理论不能脱离语言材料,训释词义时,也要用先进的语言理论指导实践工作。先辈、时贤通过观察、分析,引进、创建了一系列的语言理论,对我们分析语言问题起着指路明灯的作用。尤其是关于词义特点的认识、语言是一个不可分割的整体的系统论对于我们训释词义有着直接的指导作用。词是音义的结合体,记录词的字则是形音义的结合体,因此,我们训释词义时必须继承先人形音义结合的传统,研究它的形音义,并且从语言的总体着眼去把握词义。

二、探求词义的方法

(一)形训

1. 形训的定义、历史及其理据

形训也就是因形求义,即通过分析字的形体结构来探求词义的方法。形训在春秋时期就已经有了,如:《左传·宣公十二年》:"夫文,止戈为武。"是说"武"的字形由"止""戈"两个形体组成,本义也是这两个形体含义的合成。前人将"止"的意思理解为引申义"停止",据此认为"武"的本义是"使干戈停止"、"制止战争",说解带有儒家思想的主观色彩。现在,人们一般认为"武"的本义是征伐,因为"止"的古文字字形是脚的形状,本义是脚,后写作"趾",而"戈"是兵器,两字合在一起,表示荷戈出发。再如:《左传·昭公元年》:"于文,皿虫为蛊。"是说"蛊"就是放在器皿中养的虫。蛊相传是人工培植用来害人的毒虫。将许多毒虫放在一个器皿之中,而不喂食,让它们互相吞食,最后剩下的那条毒虫就叫"蛊"。又如:《韩非子·五蠹》:"古者仓颉之作书也,自环者谓之厶,背厶谓之公。"其中对"厶""公"之义进行了形训,"厶"是"私"的古字,字形是围绕着自己转之形,它的本义就是"为自己利益去营求",与"公"相对。"公"从"八"从"厶","八"是违背之义,"公"义就是与"私"相违背。东汉许慎的《说文解字》就是一部形训的专著,通书采用了形训方法,被称为"形书"。如:《说文·自部》:"自,鼻也。象鼻形。"解释说:"自"字是象形字,像鼻子的形状,本义为"鼻子"。又《说文·上部》:"上,高也。此古文丄,指事也。"解释说:"上"是指事字,本义是"上面"。又《说文·口部》:"命,使也。从口令。"是说"命"字是会意字,意思由"口""令"合成,是命令之义。又《说文·心部》:"慎,谨也。从心真声。"是说"慎"是形声字,"心"是意符,"真"是声符,本义是"谨慎"。

为什么可以因形求义呢? 因为汉字是表意体系的文字,汉字的形体结构与字义有着密切的联系。世界上的文字基本上可以分为两大类:表音文字和表意文字。记录音素、音节的叫音素文字、音节文字,可合称为表音文字;记录语素、词的叫语素文字、表词文字,可合称为表意文字。表音文字用数目不多的字母表示一种语言里有限的音素和音节。通常,一定的音用一定的字母表示,一定的字母表示一定的音。因此,人们掌握了字母的发音和拼读规则之后,看到一个词的形体就会大致猜出它的读音。世界上的表音文字以英语为代表。如果

我们了解英语的拼读规则,即使我们没有学过单词 stop,也会知道字母 s 在清辅音[p]前一般发[s]音,字母 t 一般发[t]音,字母 o 在重读闭音节中发[ɔ]音,字母 p 发[p]音,就会拼出它的读音[stɔp]。表意文字从字形上不体现它的读音,而是体现它所表达的意义。世界上的表意文字以汉字为代表。首先,造字之初,汉字是表意的,因形示义,古文字形体不同程度地反映字义而不是字音。其次,虽然汉字中有一些起记音作用的同音替代字,也有大量的形声字,特别是现在,形声字占 90% 以上,而形声字的意符表意、声符表音,都是借形表音。但是同音替代字和形声字中的表音偏旁本来就是表意字,许多表音偏旁在另外的情况下仍然发挥着表意作用。如:"洋"、"沐"中"羊"、"木"表音,而"羚"、"梅"中的"羊"、"木"则表意,并且"羊"、"木"本身的造字法就是象形,是表意的。因此,借形表音并没有超出表意文字的范畴。虽然,在汉字形体演变的过程中,汉字不能由形体结构体现语义,但是仍然用形体不同的偏旁标志语素。所以,汉字的表意性的基本特点是不容置疑的。

2. 如何进行形训

(1)"六书"理论

对汉字结构的分析,有传统的"六书"说。六书是我国古代分析汉字的结构和使用情况而归纳出来的六种造字和用字的条例。六书的名称始见于战国时代的《周礼》。《周礼·地官·保氏》:"保氏掌谏王恶,而养国子以道,乃教之六艺:一曰五礼,二曰六乐,三曰五射,四曰五驭,五曰六书,六曰九数。"可以知道,六书是六艺之一,是保氏(官名,掌管教育)教国子(公卿大夫的子弟)的一门科目,但是《周礼》中没有说明六书的内容。六书的细目,始见于西汉末年刘歆的《七略》。东汉时期,阐述"六书"理论的有三家。班固《汉书·艺文志》说:"古者八岁入小学。故周官保氏掌养国子,教之六书,谓象形、象事、象意、象声、转注、假借。"郑众注《周礼》,以为六书是象形、会意、转注、处事、假借、谐声。许慎《说文解字·叙》中说:"《周礼》八岁入小学,保氏教国子,先以六书:一曰指事,指事者,视而可识,察而见意,上下是也;二曰象形,象形者,画成其物,随体诘诎,日月是也;三曰形声,形声者,以事为名,取譬相成,江河是也;四曰会意,会意者,比类合谊,以见指撝,武信是也;五曰转注,转注者,建类一首,同意相受,考老是也;六曰假借,假借者,本无其字,依声讬事,令长是也。"以上三家对于六书的解说大体相近,都认为"六书"是汉字的六种造字法,但是"六书"的名称和次序各有不同。他们解说的共同处源于他们共同的学识渊源。班固的《艺文志》主要依据刘歆的《七略》,而其他两家则有着共同的家学、师承渊源。郑众是郑兴的儿子,而郑兴是刘歆的学生;许慎是贾逵的学生,而贾逵的父亲贾徽也是刘歆的学生。在这三家之中，班固、郑众只列了六书的名称，没有作出说明，许慎的解说最为详细，不仅列有“六书”的名称，且给它们下了定义，并举有例字。可以说，到许慎的时代，六书的理论才真正建立起来。清代以后，学者们一般采用许慎的名称、班固的顺序，这样，六书的名称和顺序就固定下来，成为：象形、指事、会意、形声、转注、假借。

汉代学者认为“六书”是汉字的六种造字法，这是不够准确的。清代学者戴震提出了“四体二用说”，认为“六书”的前四种（象形、指事、会意、形声）是造字法，称之为“字之体”，后两种（转注、假借）是用字法，称之为“字之用”。他的观点得到了后代学者的普遍认可。段玉裁《说文解字注》引戴震说：“指事、象形、形声、会意四者，字之体也；转注、假借二者，字之用也。”王筠在《说文释例》中进行了更为具体明确的阐释，他说：“观乎天文，观乎人文，而文生焉。天文者，自然而成，有形可象者也；人文者，人之所为，有事可指者也。故‘文’统指事、象形二体。‘字’者，孳乳而浸多也，合数字以成一字者皆是，即会意、形声二体也。四者为经，造字之本也。转注、假借为纬，用字之法也。”“四体二用说”直到现在仍是学界普遍接受的理论。因此，我们依据这一理论下面只对“六书”中前四种的形义关系略作分析。

（2）形训释例

①象形字

象形是通过描摹事物形状来表示字义的造字法。用这种造字法造的字就叫象形字。象形字可分为独体象形字和合体象形字两类。独体象形字是描画所表示事物轮廓或特征的象形字，形体不能再分析。如：

目　本义是眼睛，古文字象人眼之形。

羊　甲骨文象羊头之形，本义是羊。

刀　象刀之形，本义是刀。

合体象形字是描画出事物轮廓或特征之后，又加其他相关事物的象形形体衬托的象形字。如：

眉　甲骨文作，《说文》：“目上毛也。从目，象眉之形。”上部像眉毛，下部像眼睛，“目”是用来衬托眉毛的。本义是眉毛。

页　旧音 xié，甲骨文“页”字的上部像人头，下部像人体，为了强调头部，头部特大，人体特小，本义是人头。《说文·页部》：“页，头也。”凡以“页”为意符的字，本义都与人头有关。例如：“题”指额部，“颠”指头顶，“硕”指头大，“颁”指大头，“颇”意思是头偏，“顿”是“顿首”义，“顾”是“回头”义，“颈”指脖子的前部，“领”指脖子，“项”指脖子的后部，“颤”义为头部颤动。

果,甲骨文作,《说文》:"木实也。从木,象果形在木之上。"本义是果实,上部像果实,下部是"木","木"是为了衬托果实的。

②指事字

指事就是用象征性符号或在象形字上加指示符号来表示字义的造字法。用这种造字法造的字就是指事字。

纯粹用象征性的符号表示字义的指事字如:

四　甲骨文字形作,是四条长短相同横线排列在一起,表示数字四。数字"一、二、三"也是这样的指事字。

下　甲骨文字形作,指示笔画短横在下面,来表示下方之义。《说文解字·下部》:"下,底也。指事。"

在象形字上加指示符号的指事字如:

本　在象形字"木"的下部加指示符号,指示树的根部,本义是树根。《说文解字·木部》:"本,木下曰本,从木,'一'在其下。"

刃　在象形字"刀"上加指示符号,指示刀的刃部,本义是刀刃。《说文解字·刃部》:"刃,刀坚也。象刀有刃之形。"

③会意字

用两个或两个以上部件合成一个字,把这些部件的意义合成新字的意义,这种造字法叫会意。用会意法造的字就是会意字,会意字分为同体会意字和异体会意字。

同体会意字是由两个或两个以上相同形体组合而成的会意字。如:

林　《说文解字·林部》:"平土有丛木曰林。"

森　三木重叠或并列,表示数目很多。《说文解字·林部》:"木多貌。"

步　甲骨文作,两脚一前一后,表示行走。《说文解字》:"行也。"

异体会意字就是由不同形体组合而成的会意字。如:

涉　金文作,以两足跨水表示徒步过河。《说文解字·林部》:"徒行沥水也。"

休　《说文解字》:"息止也。"人在树下,表示休息之意。

祭　《说文解字》:"祭祀也。从示,以手持肉。"以手持肉献于神灵,表示祭祀。

④形声字

形声是由表示字义类属的部件和表示字音的部件组成新字的造字法,表示字义类属的部件是它的形符(意符),表示字音的部件是它的声符。用形声法造的字就是形声字。形声字的形符指示字义,表示形声字本义所属的意义类属或关联,声符表示字的读音。在形声字中,形符帮助我们领会字义,声符帮助我们学习字音,使我们更容易掌握汉字。很明显,形声这种造字法要比象形、指事、会意更进步,因而也是最能产的造字法,甲骨文中形声字只占20%左右,金文中占到40%以上,《说文解字》中的形声字已经超过80%,现在高达90%以上。正因为大量形声字的出现,宋学农、东炎、饶星主编《古代汉语》(1997:81)在汉字表意性这一基本特点的基础上进一步提出:"汉字是以表形为基础,表意为主导,而兼有表音成分的表意体系的文字。"

形声字的形符与字义的关系有以下三种:

A. 形符的意思与形声字的本义相同。这种情况特别少。如:

爸　从父,巴声。本义:父亲。"父"与"爸"的本义相同。

船　《说文》:"舟也。从舟,铅省声。"

头(頭)　从页(xié),从豆,豆亦声。"页"和"头"的本义都是头。

到　《说文·至部》:"至也。从至,刀声。"

斧　《说文·斤部》:"所以斫也。从斤,父声。""斧"、"斤"都有砍伐树木的斧子之义。

B. 形符表示形声字本义所属范畴或有所关联。如:

河　《说文解字·水部》:"河水。出敦煌塞外昆仑山,发原注海。从水,可声。""河"的形符是"氵"(水),声符是"可",本义与水有关,是黄河。以"氵"为形符的形声字的本义往往与水有关。

操　《说文解字·手部》:"操,把持也。从手喿声。""操"的形符是"扌"(手),声符是"喿",本义与手有关,是"握着、拿着"。以"扌"为形符的形声字的本义往往与手的动作有关。

有的形声字的形符看似与本义无关,其实造字之初也有关。如:"镜"的形符是"钅"(金)、声符是"竟",由于上古镜子的制作材料与金属有关,所以从金,现在由于制作镜子的材料变了,意思才与金属无关了。"鲸"从鱼,京声。现在我们知道鲸是哺乳动物,不是鱼类,觉得与鱼无关,可是在科学不发达的古代,人们的认知水平低下,认为鲸也是鱼类,所以造字时从鱼。因此,有时我们看不出形声字的形符与本义的关系可能是由于我们的研究还不到位。还有的则是由于省略意符的笔画造成的,就是下面我们要谈的省形字。

C. 形符不表示本义所属的意义范畴。后起的形声字中有的形符不一定表示本义所属的意义范畴。如:悬,从心,县声。可是它的意思"悬挂"与心并没有关系。其实"悬"本作"县"。"县"是会意字,从系持倒首,古文字形象树上用绳子倒吊着一个人头,本义是悬挂,假借为"州县"的"县"。后起的"悬"字从心,其实是无义可取的。再如:"影"字形符是"彡",声符是"景",但影子之义与形符其实没有关系。因为"影"的本字写作"景",在古书中一般写作"景"。《说文解字》:"景,日光也;从日,京声。""景"本来就是形声字,"日"是它的形符。本义是日光,阴影是它的引申义,《颜氏家训·书证篇》:"凡阴影者因光而生,故即为景。"

有三类特殊形声字需要注意,它们是"亦声"字、省形字、省声字。

"亦声"字即既是会意字还是形声字,也就是字的一部分部件既是构成字义的一部分,还兼作它的声符,因《说文解字》常用"从某,从某,某亦声"来说解被称为"亦声"字。如:

娶 《说文解字》:"从女,从取,取亦声。"本义是娶媳妇,由"取""女"两个部件的意思合成,同时"取"还是声符。

婚 《说文解字》:"从女,从昏,昏亦声。"

省形字就是省略形符部分笔画的形声字。《说文解字》常用"从某省"来解说省形字。如:

考 《说文解字》:"考,老也。从老省,丂声。""考"字的形符是"老",声符是"丂",形符"老"省略了下面的部分笔画。

亭 《说文解字》:"从高省,丁声。"形符"高"的部分笔画省略。

星 《说文解字》:"从晶省,生声。"形符"晶"的部分笔画省略。

省声字就是省略声符部分笔画的形声字。《说文解字》常用"某省声"来说解省声字。如:

恬 《说文解字》:"从心,甜省声。"声符"甜"省略了"甘",剩下"舌"。

炊 《说文解字》:"从火,吹省声。"声符"吹"省略了"口",剩下"欠"。

3. 形训的作用

(1)帮助探求本义。字的本义就是造字之初表示的意义,与字形密切相关。探求字的本义有多种方法,形训是其中最直接最有效的方法。探求本义时,用上面我们阐述的汉字结构理论去分析字形,看是哪种造字法,同时结合其他知识和其他训释方法,参证古代文献,综合推断字义。如:

婦(妇) 甲骨文作,由"女"和"帚"两个形体组成,以女持帚会意,因为家务劳动自古以来主要由妇女来承担,用女子持帚洒扫表示已经出嫁的妇女。如:《诗经·卫风·氓》:"三岁为妇,靡室劳矣。"

雌、雄 "雌"由"此"和"隹"构成,"雄"由"厷"和"隹"构成,"此"与"雌"音相近,"厷"与"雄"音近,有一定文字学知识的人就可以推断出这两个字都是形声字,分别是“从隹此声”和“从隹厷声”,“隹”古文字为短尾巴鸟之形,可以推断出“雌”“雄”二字本义都与鸟有关。这两个字的本义,正如《说文解字·隹部》所说“鸟父也”“鸟母也”,分别指公鸟和母鸟,用于指鸟类的公母。后来,词义扩大,可以指一切动物的公母。

《说文解字》一书就是通过形训探求本义的专著,给我们做出了形训的典范,至今仍是我们训释词义不可缺少的参考工具书。当然,形训也有一定的局限性。特别是对于形声字来说,形声字的形符常常只能指示词义的类属或关联,并不能准确地指示出它的本义,但是至少给我们指明了推测本义的方向,提供了有限的范围,使我们距离字的本义越来越近。

(2)帮助区别词义。词的本义与字形的关系最为密切,引申义与字形有着一定的联系,假借义与字形毫无关系。形训可以帮助我们辨别哪个是本义或者是较原始的意义,哪些是引申义或假借义。如:

征 《左传·僖公四年》:“五侯九伯,女实征之,以夹辅周室”中是“征伐”之义;在《左传·僖公四年》:“昭王南征而不复,寡人是问”中是旅行之义;在《孟子·滕文公下》:“什一,去官市之征”中是征税之义。“征”是“延”的异体字。《说文解字》:“延,正行也;从辵,正声。征或从彳。”可见旅行是本义,征伐是引申义,征税是假借义。

舉(举) 《左传·僖公五年》:“晋不更举矣”,意思是举兵;《论语·卫灵公》:“君子不以言举人,不以人废言”,意思是举荐;《孟子·梁惠王上》:“吾力足以举拜钧,而不足以举一羽”,意思是举起来;《楚辞·渔父》:“举世皆浊我独清”,意思是全(副词);《孟子·梁惠王下》:“举欣欣然有喜色而相告”,意思是都(副词)。《说文解字》:“举,对举也;从手,与声。”段玉裁、朱骏声都说,对举谓以两手举之。“举”的本义必然与手的动作有关,可知“举起来”是本义,“举兵”、“举荐”是引申义,副词用法“全”、“都”都是假借义。

(3)可以加深我们对词义的理解,帮助我们掌握词义系统。刑训把字义与字形结合起来,使人见形知义,易懂易记,不仅可以帮助我们掌握本义,而且在掌握本义的基础上,能够提纲挈领,以简驭繁,使纷繁的词义条理清晰、脉络分明,有助于我们深入领会由本义派生出来的各项引申义,掌握整个词义系统。如:

“兵”的义项有:①兵器。如:《孟子·梁惠王上》:“填然鼓之,兵刃既接,弃甲曳兵而走。”②士卒、军队。如:《管子·权修》:“万乘之国,兵不可以无主。”③战争、军事。如:《史记·淮南衡山列传》:“今彗星长竟天,天下兵当大起。”④杀伤、伤害。如:《史记·伯夷列传》:“左右欲兵之。”《吕氏春秋·侈乐》:“其生之与乐也，若冰之于炎日，反以自兵。”“兵”字，甲骨文写作，象两手持斤之形，斤是斧子一类的工具，可用作兵器，所以“兵”的本义是兵器。《说文解字》：“械也。”后由兵器义转指拿兵器的人即士卒，士卒的集体就是军队，因有军队义，兵器在战争中使用，因又引申为“战争、军事”义，“兵器”义名词用作动词，就是“用兵器杀伤”义，由杀伤身体的具体义再到对心灵的伤害，即为“伤害”义。

“益”也有多个义项，其中有：①水漫出来。如：《吕氏春秋·察今》：“澭水暴益。”②增多、增加。如：《战国策·触龙说赵太后》：“少益耆食，和于身。”③形容词，富裕。如：《吕氏春秋·贵当》：“如此者，其家必日益。”④名词，利益、好处。如：《尚书·大禹谟》：“满招损，谦受益。”⑤副词，更加。如：《孟子·梁惠王下》：“如水益深，如火益热。”“益”甲骨文写作，像水满从器皿中溢出，本义是“水漫出来”，水漫出来必定由于水增加、增多，因此有“增加”义。东西增加即是财富，财富多，也就是富裕，因此引申出形容词“富裕”义，东西增加就意味着得到利益、好处，于是引申为“利益”义。“增加”义逐渐虚化，变得抽象，来用于表程度的增加，即为副词“更加”义。

4. 形训时应注意的问题

(1)形训仅限于训释词的本义

如前所述，汉字的字形与字义有着密切的联系，但是一个字与它承担的所有意义并不是都有着联系。因为字在使用的过程中义有引申，字有假借，许多字逐渐产生了诸多义项，一个字的所有义项基本可以分为三类：本义、引申义、假借义。引申义是由词的本义直接或间接发展而来的，所以，引申义与本义之间有联系。词的假借义则是被借来表示其他同音词的意义，与本义之间毫无关系。因此，字的假借义与形体之间没有关系，有的引申义由于距离本义较远，我们有时也看不出它与本义的联系，字的引申义和假借义都不容易或不能从字形上直接看出来。我们通过形训，只能分析出一个字造字之初的原始意义，也就是本义。如：《说文解字·乌部》：“焉，焉鸟。黄色，出江淮。象形。”“焉”字的本义可以从字形上反映出来，而它被假借为代词和语气词之后，它的用法意义就与字形无关了。同样，“虽”字，《说文解字·虫部》：“虽(雖)，似蜥蜴而大。从虫，唯声。”本义与字形密切，假借为连词之后，也与字形无关。

(2)形训时，尽可能依据古文字字形，即甲骨文、金文、大篆、小篆，而不能依据今文字字形。古文字距离造字时代未远，还保持着形象性的特点。汉字的发展过程中，汉字的形体经过长期的演变逐渐符号化，隶变彻底改变了古文字的象形面貌,使汉字形体发生了质的变化,符号性大大加强,汉字进入了今文字阶段,今文字(包括隶书、楷书、草书、行书)字形与字义日渐分离,失去了直观性的特点。

(3)由于字形在不断发展演变,有的字形已经发生了讹变,形训时要考察字形有无讹变,避免"望形生训"。对联绵词、叠音词尤其不能"望形生训"。因为许多记录联绵词和重言词的字是用来记音的,词义与字形之间没有关系。如:"关关雎鸠"中的"关关"、"伐木丁丁"中的"丁丁"都表示声音,与它们的字形无关。《尔雅·释训》中"斤斤,察也"、"便便,辩也"中的"斤斤"、"便便"的意义也与字形无关。如果从字形出发将联绵词"犹豫"拆开来讲,也会流于穿凿附会。

(4)形训时,要结合其他训诂方法,并运用词义演变规律,推断词的本义,以弥补形训的局限。汉字中的纯表意字是有限的,即使表意字有时也不能指示出词的准确含义,需要结合声训、境训等其他训诂方法对词义进行判定。推断本义时还要遵循具体到抽象、个别到一般的词义演变规律,进行归纳。

(5)形训时,必须有文献上的参证,切忌对字形进行孤立分析。在运用形训方法时,对词义的解释必须在文献中找到证据。缺乏文献资料证明的词义解释是不可靠的,不能立足。

(二)声训

1. 声训的定义、历史及其理据

声训即"因声求义",是通过词与词的语音联系来探求词义或推求事物命名由来的方法。解释词与被释词语音相同或相近,词义相同或相近或者具有源流关系。

声训萌芽于先秦,盛行于汉代,精密于清代。声训方法远在春秋战国时期就已经开始使用。如:

《周易·说卦》:"乾,健也。""坎,陷也。""兑,说也。""乾"与"健"都是群母元部字,二字双声叠韵;"兑"与"说"都是余母月部字,二字双声叠韵;"坎"是溪母谈部字,"陷"是匣母谈部字,二字旁纽叠韵。

《礼记·哀公问》:"政者,正也。""政""正"都是章母耕部字,二字双声叠韵。

《孟子·滕文公上》:"庠者,养也;校者,教也;序者,射也。""庠"是邪母阳部字,"养"是余母阳部字,二字邻纽叠韵;"校"是匣母宵部字,"教"是见母宵部字,二字旁纽叠韵;"序"是邪母鱼部字,"射"是船母铎部字,二字邻纽对转。

后来的训诂专著《尔雅》、《方言》、《说文》等书中都有声训释例。《尔雅》中的,如:“甲,狎也。”(《释言》)“履,礼也。”(《释言》)“康,苛也。”“葵,揆也。”(《释诂》)“鬼之为言归也。”(《释训》)等。《说文》除了通过形训释义也大量使用声训,据黄季刚先生统计,“《说文》列字九千,以声训者十居七八而义训不过二三。”即使除去解释字和被释字碰巧音同例,数量仍然可观。如:“天,巅也”,“山,宣也”,“八,别也”等。东汉时期刘熙的《释名》更是通书都使用了声训,是声训的代表著作,用声训法解释词义或者探求词源及命名的缘由。如:“梳,言其齿疏也。”(《释首饰》)“身,伸也。可屈身也。”(《释形体》)“山夹水曰涧。涧,间也。言在两山之间也。”(《释水》)不过刘熙的解释,总体上主观臆断的较多,缺乏科学性,但是所用的声训方法对后世训诂学的发展有着很大影响。

晋代,杨泉在《物理论》中解释“坚”、“紧”、“贤”三个字说:“在金石曰坚,在草木曰紧,在人曰贤。”现在《物理论》已佚,只见引于《艺文类聚》。杨氏的意思是“坚”、“紧”、“贤”三字从声符得义,这给了训诂学家一个重要的启示,那就是形声字的声符可以表义。北宋时期,王圣美提出了“右文”说。他说:“古之字书皆从左文,凡字,其类在左,其义在右,如木类,其左皆从木。所谓右文者,如戋,小也。水之小者曰浅,金之小者曰钱,歹而小者曰残。如此之类皆以戋为义也。”他认为同一声符的形声字意义相通,而这个共同的意义是由声符赋予的,声符通常在字的右边,因此人们称之为“右文”说。“右文”说从形声字的声符推求字义,符合因声求义的原则,为声训开辟了一条新路。它有着一定的合理之处。原因如下:首先,文字中有形声兼会意字,如果几个字都用同一个声符分别与它的意符会意,这些字就有意义的相通之处。其次,同一语源的字中,即使各字不是会意兼形声字,但是它们也有共用声符的可能。如:水厚为濃,汁厚为膿,酒厚为醲,衣厚为襛,花木厚为穠。“濃”、“膿”、“醲”、“襛”、“穠”五字的共同声符是“農”,而“農”没有厚义,它们都不是会意兼形声字,但是它们是同源字。但是“右文”说的缺陷也是极为严重的:一、犯了以偏概全的毛病,不符合实际情况。原因有二:其一,共同声符的形声字不一定义通。其二,不同声符的字读音相同或相近,意义也可能相通。二、“右文”说论者局限于形体释义,有时甚至把形声字看成会意字,牵强附会。三、“右文”说看似从声音推求字义,但是最终又落在了分析字的形体结构上,实际上又退回到字形的藩篱中,对于声训是个倒退。其后,宋理宗时的戴侗把“右文”说向前推进一步。他的《六书故》许多地方贯穿着“右文”说的精神,他在《六书通释》中说:“六书推类而用之,其义最精。”他提出“推类而用之”的方法,用声符字原来的意义为纲,推求其派生词。

清代,音韵学取得了很大的成就,声训也得到了空前的发展。汉代以前的学者虽然在实践中运用声训,但还没有明确提出“因声求义”的主张。到了清代，学者们对音义关系的认识更加深入。戴震第一次提出了“因声求义”的主张，说“疑于义者，以声考之；疑于音者，以义证之”。他的弟子王念孙、段玉裁继承他的学术主张，并加以发展。王念孙在《广雅疏证·自叙》中明确提出：“就古音以求古义，引申触类，不限形体。”因声求义的理论和原则更为精密。段玉裁在《广雅疏证·序》说：“小学有形、有音、有义。三者互相求，举一可得其二。有古形，有今形；有古音，有今音；有古义，有今义。六者互相求，举一可得其五……圣人之制字，有义而后有音，有音而后有形。学者之考字，因形以得其音，因音以得其义，治经莫重于得义，得义莫切于得音。”段玉裁注《说文解字》提出“声与义同源，故谐声之偏旁多与字义相近”（示部“禛”字注），进一步又说“凡同声多同义”（言部注）。他们在训诂实践中也是贯彻“因声求义”的理论。王念孙的《广雅疏证》、《释大》和《读书杂志》，段玉裁的《说文解字注》，王引之的《经义述闻》就是他们因声求义的实践成果。王念孙在《广雅疏证》中就古音以求古义，把古书中有关的声近义通的字都联系起来解释，“引申触类，不限形体”，着重从语言的角度说明其间的音义相通和声音相转的关系。这种作法接近于词族的研究，是前所未有的。王念孙的《释大》又从声母方面观察了声母相同而意义也相近的现象，做了新的尝试。与王氏同时的程瑶田的《果赢转语记》指出：凡物的形状、作用相同或相似的往往用声母相同的词来称谓，但字形不必相同，这就进而阐发了声近义近的道理。

近代，章太炎、黄侃等人又提出了一些新见解。章太炎先生提出：一，汉字形、音、义统一论。他指出，汉字以其形与词的音与义结合，形、音、义是一个统一的整体。形与音都是义的负载者，求义应当“形体声类，更相扶胥”。（《文始·叙例》）二，声义系统论。《文始》体现了他的声义系统论。陆宗达、王宁《训诂与训诂学》（1994：331）曾经评价说：“《文始》用孳乳和变易两大条例来统帅汉字之间的同源关系，以对转、旁转等来描写同源字之间声音变化的轨迹，用荀子提出的‘同状异所’和‘异状同所’来囊括同源字之间的意义关系，把古代文献所用的汉字，系联成字族，体现了词与字的内在的音义系统。”

声训的理据是什么呢？普通语言学理论告诉我们，语言符号的最大特点是它的任意性，即语言的音与义的结合是任意的，由社会约定俗成的。也就是说，语言形成之初，词音和词义没有必然的联系。正因为这样，不同语言可以用不同的音表示相同的事物，也可以用相同的音或者类似的音表示不同的事物。如：表示书这种事物，汉语用“shū”，英语用“book”；汉语的“哀”和英语的“I”读音相近，表示的意思却不同。就汉语而言，除了极少数象声词的语音与它们表示的声音相关之外，绝大部分词的语音和词义之间没有联系。《荀子·正名》：

“名无固宜,约之以命,约定俗成谓之宜,异于约则谓之不宜。”这就是说,名称对于事物来说,没有本就适合的,社会约定俗成就是适合的,与社会约定俗成相违背就是不适合的。可是符号的任意性只是就创制符号时的情形而言的。等到“约定俗成”之后,符号一旦进入交际,语音和语义就有了严格的规定性,某一语音形式与某一意义结合起来,表示某一特定的现实现象以后,就对使用者具有了强制性。如果不经过重新的约定俗成,任何个人或团体擅自变更定会遭到社会的拒绝。随着社会的发展,新事物、新观念不断涌现,需要有更多的词表达这些新事物、新观念。就汉语而言,在历史的发展中,人们再创造新词的时候,不会撇开原有的音义关系,去任意地取音表义,而是往往在原有词语的基础上用相同或相近的语音形式,来表示一组关系密切、特点相似的新事物、新观念,使新词与旧词之间发生种种联系,以利于人们掌握新词、运用新词。人们通过联想造词,引起了词义系统的变化。造成了以下结果:一是原有词语音不变,增加了新义项。如:用特指黄河的“河”表一切河流,用特指长江的“江”表一切江,用表眼泪的“涕”表鼻涕,用是带柄的酒器的“斗”称北斗星;用本义是花的“英”比喻杰出的人物,用本义是脖子的“领”表示衣领等。二是原有词语音稍变,派生出新词。如:用表知识的“知”表示“智慧”。三是取与原有词相近的读音表示与之相近的意义而创造了新词。这样,不论是一个词的词义系统还是整个汉语词汇系统都有着系统性,其中的成员即一个词的义项之间、词与词之间是有联系的。原有词与新造词之间就形成了现在的一个个“音近义通”的词族,正因为汉语词汇系统中存在着这样“音近义通”的词族,我们才可以声训。另外,古书中通假字的大量存在,也是我们可以声训的一个原因。通假字与本字读音相同或者相近,它们的意义虽然不是稳定的相同或相近关系,也不具有源流关系,不具有稳定的意义联系,但是在某种场合意义具有临时相通性,因此它们之间也可以互相训释。

2. 声训的类型

(1)音同的声训

①同字为训

用来释义的字和被解释的字是同一个字,用其中的一个意思解释另一个相关的意思。如:

《诗经·大序》:“风,风也。”

《孟子·滕文公上》:“彻者,彻也。”

《易经·序卦》:“蒙者,蒙也。”“比者,比也。”“剥者,剥也。”

同字为训时,被解释的词通常有特定的含义,而解释词用的是一般的意义,这两种意义之间有一定的联系。以上例中,前一个“风”是《诗经》的文体之一,是“风、雅、颂”之“风”,而后一个“风”是“风化”之意;前一个“彻”是周代赋税的名称,后一个“彻”字是“彻取、通行”之意;前一个“蒙”、“比”、“剥”都是卦名,分别是蒙卦、比卦、剥卦,“蒙”有“蒙昧”之意,所以用“蒙”代表事物蒙昧的状态,“比”有“亲附”之义,所以用“比”象征亲密比辅,“剥”有“剥落”之义,所以用“剥”代表剥脱衰落。

②同音字相训

解释词与被释词不是同一个字,但是读音相同。如:

《释名·释首饰》:“梳,疏也,言其齿疏也。”

《广雅·释诂》:“评,平也。”

《礼记·哀公问》:“政者,正也。”

上古“梳”与“疏”均属山母鱼部字,“评”与“平”均属并母耕部字,“政”与“正”均属章母耕部字,这三组字双声叠韵,分别同音。

(2)音近的声训

1)解释词与被释词声母相同,韵部相近。如:

《尔雅·释言》:“逼,迫也。”

《说文解字·日部》:“晚,莫也。”

《周礼·夏官·方相氏》:“掌蒙熊皮。”郑玄注:“蒙,冒也。冒熊皮者,以惊驱疫疠之鬼,如今魌头也。”

上古“逼”属帮母职部,“迫”属帮母铎部,二字双声,韵部职铎旁转;上古“晚”属明母元部,“莫”属明母铎部,二字双声,韵部元铎通转;上古“蒙”属明母东部,“冒”属明母幽部,二字双声,韵部东幽对转。

2)解释词与被释词声母相近,韵部相同。如:

《说文解字·一部》:“天,颠也。”

《释名·释言语》:“薄,迫也。”

《淮南子·本经》:“太清之始也。”高诱注:“清,净也。”

上古“天”属透母真部,“颠”属端母真部,二字声母旁纽,韵部叠韵;上古“薄”属并母铎部,“迫”属帮母铎部,二字声母旁纽,韵部叠韵;上古“清”属清母耕部,“净”属从母耕部,二字声母旁纽,韵部叠韵。

③解释词与被释词声母和韵部都相近。如:

《说文解字·比部》:“比,密也。”

《说文解字·弓部》:“弓,穷也。”

《广雅·释言》:“报,复也。”

上古“比”属帮母脂部,“密”属明母质部,二字声母旁纽,韵部脂质对转;上古“弓”属见母蒸部,“穷”属群母冬部,二字声母旁纽,韵部蒸冬旁转;上古“报”属帮母幽部,“复”属并母觉部,二字声母旁纽,韵部幽觉对转。

3. 声训的作用

(1)说明文字的通假,推求本字

通假是古书中常见的一种现象。古人由于各种原因,在书写时有本字而不用,却借一个与它读音相同或相近的字来表示,这样的现象叫通假。通假字其实就是本字的同音替代字。我们这里说的通假指的是“本有其字”的假借。人们将假借分为两种:一是“本无其字”的假借,一是“本有其字”的假借。“本无其字”的假借是许慎所说的“本无其字,依声托事”,就是语言系统中有某个词,但是文字系统中没有表示这个词的字,人们在书写时就借用一个与它读音相同或相近的字来代替。这是造字时的假借,是现在我们所说的真正的假借。所谓的破假借是指破“本有其字”的假借,也就是我们现在所说的通假,这是用字时的假借。如:“蚤”的本义是跳蚤,与“早”同音,古书中有时借用“蚤”字代替本字“早”,表示“早”的本义“早晨”,如:《孟子·离娄下》:“蚤起,施从良人之所之,遍国中无与立谈者。”有时,也用“蚤”字来表示“早”的引申义“在某一时间之前”,如:《吕氏春秋·季冬》:“季冬行秋令,则白露蚤降,介虫为妖,四鄙入保。”“蚤”字还用来替代同音的“朝”字,表示“朝”的引申义“朝会”,如:《诗经·豳风·七月》:“四之日其蚤,献羔祭韭。”

通假的原则是语音相同或相近。不同历史时期的通假字,要依据它们所处时代的语音系统来辨别。考辨上古时期的通假字,必须依照上古的语音系统。所谓语音相同也就是指借字和本字的声母和韵部都相同。如:《论语·阳货》:“遇诸涂。”例中“涂”通“途”,二字上古都属定母鱼部。语音相近是指借字和本字的语音相近,可分为三种情况:一、声母相同,韵部相近。韵部相近指的是韵部有对转、旁转、旁对转、通转等关系。如:《汉书·王嘉传》:“丞相岂儿女子耶,何谓咀药而死?”例中“谓”通“为”,“谓”属匣母物部,“为”属匣母歌部,二字双声,韵部物歌旁对转。二、声母相近,韵部相同。声母相近指的是声纽(声母)具有双声、准双声、旁纽、准旁纽、邻纽等关系。如:《诗经·卫风·氓》:“淇则有岸,隰则有泮。”例中“泮”通“畔”,“泮”属滂母元部,“畔”属并母元部。二字声母滂并旁纽,韵部叠韵。三、声母和韵部都相近。如:《史记·孔子世家》:“孔子矢之曰:‘予所不者,天厌之!天厌之!’”例中“矢”通“誓”,“矢”属审母脂部,“誓”属禅母月部,二字声母审禅旁纽,韵部脂禅旁对转。

通假字在古书中十分常见,正因如此,它才成为我们阅读古书的一大障碍。

朱骏声在《说文通训定声》自序中说:“不知假借者,不可以谈古书。”王念孙、王引之父子指出破假借的重要性。王引之《经义述闻·自序》引其父王念孙说云:“训诂之指存乎声音。字之声同声近者,经传往往假借。学者以声求义,破其假借之字而读以本字,则涣然冰释。如其假借之字而强为之解,则诘鞫为病矣。故毛公《诗传》多易假借之字而训以本字,已开改读之先。至康成笺《诗》注《礼》,屡云‘某读为某’,而假借之例大明。后人或病康成破字者,不知古字之多假借也。”王引之《经义述闻》卷三十二“经文假借”条又说:“许氏《说文》论六书假借曰:‘本无其字,依声托事,令、长是也。’盖无本字而假借他字,此谓造作文字之始也。至于经典古字声近而通则有不限于无字之假借者,往往本字见存而古本则不用本字而用同声之字。”但是判断通假却是一项复杂的工作,需要精通古音。朱骏声《说文通训定声》自序中说:“不明古音者,不足以识假借。”辨别上古时期的通假字,必须按照上古的语音系统,而不是根据现在它们的读音,因为随着时间的推移,语音也在发展演变。现在读音相同相近的字上古时期未必相同相近,现在读音不同的上古时期未必不同。因此,通假也叫“古音通假”。我们考察两个字是否音同或音近的时候,要从声、韵两方面综合起来考察,既要考察声母是否相同或相近,也要考察韵部是否相同或相近。

有时运用声训在解释词义时,特别是注释词的临时义时,可能就会破假借,通过辨明通假使读者理解词义。说明通假的情况可分为以下两种:

①用本字释借字。如:

《诗经·豳风·七月》:“七月食瓜,八月断壶。”毛传:“壶,瓠也。”

《诗经·鄘风·柏舟》:“之死矢靡它。”毛传:“矢,誓也。”

《诗经·小雅·北山》:“嘉我未老,鲜我方将。”毛传:“将,壮也。”

以上第一例中,原文中的“壶”是借字,它的本字是“瓠”,是“瓠瓜”之义,也就是葫芦,“八月断壶”就是八月份收摘瓠瓜,毛传用本字“瓠”解释借字“壶”。第二例中,原文的“矢”是借字,它的本字是“誓”,在这儿是“发誓”之义,“之死矢靡它”意思是发誓到死没有二心,毛传用本字“誓”解释借字“矢”。第三例中,原文的“将”是借字,它的本字是“壮”,“鲜我方将”意思是称赞我身强体壮,毛传用本字“壮”解释借字“将”。再如:

《诗经·小雅·常棣》:“兄弟阋于墙,外御其务。”郑笺云:“务,侮也。”“务”通“侮”。

《白虎通·辟雍》:“天子立辟雍何?所以行礼乐宣德化也。辟者,璧也。象璧圆,又以法天,于雍水侧,象教化流行也。”“辟”通“璧”。

②用本字的意思释借字。如:

《诗经·豳风·七月》:“八月剥枣。”毛传:“剥,小击也。”“剥”没有“击”义,“剥”是“攴”的借字。《说文·攴部》:“攴,小击也。从又,卜声。”毛传用本字“攴”的意思去解释借字“剥”。

《诗经·大雅·荡》:“或号式呼,卑昼作夜。”陆德明《经典释文》:“卑,使也。”原文中“卑”的本字是“俾”,“俾”是使的意思,《释文》用本字“俾”的意思“使”解释借字“卑”。

《庄子·骈拇》:“问谷奚事,则博塞以游。”陆德明《经典释文》:“塞,博之类也。”原文中“塞”的本字是“赛”,“赛”有“比赛、争优劣胜负”之义,“博”也有“局战”之义,《经典释文》实际上用本字“赛”的意思“博之类”解释借字“塞”。

(2)探求事物名称的由来。如:

《尔雅·释言》:“幕,暮也。”

《尔雅·释训》:“鬼之为言归也。”

《说文解字·韭部》:“韭,菜名,一种而久者,故谓之韭。”

《说文解字·日部》:“日,实也。”

《说文解字·月部》:“月,阙也。”

《说文解字·女部》:“婚,妇家也。礼,娶妇以昏时,妇人阴也,故曰婚。”又“姻,壻家也。女之所因,故曰姻。”

《释名·释首饰》:“钗,叉也。象叉之形,故名之也。”

《周礼·地官·序官》:“媒氏。”郑玄注:“媒之为言谋也。”

《周易·乾传》:“乾,元亨利贞。”孔颖达疏:“《易维》云:‘卦者,掛也。言悬掛物象以示于人,故谓之卦’。”

(3)推求同源词,探索词语的来源

同源词也叫同源字,是具有同源派生关系的词。同源词通常以某一概念为核心,音近义通。如:

叉 《说文解字》:“叉,手指交错也。”“叉”的字形是“又”中加一点。“又”象右手之形,指右手,也泛指右边,作为字的偏旁,常代表手。白平、陈志明主编的《古代汉语》推测“叉”可能是指事字,象形字“又”中加一点表示手指之间的意思,即手指从手掌歧出之意。

杈 《说文解字》:“杈,枝也。从木,叉声。”

钗 《玉篇》:“妇人歧笄也。”用金、玉、铜等制作、形状像叉的一种古代妇女的首饰。《释名·释首饰》:“钗,叉也。象叉之形,因名之也。”

衩 《玉篇》:“衩,衣衩。”指衣裙下侧开叉的地方。

汊 《集韵》:“汊,水歧流也。”指水流的分支或河流的分岔处。

岔　《通雅·谚原》:“山岐曰岔,水岐曰汊,二音同。”指山脉、山道分岐之处。

以上一组词读音相近,都有核心义“歧叉”,意义相通,是一组同源词。对同源词的研究,是从清人开始的。王力《同源字典》序中说:“段玉裁在《说文解字》中,王念孙在《广雅疏证》中,不少地方讲某字和某字相通,或某字与某字实同一字。王筠讲分别字、累增字,徐灏讲古今字。其实都是同源字。”同源词的来源有两个:一是词的古今分化,一是方言的变异。

有些声训释例中的解释词和被释词音近义通,具有同源派生关系,是同源词。如:

《释名·释姿容》:“抱,保也,相亲保也。”

《释名·释言语》:“福,富也。”

《释名·释言语》:“薄,迫也,单薄相偪迫也。”

《释名·释宫室》:“仓,藏也,藏谷物也。”

《释名·释床帐》:“帐,张也,张施于床上也。”

《白虎通义·卷一·爵》:“子者,孳也,孳孳,无已也。”

《白虎通义·卷一·号》:“霸者,伯也。”

《白虎通义·卷七·三纲六纪》:“弟者,悌也,心顺行笃也。”

《白虎通义·卷八·性情》:“智者,知也,独见前闻,不惑于事,见微者也。”

《白虎通义·卷八·姓名》:“仲者,中也。”“叔者,少也。”

《白虎通义·卷九·嫁娶》:“娶者,取也。”

《汉书·艺文志》:“书曰:‘诗言志,歌詠言。’”颜师古注:“詠者,永也。永,长也,歌所以长言之。”

声训可以帮助我们推求同源词,进而去探索词语的来源,有助于我们对汉语词汇系统性的深刻认识。

(4)保存古音资料

声训资料是反映上古音的宝贵材料,我们可以利用它们考察先秦古音、探索语音演变规律,对于我们了解古声母和考订韵部的归类有很大帮助。

4. 声训应注意的问题

(1)要运用古声韵的研究成果。声训时必须不断总结训诂音变的规律,找到声音变化的轨迹,要做好这项工作,必须借助音韵学的研究成果。正是由于古韵分部的理论日趋细密,才为训诂的发展提供了极为有利的条件。运用声训,必须明古音,我们要运用古韵的研究成果来判断音同和音近。古音学家已经研究出上古韵部和声纽,我们可以主要依据这些材料来考察读音是否相同相近,其他可供我们参考的资料还有:声训资料、谐声字、训诂术语、异文等。前代许多训诂学家兼治音韵,而音韵学的每项研究成果都对训诂学有推动作用。相反,音韵学研究的欠缺之处,也会影响训诂学家探求词义的准确性。今后探求词义的工作也仍然要依赖于音韵学的进一步发展。

(2)切忌主观推测,没有佐证。我们声训时正如形训时同样不能只凭主观推测,需要有古代文献资料佐证才能成立。如:对于"山",《说文解字》说:"宣也,宣气散生万物。"《释名》说:"产也,产生万物也。"由于没有佐证,到现在还无法判断谁是谁非。陆宗达先生在《训诂简论》中指出:"一定要有确凿的文献作为佐证。仅仅凭着声音相同或相近而随意联系,不但作不出正确的训诂来,反而会由于穿凿附会,把形、音、义的联系搞乱,把古书的意思曲解。"

(3)不能曲解"音近义通",扩大声训范围。由于汉语音节数量的限制,汉语中有许多同音词,音近词就更多了。在这些音同音近词中,只有同根词才意义相通。即使是通假字,它们意义之间虽然具有临时相通性,但是通假现象也是约定俗成的,是一种社会习惯。音同音近只是具备了通假的条件,并不是音同音近的字就一定通假,是否通假还要看社会习惯。有的人只从语音出发,将音同音近的词胡乱联系在一起进行声训,甚至对语音不同的词也滥用通转之说将它们生拉硬拽在一起声训,这就扩大了声训范围。早期汉人的声训中有许多这样的事例,现在仍然有人这样做,这对声训理论的发展和运用的危害是极其严重的。

(三)借助语境探求词义

不管是作随文释义的注疏,还是整理归纳词义,都要凭借具体的语境。既要依据"语义语境",还要依据"语法语境"。"语义语境"指上下文的语义关系。如:《左传·庄公十年》:"小大之狱,虽不能察,必以情。"中学课本注:"情,实情。"原句意思是:一切大大小小的案件,我虽然不能每一件了解得很仔细,但是一定要根据实际情况,尽量评判得公正合理,不使人受到冤屈。徐威汉(2003:33)质疑:"可是,对案情既不能明察,又何从谈起'根据实际情况'处理呢?"认为:"其实,'情'是'诚'的通假字,因音近(迭韵)关系(同属庚韵)而通假,是'至诚'(诚心诚意),即'不徇私情'的意思,与下文'忠之属也'相照应。"我们觉得很有道理,徐先生即是从"必以情"出现的原句语境以及下文语境体会文意,探求"情"的意义的。

"语法环境"指词在句法结构中的位置。苏宝荣(2004:190~191)曾说:"所谓的'语义环境',是在语义搭配关系中体现的。""所谓'语法环境',即指词语所处的特定的语法结构关系。对词语功能义的认知与提取,必须凭借'语法环境’。”需要训释的词义可能是本义，可能是引申义，有的通常所说的引申义其实是词的“功能义”。苏宝荣(2004:185)指出：“所谓词的‘功能义’，是指即由词性(或语法功能)不同而导致词语意义变化而形成的新的词义。”所以探求词义有时要结合语法。人们习惯上认为研究词的意义属于语义学、词汇学的任务，研究词的用法即功能与分布属于语法学的任务。实际上，随着语言研究的日渐深入，人们发现词义与用法是分不开的。苏宝荣(2004:187)：“在语言结构的深层，语义与语法是融为一体的。语法研究的深入，需要借助语义结构的研究；同样，语义研究的深入，也需要借助语法结构的研究。目前，在汉语语法研究中，明确提出‘汉语语义语法范畴’等理论，从语义结构和语义特征的分析来解释语法规则；而自觉地借助语法结构(即词的功能与分布)来研究语义(词义)，还没有引起人们充分的关注。这种情形应当引起语言学界，特别是词汇学与辞书学研究者的注意。”

(四)依据修辞规律探求词义

修辞是人们为了提高语言表达效果而运用的方法和技巧，人们在日常的生活交际中、文学作品中常常运用适合的修辞手法来增光添彩。修辞手段的运用会使得词义和句义都发生变化，对于一些使用了修辞手法的语句，如果我们还按一般的常规语句去理解往往不通。修辞活动有着一定的规律，我们可以依据修辞规律探求词义、理解句义。比如说，对文是古代文献中被广泛使用的修辞表达方法，依据对文推断词义是训诂学家常用的一种方法。古人行文，一句之中或上下几个文句中常有两两相对的词语，相对成文，它们的意义常常同义或同类，或同类反义，人们称之为对文。对文可以帮助我们辨析、探求词义。如：《吕氏春秋·察今》：“东夏之命，古今之法，言异而典殊。”高诱注：“东夏，东方也。”孙锵鸣则认为：“东夏与古今对文，犹言夷夏也。东方曰夷，故亦可言东。命，名也，名亦言也。”(《吕氏春秋集释》卷八)“东夏”与“古今”对文，“古今”是反义词组成的词组，“东夏”也应当如此。再如：《论衡·道虚》：“卢敖游乎北海，经乎太阴，入乎玄关，至于蒙谷之上，见一士焉，深目玄准，雁颈而戴肩，浮上而杀下，轩轩然方迎风而舞。顾见卢敖，樊然下其臂，遁逃乎碑下。”其中“浮上而杀下”中的“浮”为何义？我们也可以依据对文作个初步判断：“浮上”与“杀下”相对，“上”、“下”意义相反，“浮”与“杀”意义也当相反，“杀”有“小”义，“浮”则可能是“大”义。有的时候我们还可以依据文中体例、行文习惯探求词义，如：俞樾《古书疑义举例》就是依据辞例训释词义的专著。

(五)结合文化探求词义

我们的祖先在社会历史发展过程中创造了大量的物质财富和精神财富，形成了丰富灿烂的独具特色的文化，其中包括各种制度（政治制度、经济制度、军事制度等）、生产方式、生活方式、风土人情、传统习俗、思维方式、思想观念、行为规范、历史文化、地理文化、文学艺术等。语言是文化的载体，古代汉语是中国古代文化的载体，记载着我国几千年悠久的历史，记录和传承了丰富的文化信息。历代的训诂学家在训释词义时，对表示我国古代各种名物制度的词要进行解释，这种解释为准确传递我国古代文化信息作媒介，帮助我们了解古代社会及其文化，有功于文化的传承。训诂学家在解释词义时如果涉及文化内容，也结合文化对古代名物制度、历史、生活、民俗等进行详细的阐述和说明，他们还结合文化来探求词义。

有时，在训释词义时会出现在语境中几种解释都可以的情况，很难确定具体的意思。其实，一般说来，特定文化背景下的特定语境中的词义是确定的。如果我们结合当时的文化环境，问题就很容易解决。如：《战国策·赵策》："媪之送燕后也，持其踵为之泣，念悲其远也，亦哀之矣。"对于其中的"踵"，有两种解释：一是指"脚后跟"，一是指"车踵"。刘向《说苑·修文篇》记载："夏，公如齐逆女。何以书？亲迎，礼也。其礼奈何？曰：诸侯以屦二两加琮，大夫、庶人以屦二两加束脩二，曰：'某国寡小君，使寡人奉不珍之琮，不珍之屦，礼妇人贞女。'夫人曰：'有幽室教辱之产，未谕于傅母之教，得承执衣裳之事，感不敬拜祝？'祝答拜。夫人受琮，取一两屦以履女，正笄、衣裳而命之曰：'往矣，善事尔舅姑，以顺为宫室，无二尔心，无敢回也。'女拜。乃亲引其手，授夫于户。夫引手出户，夫行女从，拜辞父于堂，拜诸母于大门。夫先升舆执辔，女乃升舆，毂三转，然后夫下，先行。"大多数人认为"媪之送燕后也，持其踵为之泣"当是指赵太后为女儿穿屦及整理衣妆的过程，赵太后给女儿穿鞋时握着女儿的脚后跟哭泣。陆忠发认为：刘向只是记载了女儿拜别亲人的过程，没有记载亲人送别女儿的过程。诸侯嫁女，亲人、文武群臣应该是要送一送的。他据《谷梁传·桓公三年》："礼，送女，父不下堂，母不出祭门，诸母兄弟不出阙门。"分析，按古代的礼制母亲送别嫁出去的女儿只能到祭门。认为：赵太后的持踵而哭是在女儿将出祭门之时，难舍女儿而哭，想伸手去抓女儿，却只抓到了车踵。太后的这一举动，被送行的大臣们所见到，尽人皆知，所以左师公才这么说。如果是在行礼穿屦时哭，赵太后的哭便没有特别之处，左师公就不会特意拿出来说来表明太后对女儿的不舍之情，因此，"踵"指车踵。两说虽不同，但是探求词义时都结合了文化背景。

（六）比证文句来考定词义

我们还可以通过将古书中相同的文句互相比证来考定词义，宋人就已经开始这样做了，清代尤其重视这种方法。段玉裁注《说文》，刘台拱著《论语骈枝》，都能从实证出发解释古训。王念孙、王引之父子尤其善于利用古书的资料，解决训诂问题。如：《诗经·国风·终风》："终风且暴，顾我则笑。""终风"，毛诗以为"终日风"，韩诗以为"西风"，后人用为大风、暴风之典，如黄庭坚《庚寅乙未犹泊大雷口》诗："广原嗥终风，发怒土囊口。"直到王引之才解"终风且暴"为"既风且暴"，谓"终"当训为"既"。（《经义述闻》卷五）王念孙的《读书杂志》中也常常胜义迭出，为人所称道。

在这些探求词义的方法中，形训、声训和借助语境探求词义的方法用得较多，但是它们各自有着自己的应用范围。形训要受字形的限制。并不是所有的词义都能从字形上反映出来，只有字的本义和部分引申义可以通过形训获得，而且我们看不到所有汉字的古文字字形，另外，随着汉字形体的演变，汉字字形象形性减弱，越来越符号化，因形求义的难度越来越大。声训是因声求义，但是词的音义联系不是必然的，许多音同或音近的词，它们的词义并无关系，而且由于条件的限制，可能依据的古音不可靠而导致释义错误。借助语境探求词义存在一些不确定性，有时会出现几种解释都可的情况。因此，探求词义时我们需要将这些方法结合起来，这样探求出来的词义才更可靠。

第六章

释义的方式

上章探求词义之法谈的是为什么某词是某义的问题，而探究出词义之后，如何呈现给读者、听者，需要采取一定的方式，这就是我们本章要谈的释义方式，即解说词义的方式。当然，在一些著作或词义考释资料中，探求词义的方法与释义方式是结合在一起的，如：《说文解字》、《释名》等。只供普通读者使用的一般工具书则通常只释义，而不呈现探究词义的过程。如：《尔雅》、《玉篇》、《康熙字典》等。我国在古代已经形成一套释义方式，现代的字典、词典的释义方式是在古代释义方式的基础上改进而成。

义训是传统训诂学著作中经常使用的一个术语，关于它的定义和内容人们历来众说纷纭。许多著作将义训与形训、声训并列为训诂方法，如齐佩瑢《训诂学概论》、周大璞《训诂学初稿》、郭在贻《训诂学》、杨端志《训诂学》等。一些学者则提出异议，如：陆宗达、王宁的《训诂方法论》、陈绂的《训诂学基础》等没有将义训列为训诂方法，郭芹纳的《训诂学》将传统训诂学著作中的一些义训类型归为解说词义的方式。关于义训，陆宗达、王宁的《训诂方法论》在该书附录的"训诂学名词解释"中解释说："在训释词语时，仅从现有意义的角度来选择训释词或作出义界，而不考虑词义来源与形义关系，这种训释叫义训。"形训是通过分析字形解释字义的，声训通过语音联系解释词义或语源，义训则是直接解释词义，形训和声训都突出凭借的手段，而义训这种方法不借助于任何手段直接解释词义，它的理据是语言文字的社会约定俗成性，无法追源。首先，一个词具有什么意义必须经过社会的约定俗成，成为一种社会习惯。一个词的词义不管是否有来源，也不管是否有理据，要进入交际，必须经过社会的约定。其次，词表示客观世界中的事物和现象。不管我们是否知道词义或是否追寻到词义的理据，词所表达的意义是客观存在的。词的形式即读音和它的内容即意义的结合是社会约定俗成的。义训实际上就是对这种客观事实的忠实描述。所以，直接阐述一个词的词义时，只要符合客观实际，符合社会的约定，大家就认为是正确的。我们认为传统认为的"义训"不突出凭借的手段,将它与形训、声训并列有欠妥当,因此本书将传统认为的"义训"的内容作为释义方式看待。

一、直接解释词义

(一)用同义词释义

这是一种很常见的释义方式,应用广泛,解释词和被释词是一组同义词,用来解释的词通常是人们熟悉的词。从形式来看,可分为以下几种情况:

1. 用一个词解释另一个词,如:

《尔雅·释诂》:"鲜,寡也。"

《尔雅·释诂》:"速,疾也。"

《尔雅·释言》:"奔,走也。"

《尔雅·释言》:"亚,走也。"

《说文解字·人部》:"借,假也。"

《说文解字·舟部》:"朕,我也。"

2. 用一个词解释几个意义相同或相近的词。如:

《尔雅·释诂》:"如、适、之、嫁、徂、逝,往也。"

《尔雅·释言》:"贸、贾,市也。"

《尔雅·释训》:"悠悠、洋洋,思也。"

《尔雅·释训》:"穆穆、肃肃,敬也。"

3. 互训。即两个同义词互相训释。如:

《尔雅·释诂》:"请,告也。""告,请也。"

《尔雅·释诂》:"遐,远也。""远,遐也。"

《尔雅·释宫》:"宫谓之室,室谓之宫。"

《说文解字·足部》:"蹲,踞也。""踞,蹲也。"

《说文解字·攴部》:"改,更也。""更,改也。"

《说文解字·页部》:"颠,顶也。""顶,颠也。"

《说文解字·口部》:"国,邦也。"《邑部》:"邦,国也。"

4. 递训。指几个同义词递相训释,即用乙词解释甲词,用丙词解释乙词。如:

《尔雅·释言》:"速,征也。征,召也。"

《尔雅·释言》:"煽,炽也。炽,盛也。"

《尔雅·释水》:"滥泉,正出。正出,涌出也。"

《说文解字·言部》:“论,议也。”又“议,语也。”

从解释词和被释词的差别来看,主要可分为以下几种:

1. 义项范围不同

这种情况指的是两个词有共同的义项,在某一项意义或某几个意义上是同义词,但是还有不同的义项。如:《尔雅·释诂》:“祖,始也。”“祖”和“始”都有“初始”义,在这一意义上是同义词,但是它们有许多不同的义项,“祖”还有“祖庙”、“祖师”、“出行前祭祀路神”等意义,“始”还有“方才”、“只”、“曾经”等意义。又如:《战国策·秦策一》:“辩言伟服,攻战不息。”高诱注:“息,休也。”“息”和“休”都有“停止”义,但是除了这一共同意义,“息”还有“呼吸”、“叹息”、“熄灭”、“滋生”、“子女”等义,“休”还有“休息”、“不要”、“辞退官职”、“封建社会丈夫离弃妻子”等义。

2. 泛指和特指

《论语·为政》:“道之以政,齐之以刑,民免而无耻;道之以德,齐之以礼,有耻且格。”孔安国注:“政谓法教。”“政”可泛指一切政令,这儿特指政教(法制教化)。

《礼记·乐记》:“以道制欲,则乐而不乱;以欲忘道,则惑而不乐。”郑玄注:“道谓仁义也,欲谓邪淫也。”“道”指道义,可泛指道德和正义,在这儿特指仁义;“欲”可泛指各种欲望,这儿特指邪淫之欲。

3. 古语和今语

古语本指古代的词语,今语本指现代的词语。这儿古语和今语是相对而言的,古语指以前的词语,今语指后世的词语。所以汉为今,秦则可为古。如《说文·舟部》:“舟,船也。”段玉裁注:“古人言舟,汉人言船。”先秦时期人们称舟,汉代才称船。“舟”为古语,“船”为今语,“船”沿用至今。再如:《说文·尗部》:“尗,豆也。”段玉裁注:“尗、豆,古今语,亦古今字。此亦汉时语释古语也。”又如:《礼记·王制》:“三为充君之庖。”郑玄注:“庖,今之厨也。”“庖”是古语,“厨”是今语。

4. 通语和方言

通语即雅言,是古代汉民族的共同语,相当于现在的普通话。古书在解释方言词语时,常用通语解释。如:

《尔雅·释言》:“殷、齐,中也。”例中用通语“中”解释了方言词“殷”、“齐”。

《方言》卷一:“党、晓、哲,知也。楚谓之党,或曰晓,齐、宋之间谓之哲。”

《楚辞·惜诵》:“行不群以巅越兮,又众兆之所咍。”王逸《章句》:“咍,笑也。楚人谓相嘲笑曰哈。"

以上例中,第一个例子只用通语"中"解释了方言词"殷"、"齐",第二例和第三例除了用通语解释方言词,还标明了是何地方言。

用同义词释义的优点是简洁明了,但是也有一定的局限性。缺陷是:其一,意义完全相同的同义词是不存在的,因而同义词释义只能给读者提供一个接近的意义,而不十分准确。其二,如果读者对用来解释的词比较生疏的话,这种方式就达不到释词的目的。

(二)义界法释义

义界也称"界说"、"宛述",是用下定义的方式解释词义,即现在的定义式,是一种用简洁明确的语言对词语的本质特征作概括说明的释义方法。客观事物往往具有多种属性,用词解释词的方式常常不便于说明这些属性,用义界的方式释义与客观事物具有多种属性的特点相一致,释义准确,是一种非常科学的释义方法,因此应用极广。标明义界实际上是运用概念进行逻辑定义的方式,下定义的公式是"被定义者=种差+临近属概念",因而通常的办法就是先找到被释词最小的属概念即临近属概念,再比较被释词所表示的事物与这个属概念所表示的事物之间的差异,找出和其他属概念本质的差别即种差,然后在一个大类名上加上一定的修饰成分表述出来。如:

《尔雅·释训》:"善父母为孝,善兄弟为友。"

《尔雅·释亲》:"男子,先生为兄,后生为弟。男子谓女子先生为姊,后生为妹。父之姊妹为姑。"

《说文解字·口部》:"口,人所以言食也。"

《说文解字·泉部》:"泉,水原也。"

《说文解字·眉部》:"眉,目上毛也。"

《说文解字·十部》:"千,十百也。"

《说文解字·衣部》:"衰,草雨衣也。"

《周礼·秋官·大行人》:"冕服九章。"郑玄注:"冕服,著冕所服之衣也。"

《玉篇》:"规,正圆之器也。"

有时通过比较来解释意义相近或者相关的词,如:

《说文解字·巢部》:"巢,鸟在木上曰巢,在穴曰窠。"

现代辞书也常用"义界"这一方式来解释词语。如:《汉语大词典》:"腿,胫和股的总称。人和动物用来支持身体和行走的部分。俗称胫为小腿,股为大腿。"甚至古人用形训、声训方式解释的一些词语现代辞书也往往改用义界的方式。如对"酒"的解释,《说文解字·酉部》:"酒,就也。所以就人性之善恶。"

《古代汉语词典》(商务印书馆,1998年版)则解释说:"用高粱、米、麦等谷物发酵制成的饮料。"《说文解字》解释时用的是声训方法,《古代汉语词典》解释时用的是义界法。

(三)描述性状释义

这种释义方法通过对词所表示事物的状貌、性质、功能等加以描写,达到解释词义的目的,所描述的特征常常不是区别于其他事物的本质特征,使人们从外表能够识别事物。解释名物时常用这种方法,如:

《尔雅·释鸟》:"二足而羽谓之禽,四足而毛谓之兽。"

《说文解字·山部》:"岑,山小而高。"

《说文解字·山部》:"峦,山小而锐。"

有时用其他较为常见的类似事物或其特征作比,描述事物的状貌特点。如:

《尔雅·释兽》:"兕,似牛。""犀,似猪。""豺,狗足。""罴,如熊,黄白文。""犹,如麂,善登木。""狒狒,如人,被发,迅走,食人。"

《说文解字·马部》:"驴,似马,长耳。"

以上例子中释"犹"条和"狒狒"条时,除分别用"如麂"、"如人,被发"描述它们的状貌特点外,还分别用"善登木"、"迅走,食人"说明它们的习性特点。

有时用比喻描写事物的性状特点,如:

蠕动:像蚯蚓爬行那样动。

蛇行:形容像蛇爬行时蜿蜒曲折的样子。

(四)以共名释别名

共名指包含个别事物的事物种类的名称,别名则指包含在一类事物中个别事物的名称。在逻辑上,共名是别名的上位概念,即别名表示的事物属于共名表示的事物中的一类。这种释义方式常常指出某一事物所属的类属。如:

《说文解字·木部》:"李,果也。""橙,橘属。"

《庄子·秋水》:"南方有鸟,其名为鹓鶵,子知之乎?"王先谦《庄子集解》:"李云:鸾凤之属。"

以上第一例指出"李"属于果类,"橙"属于橘类。第二例指出"鹓鶵"属于鸾凤类。

有时用下属的具体事物解释所属的大类。如:

《周礼·地官司徒第二》:"三曰丘陵,其动物宜羽物,其植物宜核物,其民专而长。"郑玄注:"羽物,翟、雉之属。核物,李、梅之属。"

(五)否定式释义

这是指在被释词的反义词上加上否定词来释义的方式。如：

《说文解字·手部》："拙，不巧也。"

《说文解字·日部》："暂，不久也。"

《说文解字·心部》："悒，不安也。"

《说文解字·人部》："假，非真也。"

《现代汉语词典》："柔软：软和；不坚硬。"

这种解释词义的方式多用于形容词。王力先生在《理想的字典》指出："此类以形容词为多。有些形容词，若用转注（指"互训"）法，往往苦无适当的同义词；若用描写法，又很难于措辞。恰巧有意义相反的一个字，就拿来加上一个否定词，作为注释，既省事，又明白。"

（六）反训

古代有时用反训释义法，是用被释词的反义词解释被释词意义的释义方式，故名反训。这种释义方式由《尔雅》开创，由郭璞阐明，虽然使用较少，却是一种特殊现象，需要我们注意。如《尔雅·释诂》中有：乱，治也；徂，存也；故，今也。关于反训，大家意见不一。对于反训的解释词和被释词究竟是什么关系，学术界大约有两种看法。一种看法是它们是反义词关系，这也是"反训"这一术语的由来。怎么能用一个词的反义词来解释这个词呢？岂不引起人们的误解？认为这种做法是不科学的。另一种看法是它们看起来是一组反义词，其实是一个词包括正反两个义项，就是人们所说的"美恶同辞"现象，解释词和被释词实质上是同义词关系。郭璞注《尔雅·释诂》："治、肆、古，故也。肆、故，今也。"云："肆既为故，又为今，今亦为故，故亦为今，此义相反而兼通者。"他又在《尔雅·释诂》："徂、在，存也。"条下注："以徂为存，犹以乱为治……此皆训诂义有反复旁通，美恶不嫌同名。"在《方言》卷二："逞、苦、了，快也。自山而东曰逞，楚曰苦。"下注："苦而为快者，犹以香为臭、治为乱、徂为存，此训义之反复用也。"

我们认为古人所用的反训有两种情况。

一种情况是：有些词在上古本来兼有正反两种意义，而后世只通行其中一种，人们再使用它们不再通行的意义时（用来解释其他词或者用其他词解释这一意义），后人误以为解释词和被释词是一组反义词。这样的动词如："删"，本义是削除。多指去掉文辞中不必要的字句，如《汉书·律历志上》："故删其伪辞，取正义，著于篇。"也可以指"节取、留下"，如《史记·司马相如列传》："故删取其要，归正道而论之。"又《汉书·艺文志》："今删其要，以备篇籍。""删除"与"留下"是"删"的一组反义义项。再如："迁"，本义向高处迁移，《说文解字》："迁，登也。"引申为"晋升、升官"义，如《史记·张丞相列传》"以材官蹶张从高帝击项籍，迁为队率。”又有“贬谪、放逐”义，如《史记·屈原贾生列传》“令尹子兰闻之大怒，卒使上官大夫短屈原于顷襄王，顷襄王怒而迁之。”“晋升官职”与“贬谪”是“迁”的一组反义义项。这样的名词如：“祥”，指吉凶征兆，如《左传·僖公十六年》：“是何祥也，吉凶焉在？”可特指吉兆，如《国语·楚语上》：“故先王之为台榭也，榭不过讲军实，台不过望氛祥。”可特指凶兆，如《书·咸有一德》：“亳有祥，桑谷共生于朝”。“吉兆”与“凶兆”是“祥”的一组反义义项。“乱臣”有“善于治理政事的臣子”义，如《魏书·列传第四十一·李孝伯李冲》：“身任梁栋，德洽家门，功著王室，盖有魏之乱臣也。”又有“犯上作乱的臣子”义，如《汉书·天文志》：“自周室衰，乱臣贼子师旅数起。”这两个义项是一组反义义项。这样的形容词如：“乱”，本义是理乱丝。有“安定、治理”义，如《后汉书·边让传》：“华夏肃清，五服攸乱。”（五服：指距离王城远近不同的地区。）又有“紊乱、混乱”义，如《荀子·不苟》：“礼义之谓治，非礼义之谓乱。”“介”可通“芥”，有“细微、微小”义，如《战国策·齐策四》：“孟尝君为相数十年，无纤介之祸者，冯谖之计也。”又有“大”义，如《诗经·小雅·楚茨》：“报以介福，万寿无疆。”（“介福”即大福。）又《诗经·大雅·崧高》：“锡尔介圭，以作尔宝。”（介圭：大玉。）

造成一些词兼有正反两个义项的原因有三种：1、词义本身具有对立面。如：“祥”所指的征兆既包括吉兆，也包括凶兆；“臭”所指的气味既包括香味，也包括臭味。一些表示授受关系的动词所表示的动作行为往往涉及两方，一方是行为的发出者，另一方是行为的接受者，它们所表示的意义常常包括正反两个方面。如：“纳”可以指收藏物品，作“接受”义，如诸葛亮《出师表》：“陛下亦宜自谋，以咨诹善道，察纳雅言，深追先帝遗诏。”又可以指把自己的物品交出去，使它成为别人的收藏品，也就是“交纳”义，如《盐铁论》：“农人纳其获”，现代汉语中的“纳税”等。表示婚嫁时娶妻叫“纳”，嫁女也叫“纳”。如《易经》：“纳妇，吉。”中“纳”指男方娶亲。《左传·襄公二十五年》：“叔孙宣伯之在齐也，叔孙还纳其女于灵公。”其中“纳”指女方嫁女。再如：“享”可以指把食物献给鬼神，即祭祀，如《左传·僖公五年》：“吾享祀丰絜，神必据我。”鬼神享用祭品也叫“享”，如《左传·僖公五年》：“如是，则非德民不和，神不享矣。”类似的词还有：“受”、“禀”都含“授予”义和“接受”义；“贩”、“贾”都含“买进”义和“卖出”义；“夺”含“强取”义和“失去”义；“报”含“报告”义和“答复”义；等等。2、反义义项是词义引申的结果。词义向同一方向引申，超过一定限度，就走向事物原来意义的反面，如：“乱”、“删”等。3、反义义项由于通假或假借而造成。章炳麟在《转注假借说》中提出：“语言之始，义相同者，多从一声而变；义相近者，多从一声而变;义相反相对者,亦多从一声而变。”

另一种情况是:人们临时使用反义词来解释词语,以期望听者或读者由反面联想到被释词的意义而造成的反训。这类情况很像我们现在使用的反语,由反知正。我们现在也使用类似的对比释义法,通过将两个具有对立关系的词语相互对比来释义,只不过表述更加明晰,末尾常常有“与某相对”的表达法。如:“甘:甜;甜美(跟“苦”相对)”;“丑:丑陋,不好看(跟“美”相对)”;“长:两点之间的距离大(跟“短”相对)”;“香:(气味)好闻(跟“臭”相对)”。

反训的使用不仅在于它是一种释义方法,其重要性还在于它揭示了一些语义学问题:反义词系统;词的多义性;一个词义系统内部的对立意义。

除了以上释义方式,解释词义时往往还有一些辅助释义方式,如:举例说明词义法、插图说明法等。有时为了帮助人们理解词义,释义者通过列举事例的方式来解释词义。一般工具书在解释词义之后都列有例证。如《古代汉语词典》:“亡”的第一个义项“逃跑、逃亡”下列有两个例证:《左传·宣公二年》:“问其名居,不告而退,遂自亡也。”《史记·高祖本纪》:“高祖以亭长为县送徙骊山,徒多道亡。”一些专业性强的百科词典或者为中小学学生编撰的字词典多用插图辅助说明词义。总之,现代字典、词典等工具书在释义时往往根据各种需要将多种方法结合在一起使用。

二、通过阐明语法现象来解释词义

有时词义的解释既属于词义问题,也与语法问题密切相关。比如实词活用时词义发生了变化,词性也发生了转变,解释词义不可避免地要涉及到阐述语法现象——词类活用;解释虚词时说明虚词的用法意义本身既是在解释词义,也是阐述语法现象。因此,历代词语训释资料中有时为了讲清楚词义,对汉语的一些语法问题也不同程度地做一些说明。有说明词类问题的,有涉及语法特征的。

通过阐释词类活用来解释词义的,如:

《汉书·司马相如传》:“搏豺狼,手熊罴,足野羊。”(唐)颜师古注:“手,言手击杀之。足谓蹴蹈而获之。”注中点明了“手”、“足”都是名词用作动词,分别是“用手击打搏杀”、“用脚踩踏捕获”之义。

《礼记·表记》:“不自大其事。”(唐)孔颖达疏:“大谓夸大。”注中表面上是解释“大”的意思是“夸大”之义,实际上是通过指出语法现象而解释词义,阐明了“大”在此处是形容词用作动词,意思是“夸大”。

《论语·季氏》:“故远人不服,则修文德以来之。”(宋)邢昺疏云:“故远方之人有不服者,则当修文德,使远人慕其德化而来。”“使远人慕其德化而来”点明了“来”字的使动用法,是“使……来”之义。

《荀子·不苟》:“君子大心,则天而道;小心,则畏义而节。”(唐)杨倞注:“天而道,谓合于天而顺道。”注中揭示了名词“天”、“道”在这儿活用作动词。

《孟子·万章上》:“咸丘蒙曰:‘舜之不臣尧,则吾既得闻命矣。’”(东汉)赵岐《章句》:“不以尧为臣。”章句中点明了名词“臣”在这儿活用为意动用法。

以王力主编《古代汉语》为例,如:《郑伯克段于鄢》:“若阙地及泉,隧而相见,其谁曰不然?”注释:“隧,用如动词,挖隧道。”又《晋灵公不君》:“会请先,不入,则子继之。”注释:“先,动词,这里是说先谏。”

阐释虚词的词类及作用的,如:《诗经·小雅·白驹》:“皎皎白驹,贲然来思。”又“慎尔优游,勉尔遁思。”(唐)孔颖达正义:“此‘来思’‘遁思’二‘思’皆语助,不为义也。”这里用“语助”和“不为义”说明“思”字是虚词,没有实在的词汇意义。

有的通过阐释语法特征来解释词义,如:

《春秋·僖公元年》:“夏六月,邢迁于陈仪。”《公羊传》:“迁者何? 其意也。迁之者何? 非其意也。”《春秋·庄公十年》:“三月,宋人迁宿。”《公羊传》:“迁之者何? 不通也,以地还之也。”《公羊传》对“迁”和“迁之”进行了区别,点明了“迁”是不及物动词,是自动词,迁徙方是自愿的。“迁之”的“迁”是及物动词,且是使动动词,迁徙方是被迫的,非自愿的。“邢迁于陈仪”中的“迁”后面没有带宾语,邢国迁徙到陈仪是自愿的。“宋人迁宿”中的“迁”后带宾语,“宋人迁宿”是“宋国人使宿国迁徙”之意,宿国迁徙是被迫的。为什么宋国要迁徙宋国呢? 是为了“不通也,以地还之也”,即:使它不能和其他国家交往,用本国领土把它环绕包围起来迫使它臣服于宋国。注释通过区别自动与使动,点明了“迁”字后不跟宾语是“迁移”之义,跟了宾语是“使……迁”义。

《诗经·大雅·文王》:“有周不显,帝命不时。”毛传:“有周,周也。”孔颖达正义:“以‘周’文单,故言‘有’以助之。”毛传用“周”解释“有周”,点明“有”字无义,是名词“周”的词头,孔疏进一步说明用词头“有”的原因。

词语的训释同时也促进了语法学的发展,古人的语法观念正是伴随着训诂学的发展而产生的。《公羊传》、《谷梁传》就已经能从语法的观点说明内动词、外动词、主动词、被动词以及词序问题,毛传中出现了“虚辞”的概念,汉儒注经已经使用“辞”、“语辞”、“语助”等语法术语,唐代孔颖达正义时开始使用“语法”一词,他在《五经正义》中用语法观念训释语义的地方比比皆是,又立“义类”这一术语，与“语助”相对。到了清代，语法已经成为训诂内容的重要部分，俞樾的《古书疑义举例》可以说是集前人关于构词法和句法研究成果之大成。

三、通过说明修辞手段解释词义

语言中常常运用修辞手段，有时，新词的意义或词的新义正是通过一些修辞手段获得的，或者有的词义在具体语境中临时具有修辞义。因此，学者们在训释词义时不可避免地要涉及修辞，训释词义有时需要通过说明修辞解释词义。对修辞手法做出解释，指出所用的修辞手法，如比喻、指代、双关、互文、引用、委婉等。历代词义训释资料中通过说明修辞手段而解释词义的到处皆是。如：

《诗经・小雅・鹤鸣》：“鹤鸣于九皋，声闻于野。”毛传：“兴也。皋，泽也。言身隐而名著也。”传中“兴也”就是说明修辞手段的。“兴”是先言他物以引起所咏之物的一种手法，内中常隐比喻之法。诗中先咏鹤以引起咏贤人，用“鹤鸣于九皋，声闻于野”来比喻贤人隐居荒野，他的名声仍然传闻到很远的地方去。

《诗经・周南・桃夭》：“桃之夭夭，灼灼其华。之子于归，宜其室家。”朱熹《诗集传》：“兴也。”《集传》中指出原文以前两句起兴，来引起对后文的咏颂。用桃花来比兴，比喻姑娘年轻艳丽，而桃花盛开的春天又是男女青年结婚的好时节，咏颂姑娘正值花事烂漫之时出嫁，婚姻合时，能使一家人合宜。

《诗经・鲁颂・閟宫》：“春秋匪解，享祀不忒。”郑笺：“春秋，犹言四时也。”（匪，通“非”。解，通“懈”。享祀，祭祀。忒，差误。）笺中指出用两季之名“春秋”指代一年春夏秋冬四季。

《战国策・秦策》：“王之春秋高，一日山陵崩。太子用事，君危于累卵，而不寿于朝生。”高诱注：“山陵喻尊高也。崩，喻死也。”（一日，一旦。用事，指即位执政。朝生，植物名，即木槿，花朝开、午萎、夕落。）注中说明了原文中用“山陵”来比喻尊高的地位，指王，是比喻义。“崩”用来比喻“死”，也是比喻义。“山陵崩”是“王死”的委婉说法。（委婉也叫曲说，是指人们在说话或行文时，出于避讳或外交场合的需要等原因，有时不愿或不便直接说明本意，而是采用婉转含蓄的言辞曲折地加以表达或暗示，以收到平和悦耳的效果。）

《汉书・蒯伍江息夫传》：“相君之面，不过封侯，又危而不安。相君之背，贵而不可言。”《集解》：“张宴曰：‘背畔则大贵。’”这段正文是齐辩士蒯通暗示韩信背叛刘邦的游说之词，注中指出正文中使用了双关的修辞手法（双关是指用词造句时表面是一种意思而暗中隐藏着另一个意思的修辞手法），“背”一字多义，注释实际上告诉我们这儿“背”表面意思是“后背”，实际暗含意思“背叛”。

《左传·隐公元年》：“公入而赋：‘大隧之中，其乐也融融。’姜出而赋：‘大隧之外，其乐也泄泄。’”孔颖达正义：“服虔云：‘入’言公，‘出’言姜，明俱出入互见。”《正义》引服虔注指出，这一段采用了互文的修辞手法，“公入”“姜出”是“互文见义”。“互文”指两两相对的句子，其文互有详略，其意互相参见、互相补充，也称“互文”、“互言”、“互辞”、“互体”、“互其文”、“互相足”“互以见义”、“错见互足”、“文互相备”、“互相明”“互相见”、“互相成”、“互相挟”、“互见为义”等。唐人贾公彦《仪礼疏》中说：“凡言互文者，是两物各举一边而省文，故云互文。”我们根据《正义》所注就知道，不是庄公进隧道赋诗，姜氏出隧道赋诗，而是母子俩进出隧道期间都赋诗，“互文”只是各举一方而已。又如：《毛诗序》：“动天地，感鬼神，莫近于《诗》。”孔颖达正义：“天地云动，鬼神云感，互言耳。”

四、通过加注读音辨别词义

黄焯先生在《经典释文》的《前言》中指出：“因古代文字多以声寄义，注音即等于注义。”尤其对于多音字，所注的音通常起着区别字义的作用，读音不同往往意义也不同。如：“王”，读 wáng 时，是名词，义项有：(1)君主的称号。夏商周三代的最高统治者被称为王，战国时诸侯国的统治者也自称为王，汉以后王是皇族或功臣的最高封号。(2)古代对祖父母辈的尊称。如“王父”指祖父；“王母”指祖母；“外王父”指外祖父，“外王母”指外祖母。(3)物中之大者。如：《周礼·天官》：“春献王鲔。”王鲔，大鲔。(4)姓。读 wàng 时，则是动词，义项有：(1)称王，统治天下。(2)封……为王。(3)盛，通“旺”。再如：“饮”，读 yǐn，作动词，义项有：(1)喝。(2)没。如“饮羽”。(3)含忍。如：“饮恨”。作名词，是饮料的通称，多指水。如：《左传·成公二年》：“丑父使公下，如华泉取饮。”也兼指饮料和食物。如《史记·高祖纪》：“吕后与两子居田中耨，有一老父过请饮，吕后因餔之。”读 yìn，是使动义，意思是“使……喝”，如：“饮牛”。也统指给人饮食，如《汉书·朱买臣传》：“故妻与夫家俱上冢，见买臣饥寒，呼饭饮之。”

我国的注音法经历了一个漫长的过程，有譬况法、直音法、读若法、反切法、国语注音字母法、汉语拼音字母注音法等，由粗略逐渐到精密准确。其中，前四种是我国古代的注音方法，早期用前三种，自反切产生之后，历代常用反切法。1918 年，注音字母四十文公布，因此，民国时期工具书大多采用国语注音字母注音,如杨树达的《词诠》等。1958 年,《汉语拼音方案》公布之后,采用汉语拼音字母注音,这是目前最科学的汉字标音法。

"譬况"义为"用近似的事物来比照说明",譬况法就是根据音理特点用读音相近的字作比照、并使用描述性词语来配合描述字音的方法,是我国训释训诂学著作中最早使用的一种注音法(冯浩菲 1995:208)。常用术语有"急言"、"缓言"、"短言"、"长言"、"内言"、"外言"等。如《淮南子·地形训》:"其地宜黍,多旄犀。"高诱注:"旄读近绸缪之缪,急气言乃得之。"又《淮南子·原道训》:"蛟龙水居,虎豹山处,天地之性也。"高诱注:"蛟读人情性交易之交,缓气言乃得耳。"又《公羊传·庄公二十八年》:"春秋伐者为客,伐者为主。"何休注:"伐人者为客,读伐,长言之,齐人语也。……见伐者为主,读伐,短言之,齐人语也。"《公羊传·宣公八年》:"曷为或言而,或言乃?乃难乎而也。"何休注:"言'乃'者内而深,言'而'者外而浅。""急言"、"缓言"相对,都是指发音方法,其具体含义已经很不明确;"长言"、"短言"相对,似就音的长短或韵尾的发音状态而言;"内言"、"外言"的具体含义也已不可考。这种注音方法术语本身的具体所指不甚清楚,不懂音理的读者更是无从明白,它指示的读音模糊不清,读者的感觉也是因人而异。它只是描绘一个大致的发音方法,令人难以捉摸,显然是不科学、不准确的。这种注音方法的使用时期,唐作藩先生(1991:20)说是在"在汉魏以前",冯浩菲(1995:210)说:"主要见于东汉末年部分文献训诂家的训诂著作中,魏晋时代也有少数人间或使用。"

汉代开始有了直音法,直音法是用一个读音相同或相近的字来注音。常见的格式是"某,音某"。如《汉书·高帝纪》服虔注:"郦食其,音历异基。"第二例注中分别用"历"、"异"、"基"给"郦"、"食"、"其"注音,尤其对"食"、"其"的注音引起人们的注意,明确地指出它们在这儿的特殊读音。有时还直接将同音字附于被注字之后,如《尔雅·释言》:"填,田。"直音法的优点是简单明了,因此,即使出现了反切法之后还被经常采用。但是直音法也有局限性:其一,并不是每个音节都有同音字,因此,对于没有同音字的音节,就难以注音了。其二,由于我国方言复杂,在一种方言里是同音字,在其他方言中不一定是同音字,那么选择同音字一定要选择全国方言区的人读音一致的字才行。这样一来,选择合适的同音字注音就不太容易。其三,人们必须认得用来注音的同音字,否则就起不到注音的作用,这就要求那个同音字是一个常见字。而用来注音的字形形色色,是一个繁杂的系统,人们识记起来是一项繁重的任务,没有起到简单易行的工具作用。

读若法是以某字的读音为标准,用术语"读若"、"读如"指示人们参照某个字音去读的注音方法。常见的格式是“某,读若某”或“某,读如某”。“读若”、“读如”意思是“读得像某音”,有时也用其他类似的术语表达,如:“读近”、“读似”、“读若某相似”、“读”等,表示被注字与用来作注的字读音近似。从广义上说,读若法也属于直音法,只是与直音法注音格式不同而已。如《周礼·考工记·函人》:“函人为甲,犀甲七属,兕甲六属,合甲五属。”郑注:“属,读如灌注之注,谓上旅、下旅札续之数也。”《说文解字》用得较多,如:“宋,读若送”(《宀部》、“珣,读若宣”(《玉部》)等。

反切法是用两个字合起来给另一个字注音的方法,取前一个字的声母,取后一个字的韵母和声调,格式是“某,某某反”或“某,某某切”,因此称之为“反切”。如:“东,德红切。”古代竖行书写,用作反切的两个字一个在上,一个在下,分别被称为“反切上字”、“反切下字”,也简称为“切上字”、“切下字”,为注音的那个字则被称为“被切字”。在“东,德红切”中,“德”是反切上字,“红”是反切下字,“东”是被切字。古人或称为“反”,或称为‘翻’,或称为‘切’,都是拼音的意思。“反切”早期不用“切”字,只叫“某某反”、“某某翻”,自唐代宗大历以后,因为唐朝统治者害怕老百姓起来造反,忌讳说“反”字,改“反”为“切”。反切的产生,颜之推《颜氏家训》、陆德明《经典释文》、张守节《史记正义》以及后来的一些学者认为是汉末孙炎所创。实际上,在孙炎之前就有人使用反切了。如:王肃著《周易音》就使用了十多条反切;应劭《汉书注》中也用了反切注音,如《汉书地理志》下“辽东郡沓氏”,注“沓”的读音为“长答反”。因此,反切大约在东汉后期(即公元二世纪)就产生了。随着佛教的传入,中国的沙门和学者在梵文拼音方法的启发和影响下,创造了反切。反切的原理和拼音基本相同,在汉字的注音法上是一大进步。

利用四声来区别词义和词性,是汉语的一个特点。学者们正是看到了汉语的这个特点,有时通过注音而辨别词义。读者看到它的注音,就很容易明白它们的词性和意义。如:

《礼记·大学》:“所谓诚其意者,毋自欺也,如恶恶臭,如好好色。此之谓自谦。”《经典释文》:“恶恶,上乌路反,下如字。……好好,上呼报反,下如字。”注文用反切法指出第一个“恶”、“好”的读音是去声;用术语“如字”(“如字”常用来注释有异读的字,告诉读者被注的字在特定的上下文中仍然按照它本来的音读,按它本来的意思来理解。)指出第二个“恶”、“好”要读它们本来的音,“恶”是“恶劣”的“恶”,旧读入声,“好”是“美好”的“好”,读上声。从注解的注音,我们就可以知道,第一个“恶”是厌恶之义,第二个“恶”义为“不好的”,第一个“好”是“喜欢”义,第二个“好”是“美貌的”义。

《诗经·周南·樛木》:"乐只君子,福履绥之。"郑笺:"妃妾以礼义相与和,又能以礼乐乐其君子,使为浮禄所安。"《释文》:"乐乐,上音岳,下音洛。"注文用直音法标注了郑笺中"乐乐"的读音,实际上区别了"礼乐"的"乐"与"快乐"的"乐"。

《左传·僖公七年》:"朝不及夕,何以待君?"《经典释文》:"朝,如字。"古代"朝"有两个读音,一个读"朝阳"之"朝",今读 zhāo,有"早晨"、"初"等义项;一个读"朝廷"之"朝",今读 cháo,有"朝见"、"朝廷"、"拜访"、"聚会"、"朝代"等义项。《释文》告诉读者这儿"朝"读它本来的音,即意义是读 zhāo 时的意思,结合语境可以看出意思是早晨。

《春秋·隐公三年》:"三年春,王二月己巳,日有食之。"陆德明《经典释文·春秋音义》:"食,如字,本或作蚀。"古代"食"有两个读音,一个读它本来的音,旧读入声,今读 shí,有"吃"、"事物"、"俸禄"、"受纳"、"祭祀"、"疑惑"、"日月亏蚀(通"蚀")"等义项;一个读去声,今读 sì,意思是"给……吃、喂养"。"如字"告诉读者这里"食"要读它本来的音,即是读 shí 时的意义,结合语境我们可以断定此处通"蚀"。

《论语·微子》:"四体不勤,五谷不分,孰为夫子?"《经典释文》:"不分,包云如字,郑扶问反,分犹理。"《释文》说明了注释学家对于"分"的读音有分歧:按照包咸的观点,读平声;按照郑玄的观点,读去声。包郑两家的读音,反映了对"分"字意义不同的理解。

当然,注解中有的注音只是为难字僻字而注,以便于读者识字。如:

《吕氏春秋·慎行》:"崔杼之子相与私閧。"高诱注:"閧读近鸿,缓气言之。"

《淮南子·坠行篇》:"旄,读近绸缪之缪,急气言乃得之。"

《淮南子·修务训》:"胡人有知利者,而人谓之駤。"高诱注:"駤,读似质,缓气言之者,在舌头乃得。"

五、通过指出文字现象而解释词义

《左传·隐公十一年》:"公孙阏与颍考叔争车,颍考叔挟辀以走,子都拔棘以逐之。"杨伯峻《春秋左传注》云:"棘即戟"。"棘"是见母职部字,"戟"是见母铎部字,二字声母双声,韵部职铎旁转,句中"棘"是"戟"的借字,注释通过指出本字而释义。

《汉书·文帝纪》:"数年比不登,又有水旱疾疫之灾,朕甚忧之。"颜师古

注:“比犹频也。”“比”是帮母脂部字,“频”是并母真部字,二字声母帮并旁纽,韵部脂真对转,注释通过指出“比”通“频”而释义。

《说文解字·王部》:“皇,大也。从自。自,始也。……自读若鼻。”“自”是“鼻”的初文,注释通过指出“自”的今字“鼻”来释义。

《左传·隐公元年》:“公曰:‘姜氏欲之,焉辟害?’”王力主编《古代汉语》注:“辟,后来写作‘避’。”注释通过指出“辟”的今字“避”而释义。

六、通过辨别异文而解释词义

异文也就是异字,指同一部书的不同版本、不同书籍记载同一事物、表达同一意思所使用的不同文字。如:《礼记·王制》:“周人养国老于东郊,养庶老于虞庠。虞庠,在国之西郊。”《北史·刘芳传》引作“虞庠,在国之四郊。”“西郊”与“四郊”异文。产生异文的原因有很多,有因书籍流传过程中讹误、衍、脱、倒而异的,有因异体字、通假字而异的,有外来词音译用字不同而异的,等等。

“古文”、“今文”是汉代学者对比古文经和今文经所使用的术语。汉代把用当时通行的隶书写成的经书叫“今文经”,如鲁、齐、韩三家的《诗经》,《公羊传》、《谷梁传》等。汉武帝时,鲁恭王坏孔子宅,在壁中得到《尚书》、《春秋》、《论语》、《孝经》等共几十篇,之后又在河间献王等处,陆续发现许多战国时遗留下来的儒家经典,是用以前的小篆写成的,这些经书被称为“古文经”。古文经和今文经不仅文字字形不同,字句甚至篇目上也有出入。汉代经学大师郑玄注释经书时,常将古文经和今文经核对比较。常用“古文”说明在古文经中某字的写法,用“今文”说明在今文经中某字的写法。“故书”是郑玄在注释《周礼》时用的术语。《周礼》只有古文本,没有今文本,但是也有通行本和旧本,郑玄把旧本称为“故书”。在通行本与旧本不同的地方,用“故书”说明某字在旧本的写法。有些古籍往往有不同的版本,这些版本有些字句会出现不一致的情况,用“或为、或作”说明有的版本某字写作某。“或为”、“或作”的意思是“有的版本是”、“有的版本写作”。有时也用“本作”、“本或作”、“本亦作”、“本又作”、“一本作”、“一作”、“亦作”、“今本作”、“字亦作”等注明,甚至用“某本作”点明某个版本写作某。

有时古书注释中看似在辨别异文,其实同时也是在通过辨别异文而解释词义。如:

《仪礼·士冠礼》:“某有子某。”郑玄注:“古文‘某’为‘谋’。”

《仪礼·士冠礼》:“服纁裳”郑玄注:“今文‘纁’皆作‘熏’。”

《仪礼·士相见礼》:"凡与大人言,始视面,中视抱,卒视面,毋改。众皆若是。"郑玄注:"古文'毋'作'无',今文'众'为'终'。"

《周礼·天官·大宰》:"嫔贡。"郑玄注:"嫔,故书作'宾'。"

《周礼·天官·小宰》:"七事。"郑玄注:"七事,故书为'小事'。"

《吕氏春秋·孝行览第二·首时》:"天不再与,时不久留,能不两工,事在当之。"《集释》引王念孙曰:"当之,宜为'当时'。"

《汉书·高帝纪》:"欲苦之。"颜师古注:"今书'苦'字或作'笞'。笞,击也。"

《礼记·曾子问》:"命毋哭。"陆德明《经典释文》:"毋,本作'无'。"

《周易·序卦》:"比必有所畜。"陆德明《经典释文》:"所畜,本亦作'蓄'。"

《周易·系辞下》:"来者信也。"陆德明《经典释文》:"信也,本又作'伸'。"

《周易·说卦》:"幽赞于神明而生蓍。"陆德明《经典释文》:"幽赞,本或作'讃'。"

《说文解字·玉部》:"玓,玓(dì)瓅(lì),明珠光也。"段玉裁注:"光,各本作'色'。今依李善所引。""各本作"意思是"各个版本都写作",说明原文各个版本都写作"色","今依李善所引"表明了这儿原文的"光"是据李善所引。

七、通过校勘讹文而解释词义

书籍在流传过程中会出现抄写、刊印、翻刻错误的字句,这就是人们所说的"讹文",也叫"误文"、"误字"。常用"当为、当作、宜为"等术语纠正古籍原文在流传过程中出现的讹文,指出某字错误,而应该是某字。段玉裁在"衹"字注中说:"古人云'当为'者,皆是改其形误之字。"各种校本或者在注释中订正讹文时,如果不改动原文,则往往在校语或注释中注明"某字,当为某"、"某字,当作某"、"某字,宜为某"、"某字,一本(某本)作某,当据改""某字本作某,当据改"等。校勘者对于某字怀疑是误字但又不太肯定,或者用委婉的方式表达自己认为某字错误应当是某字时,用"某疑当作某"、"某字疑是某字之误"、"此某疑某之误"等说法注明。

解释词义时遇到讹文需要进行纠正,错字纠正了,词义也就明了了。有时只纠正讹文,如:

《礼记·文王世子》:"兑命曰:'念终始典于学。'"郑玄注:"兑,当为'说',《说命》,《书》篇名。"

《礼记·檀弓下》"与其邻重汪踦往,皆死焉。"王力《古代汉语》注:"重,当作'童',下同。"

《战国策·楚策》:"不知夫公子王孙,左挟弹,右摄丸,将加己乎十仞之上,以其类为招。"王力主编《古代汉语》:"把黄雀的颈作为弹射的目的物(依王念孙说,见《读书杂志》)。类,当为'颈'字之误。招,射的目的物。"

古书中出现错字,常常有两种原因:一是由于形体相近而导致错误,一是由于读音相同或相近而导致错误。许多注释不仅纠正错字,且指出致误的原因,常用"字之误"说明是形近而误,用"声之误"说明是音同音近而误。如:

《管子·君臣下》:"四者有一至,败敌人谋之。"王念孙《读书杂志》:"'败'当作'则',字之误也。"

《礼记·缁衣》:"夏日暑雨,小民惟曰怨;资冬祈寒,小民亦惟曰怨。"郑玄注:"'资'当为'至',齐鲁之语,声之误也。"

有时前边纠正讹文,后边解释字的意思。如:

《诗经·曹风·鹿鸣》:"人之好我,示我周行。"郑笺:"示,当作'寘'。寘。置也。周行,周之列位也。好,犹善也。人有以德善我者,我则置之于周之行列,言已维贤是用。"

第七章

我国古代常用的释义术语和格式

我国在长期的训释词义过程中形成了一整套释义术语和格式。从古到今,释义术语和格式发生了很大变化,古代的释义术语、格式与现在的释义术语、格式有很大不同,了解这些释义术语和格式对于我们读懂古注有很大帮助,同时,研究和总结释义术语也是我们研究训诂学、词汇学等学科必不可少的内容。

一、通用释义术语及其格式

1. 某,某也;某者,某也;某者,某;某也者,某也;某,某;某,即某也;某即某;某亦某也

这是古代汉语中较常用的释义格式,尤以前两种为常见。这些格式用古代汉语判断句的形式对字、词乃至词组、句子的意思进行解释,其中“者”是表示提顿的语气词,“也”是帮助表示判断语气的语气词。有时,用同义词解释被释词,或者对被释词做界说、说明等。如:

《左传·隐公元年》:“夫人将启之。”杜预注:“启,开也。”

《礼记·中庸》:“辟如行远必自迩,辟如登高必自卑。”郑玄注:“自,从也;迩,近也。”

《诗经·魏风·伐檀》:“坎坎伐檀兮,置之河之干兮。”毛传:“坎坎,伐檀声。”

《诗经·小雅·伐木》:“伐木丁丁,鸟鸣嘤嘤。”毛传:“丁丁,伐木声也。”

《谷梁传·宣公十五年》:“初者,始也。”

《公羊传·哀公十四年》:“麟者,仁兽也。”

《荀子·修身》:“劳苦之事,则偷儒转脱。”郝懿行注:“儒者,柔也,弱也。”

《汉书·高帝纪》:“二月,攻砀,三日拔之。”颜师古注:“拔者,破城邑而取之。”

《礼记·杂记》:“子贡观于蜡。”郑玄注:“蜡也者,索也。”

《公羊传·宣公六年》:“子之乘矣,何问吾名?”何休注:“之乘,即上车也。”

《读书杂志·墨子第三·天志中》:“故子墨子之有天之意也,上将以度天下之王公大人为刑政也,下将以量天下之万民为文学,出言谈也。”王念孙按:“天之即天之志。”

有时,用于声训,解释词和被释词是音近义通的同源词。如:

《仪礼·士冠礼》:“愿吾子之教之也。”郑玄注:“吾,我也。”“吾”属疑母鱼部,“我”属疑母歌部,二字声母双声,韵部鱼歌通转。

《礼记·檀弓上》:“国子高曰:‘葬也者,藏也。藏也者,欲人之弗得见也。是故衣足以饰身,棺周于衣,椁周于棺,土周于椁。’”

2. 谓、言

这组术语意思相当于现代汉语的“指的是”、“说的是”,被释词通常位于它们的前面,所用格式有“某谓某”、“某谓某也”、“某言某”、“某言某也”、“某者谓某也”、“某者言某也”等。它们既可以用来解释词语,又可以用来解释句子,甚至可以用来串讲文意。

解释词语时,说明词语在特定句子中的具体含义,常常以具体释抽象,以狭义释广义。如:

《左传·隐公元年》:“厚将得众。”杜预注:“厚谓土地广大。”用具体的“土地广大”解释抽象的“厚”。

《论语·为政》:“道之以政,齐之以刑。”孔安国注:“政谓法教。”用狭义的“法教”解释广义的“政”。

《楚辞·离骚》:“恐美人之迟暮。”王逸注:“美人谓怀王。”

《论语·子罕》:“后生可畏。”何晏注:“后生谓少年。”

《左传·僖公三十年》:“且君尝为晋君赐矣。”杜预注:“晋君谓惠公也。”

《礼记·曲礼》:“君无故,玉不去身。”孔颖达疏:“玉谓佩也。”

《诗经·鄘风·君子偕老》:“鬓发如云,不屑髢也。”毛传:“如云,言美长也。”

《诗经·卫风·葛屦》:“其君俭啬褊急。”孔颖达疏:“俭啬言爱物,褊急言性燥。”

《文选·贾谊<过秦论>》:“始皇之心,自以为关中之固,金城千里。”李善注:“金城,言坚也。”

可以用来串讲文意。有时解释一个句子,有时解说几句话的含义,有时概括段意。如:

《诗经·小雅·伐木》:“出自幽谷,迁于乔木。”郑笺:“谓向时之鸟出从深谷,今移处高木。”

《离骚》:“不抚壮而弃秽兮。”洪兴祖补注:“不抚壮而弃秽者,谓其君不肯当年德盛壮之时,弃远谗佞也。”

《诗经·大雅·旱麓》:“清酒既载,骍牡既备。”毛传:“言年丰畜硕也。”

《礼记·缁衣》:“上好是物,下必有甚者矣。故上之所好恶,不可不慎也:是民之表也。”郑玄注:“言民之从君,如影逐表。”

“谓”和“言”这两个术语的用法稍有不同。两者虽然都可以解释词语和串讲文意,但是这两个术语在这两种情况中使用的频率不同。“谓”解说词语多于串讲文意,而“言”串讲文意多于解说词语。而且在解说词语和串讲文意时各自的侧重点也有所不同。用“谓”解说词语时,一般用来解释词义,意思是“是指”、“指的是”、“叫作、称作”。近代学者林尹说:“言者,有推衍之义。”用“言”字有阐述、发挥的意思,“言”是“说、谈论、议论”之义。

3. 犹

“犹”是“犹如”、“如同”之义,可译为“等于说”。常用于“某犹某也”、“犹言”、“犹云”等格式。用“犹”的时候,有以下几种情况:

(1)被释词与解释词是同义词或近义词。如:

《诗经·小雅·四月》:“政事愈蹙。”笺:“愈犹益也。”

《诗经·邶风·式微》:“式微式微,胡不归?”朱熹《集传》:“微,犹衰也。”

《诗经·秦风·蒹葭》:“蒹葭采采,白露未已。”毛传:“采采,犹萋萋也;未已,犹未止也。”

《诗经·小雅·采薇》:“今我来思,雨雪霏霏。”陈奂传疏:“思,犹矣也。”

《左传·僖公二十二年》:“又曰:“敬之敬之,天惟显思,命不易哉!”杜预注:“思,犹辞也。”

(2)被释词与用来解释的词不是同义词,只在某一意义上有相通之处,或者在特定的语境中可以按用来解释的词去理解。段玉裁在《说文解字注》“雠”字注说:“凡汉人作注云‘犹’者,皆义隔而通之,如《公》、《谷》皆云‘孙犹孙也’,谓此‘子孙’字同‘孙遁’之‘孙’。《郑风》传‘漂犹吹也’,谓‘漂’本训浮,因吹而浮,故同首章之‘吹’。凡郑君、高诱等每言‘犹’者皆同此。”如《孟子·梁惠王上》:“老吾老,以及人之老。幼吾幼,以及人之幼。”赵岐注:“老犹敬也,幼犹爱也。”焦循正义:“老无敬训,幼无爱训,故云‘犹敬’、‘爱’。”

(3)用今语释古语。如:《报任安书》:“谁为为之?”李善注:“谁为犹为谁也。”

(4)被释词与用来注释的词是一组通假字，用本字释借字。如：枚乘《七发》："淹沈之乐，浩唐之心。"李善注："唐犹荡也。"

4. 训

常用的格式有"某训某"、"某字训为某"、"某当训某"等。如：

《礼记·檀弓下》："葬于北方，北首，三代之达礼也，之幽之故也。"孔颖达疏："上'之'训往。"

《韩非子·解老》："故天下之道尽之生也。"王先慎集解引王先谦注曰："尽下'之'字训为往。"

5. 斥

"斥"意思是"指"，还可译为"是指"、"指的是"等，往往用来说明词语比喻的或所指的事物，郑笺中多用。如：

《诗经·魏风·硕鼠》："硕鼠硕鼠，无食我黍。"郑玄笺："硕，大也。大鼠大鼠者，斥其君也。"笺中指出"大鼠"比喻他们残暴的君主。

《诗经·周颂·雍》："假哉皇考，绥予孝子。"郑玄笺："皇考，斥文王也。"笺中指出"皇考"指的是"文王"。

《诗经·大雅·既醉》："君子万年，介尔景福。"郑笺云："君子，斥成王也。"

《诗经·大雅·烝民》："既明且哲，以保其身。夙夜匪解，以事一人。"郑笺云："夙，早。夜，莫。匪，非也。一人，斥天子。"

有时，偶尔也用"指斥"。如：

《左传·成公二年》："石成子曰：'师败矣，子不少须，众惧尽。子丧师徒，何以复命？'"孔颖达疏："子者，指斥孙子。"

二、训释实词的术语

1. 曰、为、谓之、之谓

这组术语含义与用法基本相同，可以翻译成现代汉语的"叫"、"叫做"，一般只用来解释字、词的意思，而且被解释的词放在"曰"、"为"、"谓之"、"之谓"的后边。"谓之"与"之谓"的"之"用法不同。"谓之"中的"之"是代词，作"谓"的宾语，复指"谓之"前面的内容，与"谓"构成述宾结构，不过在这个结构中它的代词意义和作宾语的功能已经虚化；"之谓"中的"之"是结构助词，起舒缓语气和加强结构的作用。

界说词义时，常常用这类术语通过揭示被释词的特点来解释词义。如：

《诗经·魏风·伐檀》："胡瞻尔庭有县特兮？"毛传："兽三岁曰特。"

《诗经·小雅·节南山》:“忧心如酲。”毛传:“病酒曰酲。”

《礼记·檀弓上》:“夏后氏尚黑,大事敛用昏,戎事乘骊,牲用玄。”郑玄注:“马黑色曰骊。”

《左传·文公三年》:“执事不以衅鼓。”杜预注:“以血涂鼓为衅鼓。”

《尔雅·释天》:“北极谓之北辰,何鼓谓之牵牛,明星谓之启明。”

《诗经·小雅·巧言》:“彼何人斯,居河之麋。”毛传:“水草之交谓之麋。”

《左传·哀公十六年》:“周仁之谓信,率义之谓勇。”

《礼记·中庸》:“天命之谓性,率性之谓道,修德之谓教。”

《史记·商君列传》:“反听之谓聪,内视之谓明,自胜之谓强。”

有时对文中出现的近义词或意义相关的词进行辨析,如:

《左传·隐公元年》:“大叔完聚,缮甲兵,具卒乘。”杜预注:“步曰卒,车曰乘。”

《论语·学而》:“有朋自远方来,不亦乐乎?”郑玄注:“同门曰朋,同志曰友。”

《楚辞·离骚》:“各兴心而嫉妒。”王逸注:“害贤为嫉,害色为妒。”

《史记·孝文本纪》:“盖闻古者祖有功而宗有德,制礼乐各有由。”裴骃《史记集解》引应劭曰:“始取天下者为祖,高帝称高祖是也。始治天下者为宗,文帝称太宗是也。”

《史记·张耳陈余列传》:“有厮养卒谢其舍中曰:‘吾为公说燕,与赵王载归。’”韦昭注:“析薪为厮,炊烹为养。”

《尔雅·释草》:“木谓之华,草谓之荣,不荣而实者谓之秀,荣而不实者谓之英。”

《说文解字·虫部》:“有足谓之虫,无足谓之豸。”

《汉书·艺文志》:“诵其言谓之诗,咏其声谓之歌。”

2. 貌

“貌”意思是“……的样子”,一般用来解释形容词或副词,用来说明形态状貌。所用的格式有:“甲,乙貌”、“甲,乙貌也”、“甲,乙之貌”、“甲,乙之貌也”。“甲”代表被释词,“乙”代表解释词,“乙”通常是形容词或动词。如:

《诗经·邶风·谷风》:“行道迟迟,中心有违。”毛传:“迟迟,舒行貌。”

《说文解字·艸部》:“茸,艸茸茸貌。”

《论语·泰伯》:“子曰:‘恭而无礼则劳,慎而无礼则葸,勇而无礼则乱,直而无礼则绞。’”朱熹《集注》:“葸,畏惧貌。”

《论语·阳货》:“夫子莞尔而笑。”何晏注:“莞尔,小笑貌。”

《楚辞·涉江》:“冠切云之崔嵬。”王逸注:“崔嵬,高貌也。”

《楚辞·九章·怀沙》:“滔滔孟夏兮,草木莽莽。”王逸注:“滔滔,盛阳貌也。”

《诗经·卫风·氓》:“氓之蚩蚩,抱布贸丝。”毛传:“蚩蚩,敦厚之貌。”

《汉书·西域传》:“临峥嵘不测之深。”颜师古注:“峥嵘,深险之貌也。”

3. 属、丑、别

这组术语是用来解释事物类属关系的术语,用来说明被释词所表事物的类属,强调被释词所表的事物属于解释词所表事物一类。格式有:“某,某属”;“某,某别”;“某,某丑”。如:

《说文解字·木部》:“橙,桔属。”说明“橙”是属于桔类的水果。

《尔雅·释鸟》:“凫,雁丑。……乌,鹊丑。”意即“凫”是大雁一类的鸟,“乌”是喜鹊一类的鸟。

“别”的作用与“属”、“丑”相近,但又有区别。用“别”时,强调被释词所表示的事物与解释词所表示的事物虽然相似,却有区别。《说文·禾部》:“稗,禾别也。”段玉裁注:“谓禾类而别于禾也。”又“秔,稻属。”段玉裁注:“凡言‘属’者,以‘属’见‘别’也。言‘别’者,以‘别’见‘属’也。重其同,则言‘属’,‘秔’为‘稻属’是也;重其异,则言‘别’,‘稗’为‘禾别’是也。”意即:用“属”时,强调事物之间的共同点;用“别”时,强调事物之间的区别。

三、训释虚词的术语

此类术语有“辞、词、语辞、语之词、语助、语助词、发声、发语声、发音、发语之音、发声语助、语助声、长声、声之助、助语之词、助句辞、发语辞、发语词、发语之辞、语已词、疑助语辞、助词”等,其中,“辞、词、语助”最为常用,东汉就有,后代沿用。如:

《诗经·周南·芣苢》:“采采芣苢,薄言采之。”毛传:“薄,辞也。”

《诗经·大雅·文王》:“思皇多士。”毛传:“思,词也。”孔颖达正义:“思,语辞,不为义。”

《礼记·檀弓上》:“檀弓曰:“‘何居?我未之闻也。”郑注:“居,读为姬姓之姬,齐鲁之间语助也。”

《诗经·周南·汉广》:“之子于归”孔颖达疏:“之为语助。”

《左传·僖公二十四年》:“晋侯尝从亡者介之推不言禄,禄亦弗及。”杜预注:“语助也。”

《诗经·小雅·白驹》:“皎皎白驹,贲然来思。”朱熹集传:“思,语词也。”

《诗经·邶风·式微》:“式微式微,胡不归?”郑笺:“式,发声也。”朱熹集传:“式,发语辞。”

《礼记·射义》:“又使公罔之裘、序点扬觯而语。”(罔之裘,人名。觯,音zhì。)郑玄注:“之,发声也。”

《春秋·定公五年》:“于越入吴。”杜预注:“于,发声。”

《孟子·公孙丑上》:“孟施舍。”(孟施舍,人名。)赵岐注:“施,发音也。”

《经传释词》卷八:“思,发语词也。车舝曰:思娈季女逝兮。文王曰:思皇多士。思齐曰:思齐大任。”

《诗经·大雅·文王》:“思皇多士。”陈奂传疏:“思,发语之辞。”

《经传释词》卷八:“思,语已词也。诗汉广曰:不可休思。”

《说文解字·思部》朱骏声《说文通训定声》:“思,又助语之词。”

《诗经·周南·关雎》:“寤寐思服。”陈奂传疏:“‘思’字为助词,无实义。”

《汉书·货殖传》:“辟犹戎翟之与于越,不相入也。”颜师古注:“于,发语声也。”

《孟子·公孙丑上》:“孟施舍。”朱熹注:“施,发语声。”

《左传·昭公二十八年》:“钧将皆死,憖使吾君闻胜与臧之死也以为快。”杜预注:“憖,发语之音。”

《礼记·中庸》:“诗曰:‘神之格思,不可度思,矧可射思?’”郑注:“思,皆声之助。”

《史记·货殖列传》:“故曰:‘宁爵毋刀。’”裴骃集解:“《汉书音义》曰:‘毋,发声语助。’”

《孟子·滕文公上》:“狐狸食之,蝇蚋姑嘬之。”朱熹注:“姑,语助声。”

《仪礼·士丧礼》:“皋某复。”郑注:“皋,长声也。”

四、声训术语

1. 之言、之为言、之犹言

这组术语常用来说明解释词和被释词的音义关系,表示解释词与被释词不仅读音相同或相近,意义也有联系。解释词与被释词,或者词义相近,是同义词;或者词义相通,是同源词;或者被释词的命名与解释词有关系。段玉裁在“裸”字之注中说:“凡云‘之言’者,皆通其音义以为训诂,非如‘读为’之易其字,‘读如’之定其音。”所用格式通常是:“甲之言乙也”、“甲之为言乙也”、“甲之犹言乙也”。如：

《周礼·天官·膳夫》注：“膳之言善也，今时美物曰珍膳。”

《诗经·秦风·渭阳》：“我送舅氏，至于渭阳。”毛传：“母之昆弟曰舅。”疏云：“孙炎曰：‘舅之言旧，尊长之称。’”

《荀子·修身》：“以不善先人者谓之谄。”杨倞注：“谄之言陷也。”

《说文解字·邑部》：“邦，国也。”段玉裁注：“古者城郭所在曰国曰邑，而不曰邦。邦之言封也。古邦封通用。”

《论语·为政》：“为政以德，譬如长辰，居其所而众星共之。”朱熹注：“政之为言正也。所以正人之不正也。德之为言得也，得于心而不失也。”

《公羊传·桓公二年》：“纳于大庙。”何休注：“庙之为言貌也，思想仪貌而事之。”

《论衡·卜筮篇》：“夫蓍之为言耆也，龟之为言旧也。”（古人常用草和龟甲占卜吉凶，以为草和乌龟寿命长，能通古今，察未来。而“蓍”与“耆”音同，“龟”与“旧”音近，双声。）

《公羊传·庄公十八年》：“秋，有蜮，何以书？记异也。”何休注：“蜮之犹言惑也。”“蜮”与“惑”古音同。（蜮：音 guō，一种食禾苗的害虫。）

有时解释词和被释词是通假关系。如：

《诗经·召南·甘棠》：“蔽芾甘棠，勿翦勿拜。”郑玄笺：“拜之言拔也。”

《诗经·邶风·绿衣》：“心之忧矣，曷维其亡！”郑玄注：“亡之言忘也。”以上最后两例分别用“拔”释“拜”、用“忘”释“亡”，是用本字释借字。

2. 读破、破、破字

“读破”也称“破读”，有两种含义：一是指用改读字音的办法来表示词义和词性的转变。由于词义的引申发展，一个词往往会产生新的意义或者改变词性，为了和原来的词性和意义相区别，人们有时会改变记录这个词的字的读音，以表示词义或词性的改变。如“恶”字，原读入声，意思是罪恶、丑恶；引申为“憎恶”之义，破读为去声；用作疑问词，则破读为平声。这种读音的改变，有一大部分字是通过改变声调以区别意义或者词性的，这种读破又被人们称为“四声别义”。如：“王侯”的“王”是名词，读平声，“王天下”的“王”是动词，读去声；表“美好”之义的“好”是形容词，读上声，表“爱好”之义的“好”是动词，读去声。这种做法在东汉时已经出现，魏晋南北朝以后越来越多。一是指用本字来改读古书中的通假字，也称“读破”、“破”、“破字”或“易字”。用本字“伸”改读借字“信”，即为读破。我们这儿所说的声训术语“读破”指的是第二种用法。古人注释中谈论“读破”问题的时有所见，如：

《周礼·天官·疡医》:"疡医掌肿疡、溃疡、金疡、折疡之祝药、劀(音 guā,刮去恶疮的脓血)杀之齐(剂)。"郑玄注:"'祝'当为'注',读如'注病'之'注',……'注'谓附著药。"贾公彦疏:"云'祝'当为'注'读者,疾医非主祝说之官,为'祝'则义无所取,故破以'注'。'注'谓注药于中。"

《诗经·鲁颂·泮水》:"桓桓于征,狄彼东南。"郑玄笺:"狄当作剔。剔,治也。"孔颖达正义:"毛无破字之理,《瞻仰》传以狄为远,则此狄亦为远也。"(毛亨《诗经·大雅·瞻仰》传训"狄"为"远"。)

3. 读曰、读为

这两个术语一般用来破假借,用本字释借字,旧称"破读"。格式通常为:"甲读曰乙"、"甲读为乙"。如:

《汉书·古今人表》:"亡怀氏。"颜师古注:"亡读曰无。"

《汉书·韩信传》:"百里奚居虞而虞亡,之秦而秦伯。"颜师古注:"伯,读曰霸。"

《诗经·卫风·氓》:"及尔偕老,老使我怨,淇则有岸,隰则有泮。"郑玄笺:"泮读为畔。畔,涯也。"

《庄子·逍遥游》:"若夫乘天地之正,而御六气之辩,以游无穷者,彼且恶乎待哉?"郭庆藩《集释》:"辩读为变。"

"读为"有时也说成"读当为"。如:

《诗经·齐风·甫田》:"其人美且鬈。"毛传:"鬈,好貌。"郑笺:"鬈读当为权。权,勇壮也。"

需要注意的是,有时古人将古今字笼统地归为通假字,或是误把古今字当做通假字而不加区别,因此也用这组术语来说明古今字。如:

《荀子·劝学》:"君子博学而日参省乎己,则知明而行无过矣。"扬倞注:"知,读为智。"

《汉书·西域传》:"边竟未得安。"颜师古注:"竟读曰境。"

《汉书·地理志》:"嫁取送死奢靡。"颜师古注:"取读曰娶。"

"读为"有时也用于注音。如:

《周礼·春官·大祝》:"七曰奇拜。"杜子春注:"奇,读为奇偶之奇。"

我们要将"读曰"、"读为"与"读若"、"读如"区别开来,段玉裁在《说文解字·言部》"读"字注中说:"拟其音曰读,凡言'读如'、'读若'皆是也。易其字以释其义曰读,凡言'读为'、'读曰'、'当为'皆是也。"他还指出:"注经必兼此二者,故有'读为',有'读若'。'读为'亦言'读曰','读若'亦言'读如'。字书但言其本字本音,故有'读若'无'读为'也。'读为'、'读若'之分,唐人作《正义》已不能知,‘为’与‘若’两字,注中时有讹乱。”段氏对这两组术语的区分大致是对的。“读若”、“读如”主要用来注音,“读曰”、“读为”主要用来破假借,但是如果我们仔细考察,会发现“读若”、“读如”这组术语的用法不像段氏所述那么简单,不仅用来注音,偶尔也用来破假借或说明古今字等文字现象,尤其是“读若”。如:

《说文解字·林部》:“森,木多貌。从林,从木。读若‘曾参’之参。”

《说文解字·艸部》:“莠,禾粟下生莠。从艸,秀声。读若酉。”

《说文解字·口部》:“哙,咽也。从口会声。或读若快。”

《周礼·考工记·函人》:“函人为甲,犀甲七属。”郑玄注:“属,读如‘灌注’之注。”

《吕氏春秋·制乐篇》:“饬其辞令。”高诱注:“饬,读如敕,饬正其辞令也。”

《礼记·中庸》:“治国其如示诸掌。”郑玄注:“示,读如‘置诸河干’之置。”

《礼记·儒行》:“虽危,起居竟信其志。”郑玄注:“信,读如‘屈伸’之伸,假借字也。”

《说文解字·王部》:“皇,大也。从自。自,始也。……自读若鼻。”

上述前五例中,“读若”、“读如”是用来注音的,后三例中则不是用来注音的,其中第七例、第八例都是用本字释假借字,最后一例中,“自”是“鼻”的初文,用后起字释本字。

与“读若”、“读如”用法类似的术语还有“读与某同”、“读若某同”。一般只用来注音。如:

《说文解字·衣部》:“裾,衣袍也。从衣,居声。读与居同。”

《说文解字·玉部》:“玜,石之似玉者。从玉,厶声。读与私同。”段玉裁注:“凡言读与某同者,亦即读若某也。”

《说文解字·丌部》:“丌,下基也。荐物之丌,象形。凡丌之属皆从丌。读若箕同。”

古代有些学者认为术语“读与某同”有时也破假借,清代钱大昕在《潜研堂文集·古同音假借说》中说:“许氏书所云‘读若’、云‘读与同’,皆古书假借之例。假其音,并假其义,音同而义亦随之,非后世譬况为音者可同日而语也。”如:

《汉书·窦田灌韩传》:“于是夫被甲持戟,募军中壮士所善愿从数十人,及出壁门,莫敢前,独两人及奴十余骑驰入吴军,至戏下,所杀伤数十人。”颜师古注:“戏,大将之旗也,读与麾同。”“戏”通“麾”,二字声母都属晓母,为双声,韵部都属歌韵,为叠韵。

有时还用来解释异体字、古今字。如：

《说文解字·攴部》："敀，抚也。从攴，亡声。读与抚同。""敀"与"抚"是异体字。

《说文·走部》："跬，半步也。从走，圭声。读若跬同。""跬"、"跬"是异体字。

《汉书·西域传》："子拊离代之。"颜师古注："拊读与抚同。"《说文解字·手部》："拊，揗也。从手，付声。"段玉裁注："揗者，摩也。古作拊揗，今作抚揗。古今字也。""拊"与"抚"是古今字。

4. 古声某某同、古字某某同、某某义同、某与某同

这组术语主要用来破假借字。如：

《诗经·小雅·常棣》："每有良朋，烝也无戎。"毛传："烝，填。戎，相。"郑玄笺："当急难之时，虽有善同门来，久也，犹无相助己者。古声填、寘、尘同。"

《论语·公冶长》："无所取材。"何晏集解引郑玄注："古字材、哉同耳。""采""哉"是通假字。

《诗经·大雅·皇矣》："载锡之光。"郑玄笺："载，始也。"孔颖达正义："哉、载义同，故亦为始。"（"载"当借为"哉"。）

《汉书·西域传》："自宣、元后，单于称藩臣，西域服从，其土地山川王侯户数道里远近翔实矣。"颜师古注："翔与详同，假借用耳。"

解释文字通假，还可以说"以某为某"、"谓某为某"、"名某为某"、"某与某义通"、"某与某古字通"等。如：

《诗经·大雅·文王》："陈锡哉周，侯文王孙子。"毛传："哉，载。"孔颖达疏："哉与载古字通。"

五、辨析同义词的术语

这类术语有：浑言、析言、统言、通言、散言、对言、散文、对文。这组术语常常用来辨析同义词。

"浑言"是笼统地说，"析言"是分析地说。"浑言"侧重强调同义词的共同点，"析言"则侧重强调同义词的不同点。如：

《说文解字·走部》："走，趋也。"段玉裁注："《释名》：'徐行曰步，疾行曰趋，疾趋曰走。'此析言之。许浑言不别也。"

《说文解字·鸟部》："鸟，长尾禽总名也。"段玉裁注："短尾名隹，长尾名鸟，析言则然，浑言则不别也。"

“浑言”又称“统言”、“通言”,“析言”也称“别言”。如:

《说文解字·行部》:“行,人之步趋也。”段玉裁注:“步,行也。趋,走也。二者一徐一疾,皆谓之行,统言之也。《尔雅》:‘室中谓之时,堂上谓之行,堂下谓之步,门外谓之趋,中庭谓之走,大路谓之奔’,析言之也。”

《说文解字·宫部》:“宫,室也。”段玉裁注:“按:宫言其外之围绕,室言其内,析言则殊,统言不别也。”

《说文解字·贝部》:“赐,予也。”段玉裁注:“赐,予之通称。《禹贡》‘纳赐大龟’,乃上与下之词;又《玉藻》言‘赐君子,予小人’者,别言之,统言则不别也。”

“通言”、“对文”、“散文”之称唐代就有。“散文”、“散言”(或简称“散”)相当于“浑言”,“对文”、“对言”相当于“析言”。如:

《礼记·曲礼下》:“生曰父,曰母,曰妻;死曰考,曰妣,曰嫔。”孔颖达正义:“此生死异称,出《尔雅》文,言其别于生时也。若通而言之,亦通也。”

《诗经·齐风·南山》:“南山崔崔,雄狐绥绥。”孔颖达正义:“对文,则飞曰雌雄,走曰牝牡,散则可以相通。”

《尔雅·释畜》:“未成豪,狗。”郝懿行疏:“狗犬通名,若对文,则大者名犬,小者名狗。散文,则《月令》言‘食犬’,《燕礼》言‘烹狗’,狗亦犬耳,今亦通名犬为狗矣。”

《诗经·小雅·何人斯》:“出此三物,以诅尔斯。”毛传:“民不相信,则盟诅之。君以豕,臣以犬,民以鸡。”马瑞辰《毛诗传笺通释》:“毛传通言‘盟诅’者,盟与诅亦散言则通,对言则异也。”

除此之外,“对文”、“对言”还可指处于同一平列地位上的两个或两个以上的词、词组或句子,也叫“并言”、“相对为文”,可以用来考察词义和校勘。如:

《汉书·王莽传》:“永以命德茂功享历代之祀焉。”王先谦补注:“命、名字通,‘命德’犹‘名德’,与‘茂功’对文。”这是在利用对文考察词义。

《荀子·大略》:“少不讽,壮不论议。”《读书杂志》“少不讽”条:“念孙案:‘少不讽’当从《大戴记》作‘少不讽诵’。‘讽诵’与‘论议’对文,少一‘诵’字,则文不足意矣。”这是在校原书衍文。

《淮南子·人间》:“家富良马,其子好骑,堕而折其髀。”《读书杂志》“良马”条:“念孙案:‘良马’本作‘马良’,与‘家富’相对为文。”这是在利用对文校勘原文颠倒的文字。

六、辨别古今异言、通语方言的术语

1. 古今语、古雅之别语

古今语指残存在语言中的古通语和古方言词，原为杨雄《方言》一书的术语，后被后世训诂学家所沿用。如：

《方言》卷一："敦、丰、厖、夵、幠、般、嘏、奕、戎、京、奘、将，大也。凡物之大貌曰丰。厖，深之大也。东齐海岱之间曰夵，或曰幠。宋鲁陈卫之间谓之嘏，或曰戎。秦晋之间凡物壮大谓之嘏，或曰夏。秦晋之间凡人之大谓之奘，或谓之壮。燕之北鄙、齐楚之郊或曰京，或曰将。皆古今语也，初别国不相往来之言也，今或同。"

《方言》中有时用"古雅之别语"指古方言。《方言》卷一："……齐楚之会郊（两境之间）或曰怀。摧、詹、戾，楚语也。艐，宋语也。皆古雅之别语也，今则或同。"

2. 通语、凡语、通呼为、凡通语

通语和凡语都是指非地区性的普遍使用的词语或是几个地区普遍使用的词语，是起沟通各地方言作用的共同语，相当于我们现在的普通话。如：

《方言》卷一："娥、嬴，好也。秦曰娥，宋魏之间谓之嬴，秦晋之间凡好而轻者谓之娥。自关而东河济之间谓之媌，或谓之姣。赵魏燕代之间曰姝，或曰妦。自关而西秦晋之故都曰妍。好，其通语也。"

《方言》卷二："釥、嫽，好也。青徐海岱之间曰釥，或谓之嫽。好，凡通语也。"

《方言》卷一："嫁、逝、徂、适，往也。自家而出谓之嫁，由（犹）女而出为嫁也。逝，秦、晋语也。徂，齐语也。适，宋、鲁语也。往，凡语也。"

"通语"有时也称"四方之通语"。如：

《方言》卷二："庸、恣、比、侹、更、佚，代也。齐曰佚，江淮陈楚之间曰侹，余四方之通语也。"

3. 转语、代语

因为时间、地点不同或其他原因以致音有转变而意思不变的词或音转义变的词叫转语。有的音转而义不变，实际上是一个词的变体。如"布谷"，有的地方称"博古"，也指布谷鸟，实际上是"布谷"的音转。杨雄《方言》中所用的"转语"通常是这一用法。如：

《方言》第三："庸谓之倯，转语也。""庸"、"倯"是叠韵相转。

《方言》卷十:“煤,火也。楚转语也。犹齐言焜,火也。”“煤”、“焜”是双声相转。

“转语”也称“语转”、“声之转”。如:

《方言》卷十一:“蝇,东齐谓之羊。”郭璞注:“此亦语转耳。”

《方言》卷十:“崽者,子也。湘沅之会,凡言是子者谓之崽,若东齐言子矣。”郭璞注:“声之转也。”

有的音转义变而分化为不同词。如:

《尔雅·释水》:“水注川曰溪,注溪曰谷,注谷曰沟,注沟曰浍,注浍曰渎。”

“溪”、“谷”、“沟”、“浍”、“渎”之间是语转关系。其中,“溪”、“谷”、“沟”、“浍”都是双声相转,“渎”、“谷”是叠韵相转。音转义变,变为不同的词,但它们的音义仍有联系,是由同一个语根经音转义变派生出来的同源词。

有人用“转语”一词指词语的音义通转。如清人戴震在《转语》一书中把转语分为正转和变转两种,他不仅像杨雄一样用“转语”去说解方言词,而且还借以推求古音古义,全面考察词与词之间的音义关系。《转语》一书虽然失传,但是戴震的主张被他的弟子段玉裁、王念孙等人所继承。

代语指方言之间意义相同、可以互相替代的词。如:

《方言》卷十:“悈鳃、乾都、耇、革,老也,皆南楚江湘之间代语也。”郭璞注云:“凡以异语相易谓之代也。”

《方言》卷十三::“鼻,始也。……梁、益之间谓鼻为初,或谓之祖。祖,居也。”郭璞注:“鼻、祖,皆始之别名也。转复训以为居,所谓代语者也。”

第八章

词义训释在当代的功用

一、词义训释与古典文献阅读、古文教学与研究

在我国现代化的发展过程中,很多专业都需要阅读古代文献。要准确理解古代文献中的疑难字句、篇章,最大的障碍就是词义问题。进行词义训释的实践工作和词义训释的理论研究,可以帮助我们准确理解古代汉语词义、辨析词义、探求语源,不仅使我们"知其然",且"知其所以然",可以帮助我们提高文献阅读能力。如:

《左传·隐公元年》:"庄公寤生,惊姜氏,故名曰寤生,遂恶之。"对于例中"寤生"的意思,以前有人认为"寤生"意指姜氏睡时分娩,醒时发现孩子已生,还有人认为是指庄公一生下来就睁开了眼睛。这两种说法都令人难以信服。后来清人黄生认为"寤"当通"牾",是"逆"之意,"寤生"意思就是倒着生。这样解释就合情合理,正因为庄公倒着生难产,才会使姜氏受惊,也由于古代生产力低下,人们迷信观念严重,认为这种逆生之子是不吉利的,会给父母带来灾难,才导致姜氏厌恶他。这一解释现在被人们普遍接受,解决了训诂学上的一大悬案,给人们顺利阅读原文扫除了障碍。

《左传·僖公四年》:"君若以德绥诸侯,谁敢不服?"例中"绥"是"安抚"之意。"绥"的这一意义是如何得来的?需从本义说起。《说文·糸部》:"绥,车中把也。"段玉裁校为"车中靶",并说:"靶者,辔也。辔在车前,而绥则系于车中,御者执以授登车者,故别之曰车中靶也。"就是说,"绥"是系在车里面的绳子,乘车的人要拉着它上车。如《礼记·曲礼上》:"君出就车,则仆并辔授绥。"《左传·哀公二年》:"望见郑师众,大子惧,自投于车下。子良授大子绥而乘之,曰'妇人也!'"执绥上车,安全而不出事故,所以引申为"安",然后再引申为安

抚(使……安)是顺理成章的事。我们明白了“绥”的本义,也就不难记住它的“安抚”一义了。词义的训释帮助我们探知了一个词义如何引申而来。

对于从事语文教学的工作者来说,训释词义可以使自己的教学及研究工作得到理论和科学方法的指导,收到更好的效果。我们在从事语文教学工作中,要对其中的文言文进行讲解,虽然教科书上有注解,参考书中也有供参考的资料,但是我们不能盲目依从现有的解释,人云亦云。因为教科书中也会有失误,如果我们有训诂学基础,就可以运用训诂方法,查找资料,纠正书中错误的解释。如:柳宗元《捕蛇者说》:“苛政猛于虎也。”以前中学语文课本曾经将“政”注解为“统治”,实际上这儿“政”通“征”,指赋税徭役。王引之《经义述闻》:“政读曰征,谓赋税及徭役。诛求无已则曰苛政。”课本的编者没有看到前人的研究成果,以致出现错误。

二、词义训释与古籍整理工作

整理古籍是对古籍进行校勘、标点、注释和翻译。校勘是词义解释的基础,而词义的训释又是其他古籍整理工作的基础。词义考释出来,我们才可以正确地断句、加注标点、注释词义,进而翻译成文。

训诂离不开校勘,同时,校勘也离不开训诂。没有训诂学的根底,要做好校勘工作是不可能的。王念孙的校勘成绩也正源于他扎实的训诂功底。因为校书需要有广博的知识,特别是文字、音韵、训诂方面的知识,所以在校勘过程中,拥有词义考释方面的理论基础和牢固的实践基础是至关重要的。

整理古籍,有时需要我们断句,甚至加注标点,有助于读者阅读古书。在哪里断句、加注什么标点,涉及到对句意的理解。对一个句子的意义理解不同,可能断句之处不同或者加注标点不同。反过来,断句不同,或加注标点不同,句子意思也有所区别。如:唐代杜牧《清明》诗:“清明时节雨纷纷,路上行人欲断魂。借问酒家何处有?牧童遥指杏花村。”有人只改动了一下标点符号,竟把它变成了一首绝妙小令:“清明时节雨,纷纷路上行人,欲断魂。借问酒家何处?有牧童,遥指杏花村。”如将标点再作一改动,便成了一出精巧古雅的戏曲小品:(清明时节雨纷纷)(路上)行人:“(欲断魂)借问酒家何处有?”牧童:“(遥指)杏花村!”同样的词句,加注不同的标点,意思不同,文体变得也不一样,可为诗、可当词,也可作小品台词。

断句、标点对于整理古籍如此重要,可是我们如何才能断句断得恰当,标点标得准确呢?那就得建立在正确理解词义、句意的基础上。只有准确理解词义、句意，才能对古书做出正确的断句、加注标点。要准确地理解句意，词义理解是基础。考释精确，才会注释准确，否则会贻害后人。我们常常看到不同的古书引用同一篇文章，断句、标点可能不同。这种不同正是基于对词义、句意不同的理解上，甚至有许多句读问题至今尚无定论。如：《左传·僖公二十五年》："昔赵衰以壶飧从径，馁而弗食。"《经典释文》："一读'以壶飧从'绝句，读'径'为'经'，连下为句。"杨伯峻《春秋左传注》（1990：436）："此谓赵衰为晋文携带饭食，随之而行，有时晋文行大道，赵衰行小道，赵衰虽饿，亦弗食。《韩非子·外储说左下》云：'晋文公出亡，箕郑絜壶飧而从，迷而失道，与公相失，饥而道泣，寝饿而不敢食。'虽误以赵衰为箕郑，然所谓'迷而失道，与公相失'，足证《左传》'径'字一字为句，独行小路也。说参焦循《补疏》。武亿《经读考异》主杜《注》，谓从径犹从行，以'径'字属上读，王引之《述闻》申孔《疏》所引刘炫说，改'径'为'经'，谓经历饥馁，以'径'属下读，皆不确。"二注都是分析句读，前注告诉读者原文除了引文中的那种断句方法（"径"字与后边"昔赵衰以壶飧从"连为一句），还有一种断句法，就是：在"以壶飧从"后断句，"径"与后边"馁而弗食"连为一句，此时，"径"通"经"。（意即：从前赵衰拿着一壶饭跟随晋文公，自己饿了也不吃饭。）杨伯峻则认为："径"字既不与前边连为一句，也不与后边连为一句，而是单独成句。

翻译古文也是一项整理古籍的工作，为读者直接理解原文意思做有价值的参考，也为后人继承古籍中含有的文化做媒介。可是，很明显，词义不确，何谈翻译？翻译古文，要做到前人所说的"信、达、雅"的要求。所谓"信"就是忠实于原文，不能擅自改动文意，不管原文的观点是否适合翻译者的观点，都不能擅自改动。"达"是指译文要通顺，表达意思清楚、明白。"雅"是要求所用词语既要准确，且经过艺术加工、润色，达到生动、形象、传神的效果，可以说是翻译的至高境界。而翻译要达到这些目标的基础就是对词义的准确理解。

三、词义训释与工具书编纂

词义训释可以直接用于编撰字典、词典等工具书。对词义理解的偏差会影响工具书的释义，直接影响工具书的准确性，误导一大批读者。比如，对"黎明"一词的解释，几本常用工具书有所不同。意见大致分为三派：一、旧版《辞源》、《辞海》解为："天快亮的时候"，新版《辞源》释为："天将明为明之时"，新版《辞海》亦释作："天将亮未亮之时"。二、《古汉语常用字字典》解释为："天刚亮的时候"。三、《现代汉语词典》解释为："天快要亮或刚亮的时候"，《现代汉语规范词典》解释为:"天将亮或刚亮的时候"。可见,字典、词典的编撰者们对于"黎明"一词理解不同,释义也不一致,究竟是"刚亮"还是"未亮",还是二者兼而有之?哪一种正确呢?我们如果仔细参照前人的训诂成果,这个问题就容易解决了。许威汉(2003:39)根据王念孙《读书杂志》对'黎明'一词的解释,认为:"'黎明'一作'犁明',又作'迟明'。'黎'、'犁'、'迟'都应按照徐广、司马贞的解释,训为'比','黎明'就是'比明'。"又据杨树达《词诠》的解释"'犁'、'黎',时间介词,及也,比也,至也。""'迟',时间介词,及也,比也。""'比',时间介词,读去声,及也,至也,与口语'到'同。"指出:"黎明"既不是"天快亮的时候",也不是"天将亮未亮之时",而是"天刚蒙蒙亮的时候",即"已明"。由此可见,词义的辨析离不开词义的训释。

词典学是以编撰辞书为研究对象的一门学科,研究收词的范围、释义的原则、词典针对的目标等等。中国古时有"字源"、"字通"、"字鉴"等书名,"字书"是其通称。词典学本来就和训诂学是一家,《尔雅》、《方言》、《说文解字》、《玉篇》等是训诂学著作,也是词典或字典。中国古代的字书可以追溯到公元前八世纪的《史籀篇》,现存最古的是史游的《急就篇》(公元前1世纪),是一种儿童识字课本。词典学的产生和发展始终都离不了词义的训释。编纂字典、词典的整个过程,也是词义训释的实际应用,从语词的收集、词义的辨析、到义项的分合、归纳、整理以及释义方法、格式、用语等都有赖于词义训释的实践工作及其理论知识。

四、词义训释与现代汉语词语的学习、探源

现代汉语的词汇系统与古代汉语的词汇系统相比较,虽然变化较大,但是关系非常密切。古代汉语是现代汉语的源头,现代汉语是古代汉语的继承和发展。它们是同一民族语言的不同历史发展阶段,而不是两种语言。因此,在语音、文字、词汇、语法等各个方面,现代汉语和古代汉语有着密切的关联。有些古代汉语词在现代汉语中虽然消亡了,但是更多的词则被现代汉语继承了下来,有的义项在现代汉语中仍就使用。如:"尝"在现代汉语中有一个义项是"品尝",而这个义项古已有之,并且是它的本义。《说文解字》:"尝,口味之也。从旨,尚声。"《说文解字》:"旨,美也。从甘,匕声。"又"甘,美也,从口含一。一,道也。"段玉裁注:"美,甘也。甘为五味之一,而五味之可口皆曰甘。"又注:"食物不一,而道则一,所谓味道之腴也。"可知,"旨"的本义是味美,"尝"的本义是"品尝"。《广雅·释诂二》:"尝,食也。"虽然汉语的大部分词义存在着古今意

义的差别,但是它们的古今义往往存在着一定的联系。如:“兵”,在现代汉语中的常用义是“士兵”,是由它的本义“兵器、武器”发展而来,甲骨文是手拿斧子之形,斧子在古代可做兵器,《隋唐演义》中的程咬金、《水浒传》中的李逵的专用兵器就是斧子。后由“兵器”义转而指拿兵器的人即“士兵”。再如,“醒”字从“酉”,本义指“酒醒”,后来词义扩大,成为在现代汉语中的常用义是“睡醒”,也指“醒悟”。有些古代汉语词虽然在现代汉语中“死”去了,不再作为词单独使用,但是作为语素还存在于大量的现代汉语词汇中。王宁先生(2008:409)曾经说:“构成现代汉语双音词的不自由语素,相当一部分保留着先秦古义,而且大多属于现代不再单独使用的意义。”如:“救”的“止”义在现代汉语中已经消失,但还保留在“救火”、“救灾”、“救难”等词中。即使是现在的单音节同义词中,文言词的构词能力往往也大于文言词。如:“丢”和“失”都有“丢失”的意思,是一组同义词。口语中常用“丢”,而“失”是文言词,但是由“丢”组成的词(如:丢失、丢弃、丢掉等)远远少于“失”组成的词(如:遗失、失去、丢失、损失、失明等)。再如:“拿”和“取”,口语中常用的词是“拿”,而“取”是文言词,《现代汉语词典》中收录的以“拿”开头的词有 19 个,而以“取”开头的词有 32 个。由上可见,古代汉语词汇仍然以各种各样的形式活跃在现代汉语中。

词义的训释可以帮助我们探知现代汉语中一些词义是如何引申而来的。如:现代汉语中表示“请客的主人”的“东道主”出自《左传·僖公三十年》:“若舍郑以为东道主,行李之往来,共其乏困,君亦无所害。”在原文中,“东道主”是指东方道上的主人,因为郑国在秦国的东面,所以称为东道主。古代还有“西道主人”、“北道主人”、“南道主人”的说法。如:(唐)温大雅《大唐创业起居注》载:“仍命华先济,为西道主人,华大悦而去。”《后汉书·邓晨传》:“光武曰:‘伟卿以一从我,不如以一郡为我北道主人。’”《魏书·裴延儁传》:“昨得汝主簿为南道主人,六军丰赡。”只是因为《左传》一书对后世的影响极大,其中的《烛之武退秦师》又是名篇,所以,“东道主”才成了典故,邀请别人到自己的地方停留做客的主人便自称“东道主”。又如:现代汉语中兄弟的妻子之间互相称呼“妯娌”。陆宗达、王宁(1994:468)训释如下:“《方言》说:‘筑娌,匹也。娌,耦也。’郭璞注:‘今关西兄弟妇相呼为筑里(娌),度六反,《广雅》作妯。’《集韵》:‘妯又音俦。’‘筑’,上古音在‘知’纽‘沃’韵,‘妯’在‘定’纽,‘沃’韵。其实,它们都是‘俦’的音转,‘俦’在‘定’纽‘萧’韵,与‘筑’、‘妯’恰为对转音。‘俦’,《玉篇》训‘侣也’。《文选·魏都赋》注‘等也’。《思玄赋》注‘匹也。’‘俦娌’意为‘等耦’——同作一对兄弟的配偶。”再如:现代汉语中,“吹牛皮”指夸大事实,“拍马屁”指善于逢迎、阿谀奉承。它们的此义如何而来?据史学家顾颉刚考察,甘肃、青海一带用牛羊皮做袋子,吹气后联结为筏子,以充当水上行驶工具;西北中产人家都蓄养马,出去常牵马,与人相逢,常以马为谈论话题,常常拍马股说:“好马!好马!”本无谄媚之意,后地位低贱之人见高贵之人,贫者见富者,不管马的好坏,就拍马股说:“大人之好马!”正因为有这样的文化背景,“吹牛皮”、“拍马屁”才衍生出现在的常用义。

词义的训释还可以帮助我们了解为什么选用某个词语表达特定的意思。例如,我们用来夹饭的器具为什么叫“筷子”?据陆宗达、王宁(1994:458)考证,因为古代的筷子叫“箸”,南方的船家忌讳它和“住”同音,为了吉利改用行船快的“快”来代称。后来,这个行业禁忌词进入了全民语言,“箸”就成了“快”,又因为南方的筷子是用竹子削成,所以“快”字又加了“竹”字头。叔母为什么叫“婶”,舅母为什么叫“妗”?陆宗达、王宁先生(1994:458)又考证,“因为‘婶’与‘妗’古音都以‘m’作尾音,‘婶’等于‘叔+m’,是‘叔母’的合音。‘妗’等于‘舅+m’,是‘舅母’的合音。”

在现代汉语的学习中,词义训释的实践工作同样使我们不仅知其然,而且知其所以然。我们不仅对现代汉语中的语词有了更深刻的理解,且对它的来龙去脉了如指掌,帮助我们能轻松、牢固地掌握词义及其系统,丰富了我们的词汇,使我们更准确地使用词语,进而提高我们的口语能力和写作水平。

五、词义训释与各种学科的学习与研究

(一)词义训释与语言学的分支学科

语言学有许多分支学科,从语言本身的结构和体系研究来看,可以分为语音学、音韵学、语法学、词汇学、语义学、训诂学、文字学、音韵学等。研究语音的物理属性、人类的发音方法、语音感知的生理过程等的是语音学;研究词法和句法的叫语法学(词法研究词的构成方式和屈折方式,句法研究如何把词组成短语或句子);研究词汇项目、词汇意义、词语演变的学科是词汇学;研究词项与概念及指称对象的关系,揣摩各种词义的异同、正反、上下、交叉等关系,剖析整个句子或其中某些成分的意义,这是语义学;研究古书注释的学科叫训诂学;研究收词范围、释义原则和针对什么目标编辑词典的学科叫词典学;等等。

前面已经谈过研究词义的训诂学、词汇学、语义学等学科,词义研究与它们的关系自不待言。传统训诂学是经学的附庸,内容包罗万象,最主要的内容就是对古籍中词语进行训释,词义训释就是传统训诂学的主要工作。现代训诂学发展成了一门独立的学科,不再限于对古代文献的考释,但是对古代文献的考

释工作仍然是它的很重要的一部分内容。词义训释在词典学中的应用,我们前边也已提及,此处不再赘述。词义训释借助于语言学的各个分支学科进行,同时又促进它们的发展。

1. 词义训释与文字学。文字学主要研究汉字的起源、形体结构及其演变。而我国古代关于词义训释的资料本身就是用汉字记录下来的,那些汉字既有古文字(如小篆),也有今文字(隶书、楷体),这为文字学研究保存下了非常宝贵的文字资料。又因为汉字是表意体系的文字,字形和字义之间有着密切的联系,训释词义往往涉及到字形结构的分析以及字形的考证,许多时候训诂学家在训诂时使用形训方法,即通过字形训释字义,而这些说解资料反过来又为文字学的研究提供了大量的资料。

2. 词义训释与音韵学。音韵学研究古代汉语各个时期的声韵调系统的学科。训诂学家在训释词义时,有时需要破假借,而读音相同或相近是假借的基本条件,这就需要涉及到音韵学,需要懂得古音知识。那些阐明假借的材料为日后音韵学家们进行音韵学方面的研究也提供可贵的资料。另外,古人在训释词义时有时采用声训方法,即利用两个词或几个词之间的语音联系去训释词义。也许这几个词在现代汉语中读音不变,仍然相同或相近,但是也有一些词音发生了很大变化。前人的那些训释材料就可以反过来为古音的研究提供资料。刘熙的《释名》是主要使用声训方法的"音书",是研究东汉末年汉语音韵的宝贵资料库。《尔雅》和《说文解字》也有时使用声训方法,也是研究汉代音韵的宝贵资料。罗常培、周祖谟就曾经利用《释名》的声训资料考证汉末韵部的归类以及一些阴阳对转的关系等。

3. 词义训释与语源学。语源学是推求词语根源的一门学科,它本来就孕育在训诂学中,这两门学科相互依存。《释名》可以说是我国第一部语源学著作,章炳麟的《文始》为中国语源学奠定了坚实的基础。在词义训释时,考证、训释其本义及引申义,就会系联起一些同源词,所用的具体例释材料为语源学的发展积累了丰富的资料。古代训释词义时所用的声训方法有时展现词语的根源,揭示词义的联系,可以帮助追溯词语的根源。如《论语·为政》:"为政以德,譬如长辰,居其所,而众星拱之。"朱熹注:"政之为言正也,所以正人之不正也;德之为言得也,得于心而不失也。"又《荀子·修身》:"以不善先人者谓之谄。"杨倞注:"谄之言陷也。谓以佞言陷。"注释中使用了声训方法,用"正"注"政"、"得"注"德"、"陷"注"谄",揭示出它们音近义通的关系,为追溯语源提供了线索。

4. 词义训释与方言学。方言学是以研究民族语言内部的差异为任务的一门学科。它有两个部门:一是方言地理学,即传统的方言学;二是社会方言学。前者研究语言的地区性差异,后者研究语言的社会性差异。我国古代词语训释资料中训释的范围既包括古语词,也包括方言俗语,那些对方言俗语的解释为后来我国方言学的发展和研究提供了丰富的资料。西汉末年扬雄专门将方言词汇集起来作了解释,著成《方言》一书,开创了我国研究方言的先河,它既是我国第一部方言学著作,也是一部训诂学著作。现在的方言中也有许多词仍然是古语的留存,因此研究现在的方言仍然离不开词语训释资料。

(二)词义训释与其他人文学科

词义训释还对其他的人文学科如考据学、校勘学、文学、史学、古地理学、法学、哲学、经济学等有很大帮助。

考据学家对《五十二病方》的抄写年代说法不一致。有的说是在秦以前,有的说在汉初。利用词义训释,就可以轻松解决这一问题。书中出现了指称五谷"豆"字,而"豆"在秦以前都指"食肉器",是一种盛放肉的器具,它的"五谷"义是在汉代以后才有的。由此可见,《五十二病方》的抄写年代不可能早于汉初。

闻一多先生深明词义训释在古典文学研究中的作用,在研究古典文学的同时,认真校正文字、注释词义,写出了《诗经新义》、《诗经通义》、《楚辞校补》、《离骚解诂》等训诂学著作,留下了丰富的成绩。有许多这样出色的古典文学研究者在词义训释方面做出了很大的成绩。

秦末,陈胜、吴广起义,建立了政权,关于国号学者们有不同的看法。史家解释颇不一致,至今尚无定论。主要有以下三种看法:

看法一:国号是"张楚"。"张楚"最早见于《史记》,如《秦始皇本纪》云:"七月,戍卒陈胜等反故荆地,为'张楚'。"《高祖本纪》云:"秦二世元年秋,陈胜等起蕲,至陈而王,号为'张楚'。"《陈涉世家》云:"陈涉乃立为王,号为'张楚'。""号为张楚"理解为"国号是张楚"。另外,考古工作者在湖南长沙马王堆三号汉墓中发现的帛书上,也有"张楚"一词。有人还以马王堆出土的帛书资料为依据,认为帛书《五星占》中的土星行度表及帛书中关于刑德的一种古佚书中的干支表等都列出秦及汉初纪年,都有'张楚',说明汉初是把"张楚"作为名词使用的,既是国号,也可纪元。当时,陈涉并未统一全国,而且时间又短,史书记载不一是很自然的,但帛书资料为楚地文献,用"张楚"二字,比其他史书当更为可靠。因此,称陈胜所建立的政权为"张楚政权"、"张楚国"是可以的。

看法二:国号是"楚"。持这种观点的学者有的认为,《史记》等记载"号为张楚",其中的"张"字用作动词,是"张大"的意思。"张楚"是一个动宾词组。所谓"号为张楚",就是"号召要张大楚国"的意思,而不是陈胜真正做了"张楚王”，建立了张楚国。至于陈胜为什么要“号为张楚”，是因为农民军要打着楚国的旗号，用张大楚国来号召人民起来反抗秦王朝的统治，是一种宣传、一种争取人心的策略。也有人认为，据史书记载，“张楚”就是“大楚”，这是偏正词组，而不是动宾词组。从古代词义看，“张”可训“大”，义可通用，陈胜的国号“张楚”也就是“大楚”。这个偏正词组的全称，可能在比较正式的场合偶而使用，而通常又称“楚”，就像“大汉”、“大唐”等通常称“汉”、“唐”一样。还有人认为，“张楚”的“张”训为“大”义，牵强附会。“张”是动词“建立”之义，而不是“张大”之意。因为这时楚国早已被秦所灭，灭亡了又怎能谈得上“张大”呢？因此，“号为张楚”，应解释为“宣称为了建立楚国”。据许威汉（2003:39），“张”，《广雅》作“施”讲，“广韵”作“开”讲，《集韵》作“陈设”讲。而“开”、“施”、“设”也可引申为“建”的意思，“国号是张楚”即为“宣称为建立楚国”。又考证《史记·秦始皇本纪》和《汉书·高帝纪》，都说“自立为楚王”，而不说“张楚王”。又据《陈涉世家》两次称“大楚”（“狐鸣呼曰：‘大楚兴，陈胜王。’”“坦右，称大楚。”）、九次称“楚”，可知：“大楚”也就是“楚”，正如人们称“汉”为“大汉”、“唐”为“大唐”一样。

看法三：陈胜、吴广起义时，建立了我国历史上第一个农民政权，国号为“大楚”。当农民起义军占据陈县之后，正式建国号为“张楚”，这是陈胜农民政权的第二个国号。

还有人认为，“张楚”是陈胜自立的“王号”。不管怎么考证，都离不开“张楚”词义的考释，词义的考释准确与否直接影响对史料的理解。

要研究法学、哲学、经济学，特别涉及我国古代法学、哲学、经济学时，就要阅读我国古代史料，同样离不开词义的训释。

第九章

我国古代的词义研究概述

我国的词义研究有着悠久的历史,主要是对词语进行汇集考释,同时就词义本身的发展以及同义词、近义词的辨析等问题形成了一些理论和方法,研究主要集中在文献语言意义上。从词义训释实践来说,先秦是词义训释的萌芽期,汉代是词义训释的成熟期,清朝是词义训释的鼎盛期。

一、先秦时期的词义研究

先秦时期是词义研究的萌芽期。我们通常说的先秦,是指秦以前的历史时期,在这儿主要指春秋战国时期。词义研究的萌芽和产生源于社会交际的需要。原始社会,人们在劳动生产的过程中,产生了语言。人们在用语言进行交流的过程中,不同部落、氏族之间由于语言的差异需要解释各自的语言,可以说这是原始的词义训释。只是由于文字尚未产生,这种口头解释没有作为资料流传下来。自从文字产生以后,某些口头解释便被记录下来,这就是早期的词义训释资料。词义训释最早出现在先秦文献的正文里,在殷墟出土的甲骨刻辞的正文中就已经发现这种训释形式,只是数量很少。在《尚书》的《禹贡》和《洪范》中也有几条解释词语的文句。虽然可能这些文献经过后人的加工,不一定是原文,但至迟也是春秋时期的著作,是先秦文献。

(一)词义研究兴起的原因

1. 教育的开办和发展是词义研究的直接推动力。

我国早在周代就开始重视教育。班固《汉书・艺文志》说:"古者八岁入小学。故周官保氏掌养国子,教之六书,谓象形、象事、象意、象声、转注、假借。"教学生"六书"其实就是识字教育,教学生识字当然就得解释词义,以使他们正确理解词义、快速掌握词义。春秋战国时期,中国社会由奴隶制向封建制过渡,政治经济有了很大发展,文化也呈现出繁荣的局面。教育工作日益受到重视,有了很大的发展，有政府开办的贵族学校，也有私人开办的私学。《汉书·食货志》："八岁入小学，学六甲五方书计之事。"学生们学习的课本是后世所谓的经书，如《诗》、《书》、《礼》、《乐》等。要研读这些经典，就要阐释字词。

2. 地域阻隔，方言存在差异，词义的阐释和研究是人们交际的需要。战国末年，国家分裂，诸侯纷争，分为七国，当时"言语异声，文字异形"（《说文解字叙》），但是各国之间人们又互有往来，方言和文字的不同不利于人们的交往，人们迫切需要有人对方言进行解释，用来沟通方言。

3. 由于时代发展、语言变化，一些古书流传到当时，已经难以读懂，需要有人对那些古语词加以注释。

（二）词义研究兴起的表现

1. 先秦诸子的"名实"论和对名称的分类

春秋战国时期，学派林立，百家争鸣，各个学派的代表人物争相阐述自己的主张，驳斥其他派别的观点。各派学者在阐述自己的思想观点时，曾经论及词和客观事物之间的关系，展开过"名""实"之争。"名"就是名称、词语，"实"就是名称所表示的实际内容。早在商周王朝就确定了许多刑名、爵名、文名，而这些名称表达的内容准确与否对于治理国家、安定社会至关重要。因此，"名""实"关系就成为先秦诸子论述的一个重要问题。名学中讨论的这些问题既是古代政治问题、哲学问题、逻辑学问题，也是词汇学的理论问题。洪诚（1982）曾在《中国历代语言文字学文选》序言中说："中国上古语言学和名学有难分的关系。"

先秦诸子在他们的哲学著作中虽然主要从政治作用方面论述"名""实"的关系问题，但是他们的论述中包括了词语和词语所指示对象的关系，并且从不同角度对名称进行了深入研究，其中，比较突出的有孔子、尹文子、墨子、荀子。

孔子首先提出了"正名"的思想观点，他说："名不正，则言不顺；言不顺，则事不成；事不成，则礼乐不兴；礼乐不兴，则刑罚不中；刑罚不中，则民无所措手足。故君子名之必可言也，言之必可行也。君子于其言，无所苟而已矣。"（《论语·子路》）这儿的"名"指的是政治、法律、文化上重要制度的名称、名分。孔子的"正名"思想对后世有很大的影响。尹文子继承了孔子的思想，他说："大道无形，释器有名。名也者，正形者也。形正由名，则名不可差。故仲尼曰：必也正名乎？名不正则言不顺。"（《尹文子》）并且说明了语词符号同语词符号所指的关系："名者，名形者也；形者，应名者也。然形非正名也，名非正形也，则形之与名，居然别矣……今万物具存，不以名正之则乱；万名俱别，不以形应之则乖。

故形名者,不可不正也。”他还根据意义及其社会作用对“名”作了分类:“名有三科……一曰命物之名,方圆黑白是也;二曰毁誉之名,善恶贫贱是也;三曰况谓之名,愚贤爱憎是也。”

墨子对于孔子的正名主张持批判态度,他说:“非以其名也,以其取也。”“孔子是循名以责实,墨子则取实以予名,孔子以古形式不能空有,必须求实以正名,墨子以形式不为古拘,必须以今实而定名。”(杜守素、侯外卢、纪玄冰《中国思想通史》第一卷,1950:204)关于名实的关系,墨子认为,“以名举实”(《小取》)“举,拟实也。”(《经上》)“举,告之以名,举彼实故也。”(《经说上》)(拟实:模拟墨子其实相。故:事物的本质。举:揭示出。)说明了概念模拟实物得其实相,用一个合适的名称表达它,从而揭示出事物的一般本质属性。墨子将名分为达名、类名、私名三种,并且解释说:“名物,达也;有实必待之名也。命之马,类也,若实也者,必以是名也。命之臧,私也;是名也,止于是实也。”(《经说上》)他的分类摆脱了从词语的具体意义、社会作用的狭小视野,从事物的共性、个性上分析概念、词语的类别和关系,至今仍然是事物分类的一般范畴。

荀子的“名”“实”论集中反映在《荀子·正名篇》中。他对“制名之枢要”作了系统的论述,他指出了“名”和“实”关系的社会约定俗成性,发表了著名的经典言论:“名无固宜,约之以命,约定俗成谓之宜,异于约谓之不宜。名无固实,约之以命实,约定俗成谓之实名。”他说明了事物有各种属性,人们通过辨别这些属性的异同而命名,名称就反映了事物的这些属性。他也像墨子一样从事物、现象的共性、个性上对概念、词语作了分类,指出名称有“大共名”、“大别名”,而且指出“大共名”“大别名”又可分为多个层次,“万物虽众,有时而遍举之,固谓之物。物也者,大共名也。推而共之,共则有共,至于无共而后止。有时而遍举之,故谓之鸟兽。鸟兽也者,大别名也。推而别之,别则有别,至于无别而后止。”他又依据词语的社会作用将“名”作了意义上的分类,分为刑名(刑罚的名称)、爵名(爵位的名称)、文名(礼仪的名称)、散名(一般事物的名称)。他还提出了“善名”的标准是准确无歧义,“名有固善,径易而不拂,谓之善名。”荀子还注意到了“名”构词法方面的差别,指出:“单足以喻则单,单不足以喻则兼。”(单,指单名。兼,指用数名构成的复名。)这是对词语结构分析的萌芽。

这些对“名”“实”有意识的探讨不仅成为汉语词汇学的理论基础,有助于人们进行词义的阐释和辨析,而且对汉语的词义研究起到引领作用。

2. 词义的训释

这个时期,一些哲人在言谈之中已经对某些字词和话语进行了训释。据古书记载下来的，如：

《论语·颜渊》："克己复礼为仁"。

《墨经》："闻，耳之聪也。"

《荀子·修身》："多闻曰博，少闻曰浅，多见曰贤，少见曰陋。"

《韩非子·解老》："仁者，谓其中心欣然爱人者也。"

因为这个时期是词义研究的萌芽阶段，因此，古人词义解释的实践成果主要有正文体（文献正文中的词义解释）和注释体两种形式。文献正文中的词义解释，据张新武的《先秦文献正文中词义训诂辑录》统计，《周易》、《左传》、《孝经》等 31 部古籍中共有 1562 条。这个时期，还出现了注释的雏形，这个时期用的注释名称有"传"、"解"、"说"、"记"。"记"较少使用。东汉的徐防说："《诗》、《书》、《礼》、《乐》，定自仲尼；发明章句，始于子夏。"意指子夏的《易传》、《丧服传》是儒家经典注释的鼻祖。清代陈澧《东塾读书记》卷四）认为儒家经注之祖是孔子所注的《十翼》，而章炳麟（《国故论衡·明解故上》）和吕思勉（《燕石札记·传说记》）认为孔子以前儒家的经典已经有了传注。儒家以外，其他诸子的著作也出现了一些注解，如：《管子》有《牧民解》、《形势解》、《立政九败解》、《版法解》、《明法解》等；《韩非子》有《解老篇》、《喻老篇》等。不过这些注解不是逐字逐句的注释，而是阐释其意旨。

春秋战国时期，所用训诂方法已经有形训、声训、义训。

用形训方法的，如：

《左传·宣公十二年》："夫文，止戈为武。"

《韩非子·五蠹》："古者仓颉之作书也，自环者谓之厶，背私谓之公。"

用声训方法的，如：

《礼记·哀公问》："政者，正也。"

《孟子·滕文公上》："庠者，养也；校者，教也；序者，射也。"

用义训方法的，如：

《周礼·夏官·司勋》："王功曰勋，国功曰功，民功曰庸，事功曰劳，治功曰力，战功曰多。"

《庄子·逍遥游》："南冥者，天池也。齐谐者，志怪者也。"

《庄子·齐物论》："庸也者，用也；用也者，通也；通也者，得也。"

《孟子·梁惠王下》："老而无妻曰鳏，老而无夫曰寡，老而无子曰独，幼而无父曰孤。"

《韩非子·五蠹》："从者，合众弱以攻一强也；而衡者，事一强以攻众弱也。"

这个时期,释义术语系统及其基本格式也基本形成,这些释义术语和格式都被后世所沿用,奠定了训诂学中释义术语和格式的基础。

用“某者,某也”的,如:

《逸周书·本典》:“与民利者,仁也。”

《大戴礼·盛德》:“义者,所以等贵贱,明尊卑者也。”

用“某者,某”的,如:

《老子》第三十八章:“夫礼者,忠信之薄而乱之首”。

用“某也者,某也。”的,如:

《荀子·解蔽篇》:“圣也者,尽伦者也;王也者,尽制者也。”

用“某,某也”的,如:

《左传·襄公二十一年》:“政,身之守也。”

《国语·晋语》:“义,广德也。”

用“某曰某”的,如:

《公羊传·隐公二年》:“妇人谓嫁曰归”。

《逸周书·常训》:“顺言曰正”。

用“某为某”的,如:

《左传·庄公三年》:“凡师一宿为舍,再宿为信,过信为次”。

《左传·文公七年》:“兵作于内为乱,于外为寇”。

《左传·宣公十五年》:“君能制命为义。”

《国语·周语》:“博爱于人为仁。”

用“某谓之某”的,如:

《庄子·让王篇》:“无财谓之贫”。

《管子·戒》:“以德予人者谓之仁”。

用“某之谓某”的,如:

《庄子·天物篇》:“爱人利物之谓仁”。

二、两汉时期的词义研究

两汉时期是我国文化史上的一个重要时期,国家空前统一,政治上实行封建集权制度,社会安定,经济、文化繁荣,是我国词义研究的兴盛时期。

(一)词义研究兴盛的原因

1. 社会的发展、经济的繁荣带动文化的发展

秦朝的建立,在中国确立了专制的中央集权的封建制度,秦始皇统一了文

字、货币,为发展统一的多民族的经济和文化创造了条件。西汉时期,封建制度得到巩固。又经过汉初的休养生息政策,在文帝、景帝时期,经济比较繁荣,史称“文景之治”。到汉武帝时,西汉进入鼎盛时期。经济的繁荣往往带来文化的繁荣。

2. 统治者重视整理古籍工作

(1)采取一系列抢救古代典籍的措施

秦始皇统一中国之后,文化上实行专制政策。公元前 213 年,秦始皇下焚书令,除医术、占卜、种树之书外,秦记以外的列国史记、私藏诗书、百家语都要销毁,许多古代典籍付之一炬。公元前 212 年,又坑杀儒生 460 余人。这就是历史上有名的“焚书坑儒”事件。秦火之后,先秦时期的书籍损失殆尽。汉朝建立以后,大力抢救古籍,汉兴 400 多年间,采取了一系列抢救古籍的措施。据《汉书·儒林传》记载,汉文帝时,派晁错去向曾任秦博士的伏生学习《尚书》,用隶书将伏生记得的《尚书》记录下来。今天我们看到的《尚书》28 篇,就是由伏生口授、经晁错记录而传下来的。汉建元元年(公元前 140 年),汉武帝下令要民间献书。汉元光五年(公元前 130 年),汉武帝又下诏调吏民中明事务、习儒术的人,令与各郡国的上计吏同到京师,集中抢救古籍,“百年之间,书集如山”(刘歆《七略》)。汉河平三年(公元前 26 年),汉成帝下诏,派陈农到各地求遗书,命刘向负责校书,所校之书包括经传、诸子、诗赋、兵书、数术、方技等,这是汉代规模最大的一次校勘工作。刘向校书二十年,编成《别录》。刘向死后,其子刘歆继承父业,完成图书目录《七略》。

(2)尊崇经书,设立博士讲经

汉朝初建,由于久经战乱,国家的经济生产遭到严重破坏,人民需要休养生息。统治者吸取秦亡的教训,为了恢复生产和安定人心,实行无为而治、休养生息的政策,减轻农民的徭役、赋税,注重发展农业生产。因此,西汉前期的统治思想是以“清静无为”为核心的道家思想。汉武帝时,经过汉初的积累,国家强盛,从政治上和经济上进一步强化专制主义,中央集权制度已成为封建统治者的迫切需要。主张“无为而治”的道家思想已不能满足政治需要,也与汉武帝的好大喜功相抵触,而儒家的春秋大一统思想、仁义思想和君臣伦理观念显然与武帝时所面临的形势和任务相适应。于是,在思想领域,儒家终于取代了道家的统治地位。汉武帝采纳董仲舒的建议,罢黜百家,独尊儒术,儒家思想成为正统思想。儒家著作《诗》、《书》、《礼》、《易》、《春秋》被列为五经,设立五经博士讲经,大力提倡读经,对经书的诵习程度也成为任用和提拔官吏的依据,治经成为一门学问,之后博士逐渐增加。博士们为了讲经,士人们诵习研读经书,都要研究章句之学、为经书做注,促进了词义研究的发展,古书新注不断涌现,甚至同一经书的不同注本同时流行于世。

3. 今文经学派和古文经学派的争论推动了词义的研究

汉代经学中今文学派和古文学派的斗争,对词义研究影响很大。经学在发展过程中,形成了两大派别:今文经学派和古文经学派。今文经指的是用当时通行的隶书记录下来的儒家经典。汉代,隶书已经成为通行文字。官府公文和太学中的儒家经典都是用隶书书写的,绝大部分访求到的遗书也是凭着人们的记忆,用隶书记录下来的。古文经指的是用古文字(篆文、籀文、六国古文)书写的儒家经典。汉武帝太始四年(公元前93年),在孔宅夹壁中发现了一批经书。《汉书·艺文志》载:"武帝末,鲁恭王坏孔子宅,欲以广其宫,而得古文《尚书》及《礼记》、《论语》、《孝经》凡数十篇,皆古字也。"后人称之为"壁中书"。据《汉书·景十三王传》载,河间献王刘德曾于民间征求古书,"献王所得皆古文先秦旧书",据说有《尚书》、《周礼》、《礼记》、《孟子》、《老子》等。北平侯张苍所献《左传》、鲁三老所献《孝经》、鲁淹中出土的《礼》古经,也都是用古文字书写的。当时通行的是隶书,人们已经看不懂篆籀古文,这就需要对这些儒家经典进行解释。孔安国是孔子的十二世孙,识古文字,曾为《尚书》、《孝经》、《论语》作传(即《尚书传》、《古文孝经传》、《论语训解》,不过现在流传的所谓孔安国《尚书传》据清人考证,是东晋梅赜的伪作,被称为伪孔传),有许多人跟他学习,形成了经学中的古文学派。到东汉,古文经学在民间盛行,出现了一批博通群经的经学大师,如贾逵、许慎、马融、郑玄等。另外,这个时期的一些史学家、思想家,如桓谭、班固、王充等,同时精通训诂,他们在记述历史史实、阐释哲学思想时,也夹杂着对经书内容的阐释,词义研究工作正是在这种对经书的专门研究和其他相关的学术活动中兴盛起来的。

今文经学是官学,是由朝廷认可的博士传授的,代表人物是董仲舒,他是汉代统治阶级的御用学派的代表人物,其代表作是《春秋公羊学》。今文经学反映了当权者的利益,特点是根据统治者的政治需要对先秦儒家经典进行训释,因而注释常常考证繁琐,穿凿附会,阐发义理,甚至宣扬谶纬迷信,神化儒家经典。古文经学是私学,得不到朝廷的承认,反映了一些非当权者的利益。特点是:在解释先秦儒家经典时,注重语言文字的训诂,按照字义来解释经文,不逞臆说,不过多地搞繁琐考证,也不虚妄迷信,质朴无华,实事求是,后人称之为"朴学"。古文经学派和今文经学派两派依据文本不同,解说各异,互相攻讦,争论不休,几乎持续了整个汉代。西汉末年,古文经学派最终取得了胜利。这种论争、辩难推动了词义训释工作的深入发展。我们需要注意的是,今文经学和古文经学虽有区别,重师承、讲家法,但是都是为统治阶级服务的,有时今文经学和古文经学又会交错在一起。一部著作的注解中可能兼采今文经学和古文经学;一些古文经学家可能也同时兼讲今文经学,如贾逵、许慎等。郑玄注古文经,兼采今文说中有用的成分,“囊括大典,网罗众家,删裁繁芜,刊改漏失”(《后汉书·郑玄传》),成为一代宗师,把古今文训诂成就融为一体,时人称之为“郑学”,他对训诂学的发展有很大的推动作用。

(二)汉代词义研究概况及其成就

1. 儒家经典的注释大量涌现

西汉时期,出现了大量为儒家经典所作的注释。据《汉书·艺文志》记载:《易》有《易传》周氏2篇、服氏2篇、杨氏2篇、蔡公2篇、韩氏2篇、王氏2篇、丁氏8篇、古五子18篇、淮南道训2篇、古杂80篇、孟氏京房66篇、五鹿充宗略说3篇、京氏段嘉12篇,章句,施、孟、梁丘氏各2篇;《书》有传41篇、《欧阳章句》31卷、《大小夏侯章句》各29卷、《大小夏侯解故》29卷、《欧阳说义》2篇;《诗经》有《鲁故》25卷、《鲁说》28卷、《齐后氏故》20卷、《齐孙氏故》27卷、《齐后氏传》39卷、《齐孙氏传》28卷、《齐杂记》18卷、《韩故》36卷、《韩内传》4卷、《韩外传》6卷、《韩说》41卷、《毛诗诂训传》30卷;《礼》有《中庸说》2篇、《明堂阴阳说》5篇、《周官传》4篇;《春秋》有《左氏传》30卷、《公羊传》11卷、《谷梁传》11卷、《邹氏卷》11卷、《夹氏传》11卷、《左氏微》2篇、《铎氏微》3篇、《张氏微》10篇、《虞氏微传》2篇、《公羊外传》50篇、《谷梁外传》20篇、《公羊章句》38篇、《谷梁章句》33篇、《公羊杂记》83篇、《公羊颜氏记》11篇;《论语》有《鲁传》19篇、《齐说》29篇、《鲁夏侯说》21篇、《鲁安昌侯说》21篇、《鲁王骏说》20卷、《燕传说》3卷;《孝经》有《长孙氏说》2篇、《江氏说》1篇、《翼氏说》1篇、《后氏说》1篇、《杂传》4篇、《安昌侯说》1篇。

东汉时期,出现了许多注释学家,著名的就有二十多人,如:郑众、贾逵、王逸、许慎、服虔、马融、郑玄、何休、赵岐、卢植、高诱、应劭等。儒家经典注释的数量比西汉时期更多,既有专释一书的随文释义的注疏,也有总释群经的著作。随文释义的注疏据钱大昭《补续汉书艺文志》载:《易》有樊英《易章句》、彭宣《易传》、袁京《难记》、宋忠《周易注》、马融《周易注》、郑玄《周易注》、荀爽《易传》、刘表《周易章句》;《书》有朱普《欧阳尚书章句》、牟卿《尚书章句》、桓荣《欧阳尚书章句》、桓郁《欧阳尚书章句》、牟长《尚书章句》、刘陶《尚书训诂》、张楷《尚书注》、周防《尚书杂记》、卫宏《古文尚书训旨》、贾逵《欧阳大小夏侯尚书古文同异》、《尚书训》、马融《尚书注》、张奂《尚书记难》、卢植《尚书章句》、郑玄《尚书注》、荀爽《尚书正经》;《诗经》有伏黯《齐诗解说》、伏恭《齐诗章句》、薛汉《韩诗章句》、杜抚《韩诗题约义通》、赵长卿《诗细》、张远《韩诗章句》、侯包《韩诗翼要》、马融《毛诗注》、贾逵《毛诗集义难》、郑玄《毛诗笺》、吕叔玉《诗说》、荀爽《诗传》;《礼》有卢植《三礼解诂》、曹充《庆氏礼章句辨难》、曹褒《礼通义》、郑玄《仪礼注》、马融《丧服注》、卫宏《周官解诂》、杜子春《周官注》、郑兴《周官解诂》、郑众《周官传》、贾逵《周官解诂》、马融《周官传》、郑玄《周官注》、高诱《礼记注》、卢植《礼记注》、郑玄《礼记注》、荀爽《礼传》、景鸾《月令章句》、蔡邕《月令章句》;《春秋》有孔嘉《左氏说》、服虔《左氏传解谊》、《春秋塞难》、《春秋成长说》、郑兴《左氏传条例章句训诂》、贾逵《左氏传解诂》、郑众《春秋难记条例》、陈元《左氏训诂》、延笃《左氏传注》、王珍《左氏达义》、李譔《左氏指归》、乐详《左氏问》、《谢氏释》、许淑《左氏传集解》、彭汪《左氏奇说》、何休《公羊解诂》、《公羊墨守》、《左氏膏肓》、《谷梁废疾》、郑玄《发墨守》、《鍼膏肓》、《起废疾》、张霸《减定严氏春秋章句》、荀爽《公羊问答》、刘陶《春秋训诂》、马融《三传异同说》、孔融《春秋杂议难》;《论语》有周氏《论语章句》、沛献王辅《论语传》、何休《论语注训》、马融《论语注》、郑玄《论语注》、《论语注释义》、麻达《论语注》;《孝经》有何休《孝经注训》、郑玄《孝经注》、高诱《孝经解》、宋均《孝经皇义》;《孟子》有赵岐《孟子章句》、程曾《孟子章句》、郑玄《孟子注》、刘熙《孟子说》。其中,注释名著有郑玄《毛诗笺》、《周礼注》、《仪礼注》、《礼记注》、何休《春秋公羊解诂》、赵岐《孟子章句》等。

总释群经的如:班固《白虎通义》、许慎《五经异义》、郑玄《驳五经异义》、《六艺论》、郑小同《郑志》等。《白虎通义》是东汉时期讲论五经同异、统一今文经义的一部重要著作,是班固等人根据汉章帝建初四年(公元 79 年)经学辩论的结果撰集而成,因辩论地点在白虎观而得名。《白虎通义》继承了董仲舒以后今文经学神秘的唯心主义思想,以神秘化了的阴阳、五行为基础,解释自然、社会、伦理、人生和日常生活的种种现象,对宋明理学的人性论产生了一定影响。它融合了今文经学、古文经学与谶纬迷信于一体,企图统一经学,建立神学经学,并将其奉为永恒的真理,要人们世代相沿。全书共汇集 43 条名词解释,内容涉及社会、礼仪、风习、国家制度、伦理道德等各个方面。其中有很多条目汇集了不同的学术观点,有些条目还并列了不同甚至相反的观点,对有关解释都存而不决,以供人们参考。《五经异义》已经亡佚,据惠栋《后汉书补注》,此书"博存众说,蔽以己意,或从古,或从今。"

2. 注释的范围进一步扩大,道家和其他著作出现了一些注释

西汉时期,有人开始为《老子》作注,据《汉书 · 艺文志》记载,有《老子邻氏经传》4 篇、《老子傅氏经说》37 篇、《老子徐氏经说》6 篇、刘向《说老子》4 篇。

相传还有河上公《老子注》,不过有人猜测也可能是后人所假托。

东汉时期,注释范围已经相当广泛。虽然注释重点仍然在经书方面,但是子书、史书、集书也有了许多注释。如:《老子》有马融、严遵两家注释。《国语》、《战国策》、《吕氏春秋》、《史记》、《汉书》、《楚辞》以及维书和术数之书也都有注释问世,如郑众《国语章句》、贾逵《国语解诂》、杨终《春秋外传改定章句》、高诱《战国策注》、《吕氏春秋注》、许慎《吕氏春秋注》、延笃《史记音义》、应劭《汉书集解音义》、服虔《汉书音训》、王逸《楚辞章句》、马融《离骚注》、宋均《易纬注》、《书纬注》、《诗纬注》、《礼纬注》、《乐纬注》、《春秋纬注》、《孝经纬注》、郑玄《易纬注》、《书纬注》、《尚书中侯注》、《礼纬注》、《礼记默房注》、何休《风角注训》、《七分注训》、郑玄《黄帝九宫经注》、《九宫行棋经注》等。流传至今的其他史书、集书著作有高诱《战国策注》(残本)、《吕氏春秋注》(见于《四库全书》)、《淮南子注》、王逸《楚辞章句》等。

3. 出现了字典辞书体专著,确定了随文释义的注释体和通释语义的字典辞书体两种词义训释实践成果的基本形式

两汉时期与先秦时期相比,随文释义的注释体例和通释语义的字典辞书体例这两种形式已经确立,这是训诂学发展史上的一个里程碑。此期随文释义的注疏的盛况,我们前边已作介绍,此不赘述。

这个时期还出现了通释语义的专著,有《尔雅》、《方言》、《小尔雅》、《说文解字》、《释名》、服虔《通俗文》等。关于这些书,前面也已有详细的介绍。其中,《尔雅》、《方言》、《说文解字》、《释名》是非常重要的专著。《尔雅》成书于秦汉之间,主要解释古今异言、方言俗语以及各种名物,是我国第一部词典。西汉杨雄的《方言》解释方言词语,是我国第一部方言词典。东汉许慎的《说文解字》是我国第一部系统完备的字典,通过分析字形说解字的本义。东汉刘熙的《释名》通过声训解释词义或探寻事物命名的由来,是我国第一部探索汉语语源的著作。

随文释义的注释还只是词义训释材料的积累,通释语义的字典辞书的出现,才是真正训诂学的开始。因为训诂的第一要义就是揭示字词的抽象的、概括的意义。而通释语义正是做概括语义的工作。当然,通释语义的专著是以随文释义的注释工作为基础的,它们二者密切相关。这些随文释义的注释和通释语义的字典辞书给后世训诂学工作作了一个典范,奠定了训诂学的基础,后世以此为典范效仿,并以此为基础继续发展。因此说,这两种基本形式的确立是训诂学走向成熟的标志。

4. 词义研究开始由语文学领域进入语言学领域

语文学是传统的语言学之称，以研究古代文献和书面语为主的研究语言文字的学科总称，一般包括文字学、训诂学、音韵学、校勘学等，主要是注释古代文献等书面著作，目的是为了使人们可以读懂古书，是一门尚未独立的学科。中国由于古代文献丰富，文字比较特殊，语文学比较发达。语言学则指对语言本身的研究，是一门独立的学科，以当代语言和口语为主，而且研究的范围大大拓宽。广义的语文学应该包括语言学，也就是语言学和文字学的总称，但现在由于国际学术分科中语言学是一大类，所以目前反而是语文学从属于语言学，成为语言学的一个分支。

《尔雅》作为一部词典，首先从其书名命名之意来看，意图就是以雅正之言解释古语词、方言词，使之近于规范，正如郭璞所言"所以释古今之异言、通方俗之殊语"，达到疏通古今异语、沟通各地方言的目的。从解释的内容来看，解释的词语既包括古语词、也包括方言俗语。再从它的功用来看，虽然是我国第一部词典，可以作为解经的语文工具书，但是同时也是研究汉语词语系统的成果。它第一次对古今异言、方言殊语以及各种名物作了全面的研究、系统的整理。《尔雅》问世之后，词义研究就有从语文学转向语言学的趋势了。

杨雄的《方言》将汉代人们的口头语言作为研究对象，通过深入的田野调查，收集解释了我国汉代大量的方言词语，是我国第一部方言词典，开创了方言研究的先河，是汉语方言学的奠基之作，是一部地地道道的语言学著作。书中通过比较，不仅展示同一时代不同地区的方言词汇，而且考察方言词汇的语音意义的发展演变。我们可以说，《方言》将词义研究从语文学领域推入到语言学的领域。

东汉服虔的《通俗文》也是词义研究从语文学领域进入到语言学领域的标志之作。书名中的"通俗"即为"通向俗语"之义，目的是沟通雅言与方言俗语。著作的研究对象同样是人们的口头语言，是活的语言，而且将研究单位扩大到"语"，将传统认为的不等大雅之堂的俗语作为研究对象。

刘熙的《释名》解释了各种名物，可以作为解经的工具书，通书中含有一种观念：事物命名必然有来由；词与词之间有着密切的音义联系。这种观念是十分先进的。通书虽然在解释名物，其实在于探求事物命名的由来、探索汉语语源，引领人们开创语源学研究领域，是我国第一部探索汉语语源的著作。

以上这些著作虽然都可以作为解经的语文工具书，但又都是对语言本体进行研究的语言学著作。研究目的不是纯粹为了解释文献经典，都是为了沟通古今异言、雅言与方言俗语；研究对象不限于古代文献和书面语，包括活的口头语言——方言俗语，《方言》和《通俗文》甚至集中研究方言俗语；研究方法也不特别着重在文献资料的考证和故训的寻求,有的因声求义,有的纵横比较,等等。

5. 开始将形音义三者结合起来进行研究

字是词的记录符号,词义解释离不开对字形的分析。汉字是表意体系的文字,字的形、音、义三者紧密地结合在一起。从周秦到东汉,许多训诂著作或因形求义,或因声求义,或直接解释词义,很少将形、音、义结合在一起进行解释。东汉许慎的《说文解字》既解字义,又释字形,并注字音。段玉裁《说文解字·叙》:“许君之书,主就形而为之说解,其篆则形也。其说解则先释其义,若‘元’下云:‘始也’,‘丕’下云:‘大也’是也。次释其形,若‘元’下云:‘从一从兀’,‘丕’下云:‘从一从不’是也。次说其音,若‘兀’为声,‘不’为声,及凡‘读若某’皆是也。必先说义者,有义而后有形也。音后于形者,审形乃可知音,即形即音也。合三者以完一篆,说其义而转注、假借明矣;说其形而指事、象形、会意明矣;说其音而形声、假借明矣。一字必兼三者,三者必互相求。万字皆兼三者,万字必以三者彼此交错互求。说其义而转注、假借明者,就一字而注,合数字则为转注。异字同义为转注,异义同字则为假借。故就本形以说义而本义定。本义既定,而他义之为借形可知也,故曰说其义而假借明也。说其形而指事、象形、形声、会意明者,说其形,则某为指事,某为象形,某为独体之象形,某为合体之象形,某为合二字之会意,某为合二字之形声,某为会意兼有形声,皆可知也。说其声而形声、假借愈明者,形声必用此声为形,假借必用此声为义。”这种做法给后世以启示。

6. 对词义的联系和系统有了一定的认识

成书于秦汉年间的《尔雅》是我国的第一部词典,也是训诂学的奠基之作,被认为是我国古代第一部语言学专著。从整体编排体例来看,是一部义类词典,即按照语义分类的,每一篇就是一类词语的聚合。再从《尔雅》的篇内语义系统来看,对同义词系统和反义词系统都有了一定的认识。首先,前三篇所列的词条多是同义关系或类义关系。如:《释诂》:“如、适、之、嫁、徂、逝,往也。”“赉、贡、锡、畀、予、贶,赐也。”《释言》:“还、复,返也。”“贸、贾,市也。”“征、迈,行也。”《释训》:“肃肃、翼翼,恭也。”“洸洸、赳赳,武也。”“祁祁、迟迟,徐也。”后十六篇中每一条被释词往往形成一个语义场。如:“子之子为孙,孙之子为曾孙,曾孙之子为玄孙,玄孙之子为来孙,来孙之子为晜孙,孙之子为仍孙,仍孙之子为云孙,云孙之子为耳孙。”(《释亲》)在“男性后代”这一语义要素的支配下,“孙”、“曾孙”、“玄孙”、“来孙”、“晜孙”、“仍孙”、“云孙”、“耳孙”构成了一个语义场。其次,释义方法一般采用义训,同义相训占很大比例,尤以前两篇为最。有时是用一个词解释另一个同义词,如:"迓,迎也。"(《释诂》)"增,益也。"(《释言》)有时是用一个同义词解释几个词,如:"迩、几、暱,近也。"(《释诂》)有时是两个同义词互相解释,如:"宫谓之室,室谓之宫。"(《释宫》)有时是几个同义词递训,如:"煽,炽也。炽,盛也。"(《释言》)再次,反训的运用从其他侧面揭示词义的系统性,如:反义词系统、词的多义性以及一个词的系统内的对立意义。

三、魏晋南北朝时期的词义研究

魏晋南北朝时期,从东汉建安二十五年(公元 220 年)魏文帝曹丕称帝起,到隋开皇九年(公元 589 年)隋文帝杨坚灭陈统一中国结束,共 369 年。这个时期,先经魏、蜀、吴三国鼎立时期,公元 265 年晋武帝司马炎取代曹魏,建立晋朝,史称西晋,之后晋灭蜀、吴,统一了中国。西晋统一仅 37 年,于公元 316 年就被汉国(前赵)所灭。短暂的统一之后,中国进入长期的南北分裂对峙局面。公元 318 年,因少数民族内迁,建都洛阳的西晋亡国,琅琊王司马睿在健康(南京)即位,史称东晋。东晋从建国到灭亡,中国一直处于分裂状态,与北方的十六国并存。东晋一直偏安于江南;北方则被鲜卑、羌等少数民族控制着,这一历史时期又称东晋十六国。公元 420 年,宋公刘裕废除晋安帝,建立宋,东晋灭亡,中国进入另一个分裂时期——南北朝时期。南朝历经宋、齐、梁、陈几个朝代;北朝先经北魏,之后分裂为东魏、西魏,然后又分别成为北齐、北周。本时期的词义研究概况及其成就如下:

1. 儒家经典注释出现新注本

这个时期,中国社会基本处于战乱和分裂状态,由于社会动荡,再加上门阀制度的严格限制,文人们不能靠经学进入仕途。又自东汉党锢之祸以来,汉初儒家传统的学说受政治和社会风气的影响,已经不能使人满足和信服。因而,传统儒学名教解体,文人士大夫消极厌世、避世弃儒,崇尚清静无为的老庄之学,热衷清谈,出现了一种新的哲学思潮——玄学。这种思潮将道家思想和儒家经义融合在一起,可以说是道家之学的一种新的表现方式,故又称为新道家。魏晋玄学的主要代表人物有王弼、何晏、阮籍、嵇康、向秀、郭象等。由于长期征战,民不聊生,生命没有保障,悲观厌世的情绪充斥民间,在这种离乱的世局中,宣扬因果报应、轮回之说的佛学思想契合了当时人们的心理,使人们身心得以自慰,佛学乘势兴起。随着玄学和佛学的兴起,儒家经学逐渐衰微,但是儒家经典作为中国的传统文献,新的注释仍然不断涌现。《易》、《书》、《诗》、《礼》、

《春秋》、《论语》、《孝经》等，都有数十家注解。其中，流传至今的有王弼、韩康伯的《易注》、何晏的《论语集解》、晋杜预《春秋左传集解》、范宁的《谷梁传集解》等，今大都收入《十三经注疏》中。

三国时期，魏国的注释学家王肃在当时影响极大。王肃（195～256），字子雍，东海兰陵（今山东苍山）人。魏初为散骑黄门侍郎，后拜侍中，官至太常，是晋武帝司马炎的外祖父。王肃兼学今古文，但却反对郑玄，注释群经，驳斥郑玄之说，时称“王学”。所注释的儒家经典有《诗经》、《尚书》、《论语》、《周礼》、《仪礼》、《礼记》等，著有《毛诗注》、《毛诗义驳》、《毛诗奏事》、《毛诗问难》、《毛诗音》、《周易音》、《孝经解》、《国语章句》等。今其书大都亡佚，有关论语注释的零星资料保存在何晏《论语集解》中，有《孔子家语》等传世。

此期，还有许多注书亡佚，其注释散见于后人的注书征引之中。

2. 注释范围继续扩大，儒家经典之外的书籍出现了一些价值较大的注本

魏晋南北朝时期社会动荡，人民迁移频繁，语言起了很大变化，古书词义艰深，不易理解，于是注释古书的风气日盛。不仅儒家经典有许多注本，注释范围已经扩大到儒家经典之外的书籍，《史记》、《汉书》、《老子》、《庄子》以及辞赋之类也有人注释，其中精义颇多，不无可取。如：（三国吴）韦昭《国语注》、（南朝宋）裴松之注的《三国志注》、（南朝宋）裴骃《史记集解》、（北朝北魏）郦道元《水经注》、（南朝梁）刘孝标《世说新语注》等。

由于玄学之风的盛行和大批玄学家的涌现，哲学著作的研究日益深入，道家著作注释更加深入。王弼用老庄哲理诠解《易》，别开生面；《老子》有（三国魏）何晏、王弼的《老子注》；《庄子》有晋代郭象的《庄子注》（题为郭象注，实际上是郭象在晋代向秀注基础上而作），为现存最早的《庄子》古注本；《列子》有晋代张湛的注本《列子注》，等等。这些注本重点不在解释字词，重在阐发道家的哲学思想。

一些辞书也出现了新注本，如郭璞《尔雅注》、《方言注》等。郭璞（276～324），字景纯，东晋河东闻喜（山西闻喜）人。为弘农太守著作郎，博学多识，精通训诂。《尔雅》在汉代已有好几家注本，郭璞在各家旧注基础上吸收众家所长，增补新说，别为新注，超越前人所作，他既能以今语释古语，又能以方言释雅言，诠释品物的形貌及其功用，解释尤为明晰，是今存《尔雅》最早的古注本。他所作的《方言注》是现存最早的《方言》注本，贯通古今，以晋代方言解释古代方言，并且联系语音，提出音有通转，为训诂研究增添了新的方法，也为研究两汉和魏晋时期方言提供了宝贵的资料。郭璞另有其他类书籍注本：《楚辞注》、《山海经注》、《穆天子传注》、《子虚赋注》、《上林赋注》等。

3. 出现了一些字典辞书

《广雅》三卷,三国魏张揖撰。张揖,字稚让,三国魏清河(今山东临清)人,魏明帝太和年间的博士,他搜罗汉代以前古书的词语和相传的古训撰为《广雅》一书,体例完全依照《尔雅》,补充《尔雅》所不备,所以名为《广雅》。《玉篇》三十卷,南朝梁顾野王撰。顾野王(519~581),字希冯,吴郡吴(今江苏苏州)人,仕梁、陈两朝,历梁武帝太学博士、陈国子博士、黄门侍郎、光禄卿等,精通经史,博学多才。《玉篇》是我国继许慎《说文解字》后的一部重要字典,也是我国最早的楷书字典。《千字文》,(南朝梁)周兴嗣撰,是一本普及性的初级识字用书。所收的字被编成四字一句的韵语,条理清晰,语句平白如话,对仗工整,音韵谐美,易诵易记,是中国影响很大的儿童启蒙读物。关于它的撰作,相传还有一段故事。据说,梁武帝令殷铁石在王羲之书写的碑文中拓下不重复的一千个字,供皇子们学书用,但由于字字孤立,互不关联,他就召来周兴嗣叮嘱说:"卿有才思,为我韵之。"周兴嗣只用了一个晚上就编好进呈给武帝,这便是流传至今的《千字文》。据《隋书·经籍志》载,六朝时期的字书还有阮孝绪《文字集略》、杨承庆《字统》、无名氏《字书》等多种,均亡佚。

4. 注释体例创新,出现了新的注释体例

南北朝时期,出现了新的注释体例:义疏体和集解体。义疏体是一种经注兼释的注释体例,即既给文献正文作注,也给文献的注文作注的双重注释体例。它萌芽于汉末,盛行于六朝。汉代的注释,一般只释经而不释注,只有郑玄的《毛诗笺》以毛传为主,既注经文,又阐明、补充订正毛传,可说是后世义疏的滥觞。魏晋南北朝时期,这种义疏大量涌现。(南朝梁)皇侃《礼记义疏》、《论语义疏》、《孝经义疏》是其代表。其他的如:(宋)明帝《周易义疏》、(梁)武帝《周易讲疏》、(梁)萧子政《周易义疏》、(陈)周弘正《周易义疏》、(晋)伊说《尚书义疏》、(梁)顾彪《尚书义疏》、(晋)谢沉《毛诗义疏》、(梁)沈重《毛诗义疏》、《周官礼义疏》、《仪礼义疏》、(梁)萧子显《孝经义疏》、(魏)何晏《老子讲疏》、(齐)顾欢《老子义疏》、韦处玄《老子义疏》、(宋)李叔之《庄子义疏》等。其中,皇侃的《论语义疏》是现今完整流传下来的南北朝时期的唯一义疏体著作,此书亡佚于南宋,清乾隆年间又由日本传入。

义疏的出现,主要是由于语言的发展变化。先秦两汉时期的著作,流传到后世,由于语言的变化,人们不但对有的文献原文看不懂,就连读注文都感到有困难了,于是自宋齐以后,这种兼释经注的义疏体就出现了。另外,义疏的兴起还可能是受到佛教经典讲疏的影响。佛教徒常用讲疏的方式来传播佛教义理,儒者们纷纷借鉴佛徒讲经的方法来注释儒家经典,形成了以义理解经的南学,由于南学重义理而疏于经文,义疏体注释也就应运而生。随着南北学术的交流与统一,义疏体逐渐在南北朝兴盛起来。

这个时期还出现了集解体。作为注释体例,其含义有二:一是指将诸家对同一书籍的解释汇集在一起、并结合自己的见解加以断定的注释体例,也叫"集注"、"集传"、"集释"、"集说"。也是后世通常理解的集解体例。如:三国时期魏何晏的《论语集解》、南朝宋裴骃的《史记集解》、刘文典的《淮南鸿烈集解》等。一是指汇合"经"与"传"、兼解经和注的注释体例。晋杜预《春秋经传集解》即是如此。他在序言中说:"分《经》之年,与《传》之年相附,比其义类,各随而解之,名曰《经传集解》。"他首次把《春秋》经文与《左传》传文合为一书,将传文分年附在经文之后,创立了一种注释新体例。孔颖达疏云:"杜言集解,谓聚集《经》、《传》为之作解,何晏《论语集解》,乃聚集诸家义理以解《论语》,言同而意异也。"后世所说的集解即指本文所说第一种含义,集解的第二种含义通常不再冠以"集解"之名了。

此期的词义训释征引资料丰富,为所注释的原文补充了大量材料,重在考辨异同、纠正错误。如:裴松之的《三国志注》引书 159 种;刘孝标的《世说新语注》引书 395 种;郦道元的《水经注》引书多达 437 种,辑录了汉魏金石碑刻多达 350 种左右,并采录了许多民间歌谣、传说故事、谚语方言等;而此期兴起的集解体注本本身就是汇集大量各家注释的资料。

四、隋唐时期的词义研究

公元 581 年,北周丞相杨坚取代北周称帝,建立隋朝。公元 589 年,隋灭南朝陈,结束了中国自魏晋南北朝以来的长期分裂局面。隋朝存在的时间较短,只经历了两个皇帝,共 39 年。公元 618 年,李渊篡隋自立,建立唐朝。公元 755 年,发生"安史之乱",唐朝由盛转衰。唐天佑四年(公元 907 年),朱温灭唐自立,历史进入了五代十国时期。隋唐时期共历三百余年。在中国历史上,隋唐时期承前启后,是中国政治、经济文化最为繁盛的时期之一,它不仅在中国历史上而且在人类文明史上都具有重要的地位。隋唐两朝在时间上前后相连,在政治制度、社会文化等方面也有着很多相同之处。这一时期是词义研究的沿袭时期,本时期词义研究训释概况及其成就如下:

1. 出现了一些韵书

隋朝时,出现了陆法言所撰的韵书《切韵》五卷,今仅存残卷。《切韵》是今存最早的一部韵书。唐代,孙愐以《切韵》为基础著成《唐韵》。因为韵书将字按韵编排,反映字的音韵地位,因此是研究古代语音极为重要的资料。由于韵书还对字义进行了解释,所以同时还是一种训诂书籍。

2. 出现了一些字典辞书

隋唐时期,出现了不少字典。如:隋代诸葛颖的《桂苑珠丛》100 卷,唐武则天的《字海》100 卷,唐玄宗的《开元文字音义》30 卷,卷帙都极繁富,可惜久已亡佚。解词释义已改变旧观,由笼统而趋向于清晰,同时也由只记书面语言常训进一步注出当时口语使用的意义。释词的范围也逐渐扩大,既有专门解释双音词的,如《兼名苑》,又有专门解释日常口语词的,如《字宝碎金》、《俗务要名林》等。

唐代还出现了几部专门为订正文字而编的工具书。如:颜师古《匡谬正俗》、张参《五经文字》、颜元孙《干禄字书》、元度《九经字样》等。颜师古《匡谬正俗》八卷,辨正经史典籍和俗语中的谬误,资料珍贵,考证精密,颇有参考价值。张参《五经文字》三卷,专为正字而作,从五经中采取 3235 字,厘定字形,注明反切,解释字义,对于用字规范起到一定作用。元度在《五经文字》的基础上增补文字,编成《九经字样》,也有一定价值。颜元孙《干禄字书》也是为用字规范而著,主要辩正字形,释义较简,书中收录了不少当时的简化字和异体字,对于研究汉字发展史具有重要价值。

3. 音义注释体例得以发展

唐代除出现了一些字书、韵书以外,还有音义类的训诂书籍。音义类训诂书籍既注音又释义,始自魏晋,主要为经书注音。到唐代,陆德明纂集前代各家所作书音(除经书外,还包括《老子》、《庄子》、《孝经》、《论语》、《尔雅》)著成《经典释文》30 卷,简称《释文》,注音之外,有时涉及字义。此书保存了大量古书资料,对古代字词的形音义和经籍版本的研究都有着很大的价值,特别是其中的字音采用得很广,《十三经注疏》中的注音就采自《经典释文》。北齐时曾有沙门为佛典作音义。后至唐代高宗时释玄应作《大唐众经音义》,通称《一切经音义》(玄应),唐宪宗时释慧琳又根据玄应书扩充,作《一切经音义》(慧琳),后人为了区别,分别称之为《玄应音义》、《慧琳音义》。这两部书都仿照《经典释文》的体例,就原本经文摘字为训,所采录的古代训诂资料极多,而且有所辨析,对研究古代的词义训释极为有益,所以随着藏经一直流传下来。

4. 出现了一批重要的注疏新作

唐太宗时,下诏命孔颖达等人作《五经正义》。《十三经注疏》中的义疏,唐人作的就有九种。除了以上所提及的《五经正义》外,还有四种:贾公彦《周礼注疏》、《仪礼注疏》，徐彦《春秋公羊传注疏》，杨士勋《春秋谷梁传注疏》。唐代，《史记》、《汉书》、《后汉书》等史书著作也出现了重要的注本。《史记》的注本有司马贞的《史记索隐》和张守节的《史记正义》；《汉书》的注本有颜师古的《汉书注》（又称《汉书集注》）；《后汉书》的注本有李贤的《后汉书注》；《文选》出现了李善注和五臣注，李善所注《文选》广征博引，详细考证，是一部集大成之作，具有很高的史料价值，一直为世所重，《文选》的另一个注本是吕延济、刘良、张铣、吕向、李周翰五人合注，世称"五臣注"，影响不及李善注；《孙子兵法》也有李筌、杜牧等多家注释。

五、两宋时期的词义研究

五代十国时期自唐天佑四年（907 年）到后周显德六年（959 年），藩镇割据，中国处于分裂状态。公元 960 年，赵匡胤发动陈桥兵变，登上皇位，建立宋朝。继而结束了五代十国的封建割据局面，中原统一，与当时的北方辽国、西方的西夏对峙。公元 1126 年，北方崛起的女真族建立的金国南侵，攻占宋的都城汴梁，徽、钦二帝被掳，北宋灭亡，史称北宋。靖康二年（1127 年），康王赵构即位，定都临安（今杭州），重建宋朝，史称南宋。此后一百多年间，南宋偏安于淮水以南，与西夏、金朝和大理并存。后来蒙古兴起，公元 1279 年，南宋被蒙古所灭。两宋时期共计 319 年，这一时期是词义研究的变革时期。

（一）本时期的词义研究概况及其成就

1. 有新的字典词典类著作出现

王安石（1021 ~ 1086）编《字说》24 卷，解说文字，敢于破旧立新，但多穿凿附会之说，常把形声字解说成会意字，如解释说"同田"为"富"，"讼者言冤于公"之类，此书已亡佚。王洙、司马光等编的《类篇》是直接承接《说文解字》和《玉篇》的一部字书。体例大体依据《说文解字》，分为 14 篇，又目录 1 篇，共 15 篇。按部首编排，分为 544 部，部首与《说文解字》大致相同，部首排列的次序也大体一样。收字 31319，比原本《玉篇》增多一倍，字数仅次于《集韵》，还尽量收入《集韵》所遗漏的字，体例严谨，对于《集韵》中冗杂的重文则不全采录。每字下先列反切，后出训解；如果字有异音异义，则分别举出，可与《集韵》相印证。特点是书中收有唐宋之间所产生的许多字，并注意解释俗语俗字和异体字的整理，因此也是研究文字发展的重要参考资料。南宋戴侗的《六书故》是一部用六书理论来分析汉字的字书，订正《说文解字》的得失，重新解释"六书"的意义并重新编排其次序，援引钟鼎文来说明字形，又能明辨字义的引申不同于文字的假借。尤其对于音义的关系阐发颇多，很有见地。张有的《复古编》对于规范汉字尤其是对规范楷字字形作出了一定的贡献，训释体例和训释术语也在吸收前人的基础上有所发展和创新。类似的著作还有娄机的《汉隶字源》、《班马字类》等。辞书有北宋陆佃的《埤雅》、南宋罗愿的《尔雅翼》等，也有一定的价值。

此期，辽国也出现了几部较有影响的专著。一部是为和尚们诵经用的通俗的汉字字书《龙龛手镜》、一部是辽圣宗时希麟编写的《续一切经音义》（十卷）。《龙龛手镜》对后来《康熙字典》的编写有一定的影响，学者们也利用它来考证俗字、整理敦煌出土文献，它对于我们了解六朝到唐代民间用字情况以及研究汉字流变、整理校勘此时期的古籍，有一定的参考价值。《续一切经音义》依照慧琳《一切经音义》书例，对《开元释教录》以后的佛经续加注音和释义。

2. 涌现出一些有价值的注疏体著作

宋太宗年间，编了四种义疏。邢昺（932～1012）的《论语注疏》、《孝经注疏》、《尔雅注疏》、孙奭的《孟子注疏》，与唐人所编的九种注疏合在一起，即为现在的《十三经注疏》。《十三经注疏》中，《孟子注疏》最为低劣。邢氏注疏，以《尔雅注疏》为最佳，补充郭璞注中所未详解。为《尔雅》作注的，还有孙奭、宋咸、王雱、陆佃、郑樵、潘翼六家，大多已经亡佚，价值不大。其中，郑樵的《尔雅注》较好，引用旧书证明郭说，也有创见。南宋期间，著名理学家朱熹（1130～1200），世称朱子，重视训诂，著有《周易本义》、《诗集传》、《四书章句集注》、《楚辞集注》等书，既采用前代旧注的优点，又参酌新解；有时运用钟鼎彝器的铭文解经说字，见于《诗经·大雅》中《行苇》、《既醉》、《江汉》等篇，这是以前词义训释中很少见的。

南宋时期，《战国策》出现了两个新的校注本。一个是姚宏的校注本，一个是鲍彪的校注本。姚宏，字伯声，一说字令声，剡川（今浙江省嵊县）人。姚本既对《战国策》正文进行了校正，又对高诱注不完备或者缺脱之处作了补正，不过整部书校正多而补注少。鲍彪对高诱注有更多的补充，得到学者的推重。《四库全书总目》称赞："然彪疏通诠解，实亦殚一身之力。"宋朝赵与时的《宾退录》评价说："《战国策》旧传高诱注，残缺疏略，殊不足观，姚令威宽补注，亦未周尽。独缙云鲍氏校注为优，虽间有小疵，殊不害大体。"

宋人对于散文诗集的注释也较多。韩愈文集的注本有方崧卿的《韩集举正》，朱熹在这个本子的基础上写成《韩文考异》十卷，王伯大又在此基础上写成《韩文考异》四十卷、外集十卷、遗文一卷，此本以校勘和释文为主。韩集还有魏仲举所编的《五百家注音辩韩昌黎先生文集》四十卷，其实书中真正有考证音训的有几十家，所言五百家是夸大之辞。柳宗元文集的注本有临邛人韩醇的《训诂柳先生文集》四十五卷、外集二卷、新编外集一卷，还有《增广注释音辩柳宗元集》四十三卷（旧题童宗说注释、张敦颐音辩、潘休音义），另有魏仲举编《五百家注音辩柳先生文集》，五百家之说也是虚说，注释各家数目远远少于韩集。北宋以来为杜甫诗作注的也很多。蜀人郭知达编有《九家集注杜诗》三十六卷，蔡梦弼有《杜工部草堂诗笺》四十一卷，未题编撰人姓名的《集千家注杜诗》四十一卷（所谓千家也不过百）。李白的诗集宋代只有杨齐贤的集注，经元朝萧士赟删补，题为《分类补注李太白集》三十卷。宋代有人也对本朝人的作品加注，如王安石诗有李壁的《王荆公诗注》五十卷，苏东坡诗有王十朋的《东坡诗集注》三十二卷、施元之《施注苏诗》四十二卷，等等。

3. 出现一些研究少数民族语言及外国语言的著作

研究少数民族语言的著作如宋代刘温润的《羌尔雅》3 卷、无名氏的《番尔雅》3 卷，僧惟古的《译夷语录》1 卷、《西蕃译语》1 卷，并见《通志》。研究外国语言的著作有释相净的《天竺字源》。

4. 对《说文》进行了校订和研究，并重修了《广韵》、《玉篇》

宋太宗雍熙年间，徐铉奉命与句中正等人校订《说文》。徐铉（916～991），字鼎臣，广陵（今江苏扬州）人，五代宋初文学家、书法家。官历任五代吴校书郎、南唐知制诰、翰林学士、吏部尚书，后随李煜归降宋，官至散骑常侍。他和弟弟徐锴都精通文字学，人称“大小徐”。南唐时，文章与韩熙载齐名，称“韩徐”。又工于书法，好李斯小篆。徐铉整理《说文》，增补 19 字入正文，又补 402 字附于正文后，经他们校订增补的《说文解字》，世称“大徐本”，广为流传。

徐锴（920～974），徐铉之弟，字楚金，广陵（今江苏扬州）人，精通文字学、训诂学，世称“小徐”。仕于南唐，初为秘书省校书郎，后迁集贤殿学士，终内史舍人。平生著述颇多，今仅存《说文解字系传》40 卷、《说文解字韵谱》10 卷。《说文解字系传》其实是《说文解字》的注解，因尊崇许慎，以其书为经，而自谦所作训解为传，这部书是最早的一部系统研究《说文解字》的著作，文字解说多宗儒家旧说。它以《通释》部分为主体，除引据前代古书以证明许慎训解外，还指出其他引申义。《说文解字系传》已注意到形声相生、音义相转之理，从谐声字的声旁说明声旁与字义的关系，这对后代训诂学家有很大影响。在《通释》中往往说明古书的假借和古今用字的不同，有时还用今语解释古语，因此，它在文字学、训诂学发展史上都占有重要的地位。

《广韵》五卷（全称《大宋重修广韵》）作为我国北宋时代官修的一部韵书，

是陈彭年等人奉命在前代韵书的基础上编修而成，是我国历史上完整保存至今并广为流传的最重要的一部韵书，同时因韵书也解释词义，因此也可看作是一部小学著作。此期，官方还组织校订了《玉篇》，这都对后来的训诂学和语言文字学的研究有很大影响。

5. 创立"右文说"，对语音和语义的关系有了更深刻的理解。

北宋时期，学者王圣美提出"右文说"。他说："凡字，其类在左，其义在右。"认为形声字的声符不仅表音，而且表义。凡谐声声符相同的字大都有一个共同的基本意义。如"戋"是小的意思。"水之小者曰浅，金之小者曰钱，贝之小者曰贱。"如此之类，都以"戋"为义。汉字的形声字一般是形旁在左，用以表义，声旁在右，用以表音，所以称声旁为右文。他所创声旁有义的学说对后代的语言学家提出"因声求义"的方法有很大的启发，为以后的词义研究开辟了新的道路，提供了理论依据。

6. 对虚词的研究更进一步

战国时期，人们已经认识到虚词是一个独立的词类，把它叫做"词"、"语词"、"语助"。唐代，人们称实词为"义类"。宋代，人们明确提出了"实字"、"虚字"名称。实词、虚词的划分，反映了人们对语法有了更深入的认识，为后来的词类划分奠定了基础。宋代周辉《清波杂志》卷七载："东坡教诸子作文，或词多而意寡，或虚字多实字少，皆批谕之。"又陆九渊《与朱元晦书》："字之指归，又有虚实。虚字但当作字义，实字当论所指之实。"可见，当时的人已经很注意辨别虚词和实词的用法。

（二）宋代词义研究的特点

1. 勇于革新，敢于创发新义

宋代承接五代时期研究古文奇字的风气，学者对大量出土的钟鼎彝器广为搜罗，扩大了眼界，学术思想也因之大为解放。在欧阳修等人的倡导下，宋人不仅在诗歌、散文的创作方面进行大胆革新，而且在训释词义时也不再墨守古人成说，而是别创新义。如：欧阳修的《诗本义》指陈汉人注疏的流弊；王安石著《字说》（已亡佚）往往别解字义，他所著《三经新义》、《老子新义》（两书也已残佚）也颇多新解，这些书中的解释虽多牵强附会之说，有主观臆断之嫌，却是疑古创新精神的体现和实践。王质的《诗总闻》也是如此。理学家程颢、程颐、朱熹等人更是大胆疑古，标新立异。朱熹怀疑时人以为真经传的晋代梅赜伪作《古文尚书经传》是晋人伪作，将书分为《经》、《序》两部分，一再指出其中孔安国经传是"安国伪书"。后经清人阎若璩考证，证实了朱熹的怀疑是正确的，确定了《古文尚书经传》是伪书。朱熹所著《诗集传》、《楚辞集注》也有许多创见。

2. 注疏由朴学变成宣传理学的工具

宋代，理学盛行。理学，又称宋学或道学，是一种唯心主义哲学思想，是融合佛、儒、道三教三位一体的思想体系。它是北宋以后社会经济政治发展的理论表现，是中国古代哲学长期发展的结果，是批判佛、道哲学的直接产物。宋代理学思想以“理”为万事万物的本原，又称为天理，承认事物的变化，但认为这是“理”的神秘力量所至，阐述了天人关系等问题，坚持天人相与的命题，在认识论上比较重视精致的先验论认识论，以格物致知为基本命题概念，讲求穷理。宋代理学包括以周敦颐、程颢、程颐、朱熹为代表的客观唯心主义和以陆九渊为代表的主观唯心主义。北宋时，周敦颐以儒学思想为核心，吸取佛、道思想，开创了客观唯心主义理学。他的弟子程颢、程颐继承师说并加以发展，为北宋的理学思想奠定了基础。南宋学者朱熹在理学体系的完善与阐发上作出了特殊贡献，成为理学思想的集大成者。客观唯心主义理学派认为“理”是永恒的、是先于世界而存在的精神实体，世界万物只能由“理”派生。二程兄弟、朱熹的以“理”为最高范畴的学说被后世称之为“程朱理学”。陆九渊是主观唯心主义理学派别的重要代表，提出“心即理也”以及“宇宙即是吾心，吾心即是宇宙”，认为主观意识是派生世界万物的本原。

训诂学在理学的影响下，一改传统的严谨治学风格，穿凿附会，阐发书中所谓的微言大义。宋儒把发现经书中的“理”作为解经的第一要务，废弃汉儒严谨的字词训诂，对字义的解释，充满了理学的说教。这与汉代今文经学和魏晋玄学的治学方法一脉相承。如《礼记·大学》：“大学之道，在明明德，在亲民，在止于至善。”朱熹章句：“程子曰：‘亲，当作新。’大学者，大人之学也。明，明之也。明德者，人之所得乎天，而虚灵不昧，以具众理而应万事者也。但为气禀所拘，人欲所蔽，则有时而昏。然其本体之明，则有未尝息者。故学者当因其所发而遂明之，以复其初也。新者，革其旧之谓也。言既自明其明德，又当推以及人，使之亦有以去其旧染之污也。止者，必至于是而不迁之意。至善，则事理当然之极也。言明明德、新民，皆当至于至善之地而不迁。盖必其有以尽夫天理之极而无一毫人欲之私也。此三者，大学之纲领也。”宋代解说古典文献时不再实事求是地考证古书的本意，而是借注疏宣扬自己的观点甚至干脆依据自己的观点曲解古书。宋代陆九渊说：“学苟知本，六经皆我注脚。”（《陆象山全集》卷三十四）注疏成为宣传理学的工具。清人皮锡瑞《经学历史》评价宋代训诂说：“宋人尽反先儒，一切武断；改古人之事实，以就我之义理；变三代之典礼，以合今之制度。是皆未敢附和以为必然者也。”

3. 利用金石学成就，将金石学应用于词义训释，打开了词义研究的新局面金石学是中国考古学的前身,是以古代铜器和石刻为主要研究对象的一门学科。它的研究对象广义上还包括竹简、甲骨、玉器、砖瓦、封泥、兵符、明器(即冥器)等一般文物。中国的金石学开始于北宋嘉祐年间。北宋统治者奖励经学,提倡恢复礼制,出现了对古物的收集、整理、研究的热潮,墨拓术及印刷术的发展又为金石文字的流传提供了条件,金石学逐渐形成并兴盛起来。宋仁宗时的刘敞,刻《先秦古器图碑》(已佚),对研究金石有开创之功。欧阳修收集周代至隋唐的金石器物、铭文碑刻上千,作《集古录》十卷,400 余篇,是今存最早的金石学著作。吕大临收集铭文,摹写玉器图像,注明出土地点,作《考古图》一卷,是流传至今的最早的古器物图录。薛尚功收集商、秦、汉代金石文字,编成《历代钟鼎彝器款识法帖》。赵明诚仿欧阳修《集古录》书例,编成《金石录》30 卷,收金石碑铭 2000 种。洪适(kuò)收集汉魏碑刻,编成《隶释》27 卷、《隶续》21 卷。宋代训诂学家在解释经文时,将金石铭文资料和目验材料广泛地运用于训诂之中,将金石学应用于词义训释,使金石学和训诂学结合起来,打开了词义研究的新局面。朱熹作《诗集传》,多次引铭文印证经传文字,如:"令终,善终也。《洪范》所谓'考终命',古器物铭所谓'令终令命'是也。"后世出土文字增多,特别是甲骨文字大量出土之后,人们利用甲骨文和六国文字来考证史实,可以说是这一方法的广泛应用。

六、元明两代的词义研究

元明两代(1279 年 ~1644 年)是词义研究的衰落时期。这一时期,程朱理学继续统治学术思想界,严重妨碍了词义研究的发展。此期,出现的注疏和其他训诂专著数量不多,且注疏大半墨守程朱理学,很少创见,虽也出现一些较好的著作,与之前几个时期相比成就较小。

(一)元代的词义研究

元朝(1279 年 ~1368 年)是蒙古族在中国建立的封建王朝,靠野蛮屠杀武力征服,灭金亡宋,入主中原,轻视农业经济,民族矛盾和阶级矛盾异常激烈。由于蒙古族一向以放牧为生,因此在建国初期,对农业生产进行了严重的破坏。后来虽然实施一系列恢复农业经济的措施,但是元朝统治者推行民族歧视政策,把全国人分为蒙古、色目、汉人、南人四个等级。民族压迫严重,汉人长期生活在水深火热之中。统治阶级将程朱理学与蒙古贵族的传统观念结合起来,形成一套压制汉族和其他民族思想的统治思想。因此,以汉族文化为主体的文化发展受到阻碍,停滞不前,词义研究也随之衰落。

元代在字学上承接南宋时期的“六书”之学,不注意研究词义,词义研究专著很少。值得提及的是,元代卢以纬的《语助》是我国研究虚词最早的著作,对于我国的虚词研究有创始之功。元代所作注疏比较著名的有郝经的《周易外传》、吴澄的《易纂言》、《书纂言》、《礼记纂言》、《春秋纂言》,汪克宽《胡传纂疏》,刘瑾的《诗传通释》,陈澔的《礼记集说》,胡炳文的《周易本义通释》,胡三省的《资治通鉴音注》、《资治通鉴释文辨误》,吴师道的《战国策校注》等十多种。

这些注释书中,博雅详审的当推胡三省的《资治通鉴音注》。胡三省(1236~1302),字身之,台州宁海(今浙江宁海)人。它收录材料非常丰富,对前代史籍旧注中可以利用的材料尽量加以采用。《通鉴》中涉及不少魏晋以后的词语,而这些词语,旧注和辞书多未收录和解释,注书对这些词语作了解释,非常可贵。另外,《通鉴》作为一部史书,其中涉及的地名和制度很多,注书不仅对需要解释的地名、制度作了详尽的解释,引证丰富,而且对地名州县郡制沿革还作了精确的介绍。吴师道的《战国策校注》也有较大的参考价值。吴师道,字正传,兰溪(今浙江省金华)人,官至国子博士。取姚宏续注和鲍彪的校注互相参校,在鲍彪校注的基础上又作新的校注,博采群书进行参证,对鲍注不周密之处进行补正,疏通文义,话语简练,考证大多精当。元代研究少数名族语言的著作有托克托的《辽国语解》、《金国语解》各一卷、张大卿的《国语类记》一卷、无名氏的《蒙古译语》一卷。

(二)明代的词义研究

明朝(1368 年~1644 年),大力提倡程朱理学,又定八股取士的科举制度,禁锢了人们的头脑,明人墨守成规,词义研究仍然没有起色。明人所作注疏大多浅陋粗疏,很少创见。词义研究的著作只有朱谋玮所作的《骈雅》、方以智的《通雅》和黄扶孟的《字诂》、《义府》。《骈雅》类聚古书中义近的双音词,按《尔雅》体例分类解释,所以称为《骈雅》,可以说是一部分类联绵词词典。万历以后研究古学的风气日盛,如江宁焦竑、成都杨慎、桐城方以智等人都有著述阐发字义。方以智的《通雅》,根据古代的语言材料说明音义相通之理,兼论方言俗语,创见极多,对清代的学者有不少启示。《字诂》、《义府》根据谐声偏旁说明字义,被章炳麟誉为“其言准确,或出近世诸师上。”此外,还有牛衷的《埤雅广要》、张萱的《汇雅》、杨慎的《古音骈字》、焦竑的《俗书刊误》等。

梅膺祚的《字汇》和张自烈的《正字通》是明代两部流行的字典。《字汇》是继顾野王《玉篇》之后的有一部大型汉字字典,除收进《说文》、《玉篇》所列字头之外,还收进了宋元以来许多俗字。它把《说文》540 部合并为 240 部,减少了部首的数目,并按笔画多少排列部首和所收字,开辟了笔画检字法,是字典学上的创举。《正字通》以《字汇》为基础编写而成,对《字汇》的许多讹误进行了指正,不过有时指之过当,收字和取证也失之繁芜。这两部书对清代的《康熙字典》的编写有直接影响。

研究方言的著作有魏浚的《方言据》和陈与郊的《方言类聚》,研究少数民族的书有翰林侍讲火源洁的《华夷译语》一卷。

七、清代的词义研究

清朝(1644 年~1911 年)是中国历史上最后一个封建王朝,由满族建立。1616 年,努尔哈赤建立后金。1636 年,皇太极称帝,改国号为清。1644 年,李自成农民起义军攻入北京,明朝灭亡。驻守山海关的明将吴三桂降清,清乘机入关,打败了农民起义军,定都北京。入关后 20 年时间里,清廷先后镇压了各地的农民起义和南明抗清武装,逐步统一全国,统治中国二百七十多年。1911 年,辛亥革命爆发,清朝被推翻,从此结束了中国两千多年来的封建帝制。这一时期,中国封建文化达到了鼎盛时期,是词义研究的又一个兴盛时期。

(一)词义研究兴盛的原因

1. 政治稳定,经济繁荣,为文化繁荣奠定了基础

康熙、雍正、乾隆三世,巩固和加强了祖国的统一,实施休养生息政策,经济有了很大发展。康熙帝时,进行了一系列统一战争,使局势逐渐稳定。平定三藩,设立台湾府,使中国重新统一;平定了回疆、准噶尔等反动贵族的叛乱;1685 年和 1686 年,清军两次进攻盘踞雅克萨的俄军,遏制了沙俄侵略中国的野心,并于 1689 年与沙俄签订了《尼布楚条约》,划定了中俄东部边界线。从康熙时期至十九世纪中期,中国疆域北起外兴安岭,南至南沙群岛的曾母暗沙,西起巴尔喀什湖和帕米尔高原,东抵鄂霍次克海、库页岛和台湾,疆域辽阔,实现和巩固了全国的统一,加强了中央集权,成为当时世界上强大的国家,使中国人民过上了和平生活。康熙帝注意恢复和发展生产,采取了一系列有利于恢复和发展社会经济的措施。鼓励垦荒,下令废除圈地令,一定程度上限制了贵族旗主的经济扩张,有利于自耕农,促进了经济、文化的发展。康熙中期以后,因战乱而遭到严重破坏的手工业逐步得到恢复和发展。雍正朝对康乾盛世起着承上启下的作用。雍正帝锐意改革,在制度方面做了一系列改革。整顿吏治,严厉打击贪污受贿;"火耗归公"杜绝贪污;推行"摊丁入亩",基本放弃了对农民的控制,减轻了农民的负担,有利于人口的增长;"改土归流"促进了少数民族地区经

济文化的发展,巩固了西南边防;实施密折制度,加强了对官员监督;废除贱籍,缓和了阶级矛盾。乾隆帝执政60年,在文治武功方面都有建树,为巩固我国统一的多民族国家、发展康乾盛世局面作出了重要贡献。1757年,粉碎了准葛尔贵族割据势力,统一天山北路。1759年,平定天山南路的大小和卓叛乱。1762年,设伊犁将军,统管包括巴尔喀什湖在内的整个新疆地区。1792年,清朝打退了廓尔喀对西藏的进犯。1793年,清朝制定和颁行了《钦定藏内善后章程二十九条》,对西藏地方的人事、行政、财政、军事、对外关系等各方面做了明确规定,并以法律形式予以确定。至十八世纪中叶,清朝的封建经济发展到一个新的高峰,史称"康乾盛世"。耕地面积迅速增加,至雍正时方达到九亿多亩,恢复并超过了明朝万历时期。随着农业技术的提高,全国粮食总产量大大增加。乾隆年间,江宁、苏州、杭州、佛山、广州等地的丝织业已经都很发达,江南的棉织业、景德镇的瓷器都达到了历史高峰。清朝人口也大大增加,"康乾盛世"时突破了一亿大关。

2. 清朝统治者为了巩固统治,尊崇儒学,提倡经学,笼络知识分子

清政府为了长久统治中国,加强对汉族人的思想控制,对汉族知识分子进行拉拢、利诱,为其所用。尊崇儒学,按历代汉族王朝传统开设科举,选拔士人以赢得汉族知识分子的支持。清兵入关第二年,清统治者就提倡程朱理学,鼓励知识分子尊孔读经,按明朝旧制八股取士。康熙时,开博学鸿词科,罗致名士,为其效劳。组织他们整理古籍,编纂图书,《渊鉴类函》、《古今图书集成》、《四库全书》、《康熙字典》、《续通典》、《续通志》、《续文献通考》、《清通志》、《清通典》、《清文献通考》等大型书籍问世。其中,《四库全书》79000余卷,是我国历史上规模最大的图书总集。乾隆即位后,大力提倡经学的考据,一些高级官员如阮元、毕沅等也跟着倡导经学。清朝词义研究的兴盛就是在这大规模的文化建设背景下出现的。

清廷为巩固统治,还重用汉族精英,因此在清廷中出现了一大批汉族重臣。在入关过程中先后招降了前明军将领吴三桂、李成栋、尚可喜、耿仲明等,清初重臣有范文程、洪承畴、李光地等,带兵收复台湾的施琅也是汉族前明军官。晚清时,汉族官员有虎门销烟的林则徐,在平叛太平天国和洋务运动中起关键作用的曾国藩、李鸿章、左宗棠、张之洞等。甲午战争后清廷实行新式练军,也以汉族官兵为主,如袁世凯、段祺瑞、冯国璋、黎元洪等在推翻清朝的辛亥革命中起过关键作用,并成为后来中华民国北洋政府的核心人物。清朝统治者在保持满贵族优先前提下,还实行了比较坚定的汉化制度,所有施政文书都以满汉两种文字发布。自康熙起大力推行以儒学为代表的汉文化,汉传统经典成为包括

皇帝在内的满族人的必修课。到乾隆中期,满人几乎全部以汉语为母语,满文渐渐成为只用于官方历史记载用的纯书面文字。

3. 盛行文字狱,知识分子不敢发表见解,为了经世致用,致力于考究古书

清朝统治者为了巩固统治,震慑反清势力,大兴文字狱。统治者从文人的诗文中摘取字句,进行歪曲解释,诬陷作者诽谤或讽刺朝廷、君主,构成刑责,迫害知识分子,造成冤狱。清史中,顺治、康熙时期,"文字狱"还只是个别现象,雍正时则非常普遍,制造多起文字狱。乾隆时期,文字狱浪潮尤为可怕,共发生一百三十余案。在这样残酷的镇压下,明末可和春秋时代相比的晚明思潮在清代终结,知识分子不敢发表独立见解,更不敢议论时政。再加上清统治者笼络羁縻臣民的政策,知识分子为了经世致用,把时间和精力用在整理古代典籍上,逃避现实,形成乾嘉学派。乾嘉学派是清代乾隆、嘉庆时期以考据为主要治学方式的学术流派。因为此学术流派在乾隆、嘉庆两朝达到鼎盛,故此得名。其学术奠基人可以追溯到明末清初学者黄宗羲、顾炎武、方以智等,主要创始人是明末清初的大儒顾炎武,其后,主要的代表人物有阎若璩、钱大昕、段玉裁、王念孙、王引之等。这一学派采用汉代儒生训诂、考订的治学方法,文风朴实简洁,重证据罗列而少理论发挥,特别侧重经书和史书的研究。黄宗羲说:"学必源于经术,而后不为蹈虚;必明于史籍,而后足以应务。"要研究经学,就得研究小学。王念孙《说文解字注》序中说:"训诂声音明而小学明,小学明而经学明。"虽然学派有脱离社会的缺点,但是在这样一大批饱学之士刻苦钻研下,我国的语言文字之学盛极一时,中国的传统文化得以继承,对于后世研究、总结、保存传统典籍起到了非常积极的作用,直接推动了词义研究的兴盛。

4. 可以继承几千年来语言文字方面积累的丰富研究成果,特别是古音学的发展直接促进了词义研究的发展

清朝是中国封建制度的顶峰,几千年的封建过程中,沉淀了深厚的封建文化。先秦时期,我国的语言文字研究就已经萌芽,经过两汉以后两千多年的发展,积累了大量的词义训释资料,先后有《尔雅》、《方言》、《说文解字》、《释名》、《字林》、《玉篇》等专著,词义训释的实践成果不断丰富,又有文字学、音韵学、语法学等多方面的成就作支撑,促进了词义研究的发展。就拿古音学来说,南宋吴棫第一个提出古音问题,明朝陈第的《毛诗古音考》运用排比法、归纳法为清代古音学的发展开辟了道路,清人在此基础上取得了巨大成就,如:顾炎武《音学五书》,段玉裁《六书音均表》,江有浩《诗经韵读》,王念孙《诗经群经楚辞韵谱》等。韵部方面,从顾炎武作《音学五书》根据《易经》、《诗经》等书的韵字开始把古韵分为十部起,到江永分为十三部,段玉裁分为十七部,江有诰分为二

十一部，章炳麟分为二十二部，研究逐渐详细，分类越分越细；戴震提出韵类通转的学说。声母方面，钱大昕提出声转的说法，提出“古无轻唇音”、“古无舌上音”说。这些音韵学成果都成为研究先秦古籍和探讨字义的依据。清代学者将这些古音学的研究成果应用到了词义研究上，使得词义研究别开生面，在清代得以兴盛。

（二）清代词义研究兴盛的表现

清代学者不像汉代学者那样墨守故训，他们博引前代学者的研究成果，利用汉人的故训，互相印证。反对宋儒空谈义理之学，在丰富材料的基础上敢于发表自己的意见。既撰写新注，也注意做理论上的概括，词义研究的成就大大超过前代学者，著名的训诂学家数不胜数。

1. 词义训释著作丰富多样

既有大批的注释出现，也有字典、辞书类词义训释专著，还有大量的读书笔记。

（1）大批出现的文献注释

清代所作的注疏多得不胜枚举。经书方面注释最多，从阎若璩到孙诒让，编写新疏的有十几家。《十三经》除了《谷梁传》和《礼记》外，都有了新疏，有的还不只一种，阮元编《清经解》、王先谦编《续清经解》，收录这方面的著作达四百种。比较著名的如：《周易》注本有惠栋《周易述》、《易汉学》，焦循《易章句》、《易通释》，王夫子《周易稗疏》，孙星衍《孙氏周易集解》等；《尚书》注本有阎若璩《古文尚书疏证》，江声《尚书集注音疏》，王鸣盛《尚书后案》，孙星衍《尚书今古文注疏》，皮锡瑞《今文尚书考证》，王先谦《尚书孔传参正》等；《诗经》注本有陈奂《毛诗传疏》，马瑞辰《毛诗传笺通释》，胡承珙《毛诗后笺》，王先谦《诗三家义集疏》等；《周礼》注本有江永《周礼疑义举要》，段玉裁《周礼汉读考》，孙诒让《周礼正义》等；《仪礼》注本有凌廷堪《礼记释例》，胡培翚《仪礼正义》，段玉裁《仪礼汉读考》，胡承珙《仪礼今古文疏义》等；《礼记》注本有孙希旦《礼记集解》，朱彬《礼记训纂》，胡培翚《礼记正义》等；《左传》注本有顾炎武《左传杜解补正》，惠栋《春秋左氏补注》，沈钦韩《春秋左氏传补注》，洪亮吉《春秋左传诂》，刘文淇《左传旧疏考证》等；《公羊传》注本有孔广森《春秋公羊通义》，陈立《春秋公羊义疏》等、柯邵忞《春秋公羊传注》等；《谷梁传》注本有许桂林《谷释例》，钟文烝《谷梁经传补注》等；《论语》注本有刘台拱《论语骈枝》，刘宝楠《论语正义》等；《孟子》注本有戴震《孟子字义疏证》、焦循《孟子正义》等；《孝经》注本有皮锡瑞《孝经郑注疏》，丁晏《孝经述注》、《孝经征文》等；

史书注疏著名的，如：《史记》注本有杭世骏《史记考证》，梁玉绳《史记志疑》,郭嵩焘《史记札记》等;《汉书》注本有沈钦韩《汉书疏证》,王先谦《汉书补注》,钱大昕《汉书辨疑》等;《后汉书》注本有惠栋《后汉书补注》,沈钦韩《后汉书疏证》,王先谦《后汉书集解》等;《三国志》注本有杭世骏《三国志补注》,钱大昭《三国志辨疑》,赵一清《三国志注补》等;《国语》注本有洪亮吉《国语韦昭注疏》,汪远孙《国语考异》、《国语发正》,董增龄《国语正义》等;《战国策》注本有林春溥《战国纪年》,顾广圻《战国策札记》等。

子部重要的注疏,如:郝懿行《荀子补注》,王先谦《庄子集解》、《荀子集解》,郭庆藩《庄子集解》,王先慎《韩非子集解》,孙诒让《墨子间诂》、《晏子春秋音义》,毕沅《老子道德经考异》,任大椿《列子释文》等。

集部书的注释在清代也蔚为大观。著名的如:王夫子《楚辞通释》,蒋骥《山带阁注楚辞》,孙志祖《文选李注补正》、朱珔《文选集释》,戴震《屈原赋注》,王琦《李太白诗集注》,仇兆鳌《杜诗详注》,赵殿成《王右丞集注》,冯应榴《苏诗合注》等。据湖北人民出版社《楚辞要籍解题》统计,清代的《楚辞》注本多达九十种;为杜诗作注的有几十家。

清代还出现了大批整理前代辞书的著作,其中有不少精彩的见解,方法也有所创新。

研究《说文解字》在清代极盛。根据近人丁福保《说文解字诂林》前面的引书书目所提到的就达二百家,其中属于专著的在百家以上,最受推重的有四大家:

著《说文解字》的段玉裁、著《说文解字义疏》的桂馥、著《说文句读》和《说文释例》的王筠、著《说文通训定声》的朱骏声。《说文》四大家中,王筠重视形的研究,桂馥注重义的研究,朱骏声侧重于音的研究,只有段玉裁能够形音义并重,成为四大家之巨擘,朱骏声也较为突出。《说文解字注》前边已有详述,其他著作简介如下:

《说文解字义证》五十卷,桂馥撰。桂馥(1736~1806),字冬卉,号未谷,山东曲阜人。作者取《说文》与古代经籍文字相校正,为许氏之说遍寻例证,征引群书,引证丰富、条理,有助于研究词义及其演变。此书虽然逐字逐句对《说文》作了疏解,但是学识功力较段注逊色许多,且常常墨守许说,对许慎说解错误之处仍然牵强附会,证其说解。除《说文解字义证》之外,桂馥还著有《说文谐声考订》、《札补》等。

《说文释例》二十卷,王筠著。王筠(1784~1854),字贯山,号录友,山东安丘人。此书在揭示《说文》体例和分析字形结构方面,很有特色。作者在依据"六书"分析字体结构的同时还用实例阐释"六书",他指出:"部首本无深意,只是有从之者,便为部首耳。……亦有无从之之字而为部首者,则必象形、指事字也。"(卷一)说明所立部首的作用以及《说文》的一些特殊部首。他又指出:"形声字必隶所从之形,以义为主也;会意字虽两从,而意必有主从,则必入主意一部,此通例也。"(卷九)阐释形声字、会意字的归部问题。此书还探讨了汉字形体结构演变的一些问题。指出:"字有不须偏旁而义已足者,则其偏旁为后人递加也。其加偏旁而义遂异者,是为分别文。……其加偏旁而义仍不异者,是为累增字。"(卷八)这里提出了很重要的文字学理论观点,并提出了文字学新术语"分别文"、"累增字"。此书的缺陷是:刻意寻求许书体例,有穿凿附会的毛病;关于"六书"的分类过于繁琐,违背事实。除《说文释例》外,王筠还著有《说文句读》、《文字蒙求》、《说文系传校录》、《史记校补》等。

《说文句读》二十卷,王筠著。作者采撷众《说文》学大家的著作,辨其正误,删繁举要,参以己意,多有创见,异于段、桂两家之说1200多处,浅易简明,是初学《说文》者较为便利的本子。古人在读书时,往往以圈点标识,谓之"句读"。王筠将此书叫做"句读",一是由于原来自己的著书目的是"以便初学诵习",二是自谦其书只是读《说文》的入门之作。其实由于他学识丰富,博采慎择,去取精当,《说文句读》的学术价值已经远远超出"句读"。

《说文通训定声》,朱骏声著。朱骏声(1788～1858),字丰芑,号允倩,晚年自号石隐山人,江苏吴县人。曾受业于钱大昕,精研《说文》,《说文通训定声》是他的代表作。此书在编排上,改变了《说文》的部首排列方式,从《说文》所收的九千多字和另增的七千多字中分出形声字的谐声偏旁一千一百三十七个,再按照古韵及谐声偏旁进行排列。释义上,先根据字形结构解释本义,然后解释古籍里通用的意义。包括"说文""通训""定声"三部分内容:"说文",以许慎的说解为宗,再加补充并举例;"通训",讲的是"转注"和"假借",朱氏所说的"转注",就是我们今天所说的词义的引申,他所说的"假借",就是今天所说的通假现象,这是朱书中最精彩最主要的内容;"定声",是以上古韵文(《诗经》、《楚辞》)的用韵指明一个字的古韵。它的优点是:《说文通训定声》突破了《说文》只讲本义的框子,走向了对汉语词义的全面研究;用以声音相通的原理来研究词义。但本书对转注、假借、别义的界限划分得不太清楚,有时把本字或后起字误作假借字,对《说文》原有说解的订正也有不妥之处,这是使用这部书时应该注意的。朱骏声的其他著作有《说雅》、《大戴礼记校正》、《小学识余》、《小尔雅约注》、《离骚补注》、《尚书古注便读》等。

其他研究说文的著作,如:钱大昕《说文答问》(研究经典中的通假字和本字问题)、严可均的《说文校议》等。

研究《尔雅》著名的有邵晋涵的《尔雅正义》,郝懿行撰的《尔雅义疏》,前面已有详述,此不赘述。

研究《方言》的著作有:

《方言疏证》,戴震撰。戴震撰写此书经历二十年,他精通音韵之学,继承了郭璞的语转学说,在书中谈到一声之转和文字间的声义关系,通过声音疏证意义,有些论述极有见地,一些校语学术价值很高。卢文弨评价说:"《方言》至今日始有善本,则吾友休宁戴大史东原氏之为也。义难通而又可通者通之,有可证明者胪而列之。……至宋以来诸刻,洵无出其右者。"

《方言笺疏》,钱绎撰。钱绎(1770~1855),字以成,一字子乐,号小庐居士,嘉定人。据钱绎自序,书本由他弟弟钱桐所写,没有完成就去世了,他完成遗下工作续成此书。此书注意贯穿音义,引证非常丰富。《方言》中提及先秦、汉代的地名很多,疏中对涉及的地名、郡县沿革、山川所在及其沿流变迁都进行了详细考释。刘台拱的《刘端临先生遗书》里面有《方言校补》,虽然只有十几条,但见解精辟。另有王念孙《方言疏证补》虽然只有二十条,也见解精到,值得参考。

《释名》一书,清代以前人们关注很少。三国时期吴国韦昭(即韦曜,因避司马昭之讳,改名曜。)为它补作《官职训》一篇,并撰《辨释名》一卷,直到清代,此书才受到重视。清代,研究《释名》比较重要的著作有毕沅《释名疏证》和王先谦《释名疏证补》等。毕沅《释名疏证》是最早整理《释名》的著作,对《释名》进行了校正、补遗和疏通证明。毕沅(1730~1797),字纕蘅,号秋帆,又号灵岩山人,江苏镇洋人。乾隆二十五年进士,曾为湖广总督。此书一是引证前代文献,疏通证明;二是用唐宋类书及释道二藏,校正异同。书后并附有《续释名》一卷和《释名补遗》。《续释名》主要做了《释名》的一些辑佚工作,胡朴安曾说:"实则《释名》辑逸之类,不能谓之'续'也。"由于是首创且功力有限,有些考订欠妥。又兼唐宋类书和前代旧注引用《释名》的分歧较大,情况复杂,不尽可信。毕沅喜欢据引文改字,有时反与原书不合。

成蓉镜《释名疏证》(一卷)在声读、名物、地理各方面对毕沅的《释名疏证》作了大量的增补。吴翊寅《释名疏证校议》为校勘《释名》而作,主要把毕沅《释名疏证》和顾广圻校本《释名》加以比较,指明异同,剖析源流,参照群书所引《释名》评论得失,校正讹误。孙诒让的《札迻》中有一些关于《释名》的条目,虽然数目不多,但是条条精审,很有参考价值,顾震福《释名校补》也有一定参考价值。光绪年间,王先谦《释名疏证补》八卷据毕沅原本,参考众家校注,采纳诸家之说,对《释名》进一步进行校释,补充毕书缺略,订正失误,收罗材料丰富,比毕书更加详密,可说是整理《释名》集大成之作。(清)张金吾所撰《广释名》为增补《释名》而作,广泛收集汉代群经传注和其他书的音注,就《释名》二十七篇依类增广,补其未释,对已释而训解有异者,则博考群书,注明出处,也有一定参考价值。

研究《广雅》的著作在清代以前很少,现在能看到的只有(隋)曹宪的《博雅音》。乾嘉时,卢文弨曾作《广雅注释》,可惜已经亡佚。因此,《广雅》这部书整理起来比较困难,桂馥曾经就整理的难度与《尔雅》相比较说:"然治《广雅》难于《尔雅》。《尔雅》主释经,多正训。《广雅》博及群书,多异义。一。《尔雅》有孙郭诸旧说;《广雅》惟曹音。二。《尔雅》为训诂家征引,兼有陆氏释文;《广雅》散见者少,无善本可据。三也。"钱大昭(1744~1813)《广雅疏义》没有刊行,只有抄本流行。王念孙《广雅疏证》成书较《广雅疏义》晚,是《广雅》的精彩注本,它的价值远远超出了《广雅》本身,是汉语训诂学史上乃至整个语言学史上的一部光辉著作。清人研究《广雅》的著作还有俞樾的《广雅释诂疏证拾遗》、王士濂的《广雅疏证拾遗》、王树枏《广雅补疏》等。

研究《小尔雅》的人在清代以前也很少。清代研究《小尔雅》的著作中,胡承珙的《小尔雅义证》是最有影响的一种。胡承珙(1766~1832),字墨庄,安徽泾县人。收集大量资料,从中抉择,举证甚精。辨析词义时,能够从语言实际出发,不妄改原文。且注意音义关系。宋翔凤有《小尔雅训纂》六卷,宋翔凤(1776~1860),字于廷,长州人。嘉庆举人,曾任新宁县知县。此书除六卷正文外,另有"考"和"佚文"。注释时,与胡承珙的《小尔雅义证》详略不同,时有精义。道光年间有葛其仁《小尔雅疏证》五卷刊行。葛其仁,字元纯,一字铁生,嘉定人,嘉庆举人。此书博采传注,旁及他书,简明扼要,纠正错讹时有一些独到见解。胡世琦《小尔雅义证》十三卷,所定书名虽与胡承珙的《小尔雅义证》相同,但内容并不雷同。段玉裁称誉此书"校之也精,考之也博",为"《小尔雅》之功臣"。此外,清代研究《小尔雅》的还有王煦《小尔雅疏》八卷、朱骏声《小尔雅约注》一卷、王贞《小尔雅补义》一卷等。

(2)辞书、字典类专著

清代辞书、字典编写方面取得了重大成绩,出现了一大批辞书、字典。有官修的大型辞书、字典,如:《佩文韵府》、《康熙字典》等。有私人编著的,如:阮元主编的《经籍纂诂》、吴玉搢的《别雅》,洪亮吉的《比雅》,夏味堂的《拾雅》,史梦兰的《叠雅》,朱骏声的《说雅》,程先甲的《选雅》,陈奂的《毛诗传义类》等。其中,有的是仿《尔雅》体例编写而成,有的汇集古代传注为一编。专释虚词的辞书著作数量增多，如：袁仁林《虚词说》、刘淇《助字辨略》、王引之《经传释词》、张文炳《虚字注释》、谢鼎卿《虚字阐义》等。除辞书、字典来专著外，还有些着重探索词语源流的专著，如：戴震的《转语》、程瑶田的《果裸转语记》、王念孙的《释大》等。

(3)方言俗语、少数民族语言研究方面的著作

历代典籍中有许多方言的记载资料，清代也有人对方言加以搜集编录。研究方言的著作如：杭世骏《续方言》二卷、程际盛《续方言补正》一卷、沈龄《续方言疏证》、程先甲《广续方言》、胡文英《吴下方言考》、范寅《越谚》、钱大昕《恒言录》、毛奇龄《越语肯綮录》、茹敦和《越语释》等，为研究古今方言俗语提供了方便。研究少数民族语言的著作较少，如：《满洲、蒙古、汉字三合切音清文鉴》、《西域同文志》等。

(4)札记性训诂著作和杂有词义训释资料的读书笔记

清代学者留下来的有札记性训诂著作，如：王念孙的《读书杂志》，王引之的《经义述闻》，俞樾的《群经平议》、《诸子平议》等，这些著作考订群书，成一家之言，内容丰富，具有较高的学术价值。

清儒还留下了丰富的读书笔记，其中杂有许多有价值的词义训释资料。如：顾炎武《日知录》，钱大昕《十驾斋养新录》，阎若璩《潜邱札记》，藏琳《经义杂记》，卢文昭《钟山杂记》、《龙城杂记》，洪亮吉《晓读书斋录》，孙志祖《读书脞录》，王鸣盛《蛾术篇》，汪中《知新记》，赵翼《陔余丛考》，何焯《义门都书记》，藏庸《拜经日记》，梁玉绳《瞥记》，俞正燮《癸巳类稿》、《癸巳存稿》，宋翔凤《过庭录》等。

2. 治学风气浓厚，学术派别林立，训诂大师迭出

清代训诂成就空前，涌现出了顾炎武、戴震、段玉裁、王念孙、王引之、俞樾等一大批博通经史的训诂大师。治学有宗主，传师法，形成了一些学术派别。乾嘉时期，著名的学派有皖派、吴派、浙东学派、常州学派等。皖派重考据，在创立新说方面建树较多，戴震、段玉裁、王念孙、王引之是其中的代表。吴派尊奉汉学，考求汉人传注功夫较深，惠栋、王鸣盛、钱大昕是其代表。浙东学派治史学兼及经学，邵晋涵、万斯同、全祖望、章学诚是其代表。常州学派宗《公羊传》，主今文经学，庄存与、刘逢禄是其代表。以下择其突出者作一介绍。

顾炎武(1613～1682)，字宁人，号亭林，江苏昆山人，著名思想家、史学家、语言学家，与黄宗羲、王夫之并称为明末清初三大儒。清初曾参加抗清活动，后致力于著述。他学识渊博，在经学、史学、小学、金石考古、方志舆地、诗文诸学上，都有较深造诣。著作繁多，以毕生心力著《日知录》三十二卷。《日知录》是

顾炎武“稽古有得，随时札记，久而类次成书”的著作，有 1009 条（不包括黄侃《校记》增加的 2 条），内容宏大丰富，包括经义、史学、官方、吏治、财赋、典礼、舆地、艺文等，寄托了作者的经世思想。他考订古音，分古音十部，奠定了古音学基础。他的古音学成果集中反映在《音学五书》中，其他主要著作有《左传杜解补正》、《韵补正》、《肇域志》、《亭林诗文集》等。

阎若璩（1636～1704），字百诗，号潜丘居士，山西太原人，寄籍江苏淮安府山阳县。他毕生研究经学、古地理学，是清初著名的朴学大师，清代汉学（或考据学）最重要的代表人物之一。他一生勤奋治学，淹贯经史，博古通今，精于考证，著述颇丰。他的重要成就是著名的《尚书古文疏证》八卷，对东晋梅颐所献的《古文尚书》辨出伪迹一百二十八条，得出《古文尚书》二十五卷是魏晋间伪作的结论，引起经学界的轰动，得到学术界的普遍肯定。黄宗羲赞赏说：“一生疑团，见此尽破矣！”并亲自为此书作序。汪中认为阎氏《疏证》是“千余年不传之绝学”。近代学者梁启超在《中国近三百年学术史》中评述说：“所以百诗的《尚书古文疏证》，不能不认为是近三百年学术解放之第一功臣。”《尚书古文疏证》成为清代考据学的一面旗帜，渐开学者疑经之风，后来形成乾嘉考据学派。他运用的本证、旁证、实证、虚证、理证等考据方法，为考据辨伪学创立了通例。他还曾参与编纂《清一统志》，协助编撰《资治通鉴后编》一百八十四卷。另著有《毛朱诗说》一卷、《四书释地》六卷、《潜丘札记》六卷、《孟子生卒年月考》一卷、《困学纪闻注》十二卷等。

惠栋（1697～1758），字定宇，号松崖，江苏吴县人，乾嘉考据学派吴派的代表人物。治经以汉儒为宗，昌明汉学，尤精于汉代《易》学。祖父周惕，父亲士奇，都治《易》学，三世传经，传为佳话。信家法而尚古训，著有《春秋左氏补注》、《古文尚书考》、《后汉书补注》、《周易述》、《惠氏读说文记》、《九经古义》、《明堂大道录》、《松文钞》等。

戴震（1723～1777），字东原，号果溪，安徽休宁隆阜（今安徽屯溪）人，是著名语言学家江永的弟子。他精通天文、历算、史地、音韵、训诂、考据之学，创古音九类二十五部之说及阴阳对转的理论，对经学、语言学有卓越的贡献。著作很多，其中训诂学方面的著作主要有《方言疏证》、《续方言》、《转语》、《果溪诗经补注》、《毛郑诗考证》、《中庸补注》、《孟子字义疏证》、《六书考》、《尔雅文字考》、《屈原赋注》等，其中，《转语》失传，仅存一序，收在《戴东原集》卷四；音韵学方面的著作如《声韵考》、《声类表》等。

段玉裁（1735～1815），字若膺，号茂堂，江苏金坛人。受业于戴震，在训诂学理论、实践方面作出了卓越的贡献，与王念孙并称“段王”。一生著述甚丰，

《说文解字注》是他的代表作。其他训诂著作有《古文尚书撰异》、《毛诗故训传定本》、《诗经小学》、《春秋左传古经》、《周礼汉读考》、《仪礼汉读考》等。

邵晋涵(1743～1796),字与桐,浙江余姚人,清代著名的经学家、史学家。乾隆三十六年(1771年)进士,历任翰林院侍读,曾主持《四库全书》史部的选录和评论,授编修,官至侍讲学士,曾参加纂修《续三通》、《八旗通志》等书。他博览群书,学识渊博,且过目不忘,博闻强记,精通《三传》和《尔雅》,以郭璞《尔雅》为宗,兼采汉人旧注,撰成研究训诂学的重要著作《尔雅正义》。其他著作有《旧五代史考异》、《南江札记》、《孟子述义》、《南江诗文钞》、《韩诗内传考》、《谷梁正义》、《皇朝大臣事迹录》、《方舆金石编目》及《輶轩日记》等。他擅长史学,钱大昕曾对他说:"言经学则推戴吉士震,言史学则推君。"撰《南都事略》,叙述南宋历史,未及完成而去世,据说此书的史实比《宋史》更为丰富,可惜遗稿散失。

王念孙(1744～1796),字怀祖,江苏高邮人,受业于戴震,精通文字、音韵、训诂、校勘之学。乾隆四十年(1775年)进士,历任翰林院庶吉士、工部主事、工部郎中、陕西道御史、吏科给事中、山东运河道、直隶永定河道等职。训诂时不墨守古训,以古声求古义,多所创见,取得了令人瞩目的成绩,主要著作有《读书杂志》、《广雅疏证》、《释大》、《方言疏证补》、《王氏读说文记》、《尔雅郝注刊误》等,其中《读书杂志》、《广雅疏证》尤被学界推重。

郝懿行(1757～1825),字恂九,号兰皋,山东栖霞人,清代著名经学家、训诂学家。嘉庆年间进士,官户部主事。他长于名物训诂及考据之学,对《尔雅》研究得尤为深入,所著《尔雅义疏》为世所重。其他著作有《山海经笺疏》、《易说》、《书说》、《诗经拾遗》、《春秋说略》、《郑氏礼记笺》、《通俗文疏证》、《正俗文》、《颜氏家训校记》、《竹书纪年校正》、《晋宋书故》等。

阮元(1764～1849),字伯元,号芸台,江苏仪征人。他少年得志,历居要职。乾隆进士,由编修转詹事。嘉庆、道光两朝,历任礼、兵、户、工等部侍郎,浙、闽、赣、粤诸省巡抚,及湖广、两广、云贵总督,终体仁阁大学士,加太傅,卒谥文达。博览群书,精研经籍,治学严谨,历任所到之处,以提倡学术为己任,在浙江编成《经籍纂诂》,汇集唐代以前注解于一书,是学习古代汉语、研究古代典籍的重要文献资料;在江西刻《十三经注疏》,著《十三经注疏校勘记》;在广东刻《皇清经解》。这些著作,在训诂学史上都占有重要地位。还著有《诗书古训》、《曾子注释》、《释文校勘记》、《四库未收书目提要》、《学海堂经解》及《研经室集》、《积古斋钟鼎彝器款识》、《畴人传》等。

王引之(1766～1834),字伯申,号曼卿,江苏高邮人,王念孙之子。嘉庆进士,授翰林编修,后擢升礼部左侍郎,官至工部尚书。少从父学,尤精文字训诂,与其父王念孙并称"高邮二王"。阮元称赞说:"高邮王氏一家之学,海内无匹。"其著作主要有《经义述闻》、《经传释词》、《春秋名字解诂》、《字典考证》等。

俞樾(1821~1907),字荫甫,号曲园,浙江德清人。道光进士,曾任翰林编修、河南学政等。重要著作有《古书疑义举例》、《群经平议》、《诸子平议》,其他著作有《广雅释诂疏证拾遗》、《诗名物证古》、《孟子古注择从》、《读汉碑》、《庄子人名考》、《楚辞人名考》、《日知录小笺》、《左传古本分年考》、《春秋名字解诂补义》、《韵雅》、《礼记异文笺》等五十余种,著作总集名《春在堂全书》。

孙诒让(1848~1908),字仲容,浙江瑞安人。在训诂和古文字方面成就很高,训诂著作有《周礼正义》、《周礼政要》、《墨子间诂》、《尚书骈枝》、《周书校补》、《札迻》等,这些著作常融考证、训诂、校勘于一体。古文字著作有《古籀拾遗》、《古籀余论》、《名原》等。

(三)清代词义研究的特点

1. 重视语言材料,实事求是,治学态度严谨、科学

清代训诂学家继承了汉学的朴实学风,训释词义时能够实事求是,又吸收了宋学的好思、创新的优点,戴震评价汉学和宋学的得失时说:"圣人之道在六经。汉儒得其制数,失其义理;宋儒得其义理,失其制数。"(见《戴震集·与方希原书》)清儒既追求明制数,也追求得义理,将汉学的求实精神和宋学的创新精神结合起来,重旧说而不墨守,创新说而不虚妄,注重名物训诂,通经明道。清代训诂大师迭出,成就辉煌,凌越汉唐。如:

清初朴学大师阎若璩勤奋好思,读书注重解义,他的儿子阎咏在《左汾近稿·先府君行述》中记叙说:"府君读书,每于无字句处精思独得,而辩才锋颖,证据出入无方,当之者辄失据。常曰:'读书不寻源头,虽得之,殊可危!'手一书至检数十书相证,侍侧者头目为眩,而府君精神涌溢,眼烂如电,一义未析,反复穷思,饥不食,渴不饮,寒不衣,热不扇,必得其解而后止。"他敢于大胆疑古,二十岁时研读《尚书》时,对《古文尚书》产生了怀疑,正是他那种"手一书至检数十书相证"、"大抵事必求其根柢,言必求其依据,旁参互证,多所贯通"的严谨治学态度、考证力求精核的自我严格要求以及持之以恒的精神,才使得他花三十年时间进行考证而写成的《尚书古文疏证》能得到学界的普遍肯定,翻了一千多年经学史上的一个大案。王筠《说文释例跋》中说:"且著书者每勇于驳古人,而怯于驳今人,谓今人徒党众盛,将群起而与我为难也。然使群起难我,我由之讲其非以趋于是,则我愈有所得矣;或以非义之词相难,则人皆见之,而我亦无所失矣。"正是他勇于辩论、追求真理的精神的体现。清儒那种批判的精神、严谨的

治学态度、详细占有资料、缜密的考证，实事求是的学风，是我们的宝贵的文化遗产，永远值得我们继承和发扬。

2. 不宗一家，博采众说，具有开放的学术胸襟

清代训诂学家不同于前代的一个特点就是不宗一家、博采众说的治学作风。如：邵晋涵的《尔雅正义》虽然和《五经正义》一样都是选一种古注为主进行疏释，却不专主郭注，《自叙》中说："今以郭氏为主，无妨兼采众家，分疏于下，用俟辩章。譬川流而汇其支渎，非木落而离其本根也。"清代虽然形成了皖派、吴派、浙东学派、常州学派等学术派别，但是这些派别虽各有派系，却能不囿门户，互相尊重，甚至推重对方。如皖派戴震推重吴派惠栋，吴派钱大昕推重皖派戴震。这种开放的学术胸襟是难能可贵的。

3. 利用古音学成果，因声求义，解决词义训释问题

从字音来考察、研究字义，清代之前虽然就有学者注意到，如南唐徐锴的《说文解字系传》，宋代王子韶的《字解》，元代戴侗的《六书故》，明代方以智的《通雅》等，但是由于缺乏古音知识，没有进行过全面、系统的研究，也没有能总结出具体的规律。清代学者在前人研究的基础上提出了"因声求义"的主张，在音韵学方面取得了很大成绩，把形、音、义统一起来，因形知音，因声求义，他们利用古音学的成果解决了许多训诂问题。顾炎武说："读九经自考文始，考文自知音始。"(《日知录》卷二十七)戴震在《转语》中讨论音义关系说："疑于义者以声求之，疑于声者以义正之。"(《转语二十章序》)段玉裁、王念孙二人继承老师戴震学说，加以发展，段玉裁在为《广雅疏证》所作的序中说："圣人之制字，有义而后有音，有音而后有形。学者之考字，因形以得其音，因音以得其义。治经莫重于得义，得义莫切于得音。"他在《说文解字注》后附有《六书音均表》，对古韵作了一番整理，是《说文解字注》的不可缺少的一部分。并且在给《说文》作注时，沟通音义关系，运用古音学的研究成果解决了不少疑难问题。王念孙在《广雅疏证》自序中说："窃以诂训之旨，本于声音。……今则就古音以求古义，引申触类，不限形体。"因声求义而不限形体，这是清代学者在训诂学理论上的巨大贡献。王引之曾在《经义述闻序》中阐述其父王念孙的观点："大人曰：训诂之旨，存乎声音，字之声同声近者，经传往往假借，学者以声求义，破其假借之字而读以本字，则涣然冰释，如其假借之字而强为之解，则诘屈为病矣。"王念孙不仅在理论方面阐述声音与训诂的关系，而且在训诂实践中贯彻以古音求古义的原则。王引之说"大人之治经也，诸说并列，则求其是；字有假借，则改其读。盖熟于汉学之门户，而不囿于汉学之藩篱者也。"段王二人把古音学和语言转变理论应用到了词义训释上，以声音贯穿训诂，理论的突破带来了治学之风的转变，因

声求义的方法在清代得以普遍运用。

韵部方面，自清初顾炎武作《音学五书》开始把古韵分之为十部起，经过江永（分为十三部）、段玉裁（分为十七部）、王念孙、孔广森、江有诰（分为二十一部）等人的研究，越分越细，戴震又提出韵类通转的学说。声母方面，钱大昕提出声转的说法，发明"古无轻唇音""古无舌上音"之说。而这些音韵学研究成果都成为研究先秦古献、探讨词义的根据。较突出的作用有：(1)破假借。古书之所以难读，一是由于书中有古字古义，二是由于文字上有假借。古字古义可以查检《尔雅》、《说文》等工具书和其他前代书中的训诂，文字上的假借则应该考求本字。王念孙说："诂训之旨，存乎声音，字之声同声近者，经传往往假借。学者以声求义，破其假借之字，而读以本字，则涣然冰释。"（王引之《经义述闻序》）解释古书中的假借现象就要依据古音学。如：《荀子·劝学篇》："行衢道者不至，事两君者不容。"王念孙《读荀子杂志》卷一："《尔雅》：四达谓之衢。又云：二达谓之歧旁。歧衢一声之转，而二达亦可谓之衢。"因此，凭借古音知识，按照文字上的音同或音近的关系，再结合文义来推求本字，即可解决一些词义问题，理通文句。(2)解释联绵词。清代训诂学家利用古音学的成果，从古音学的角度观察、解释联绵词。王念孙在《读汉书杂记》卷十六中说："凡连语之字皆上下同义，不可分训。说者望文生义，往往穿凿而失其本旨。"如："犹豫"一词本来是联绵词，意思是迟疑不决的样子。以往有一些解释。如：颜之推《颜氏家训》："《尸子》曰：'五尺犬为犹'。《说文》云：'陇西谓犬子为犹'。吾以为人将犬行，犬好豫在人前，待人不得，又来迎候，如此返往，至于终日，斯乃豫之所以为未定也，故称犹豫。或以《尔雅》曰：'犹如麂，善登木'。犹，兽名也，既闻人声，乃豫缘木，如此上下，故称犹豫。"王念孙在《广雅·释训》"踌躇，犹豫也"条下指出："此双声之相近者也。踌躇、犹豫为迭韵，踌躇、犹豫为双声。……夫双声之字，本因声以见义，不求诸声而求诸字，固宜其说之多凿也。"王念孙从古音学的角度解释了"踌躇"、"犹豫"是双声、叠韵的联绵词，指出以前解释往往穿凿附会是由于从字的形体结构分析而不从字音方面考虑的缘故。

4. 注意语言的古今异同，用历史发展观点解释词义

清代的训诂学家大都具有历史发展观点，注意到语言的古今变化，能用历史发展的观点看待、解释词义并阐述词义变化，其中尤以王念孙、王引之、段玉裁等人最为突出。

段玉裁说："有古形，有今形，有古音，有今音，有古义，有今义，六者互相求，举一可得其五""古今者，不定之名也，三代为古，则汉为今，汉、魏、晋为古，则唐宋以下为今"。段玉裁的《说文解字注》不仅深入探讨了先秦两汉语言，而且对

汉以后的语言也有所涉及。如《说文·幸部》:“报,当罪人也。”段玉裁注:“司马彪《百官志》曰:‘廷尉掌平狱,奏当所应,凡郡国谳疑罪,皆处当以报。’《史记·张释之列传》曰:‘廷尉奏当。’……当谓处其罪也。按当者,汉人语。报,亦汉人语。《汉书·张汤传》曰:‘讯鞫论报’。苏林注《苏建传》曰:‘报,论也。断狱爲报。是则处分其罪以上闻曰奏当,亦曰报也。引申为报白,为报复。又假为‘赴疾’之‘赴’,见《少仪》、《丧服小记》。今俗云‘急报’是也。”又《说文·目部》:“瞻,临视也。”段玉裁注:“《释诂》、《毛传》皆曰:‘瞻,视也。’许别之云临视。今人谓仰视曰瞻。此古今义不同也。”

《广雅·释诂》:“黔首、氓,民也。”王念孙疏证:“《说文·黑部》:秦谓民为黔首,谓黑色也。周谓之黎民。《史记·秦始皇本纪》:‘更名民曰黔首’。按:《祭义》云:‘明命鬼神,以为黔首则’郑注:‘黔首谓民也。’《魏策》云:‘抚社稷,安黔首’。《吕氏春秋·大乐篇》云:‘和远近,说黔首’。《韩非子·忠孝篇》云:‘古者黔首悗密蠢愚’诸书皆在六国未灭之前,概旧有此称,而至秦遂以为定名,非始皇创为之也。”疏证中引用诸书阐明了“黔首”一称是秦代和秦以前对“民”的称呼。

《广雅·释丘》:“坟、墓,冢也”。王念孙疏证:“《方言》:‘凡葬而无坟谓之墓’。注云:‘言不封也。’周官有冢人,有墓大夫。郑注云:‘冢,封土为邱垄。象冢而为之。墓,冢茔之地也。’《檀弓》:‘古也墓而不坟’。注云:‘冢谓兆域,今之封茔也。土之高者曰坟。’盖自秦以前皆谓葬而无坟者为墓,汉则坟墓通称。”(《广雅疏证》卷九下)

5. 由文字训释逐渐走向语源和词义系统的研究

虽然南唐徐锴是最早讲词义引申的学者(李建国,1989:111),他在《系传》中据《说文解字》中字词本义揭示词义发展的系统性,但是从理论上对词义引申发展作深入研究并依据理论考释词义取得辉煌成就的是清代学者。清代,因声求义的方法得到普遍确认和使用,训诂学家脱离了形训的藩篱,运用因声求义方法,展开了对语源和词义系统的研究,取得了前所未有的成绩。戴震的《转语》用因声求义的方法来推求语源,探索语言孳乳和演变的规律。段玉裁的《说文解字注》用形、音、义互相求的思想力求分清本义、引申义、假借义,并对本义、引申义的联系加以细致分析。朱骏声的《说文通训定声》在全面收集分析《说文》各词本义和出现在古籍中的引申义(朱称之为转注)的基础上写成,把字义按历史发展的线索归纳为本义、引申义、假借义这样一个完整的词义系统,引用丰富的古籍材料对古汉语词义发展作了全面的描写,开字义系统研究的新局面,是一部研究古汉语词义发展的奠基之作。王念孙的《广雅疏证》、《读书杂志》和《释大》,王引之的《经义述闻》、《经传释词》都在汉语语源和词义系统研究上作了许多有益的探索,其中不乏创造性的见解。

6. 在辨析同义词和构词法方面,形成了一些理论

对同义词的辨析,我国先秦时代就开始辨析。《尔雅》常将同义词列为一组解释,通过释义辨析同义词。《说文》也是通过释义辨析同义词。历代的字典辞书等工具书常常通过释义辨析。古籍注疏中关于同义词的辨析材料更是数不胜数。清代学者不仅在辨析同义词时更加精微,而且形成了一定的理论。段玉裁创用术语"浑言"、"析言"用来说明同义词的异同,用"浑言则通"、"析言则别"来概括同义词的同与异,对许多同义词进行了精审的辨析,在理论和实践方面都作出了很大成就。

关于构词法,荀子在《荀子·正名篇》已经指出:"单足以喻则单,单不足以喻则兼。"许慎的《说文解字》通过词目的排列暗示了一些词不可以分开解释。如:"蝦,蝦蟆也。""蟆,蝦蟆也。"段玉裁作了理论概括,在"黽"字注中说:"凡两字为名,一字与他物同者,不可与他物牵混。"在"蛁"字注中说:"凡单字为名者不得与双字为名者相牵混"。王念孙说:"夫双声之字,本因声以见义,不求诸声而求诸字,固其说之多凿也。"说明了联绵词不可以分开解释其中的字的意义的道理。

(四)清代词义研究存在的问题

清代人词义研究的成绩是大的,但也不无缺点。主要的缺点有两方面:1、对词义的研究仍然没有摆脱经学的局限,仍然是经学的附庸。虽然清儒关于词义的一些理论观点很有见地,但是大多分散在词义训释中,还没有形成系统的理论专著,仍然没有摆脱经学附庸的地位。段玉裁之后的一些学者训解词义时墨守《说文》,以为《说文》的字都是本字,以为《说文》的训解都是本义,一词一语都要到《说文》去寻本字。殊不知《说文》中所收的9353字中既有古字,也有汉代后起的增加偏旁的字,产生层次不同;《说文》中的训解也并不都是本义,有的只是通用义。2、滥用通转,有穿凿附会之嫌。清代段王之后,清儒在训释词义时,有滥用通转之说,所说"语转"、"一声之转"之类未必符合先秦古音,所解多有错误,如钱绎《方言笺疏》之类,应该注意。另外,清人在训释词义时还存在考证繁琐之病。

第十章

汉语词汇语汇研究散论

浑源方言詈词文化信息解

王跟国　裴瑞玲

（山西大同大学文学院　山西　大同 037000）

摘　要：语言是文化的一面镜子。本文将晋北地区浑源方言中的詈词作为考察对象，从生产方式、思想观念、民众心理几个方面解读其中蕴含的中国民族文化和地域文化。

关键词：詈词；文化；生产方式；思想观念；审美观

詈词也就是人们日常生活中所说的骂人话，是人们为了发泄愤怒、出口伤人的不文明话语。各地方言中存在大量的特色化詈词，虽然詈词应该杜绝，但它作为方言语汇中实际存在的一个特殊成员，蕴含着丰富的文化内涵。浑源县属于山西省大同市，浑源方言是晋北方言的一个重要分支，其中的詈词反映了浑源县甚至晋北地区人们的生产方式、生活状况、思想观念、民间风俗、民众心理以及思维习惯，是中国民族文化和地域文化的积淀。本文即从浑源方言中的詈词入手解读其中所包含的文化信息。

一、詈词构成形式的主要类别

1. 由动物的名称及其行为特征构成的詈词，如：

笨猪、懒猪、死猪、哈巴狗、狗腿子、小肚鸡肠、牲口、懒驴、倔驴、兔子、死牛头、牛脾气、绵羊头、狼、骚狐狸、老狐狸、猫声狗气、鼠头鼠脑、母老虎、乌龟、王八蛋、乌鸦嘴、寄生虫等。

2. 由“鬼”构成的詈词，如：

鬼眉溜眼、鬼头鬼脑、鬼化符、懒鬼、讨吃鬼、邋遢鬼、小气鬼、冒失鬼、枪崩鬼、挨刀鬼、酒鬼、烟鬼、胆小鬼、短命鬼等。

3. 由“货”、“物”、“东西”等物类构成的詈词，如：

铜货、七成货、骚货、浪货、没使用货、神经货、挨刀货、枪崩货、讨吃货、讨厌货、缺德货、损阴货、废物、窝囊废、草包、坏东西等。

4. 由“日”、“操”等表性行为、性器官的词或其他脏字眼构成的詈词，如：

日你妈、操你娘、操你奶奶的、操你祖宗的、放屁等。

5. 由生理、心理疾病类词语构成的詈词，如：

病秧子、有病、神经病、缺心眼、脑袋不清楚、糊涂蛋等。

6. 亲属称谓形成的詈词，如：

爷、老子、老娘、姑奶奶等。

二、詈词斥骂的内容

1. 斥人品行低劣，如：狗腿子、骚货等。

2. 斥人相貌难看，如：丑八怪、猪眉凹眼等。

3. 斥人生理、心理缺陷、低能的，如：铜货、神经病、二百五等。

4. 自称对方长辈，斥骂对方的，如：爷、老子等。

5. 通过与性有关的词语，侮辱对方父母、妻子，如：狗杂种、操你娘等。

6. 咒人死亡，如：死囚犯、挨刀货、老不死的、不得好死、天打五雷轰、天杀的等。

7. 咒人绝后的，如：断子绝孙、坟上不冒烟等

8. 咒人死后遭报应，如：损阴货、遭报应等。

三、詈词所蕴涵的中国民族文化和独特的地方文化

（一）反映了当地以农耕为主、兼顾养殖业的生产方式。

语言取自生活，同时又反映生活。在各个方言区，人们用自己日常生活中的熟知事物、现象和独特的表达方式，创造了各具特色的方言。同时，方言又是方言区人们生活的一面镜子，反映了人们的生活状况。浑源是晋北地区的一个

农业大县，是中国北方典型的经济落后的旧式农业区，以农耕为主、兼顾养殖业，且现代化生产技术落后，机械生产工具缺乏，人力、畜力在生产过程中占举足轻重的地位。所以，在浑源方言詈词中，以动物名称及其行为特征（其中多数是家畜）构成的詈词高居首位。而在这一类詈词中，"猪"这一动物名称出现的频率又首当其冲。骂人笨为"笨猪"，说人愚蠢为"蠢猪"，贬人胖是"胖猪"、"肥猪"，嫌人能吃能喝也说是"猪"，人不机灵为"死猪"、"猪头"，人睡得没有知觉说是"象死猪一样"，说人长得难看是"猪眉凹眼"，说家肮脏、不干净是"猪窝"、"猪圈"，说脑子不灵活是"猪脑"，骂人下贱是"猪狗不如"，骂人撅嘴生气的样子是"猪嘴"，说人叫喊得厉害是"像杀猪一样"等等，让人感觉骂人者脑子里充满了猪的形象。

"猪"在詈词中高频率的出现，一是由于自身一些突出的特点"脏"、"懒"、"胖"、"丑"、"笨"等。二是与它在人们的日常生活中在人们脑海中形成的深刻印象密不可分。进入九十年代，浑源才兴起大量养殖厂。之前，猪、鸡、羊等一直是分散饲养，农户几乎家家养猪、牛、驴等家畜。牛、驴的饲养是出于生产需要，在生产劳动中，牛驴是农民们的好帮手。农家养猪则既能把大量的谷糠和剩饭处理干净，又能卖猪得到收益。农民生活的一个重要内容就是家畜的饲养，盖棚圈，抓猪仔、熬猪食、喂猪等等，忙得不亦乐乎。在与动物特别是和猪如此亲密接触的过程中，动物的各种特征已经深深刻在人们的脑海中，产生如此多的与动物特别是与猪相关的詈词也就不难理解了。这些詈词给我们展示出一幅多么生动的中国农村生活画面！

（二）折射出人们"万物以人为贵"的思想观念和对完美相貌和理想人格的审美观。

1. 在诸多詈词中，多以动物名称、"货"、"物"、"东西"之类"非人的"指称来骂人，或说人品行恶劣，或说人才智低下，或说人相貌丑陋，实际上在无形之中对人进行了降格，体现了一种"万物以人为贵"的思想。在人们的心目中，人在万物中至尊至贵，而人的至尊至贵，就在于人的道德性，即一个人在和别人相处的时候，不仅要从自己的利益出发，同时还应为别人或集体着想，努力维护人际关系的和谐。一个人如果不能用人类文明洗涤自己作为动物低劣的一面，人们觉得就不能算是他们心目中的人。在双方对骂时频率极高的词如"牲口"、"毛驴"、"兔子"等等，"不是人"是这一类詈词的最终涵义。同时，各种事物进入詈词中，又附带着各自令人厌恶的突出特征，而这些特征又是人们所熟知的，用来骂人，形象生动，入木三分，骂者痛快，使被骂者感到切肤之痛，达到骂人的目的。在人们的思想中，对非人之物低劣面的否定即是对人类自身的赞美，也即是对在劳动生产过程中产生的人类文明的崇尚。

2. 在詈词的斥骂内容中,对人品德恶劣、相貌丑陋的斥骂占很大比例,显示出人们对完美相貌和完善品格的追求,这是对外表美和心灵美内外统一要求的反映。这些詈词中,骂人品德恶劣的又比骂人相貌丑陋的多得多,可见人们在品貌要求上的态度是重品格、轻相貌。骂人愚蠢是"蠢猪";骂人奸猾是"老狐狸";骂人凶残是"狼"、"虎";骂人固执是"倔驴"、"死牛头";骂人心胸狭窄是"小肚鸡肠";骂人懒惰是"懒驴";骂人傻是"铜货"、"二百五";骂人吝啬是"铁公鸡";骂人看重小利是"眼皮薄";骂人不光明正大是"鬼头鬼脑";骂人无能是"窝囊废"、"草包";骂人胆小怯懦是"胆小鬼";骂人依傍势力、仗势欺人是"狗腿子";……

可以看出:人们讨厌愚蠢、奸猾、凶残、心胸狭隘、固执、怯懦、懒惰等不良品行,崇尚聪明、机灵、友爱、善良、正直、心胸坦荡、勇敢、勤劳等优良品格,认为前者是美,后者是丑,这与中国传统道德的价值取向是一致的。人们崇尚聪明的头脑、高尚的品德,因为无论在与自然作斗争的过程中还是在激烈的社会竞争中,健壮的体格和聪明的头脑是一个人立足于世的根本。人们害怕生理和心理的不健全,也害怕有一个愚笨的大脑,所以嘲笑人生理、心理缺陷、能力低下的一些詈词也就应运而生了。

詈词也反映了当地人的审美标准。从脸部来看,眼睛不能是大得过分的"牛蛋眼",也不能是"席篾棍划拉开的眼睛";脸太长就是"驴脸"、"马脸";鼻子呢,是挺直的"羊鼻梁儿","像秤砣"一样的"塌鼻梁"当然也就被人嗤之以鼻了;对于嘴的要求,男女则不一样,"男人嘴大吃四方,女人嘴大吃家当",小巧的嘴巴是女人完美相貌不可或缺的一部分。对于女子来说,白皙的皮肤同样是美的,俗话说:"一白遮百丑"。"黑干黑干的"的女子,人们是不觉得她"美"的,"掉到煤渣里也找不见"更是极言其黑了。身材呢,不论男女,个子矮就被人喻为"三等残废",或被骂为"一麻人儿高"。再从"瘦干猴"、"干鬼"这些詈词来看,即使是女子,"骨感美"的身材也绝对不受欢迎,但人们也绝非"以肥为美",骂人"肥猪"、"胖猪"即是证明。所以,女子不胖不瘦的高挑身材是最受欢迎的。标准型的男子则要身高八尺、膀宽腰圆、体格健壮了。总之,当地人对相貌的要求是"适中":五官适中,个子适中,胖瘦适中。

(三)折射出人们落后的迷信思想、对生命、语言的崇拜以及趋吉避凶的心理。

在浑源方言詈词中,以"鬼"构成的詈词比比皆是。从这些词中,我们感受到人们创造了一个热闹非凡的鬼世界:有聪明伶俐的机灵鬼,有脑子糊涂的糊涂鬼，有衣着不整、懒得整理东西的邋遢鬼，有爱财如命的小气鬼，有卤莽行事的冒失鬼，有运气不济的倒霉鬼，有嗜烟酒如命的烟鬼、酒鬼，有胆小怕事的胆小鬼，有落到乞讨要饭的讨吃鬼，还有被送上死地的枪崩鬼、挨刀鬼，骂人心怀鬼胎的样子是鬼眉溜眼、鬼头鬼脑，勾勒出一个与人世间遥遥对峙的热闹的鬼世界。当地人特别是老年人非常迷信。一个葬礼动辄上万元，甚至几万元。家里有人生病，在去医院诊治的同时，还要请大仙算一番，看是否冲撞了神仙。盖房、搬家、结婚、出殡等也要看好日子、好时辰，有人甚至事无巨细，都要请人看，诸如财运如何、孩子是否升学等等。这些落后的迷信观念和当地落后的生产方式是分不开的，当地近年来经济发展滞后也阻碍了人们思想的提高。

这种迷信思想同时也源于人们对生命的渴望，希望生命能够在另一世界延续。鬼神现象实际上也是一种人文现象，在人的世界中，有各种各样的人。在鬼的世界中，也有形形色色的鬼。人们把鬼神的形象"人化"，且与民众生活密切相关，表达了对鬼世界感到神秘并且惧怕但又希望存在的一种复杂感情。

一些詈词以咒人死亡、绝后、遭报应为内容，反映了人们趋吉避凶的一种心理和对语言威力的迷信。在这种心理的支配下，出于对死亡、灾难、疾病、贫穷等的畏惧，形成一些语言的禁忌，忌讳说不吉利的话，采用一些委婉的说法。人们怕"事从嘴上来"，对于自己及自己的亲戚、朋友，说吉利话以图吉利，如：过生日时吃长寿面希望长寿，吃糕图"步步高升"；正月初一吃鱼表"年年有余"等等。对于仇家，则集恶毒之词诅咒，希望遂了心愿。咒人其实是有意触犯语言的禁忌，希望通过语言实现自己心中对于仇家惩罚的愿望。

（四）体现了人们传统的子嗣延续、"父慈子孝"、"男尊女卑"的封建观念。

中国传统社会是以父子关系为核心的宗法制社会，长辈地位尊贵，父贵子贱，男贵女贱。古人云："不孝有三，无后为大。"当地人有着非常浓厚的子嗣思想，十分重视家族子孙的传承，甚至把无子看作是上辈子作了亏心事遭到上天的惩罚。在计划生育抓得很紧的今天，许多人冒着被罚款的危险依然要生儿子，甚至有人查出是女孩还要打胎。对待儿女的态度也不一样，绝大多数家庭只花钱供养儿子上学、娶媳妇，认为儿子是父母的生命价值所在，寄托了生活的全部意义。人们"养儿"虽然为了"防老"，但更注重的是名义上的子嗣延续。如果一个男子没有娶妻或者娶妻没有生育的，就从同族兄弟或其他亲戚家"过继"一个儿子，或抱养一个儿子，继承财产。被"过继"的人死后就和名分上的父母埋在一起。所以，"断子绝孙"、"坟上不冒烟"等咒人绝后的詈词在当地人看来无疑是对被骂者最恶毒的诅咒。

对于文化素养不高的穷困群体来说，影响自己切身利益的是自己在家庭中的地位,"家"的概念远比"国"在自己心中的分量重,维系"家"这个整体非常重要,中国几千年的孝传统被人们奉行着。在骂人时,诸如"爷就没见过你这样的东西"、"你能把老娘怎么样?"、"欺负到你姑奶奶头上了"之类的骂语中用了"爷"、"老娘"、"姑奶奶"等亲属称谓词无形中把对方降为自己的晚辈,抬高自己的辈分,与鲁迅笔下的阿Q被人打了仍以"儿子打老子"的精神胜利法获得精神安慰如出一辙,其实其心理基础是一样的,就是我国传统的孝文化。

一些詈词则以女子品行不端为斥骂内容,如:"破鞋"、"骚货"、"不正经"等,不一而足。骂对方"王八蛋"、"鳖子"等,意含对方母亲作风不正派,尤以"鳖子"为最,简直可说是浑源一县的"县骂"。从这些詈词中,我们可以看出:人们对女子的贞洁要求非常严格,人们认为女的"嫁鸡随鸡、嫁狗随狗",应该从一而终。相反,对一个寻花问柳的风流男性来说,却赞为"有本事"。在这种"男尊女卑"思想意识的支配下,通过"日你娘"等詈词侮辱对方女性长辈和自己有性关系,意在使对方女性长辈沾行为不洁之名,把占有女性当做荣耀的事情,男女地位差别也就不言而喻了。

另外,许多詈词常常抓住日常生活中的事物最鲜明、突出的特征,凸显其丑恶的一面,通过比喻等修辞手法达到贬低、斥骂别人的目的,形象生动,骂得痛快淋漓。这是中国人立象以尽意的特有思维方式的反映,即通过某种直观表象去领悟象征意义的思维方式。同时,詈词中相当一部分话语粗俗、下流,也反映出当地人率直、粗野、盛气凌人、缺乏文化教养等不良风貌的一面。笔者相信,随着社会的发展、人们文化素质的提高、观念的改变,这些不文明的詈词也将逐渐消失。当然,由于语言反映社会生活的滞后性,一些正在形成的新文化特征还有待于进一步揭示。

参考文献:

[1]申小龙:《中国文化语言学》,吉林出版社1990年版。

[2]申小龙:《汉语与中国文化》,复旦大学出版社2003年版。

[3]张晓瑜、李小平:《山西方言与文化综合研究的宏观思考》,载《晋阳学刊》,2005年第1期。

[4]李如龙:《关于方言与地域文化的研究》,载《泉州师范学院学报》,2005年第1期。

(原载《雁北师范学院学报》2007年第1期)

灵丘话的分音词

王跟国

(山西大同大学文学院,山西　大同 037009)

摘　要:分音词是汉语方言中的一种特殊的语言现象,不时地引起学者们的关注。本文穷尽性地考察了灵丘话中的分音词,并通过比较的方式,从语音、语义、语法等方面描写、分析了灵丘话分音词的特点,认为分音词的产生除了语言自身发展的规律外,还有语言(或方言)接触和社会心理方面的原因。

关键词:灵丘话;分音词;来源

1. 分音词的概念

分音词是指和某个单音节词语义上基本一致、语音上具有反切关系的双音节联绵词。如元代睢景臣的散曲[般涉调·哨遍]《高祖还乡》:

"一面旗白胡阑(着重号为笔者所加,下同。)套住个迎霜兔,一面旗红曲连打着个毕月乌。"

"胡阑"在语义上相当于"环",语音上"胡"和"环"声母相同、"阑"和"环"韵腹及韵尾相同,"胡""阑"相切得"环"音,且"胡""阑"只起表音作用,无实义。"曲连"在语义上相当于"圈",语音上"曲"和"圈"声母相同、"连"和"圈"韵腹及韵尾相同,"曲""连"相切得"圈"音,且"曲""连"只起表音作用,无实义。这样,"胡阑"是"环"的分音词,"曲连"是"圈"的分音词。学者们的着眼点不同,对这种语言现象的命名也不同。目前主要有:赵秉璇[1]、张崇[2]称为"嵌 l 词",赵秉璇[3,4]又称为"反语骈词",王洪君[5]称为"前冠衍接式韵律词",侯精一[6]、栗治国[7]、李蓝[8]、邢向东[9]称为分音词。本文采用较为通用的"分音词"这个概念,把和分音词对应的单音节词称为"本词"。

2. 灵丘话中的分音词

灵丘县位于山西省的东北边缘,大同市辖县的东南角。处恒山余脉的东南,五台山余脉的东北。东部、东北部、南部分别与河北省的涞源县、蔚县、阜平县接壤,西部、北部与本省的浑源县、繁峙县、广灵县相连。境内群山绵亘、沟壑纵横,曾经阻碍着人们和大山之外的联系。改革开放以来,经济文化的发展取得了较大的进步,但经济活动仍以本地发展为主,缺乏和外界广泛、深入的交流。因此,灵丘话的语言面貌没有发生急剧的变化,各种类型的分音词仍旧活跃于灵丘人的日常口语之中,这种现象和入声、没有舌尖后音、没有前鼻音等共同成为灵丘方言的重要特点。灵丘话的分音词①有：

不磊[pəʔ⁴ lɛe⁴⁴]——摆　不拉[pəʔ⁴ la⁴⁴]——拨　不烂[pəʔ⁴ læ⁵²]——拌

不烂[pəʔ⁴ læ⁵²]——绊　不浪[pəʔ⁴ lɒ⁵²]——棒　不楞[pəʔ⁴ ləŋ⁴⁴]——蹦

泼拦[p'əʔ⁴ læ³¹]——盘　扒拉[p'əʔ⁴ la⁴⁴]——扒 泼楞[p'əʔ⁴ ləŋ⁵²]——蓬

没捞[məʔ⁴ lɑu⁴⁴]——摸 没啦[məʔ⁴ la⁴⁴]——抹　夺拉[təʔ⁴ la⁴⁴]——夺

达览[təʔ⁴ læ⁴⁴]——[tæ⁴⁴]（本词指狗叫的声音，用以比喻发表没有实际意义的言论，含贬义，分音词只表示比喻义）达楞[təʔ⁴ l ŋ⁴⁴]——噔

德料[tiəʔ⁴ liɑu⁵²]——吊　得溜[tiəʔ⁴ liəu⁴⁴]——提　特拉[t'əʔ⁴ la⁴⁴]——趿　特涝[t'əʔ⁴ lɑu⁵²]——套　塌览[t'əʔ⁴ læ⁴⁴]——滩　铁撩[t'iəʔ⁴ liɑu³¹]——条　突峦[t'uəʔ⁴ luɒ³¹]——团　突罗[t'uəʔ⁴ luɒ⁴⁴]——拖

圪拦[kəʔ⁴ læ⁵²]——煎（在锅里用油炸一下）　圪老[kəʔ⁴ lɑu⁴⁴]——搞

圪溜[kəʔ⁴ liəu⁵²]——勾　圪涝[kəʔ⁴ lɑu⁵²]——角　圪樑[kəʔ⁴ liɒ³¹]——岗

圪览[kəʔ⁴ læ⁴⁴]——杆　圪崴[kəʔ⁴ vɛe⁴⁴]——拐　骨峦[kuəʔ⁴ lyæ⁴⁴]——蜷

骨啦[kuəʔ⁴ la⁴⁴]——刮　骨裸[kuəʔ⁴ luo⁴⁴]——裹　骨噜[kuəʔ⁴ lu⁴⁴]——滚

刻两[k'əʔ⁴ liɒ⁴⁴]——僵　渴乐儿[k'əʔ⁴ lər⁵²]——壳儿

刻朗[k'əʔ⁴ lɒ⁵²]——腔　窟窿[k'uəʔ⁴ luəŋ⁵²]——孔

窟峦[k'uəʔ⁴ lyæ⁵²]——园　黑廊[xəʔ⁴ lɒ⁴⁴]——巷　忽啦[xuəʔ⁴ la⁴⁴]——耆忽安[xuəʔ⁴ næ⁴⁴]——憨　忽隆[xuəʔ⁴ luəŋ⁴⁴]——轰

忽卢[xuəʔ⁴ lu³¹]——壶　忽栏[xuəʔ⁴ læ³¹]——环　忽辣[xuəʔ⁴ la⁵²]——画（动词）　忽路[xuəʔ⁴ lu⁵²]——锢　积檩[tɕiəʔ⁴ liəŋ⁴⁴]——惊

即溜[tɕiəʔ⁴ li u³¹]——啾　漆潦[tɕ'iəʔ⁴ liɑu⁵²]——翘

曲栾[tɕ'yəʔ⁴ lyæ⁴⁴]——圈　雪驴[ɕyəʔ⁴ ly³¹]——絮

扎辣[tsəʔ⁴ la⁵²]——奓　吃楞[ts'əʔ⁴ ləŋ⁴⁴]——噌

出链[ts'uəʔ⁴ luɛe⁵²]——串出磨[ts'uəʔ⁴ muo³¹]——闯

杀溜[səʔ⁴ liəu⁴⁴]——嗖

3. 分音词的特点

---

① 本文记音参照蒋荫禔、李静梅《灵丘方言志》，山西高校联合出版社，1989 年。分音词的两个音节只起表音作用，没有实义，所以书写时采用的是当地的同音字，不考虑意义

3.1　语音特点

3.1.1　分音词与本词的语音对应特点

分音词在语音上的特点是:绝大多数分音词第一个音节和对应的单音节词声母相同,第二个音节和对应的单音节词韵母相同(有的只有韵腹及韵尾相同),且第一个音节都是以[əʔ]、[iəʔ]、[uəʔ]或[yəʔ]为韵母,第二个音节都以[l]为声母,前后两个音节相切得到对应的本词的读音。按照赵元任先生分析反切秘密语[10]的方法,分音词的第一个音节称为声母字,第二个音节称为韵母字,[əʔ]、[iəʔ]、[uəʔ]或[yəʔ]称为附加韵,[l]称为附加声。也有个别分音词的声母字和韵母字切出来的读音和本词的读音不一致,但这并没有违背分音词的规律,而是本词发生历时音变的结果。如"刻朗"是"腔"的分音词,现代汉语中"腔"的读音是见组字在细音前发生的变化,而"刻朗"对应的本词就是见母字发生音变前的"腔"。

分音词的第一个音节的韵母即附加韵和本词的韵头有一定的对应关系。本词为开口呼时,附加韵为 əʔ,如:拌[pəʔ^{4} læ^{52}]、榜[pəʔ^{4} lɒ^{52}],本词为齐齿呼时,附加韵为 iəʔ,如:条[tʻiəʔ^{4} liɑu^{31}]、翘[tɕʻiəʔ^{4} liɑu^{52}],本词为合口呼时,附加韵为 uəʔ,如壶[xuəʔ^{4} lu^{31}]、环[xuəʔ^{4} læ^{31}],本词为撮口呼时,附加韵为 yəʔ,如:絮[ɕyəʔ^{4} ly^{31}]、圈[tɕʻyəʔ^{4} lyæ^{44}]。

3.1.2　本词中的韵头或韵腹[i]、[u]、[y]在分音词中的地位

在本词中作韵头或韵腹的[i]、[y]在对应的分音词中都是前后两属的,既属于声母字又属于韵母字。如:翘——溙潦[tɕʻiəʔ^{4} liɑu^{52}],"翘"的韵头"i"在对应的分音词"溙潦[tɕʻiəʔ^{4} liɑu^{52}]"中既充当前一字的韵头又充当后一字的韵头;絮——雪驴[ɕyəʔ^{4} ly^{31}],"絮"的韵腹"y"在对应的分音词中既充当前一字的韵头又充当后一字的韵腹;但在本词中作韵头或韵腹的[u],在个别的分音词中前后两属,如:团——突峦[tʻuəʔ^{4} luæ^{31}],在大部分的分音词中仅属于前一个音节,如:刮——骨啦[kuəʔ^{4} la^{44}],"刮"的韵头"u"在对应的分音词"骨啦[kuəʔ^{4} la^{44}]"中只充当前一字的韵头。

3.2　语义特点

分音词和本词的语义既有联系又有区别,我们可以从分音词和本词的替换来比较它们的区别。

3.2.1 分音词被单音节词替换的情况

大部分分音词能够被对应的本词替换,替换后说话人和听话人都不会觉得很别扭,如:

(1)衣服上烧了个窟隆。

(2)衣服上烧了个孔。

(3)你把腿漆潦漆潦。

(4)你把腿翘翘。

(5)耳朵上吊着个那么大的忽栏子。

(6)耳朵上吊着个那么大的环子。

以上(1)和(2)、(3)和(4)、(5)和(6)中对应的分音词和单音节词可以互换,但在灵丘人的口语中,更倾向于使用分音词。少数分音词,虽然在普通话中能够找到对应的本词,但除读书人外,人们对本词不熟悉,这样的情况是不能替换的,如:“布雪驴”、“棉花雪驴”是不说成“布絮”、“棉花絮”的,同样,“柳絮”在灵丘人的口语中也不说成“柳雪驴”,而是说“柳树圪毛”。有极个别分音词,只能在普通话中找到一个与其相近的单音节词,人们几乎意识不到其单音节词的存在,我们只能通过类推确定其相应的单音节词,如“盘——泼拦[p□əʔ^{4} læ^{31}]”,事实上,人们口语中使用的“泼拦”和“盘”不是等同的,“泼拦”是用柳条编成的盘状的但比我们现在用的瓷盘大一些的容器,人们用来放馍馍、土豆等固体生活物品,它们只是形状上相同,因此不能替换。

3.2.2　单音节词被分音词替换的情况

单音节词被分音词替换的情况同分音词被单音节词替换的情况大不相同,上面我们谈到,大部分分音词能被单音节词替代,但单音节词被分音词替代的局限性却很大,例如:“环——忽栏[xuəʔ^{4} læ^{31}]”,“四个环”、“铁环”能够被“四个忽栏”、“铁忽栏”替换,但“二环”、“三环”、“环境”、“环保”却不能说成“二忽栏”、“三忽栏”、“忽栏境”、“忽栏保”。

我们通过把这些分音词和对应的单音节词在现代汉语中义项的比较,发现人们口语中使用的分音词大多数是单一义项,而对应的的单音节词往往是多义项的,二者只有在义项相同的语境中可以互相替代。

3.2.3　分音词多是表示具体形象的事物、动作或声音

分音词多是表示当地人民劳动生活中最常见的、最基本的用具,最常见的动作、声音等,具有具体形象性的特点。如“泼栏”是每一个家庭都拥有的一种柳条编成的盘状器具,“忽栏”是当地人制作扫帚、水桶、农具等必须用的部件,“雪驴”是妇女们做针线活儿时剩下的边角料,但一般不会被扔掉的,还会被攒起来以备缝补衣服、口袋等用品或是用来做口绳。“没拉”是把手轻轻放到事物上来回移动,“骨啦”是用勺子、铲子或瓢等从锅底把剩下的东西一下一下地盛出来,“得溜”是用手提东西的动作或状态。“铁撩”、“突栾”也只能用于指具体事物的量,不能用来指抽象的事物,可以说“一铁撩纸”、“一铁撩布”或“纸铁

撩”、“布铁撩”,但绝不能说“一铁撩法律”、“一铁撩规则”。具体地说,有以下一些小的类别:

(1)表示常见的生活用品

忽栏[xuəʔ^{4} læ^{31}]——环　忽卢[xuəʔ^{4} lu^{31}]——壶

泼拦[p'əʔ^{4} læ^{31}]——盘　圪览[kəʔ^{4} læ^{44}]——杆

(2)表示农作物的杆、砍伐来的细长树干

圪览[kəʔ^{4} læ^{44}]—— 杆

(3)表示日常活动的场所

窟峦[k'uəʔ^{4} lyæ^{52}]——园　黑廊[xəʔ^{4} lɒ^{44}]——巷

(4)表示手部动作

不烂[pəʔ^{4} læ^{52}]——拌　没拉[məʔ^{4} la^{52}]——抹

(5)表示常见的身体动作

骨峦[kuəʔ^{4} lyæ^{52}]——蜷　积檩[tɕiəʔ^{4} liəŋ^{44}]——惊

(6)表示常见的社交活动

圪溜[kəʔ^{4} liəu^{52}]——勾　达览[təʔ^{4} læ^{44}]——[tæ^{44}]

(7)表示常见的性状

扎辣[tsəʔ^{4} la^{52}]——奓　忽安[xuəʔ^{4} næ^{44}]——憨

(8)表示常见的声音

胡啦[xuəʔ^{4} la^{52}]——砉　吃楞[ts'əʔ^{4} ləŋ^{44}]——噌

3.3 语法特点

3.3.1 分音词的重叠

分音词的重叠形式要受词性的影响。名词性的分音词重叠:前一音节不变,后一音节重叠且儿化,即 AB→ABB,如:“忽栏[xuəʔ^{4} lɛe^{31}]”重叠后是“忽栏栏儿[xuəʔ^{4} lɛe^{31} lər^{21}]”,“泼拦[p'əʔ^{4} læ^{31}]”重叠后是“泼拦拦儿[p'əʔ^{4} læ^{31} lər21]”,“忽卢[xuəʔ^{4} lu^{31}]”重叠后是“忽卢卢儿[xuəʔ^{4} lu^{31} luər^{21}]”。动词性的分音词重叠:前后两个音节叠加一次,即 AB→ABAB,如:“骨裸[kuəʔ^{4} luo^{44}]”重叠后是“骨裸骨裸[kuəʔ^{4} luo^{44} kuə ,^{4} luo^{44}]”,“圪老[kəʔ^{4} lɑu^{44}]”重叠后是“圪老圪老[kəʔ^{4} lɑu^{44} kəʔ^{4} lɑu^{44}]”。量词性的分音词的重叠形式同名词性的分音词的重叠形式相同,如:“铁撩[t'iəʔ^{4} liɑu^{31}]”重叠后是“铁撩撩儿[t'iəʔ^{4} liɑu^{31} liər^{21}]”,“突峦[t'uəʔ^{4} luæ^{31}]”重叠后是“突峦峦儿[t'uəʔ^{4} luæ^{31} luər^{21}]”。

分音词重叠后的语法意义同对应的单音节词重叠的语法意义是相同的,名词、量词的重叠表示事物的小巧和可爱的意义,动词的重叠表示动作的连续反复和动作程度的轻巧。

3.3.2 分音词的组合能力

分音词能够单说单用,具有词的功能,它能够和其他的词组成自由短语,在这一点上同对应的单音节词是一样的,如“忽栏”能说“铁忽栏”、“两个忽栏”,“铁撩”能说“纸铁撩”,“骨裸”能说“把手骨裸住”,“达拉”能说“衣服达拉到地上了”。而对应的单音节词除能单用外,还能作为语素构成新词,如:“骨裸”对应的单音节词是“裹”,能说“包裹”,却不能说“包骨裸”;“铁撩”对应的分音词是“条”,能说“条盘(当地人使用的一种长方形托盘)”,却不能说“铁撩盘”。可见,分音词的构词能力差、通常不具有语素的功能。

4. 关于分音词的产生

4.1 分音词是一种十分古老的现象

分音词由来已久,宋人洪迈在《容斋随笔》中列举切脚语 17 条,他指出这些词语“世人语音有以切脚而称者,亦间见之于书史中”[11],而且其中所收的“茨为蒺藜”就来自上古典籍:《说文解字》“荠,蒺藜也”;《尔雅·释草》“茨,蒺藜”,再如《尔雅·释器》的“不律谓之笔”。侯精一认为“平遥方言的分音词与南宋洪迈《容斋随笔》记载的以‘蓬’为‘勃笼’,以‘盘’为‘勃阑’,以‘团’为‘突栾’的诸多切脚词是一回事。其中,以‘团’为‘突栾’的说法,今天的平遥方言里头还说”[6],李蓝进一步认为“中古韵书里用来给汉字标示读音的反切,现代汉语方言中的分音词、切脚词,以及各种反切秘密语,都与先秦反语一脉相承。”[8]可见分音词是一种十分古老的语言现象,历史悠久。

4.2 目前关于分音词来源的学说

学界对于分音词的来源问题时有论及,目前关于分音词的来源说主要有两种:一种是来源于单音节词的缓读,一种是重叠加有定词框架说。上古带[l]的复声母说,虽有一定的道理,但证据不充分,说服力不强。

缓读分音说认为分音词是读音缓慢造成的,顾炎武《音学五书·音论》“古人四声一贯”条云:“迟之又迟,则一字而为二字,茨为蒺藜,椎为终葵是也。”[12]张崇[2]继承了这一观点。按缓急说的观点,那就是缓则分,急则合。王洪君的重叠加有定词框架说认为太原话的嵌 L 词的形成机制是:“①单音节词根重叠其韵母部分(或全词根重叠),②重叠式向一个具有前暗后亮、前弱后强、音谷跌宕很小的两音节音步投射以最后形成。”[13]邢向东认为“经王洪君修改过的缓读分音说,可能是目前从历时角度解释分音词起源的最接近实际的说法。”[9]至今,提出反对意见的不多。

4.3 对分音词产生原因的一点补充

缓读分音说或重叠加有定词框架说从音理上来说是讲得通的。但是,如果再进一步追问,为什么要缓读,从而产生分音词?而且为什么这种现象不具有可推导性?如“环”分读为“忽栏”,但与之音韵地位相同的“还”“桓”等却不分读。就同一个字而言,也不是都能分读,如“条”,“纸条”、“布条”中的“条”可以分读,“一条纸”、“一条布”中的“条”可以分读,但“一条鱼”、“一条被子”、“一条凳子”中的“条”却不能分读。我们认为,单纯从语音层面或语言内部寻找问题的根源,恐怕难以有新的进展。

《尔雅·释草》的“茨,蒺藜”,《尔雅·释器》的“不律谓之笔”,这两组词符合我们所说的分音词的定义,这是没有疑义的,而且学者们都引用这一条,并看作是文献记载较早的分音词。《尔雅》作为一部词典,它是解词释义的,一般是用通俗的、常用的词语解释词条的。可见,在《尔雅》成书时代,相对应的分音词和单音节词已经共存,它们可能是对同一事物的两种不同称呼,是不同地域或是不同语言(包括方言和古语)之间的一种语词对应关系。这种对应,可能是偶然的,也可能是语言(或方言)接触的产物。在单音节词仍占优势的时代,我们还难以把它们看成是有意识的缓读分音的结果。随着对音韵结构的认识逐渐明晰,人们关注这种具有同义或近义关系的一对词时发现了其语音对应规律。到了宋元时代,受双音节化趋势的影响开始有意识地将这种规律套用到一些与人们的生活密切相关的基本词汇上,创造语词的新鲜形式,增加语言的生命力,这便是后来所谓的分音词。在灵丘话中,这些分音词至今还和当地人们的生产条件、生活内容密切相关,所以,仍然活跃于人们的口语中,成为灵丘话基本词汇的稳定成员。

分音词的产生受语言自身发展规律的制约,也有其诸多的社会心理原因。全面认识分音词的产生还需要有更多更新的研究成果来推进。

参考文献:

[1]赵秉璇:《晋中话嵌L词会释》,载《中国语文》,1979年第6期,第455~458页。

[2]张崇:《嵌L词探源》,载《中国语文》,1993年第3期,第217~222页。

[3]赵秉璇:《太原方言里的反语骈词》,载《语文研究》,1984年第1期,第58~61页。

[4]赵秉璇:《晋中话反语骈词集释》,载《山西大学学报》,1993年第3期,第53~56页。

[5]王洪君:《汉语非线性音系学》,北京大学出版社1999年版,第187~190页。

[6]侯精一:《现代晋语的研究》,商务印书馆1999年版,第330~334页。

[7]栗治国:《伊盟方言的"分音词"》,载《方言》,1991年第3期,第206~210页。

[8]李蓝:《方言比较、区域方言史与方言分区——以晋语分音词和福州切脚词为例》,载《方言》,2002年第4期,第41~59页。

[9]邢向东:《神木方言研究》,中华书局2002年版,第254~265页。

[10]赵元任:《反切语八种》,载《中研院历史语言研究所集刊二本三分册》,中华书局1987年版,第312~354页。

[11]洪迈:《容斋随笔》,上海古籍出版社1978年版,第604页。

[12]顾炎武:《音学五书》,中华书局1982年版,第41页。

[13]王洪君:《汉语常用的两种语音构词法——从平定儿化和太原嵌词谈起》,载《语言研究》,1994年第1期,第65~78页。

(原载《中北大学学报》2012年第3期)

小议量词"个"的表达功用

王跟国

(山西大同大学文学院　山西　大同037009)

摘要:"个"从称量具体事物到称量抽象事物,其适用范围不断扩展,不同的表达功用也随之衍生。本文分析了"个"的不同表达功用,并指出,"个"的不同表达功用是在"一个"义的基础上产生的,不同的语境下,"个"的表达功用并不相同。

关键词:"个";表达功用;语境

现代汉语中量词"个"的基本功用是用来称数人或物件的。动词后单独使用"个"表示"一个"的时候,"个"往往又被赋予了其他的表达功用。

一、"个"的表达功用

(一)增强口语色彩

(1)我买了个书包。

(2)他吃了个苹果。

例(1)“我买了个书包”和“我买了一个书包”相比,把个双音节的音步“一个”变成个单音节的音步“个”,音节减少,韵律轻快、短促,增强了口语色彩,例(2)也是同样的道理。因此,在口语体作品中,“个”的使用要远远多于“一个”

(二)表约数

(3)花个八九十块买条裤子。

(4)攒个一千二三就不错了。

(5)我要是个男人,我就讨个七八个老婆。

以上的例子中,“个”表示的是“大约”的意思,后边只能跟约数。要是换成确切的数字,就不能说了。如“花个八十八块买条裤子。”“攒个一千二百零五块钱就不错了。”“我要是个男人,我就讨个八个老婆。”等说法就不存在。吕叔湘先生认为,“有些句子里头的‘个’可以称为大单位”[吕叔湘:《吕叔湘文集》(第二卷)158 页,商务印书馆,1990.],起源大概是因为把后面的约数看成一个集体的量。我们同意这种看法,把数量当做整体看待的时候,说话者关注的是总量接近于哪个水平,相当于什么档次,只要差不多就行,具体的数量多几个少几个是无所谓的,因此前面的大单位“个”和后面的约数是不冲突的。

(三)实体化

(6)行个好吧!

(7)这是野玩意儿,不过吃个新鲜。

(8)在阴司里也得有个依靠。

(9)给他钱就为买个封嘴。

(10)砖头瓦块还有个翻身呢!

(11)人品有个高低,飞禽走兽也有个贵贱。

(12)难道我连个男女都看不出来吗?

(13)博得个名扬天下。

以上这些例子中,“个”后所接的有形容词、动词、区别词、短语等,但在句中都指的是事物或事件。接形容词的指的是具有这种属性的事物或事件,接动词的指的是动作的对象或该动词表示的动作事件,接区别词的指的是区别词所区分的事物,接短语的指的是短语所指称的事物或事件。用吕叔湘先生的话来说就是“这些带个字的词语,虽然不能算是名词,但在句子里头无疑问的是处于名词的地位,是个实体成分,在这些词语的前头加个(一)个,是援引名词的例。”[吕叔湘:《吕叔湘文集》(第二卷)152 页,商务印书馆,1990.]“个”是称数人或事物数量的,从认知上来讲,最适宜称数的应该是能够看得见摸得着的有形物体以及一个一个的离散性事件,正是“个”的这种心理基础将其后的动词、形容词、区别词、短语的所指实体化了。

(四)加强程度

(14)那才叫个红呢!

(15)那才叫个高兴呢!

(16)那真叫个楞呢!

(17)那真叫个小气呢!

(18)可吃了个饱!

(19)可跑了个快!

(20)今天一定要玩个痛快!

(21)让你一次爱个够!

(22)远了个远!

(23)高了个高!

(24)胖了个胖!

(25)难看了个难看!

例(14)—(17)的结构都是“那才(真)叫+个+形容词+呢”,表示的是对某事的性状的主观评价。形容词具有量性特征,性状形容词有量幅,能够受程度副词修饰表示微量、中量、高量、极量,如“有点红”、“比较红”、“很红”、“红极了”分别对应“红”的微量、中量、高量、极量。当把红的、蓝的、黑的、白的事物放在一起比较颜色时,指出哪个是红的、哪个是蓝的、哪个是黑的、哪个是白的即可,把不同的红色事物放在一起比较颜色时,必然要比较事物的红的程度,哪个更红,达到什么程度才真正能称得上红。此时,拿称数事物的“个”来称数颜色的状态,也就是把在什么状态下事物才能够称得上一个的认知心理隐射到对颜色的程度的认知上。我们知道,对于由不同部分组成的事物整体来说,只有各组成部分都完备的时候,才能算得上是一个,有短缺的时候,人们便认为它不够一个,把这种心理隐射到颜色领域,只有达到了满量幅及极量的时候,才能称得上一个,所以,“那才叫个红呢!”一定指的是“非常红”或者“红极了”。

例(18)—(21)的结构都是“动词+了个/个+形容词”,形容词充当的是动词的补语,表示动作的结果和程度,(18)、(19)是已发生的事件,“可吃了个饱!”“可跑了个快!”相当于“吃得才叫个饱呢!”“跑得才叫个快呢!”,其程度的加强意味非常明显。(20)、(21)是未发生的事件,补语表示的是对动作结果程度的最大期望值,搭配上个“个”恰如其分,使所要表达的效果更加鲜明。

例(22)—(25)的结构是“形容词+了个+形容词”,且前后两个形容词同形,后边的形容词充当的是前边的形容词的补语,表示的是性质的程度。“远了个远!”“高了个高!”可以说成“远得那个远!”“高得那个高!”,意义相当,后边的“远”“高”之前用“那个”来指称,指的是超出一般想象、到了特殊程度的“远”和“高”,所以此处的(22)、(23)中的“个”无法省去。例(24)、(25)也是。

(五)全称作用

(26)把个电脑城转了下来,终于发现了一款让我满意的显卡——万邦 Geforce FX5200。

(27)在业主看来,这个物业管理公司也实在太差了,把个小区弄得死气沉沉的。

(28)《南方周末》和《经济日报》两大媒体同时报道,一时间,把个京城弄得沸沸扬扬。

(29)一纸薄薄的许可证居然把个中国汽车市场搅得昏天黑地。

(30)两路人马在舞台上吉利话不断,好看的节目更是一个接一个,把个舞台气氛搞得既喜庆又祥和还透着热闹。

例(26)说的是显卡发现之难,只有把整个电脑城转完了之后,才发现了一款满意的显卡;(27)也只有把“个小区”理解成“整个小区”时才能说明物业公司实在太差;(28)是说国内影响很大的两大媒体同时报道的强大效应,其后的“个”一定是“整个”的意思;(29)说的是“一纸薄薄的许可证”居然能给中国汽车业带来巨大的影响,如果不是影响到整个汽车业的话,也不会产生这种惊讶;(30)中“舞台上吉利话不断,好看的节目更是一个接一个”,好节目的连续冲击,别说整个舞台,就是整个会场也能被渲染起来。可见以上例句中的“个”都和“整个”义相当,事实上,在表述中“个”都能很自然地替换成“整个”。

(六)表最小量

(30)谈了一年恋爱了,连个手也没拉过!

(31)穿个衣服也那么麻烦!

(32)说个话也慢慢腾腾的!

例(30)在说话者看来,谈了一年的恋爱,双方接触的时间也不短了,应该会有一些亲昵的动作,但他们却连个最起码的拉手的动作都没有过。再比如说:“那还有啥,不就是拉个手吗?”在说话人看来,拉个手是轻而易举就能办到的事情,在这种情景下,如果要找替换“个”的话,只能通过动词的重叠表示动作的短暂和轻松,说成“那还有啥,不就是拉拉手吗?”;(31)把“个”去掉,变成“穿衣服也那么麻烦!”,便失去了原句的那种认为穿衣服是最简单的事的口气;(32)在说话人看来,说个话本是张张嘴那么一瞬间的事情,竟然会有人慢慢腾腾的,让人等不住。这些例子是把不相称的两种现象放在一起比较,形成反差,偏偏是在最小的事情上出现了不应该出现的问题。因此说这里的“个”都是将事情往小了说的。

(七)强化感情色彩

(33)你个流氓!

(34)你个王八蛋!

(35)你个臭不要脸的!

(36)你个楞货!

(37)你个王老六,气死我了 / 我就订(方言:相当于“打”)死你!

以上这些例句比较特别,“你”不能被“他”“我”“你们”“他们”等替换,“个”后的词往往是用来骂人的贬义词,不说“你个三好学生!”“你个好孩子”之类的,有时“个”后跟人名,但后边是表示生气、愤怒的话语。“个”不能省去,但可被“这个”替换,此处的“个”要重读。可见“个”在这里是起指示作用,加强“你”和后边的“流氓”“王八蛋”“臭不要脸的”的同位关系,强化了说话人的愤怒的感情色彩。

(八)凸显新信息

(38)把个好端端的箱子扔了。

(39)谁这么缺德,把个猫还扒了皮。

(40)他家把个牛死了。

(41)他是浙江人,一口南方官话,把个“俺”念得怪里怪气,引得大家一阵哄笑。

(42)真是一把宝刀!把个不懂刀的女人也看呆了。

(43)把个赵小七气疯了。

例(38)—(42)的结构都是“把+个+N+VP”,“把”字句的宾语本应该是有定的,而“个”“一个”是无定标记,这种矛盾不仅没有引起使用者对该结构的“合法性”的质疑,反而使用频率非常高,甚至用于专名之前。事实上正是“个”跟后面的词组合,使其获得了无定性,在有定的位置上出现了无定性的成分,标示着“个”后的对象是一个新信息,成为说话人或听话人关注的主体。观察以上例句,所发生的事都是有点出人意料,带有意外性的意思,从而在信息的传达中得以凸显。

二、不同语境中“个”的表达功用的不平衡性

“个”被赋予的这些功用都是在“一个”义的基础上产生的,在不同的语境

下，人们对“个”从不同角度来认知，从而赋予“个”不同的表达功用，我们将其统称为“个”的衍生功用。首先“个”的基本功用是用来称数事物的，人们在心里上很容易把“个”所称数的对象看成有形的、可数的物体，使“个”具有了实物化的功用；当把对象看作一个集合概念时，因为集合外延的模糊性，常常赋予“个”“大约”的意义；当用“个”来衡量某种属性的程度时，只有达到满量幅时才被认为够“一个”，便赋予“个”以加强程度的作用；当把“个”所指称的对象当做一个个体作整体关照时，强调的又是“整个”或“全部”义；用一个和多个比较时，表示“一个”的“个”便又有了最小义；当“个”连接前后连个同位成分，且“个”重读时，表达的是可以完完整整地算一个或彻头彻尾地是一个的意思，使“个”具有了强化感情色彩的作用；在表有定的位置上出现了表示无定性的“个”，出人意外，使其成为新信息并得以凸显。

一般来说，“个”的诸多衍生功用不会在同一种语境下同时被激活，除了基本的表示“一个”和口语化的功用外，“个”的不同功用与其所处的句法位置是有关系的。

当“个”及其后成分充当普通动词的宾语时，往往被看做动词所关涉的对象，认识上容易参照一般的动宾关系将其“个”后成分的所指对象化、事物化、实体化，概括言之，使“个”具有了实体化的功用，如例(1)、(6)，(13)、(14)等。

当“个”及其后的约数充当动词的宾语时，“个”及其后的约数本身就是实体性成分，“个”使后边的约数成为一个集体量，对这种集体量关照的模糊性，赋予“个”表约数的功用。如例(3)、(4)。

当“个”及其后形容词充当“才叫”“真叫”“称得上”“算得上”等词的宾语时，不仅将形容词实体化，还强调形容词的满量幅程度，起到了加强程度的作用。

当“个”及其后成分充当动词、形容词的补语时，补充动作的结果或性状的程度，和“那才叫个红呢！”一样，同时使“个”有了实体化和加强程度的作用。

“个”及其后成分充当把字句中“把”的宾语时，情况相对复杂一些。

“把+个+表处所或某个公司、团队等实体的有定性词语”，表示的是对某

个处所、公司或团队施加某种外在的影响，这种影响是波及整个处所、公司或团队的，这里的“个”表示的是“整个”的意思。

“把+个+表示无定性的人、动物或事物的词语”，表示的是对某个事物或动物加以处置或施加某种影响，出人意料的竟然是这种事物或这种动物，而不是别种事物或动物，从而成为新信息得以凸显。

“把+个+表人的专名”，表示的是对某人加以处置或施加某种影响致使某

人出现某种状态，出人意料的竟然是某人而不是其他的人，从而使某人成为新信息加以凸显。

综上所述，现代汉语尤其是口语中，“个”作为一个常用量词，其用法非常灵活，在不同的语境或结构中常常获得不同的衍生性表达功用，我们认为这些功用都是在表“一个”的基本功用上受所处句式位置的影响而衍生出来的，其具体的衍生图式还需要我们作认真的探讨。

参考文献：

[1]吕叔湘：《吕叔湘文集（第二卷）》，载《汉语语法论文集》，商务印书馆1990年版。

[2]邵敬敏：《“动+个+行/动”结构分析》，载《汉语学习》，1984年第2期。

[3]熊仲儒：《语音结构与名词短语内部功用范畴的句法位置》，载《中国语文》，2008年第6期。

[4]游汝杰：《补语标志“个”和“得”》，载《汉语学习》，1983年第3期。

[5]祝克懿：《析“动+个+行/动”结构中的“个”》，载《汉语学习》，2000年第3期。

（原载《北京电子科技学院学报》2011年第3期）

“属实”有副词新用法小议

裴瑞玲

（山西大同大学文学院　山西　大同037009）

摘要：网络语言中，“属实”除了动词用法外，还有一种新用法——副词，意思接近“确实”、“实在”、“的确”，表确认语气，是语气副词。这一用法实际上是由动词“属实”虚化而来，是动词“属实”语法化和主观化的结果，这一现象的出现符合语言发展的规律。

关键词：“属实”；语气副词；语法化；主观化

现代汉语中，“属实”用作动词，多用于书面语，《现代汉语词典》没有收录此词，《现代汉语规范词典》的解释是“符合事实”，将它的词性标注为动词。例：材料属实|情况属实。笔者发现，在目前的网络用语中，“属实”还有一种新用法——副词。这种用法常见于网络文学作品、网络聊天室和论坛中，有时也

出现在网络新闻中,甚至偶尔也见于报纸、杂志上。在网上用百度搜索一下,就可以看到下面这样的说法:

(1)看她穿高跟鞋在雪地里跑,属实太危险了。

(2)小家伙还不满40天哦,看看那骨量和个头,属实非常招人喜欢!

(3)看过,属实挺漂亮。

(4)铁岭一汽大众某4S店属实很垃圾。

(5)昨天那球我看了,杨明那小抛投属实很给力。

(6)球队的表现属实很差劲。

(7)说句良心话,这骗子属实是垃圾的要命。

(8)讨生活,属实不易。

上述这些例句中的"属实"与它的动词用法不同,用在动词、形容词以及谓词性短语或句子前面,表义接近于"确实"、"实在"、"的确"。它所用的格式如下:

1. 属实+动词/形容词。如:

(1)我属实见钱眼开(孙春平《我属实见钱眼开》,《当代工人》2010年第9期)

(2)属实无聊--大家开心一下吧!(http://blog.readnovel.com/article/htm/tid_390964.html 2006~11~14)

(3)当然,我也借势狂喊了几句,属实爽啊。(http://blog.sina.com.cn/s/blog_6481bc410100mmd6.html 2009~9~16)

(4)XENO—G5散热做的属实好。(http://www.shoudian.com/archiver/tid-58324.html 2008~8~27)

2. 属实+状中短语

(1)属实+程度副词+形容词/动词/谓词性短语。如:

①很多患者尝试过口服药、眼药水等治疗,口服药经肠胃分解,有效成分到达眼部所剩无几,效果属实太慢。(《当代生活报》2010~3~30)

②老百姓立刻佩服得五体投地,赞声不绝,认为该圈画得属实太圆了。(《沈阳日报》2006~6~15)

③对于中产阶层来说,几杯酒损失2000元,而且还有可能被拘留,代价属实太大,这种赔本买卖多数人都不会做。(《大连日报》2007~2~15)

④这么多的蛇,要说是冬季集体出动恐怕是不大可能,可真要是饲养的就这么一扔,也属实太吓人了,一点不考虑别人的感受。(《广西电视网》2009~2~26)

⑤雷锋属实太不容易了，真是我们学习的榜样。(《中国交通广播网》2006~9~15)

⑥他受伤的情况属实太过丢人。(《走在异界的牧师》，http://www.docin.net/txt48019/3922766.html)

⑦姜昆、戴志强相声《我晕》以回顾改革开放30年为依托，以展现30年的改革成就，同时也针砭当前社会时弊，甚至揭示春晚的常见病，可见其本子创作属实很深厚。(《沈阳日报》2009~1~14)

⑧这个倒是真的，他们属实很有手段，且武艺也属实很是厉害，不过我觉得他们行事有些诡异，如此的情形，我看他们应该以后是难以成事的。(《不悔江湖憔悴剑》，http://www.88106.com/book/0/336/1222166.html)

⑨她说："我不太会与人交流，在语言表达能力方面属实挺差劲的。"(《沈阳日报》2009~4~18)

⑩这些过错，属实有点离谱！(http://www.letian.net/picture/html/picture_124.htm l 2009~12~3)

这种格式中，程度副词"太、太过、很、挺、非常、怪、相当、有点"等与形容词、动词或谓词性短语(特别是多与形容词)组成状中短语，然后再受"属实"的修饰。

(2)属实+否定词+动词/形容词/谓词性短语。如：

①那肯定得把人给接回来啊，可当时坐火车属实不赶趟了，只得坐飞机才能比小芳先到葫芦岛。(《辽沈晚报》2010~5~7)

②产科、母婴同室(或婴儿室)、新生儿病房等都是感染的重点部门，感染如果真的发生在这里，属实不应该。(《南方日报》2010~1~25)

③新的副总要能赢得大股东、省体院等多方面的认可，这属实不容易。(《沈阳日报》2007~4~12)

④看着城池的规模属实不小。(《天巫下凡》，http://xsmi.net/book/3665/989898.html)

⑤这里属实不太方便清扫，时间一长就成了卫生死角。(《辽宁新闻网》2011~3~14)

⑥这球属实不太好踢。(《沈阳日报》2007~7~2)

⑦有人说集体使用就是我马俊仁掌握了独吞，没通过我们队员，这个属实没通过你们，但是眼下还办不到！(《马家军调查》，http://www.trzx.cn/bookshop/f4/horse/018.htm)

这种格式中，否定词"不"、"没"等与动词、形容词或谓词性短语组成状中短语,然后再受“属实”的修饰。

属实+述补短语。如:

①心情也安稳多了,虽然偶尔还有反复,但频率和程度属实轻多了。(《地狱里修行得一线曙光》,http://big5.xuefo.net/show1_17539.htm)

②是以,这两个哥哥,对她来说属实陌生得很。(《代嫁新娘2:替身傻妻》,http://www.bookbao.com/views/201106/26/id_XMTcxNDE5_27.html)

③呼呼刚走的几天,童妈属实爽了一阵,会朋友、搓饭、唱歌等娱乐活动不亦乐乎。(http://blog.sina.com.cn/tomsheart2010~01~17)

4. 属实+兼语结构,如:

①医疗制度的改革旨在使穷人也能看得起病,出现了农妇剖腹的悲剧属实令人深思!(http://bbs1.people.com.cn/postDetail.do?id=110294250 2011~6~22)

②说的倒是挺客气,不过那副冷冰冰的表情属实让人不敢恭维。(《无极剑仙》,http://www.5qks.com/Html/Book/29/29546/4635478.shtml)

③获胜后的表现属实令人恶心,脸上真的很光彩吗?(http://bbs.hualongxiang.com/thread-5710859~1~1.html 2009~10~28)

5. 属实+述宾结构,如:

①穆劫属实想不出自己还有什么可担心的。

(《凶星》,http://www.bokon.net/novel-9/501/210369.html)

6. 属实+句子,如:

①属实有的市民上车有好奇感。(《丹东广播网》2008~9~24)

“属实”新的用法,我们姑且称之为“属实2”。从语法功能和句法位置来看,与动词“属实”相比,“属实2”在句中所处的位置和所做的句法成分都发生了很大变化。动词“属实”通常放在主语后作谓语,对主语进行陈述,说明主语所表示的事情或情况符合事实,它的主语通常由“内容、情况、材料、报道、问题”等词或某一事件来充当。“属实2”通常放在谓语或谓语中心之前,修饰动词、形容词、谓词性短语,或者用在句首笼罩全句,做全句的修饰语,表示确认语气,作状语。词义也有很大变化。动词“属实”意思是“符合事实”,而“属实2”的“符合事实”这种实实在在的意思已经虚化,词义变得空灵、抽象,意思和用法相当于“确实”、“的确”、“实在”等。语用方面,动词“属实”只担当语法成分,在句中作谓语,是说话人对事件的客观陈述,没有语用功能。“属实2”则对句子的命题意义进行了主观评价,表明了说话人的观点或态度,对事情的真实性进行肯定、确认。动词“属实”对于句子有足句功能,去掉动词“属实”,句意缺失、不完整。而“属实2”如果被去掉,只是句子所表达的语气意义有所变化,对句子结构的完整性和命题意义影响不大。因此,我们可以说,“属实2”是语气副词。

“属实”的副词用法是由“属实”的动词用法虚化而来,经历了一个语法化的过程。“从认知角度来说,词汇化是一种转喻过程,语法化是一种隐喻过程。两者遵循的原则有所不同,邻近(contiguity)是转喻遵循的一个重要原则,相似(similarity)是隐喻遵循的一个重要原则。”[1](P.233)动词“属实”和副词“属实”的语义正是有着相似性,“符合事实”往往就意味着“真的如此”,强调“真的如此”也通常是符合实际情况的。当然相似不等于相同,它们存在着客观与主观的差异。动词“属实”是对事情的真实性进行客观的陈述,而副词“属实”则含有了说话人强烈的主观感情色彩,表达说话人对命题的一种确认态度,这是认知由“行”域到“知”域的隐喻过程。也就是说,这种语法化过程中还伴随了主观化过程。动词“属实”通过语法化和词汇化增加了副词功能。

虽然“属实”的副词用法多出现在网上论坛、博客、网络作品中,使用范围现在还不太广,但是网上这种用法数量可观,不是零零星星,用的人也越来越多,说明它不是个别人的语病或语言风格。而当今时代是一个网络时代,网络语言已经引起人们的广泛关注,它的影响力在现代生活中尤其是年轻人的生活中已经不容忽视。许多网络词语已经或正在成为现代汉语的正式成员,谁又能保证“属实”的副词用法不会呢?如果这种用法的使用范围继续扩大,随着它的频繁使用,也必将巩固“属实”的这一新用法。即使“属实”的这一用法有违常规,这种现象需要规范,但是正如张亚军所说,“规范本身是一个动态的概念,一种语言现象的出现通常有其可解性。探讨这种有违常规的特殊现象背后的合理机制,作出相应的解释,有助于深化对语言规律的认识。”[2](P.3)

实际上,“属实”副词用法的出现有着诸多合理的因素。其一,符合语言的发展规律。副词词义较虚,大多由其他词虚化而来,有相当一部分语气副词就源自动词或形容词,如“的确”、“确实”、“肯定”、“难怪”、“实在”等。而“的确”、“实在”、“确实”这些语气副词正与副词“属实”意义用法相近,动词“属实”发展出副词用法也顺理成章。其二,这种现象受认知规律的制约,能够得到合理的认知解释。“属实”由动词发展为副词是人类认知由“行”域到“知”域的隐喻过程。语词的“行”域义是基本的,“知”域义是由这个基本义引申而来的,“隐喻”就是引申的途径之一。事件“符合事实”跟行动有关,而对事件的真实性进行确认的主观态度与知识有关。“‘知’的概念比‘行’的概念更加抽象,所以用前者隐喻后者。”[3](P.305)其三,这是语言使用者创新意识的反映,是人们创新使用语言的结果。人们在使用语言的过程中,既沿用旧有的习惯,又本能地求新求奇,以引起别人的注意。如果这种创新得到大家的认可并追捧,就会被语言系统吸收,正式成为语言系统的一个固定成员。而年轻人尤其善于创新,勇于创新,他们是使用网络工具的主体,这也正是“属性”副词用法常出现在论坛、贴吧、博客和网络作品的原因吧?

虽然“属实”的副词用法现在只是暂露头角,但是已经有了做副词的趋向。它的新用法的出现正和现代汉语中出现的新词一样,是人们在使用语言时的创新。突破旧有的藩篱,超越一个词固有的用法,去开拓新的天地,既给人以新奇之感,人们又通过意会可以理解。我们不得不感叹,人民是伟大的语言创造者,其中有你,有我,有大家!现在语言的发展也正昭示了过去语言的发展轨迹,过去语言的发展规律也启示我们如何敏锐地观察语言现象。邵敬敏先生说:“语言的发展与变化是个常理,我们必须去适应这种变化,我们必须迎头赶上,去观察它,去研究它,去解释它。”[4](P.9)究竟以后“属实”是和“确实”、“实在”等词并驾齐驱?还是由于它本身书面语色彩浓的限制,仅用于一定场合?抑或人们用过之后昙花一现归于沉寂呢?我们拭目以待,时间会给我们作答。

附注:

文中网上语料来自网络上百度或 SOSO 搜索的结果。(2011 年 4 月 ~6 月检索)

参考文献:

[1]王灿龙:《词汇化二例——兼谈词汇化和语法化的关系》,载《当代语言学》,2005 年第 3 期。

[2]张亚军:《副词与限定描写功能》,载《转喻语法研究》,安徽教育出版社 2002 年版。

[3]沈家煊:《认知语言学理论与隐喻语法和》,见冯胜利:《当代语言学理论和汉语研究》,商务印书馆 2008 年版。

[4]邵敬敏:《新时期汉语语法研究的特点与趋势》,载《汉语学习》,2011 年第 1 期。

(曾载于《语文知识》2011 年第 4 期,此次收入本书时又增加了些例句。)

灵丘方言歇后语

裴瑞玲

（山西大同大学文学院，山西 大同 037009）

摘要：在灵丘方言中，歇后语以其特殊的形式、诙谐幽默的表现手法，活跃在人们口中。灵丘方言歇后语是在当地人民长期的生产、生活实践中形成的，具有浓厚的地方特色，其中蕴含着丰富的文化内涵，反映了当地的自然环境特征、生产生活方式、风俗习惯等。

关键词：灵丘方言；歇后语；特点；文化内涵

歇后语是俗语的一种，是深受人民群众喜爱的一种特殊的语言形式。歇后语由两部分语节组成，前一语节除了某种附加意义之外，主要是引子的作用，从中引出后一部分。歇后语的后一语节对前一语节起注释、说明的作用，是歇后语的重点。歇后语前后两个语节是“引注关系”[1](P.50)。

灵丘是山西省大同市的一个县，位于山西省的东北边缘，大同市辖县的东南角。东部、东北部、南部分别与河北省的涞源县、蔚县、阜平县接壤，西与繁峙县、浑源县毗邻，北与广灵县相连。灵丘方言属于晋语五台片，是晋北方言的一个重要分支。歇后语是灵丘方言语汇中重要的组成部分，生动、诙谐，在灵丘人民生活交际中起着重要作用。笔者目前收集到400多条灵丘歇后语，这些歇后语有的只流传于灵丘境内；有的是从汉语普通话中或其他方言中吸收过来的，为周边县区所共用或通行于更广的区域。歇后语是由人民群众创造、在人民生产、生活过程中产生的，各地的歇后语都有自己的特色，是中国民族文化和地域文化的积淀。灵丘歇后语也有着自己的特点，折射出灵丘县甚至晋北地区的自然环境、生产生活方式、民风民俗等。

一、灵丘方言歇后语的特点

1. 方言词汇特色明显

许多灵丘方言歇后语中含有当地村名、人名等专有名词。如：

腰站饮驴——蘸蘸嘴头

韩坊耍电影——多至耍一会儿

下关的牛——瞎嚎

赶着羊群找聂政——出洋相咧

杜亮念喜歌——尽好话

以上例中,“腰站”、“韩坊”、“下关”都是灵丘村名;“聂政”、“杜亮”都是人名,“聂政”是灵丘城一家照相馆的老板,“杜亮”是个乞丐。

有的歇后语中含有灵丘方言词。如:

毛圊的天窗——臭名在外

砖头蛋子磨顶子——看着不像,戴着不亮

乏地糜驴——没个吃食的

黑豹牛跌到驴槽里——假充大料豆

灶火堂放屁——更灰

墨泉岭的外甥——生贼主

下关的牛——来的迟了连草圪节也没了

七月十五的面人儿——兴破头览[læ]

以上例中,“毛圊”、“砖头蛋子”、“乏地”、“糜驴”、“黑豹牛”、“灶火堂”、“草圪节”、“兴破头”都是当地的方言词。这些词有的是纯粹的灵丘方言词,有的词其他方言中也说。“毛圊”,指厕所;“砖头蛋子”指小砖块儿;“生贼主”指天生的品行恶劣的人;“乏地”指贫瘠的田地;“糜驴”就是拴驴;“黑豹牛”指屎壳郎;“灶火堂”指灶膛(灶肚),就是锅灶下柴火、煤炭燃烧的地方;“更灰”的“更”是同音替代字,音[$kəŋ^{51}$],意思是“震”;“草圪节”相当于“草节”,指喂牲口的干草被铡成的草节;“兴”形容做事时肆无忌惮、无所顾忌的样子,“兴破头”形容肆无忌惮到了无法形容的地步。

有些通用的歇后语进入灵丘方言中,也被灵丘人民使之入乡随俗,将其中的词语换成了方言词或更通俗的词语。如:

(1)普通话: 茅坑里的石头——又臭又硬

灵丘方言:毛圊里的石头——又臭又硬

(2)普通话:大姑娘讨饭——死心眼

灵丘方言:大闺女要饭——死脑筋

(3)普通话:擀面杖吹火——一窍不通

灵丘方言:擀面棒吹火——一窍不通

(4)普通话:看三国掉眼泪——替古人担忧

灵丘方言:看三国流泪——替古人担忧

2. 一些歇后语有押韵的特点

有些歇后语的引子部分和注释部分的最后一个音节押韵,有的声韵相同,有的声韵相近。笔者收集到50多条这样的歇后语。如:

韩房支洼——多见面,少说话

老母猪上树——大有进步

隔墙送糕——一递一遭

冰棍就酒——越就越有

皮裤套棉裤——必定有缘故

瞎子作揖——七高八低

跳蚤放屁——小气

家有十五口——七嘴八舌头

小和尚念经——有口无心

山雀儿做贼——没事不来

山汉进城——两眼儿老灵

亭之岭的驴——能吃能喝不能骑

以上例中,前八条不论在普通话中还是在灵丘方言中,引子部分的最后一个字与注释部分的最后一个字的韵母和声调都相同。后几条中,"经"与"心"、"贼"与"来"在灵丘方言中因前后鼻音不分而韵母相同,"经"、"心"的韵母是ing,"贼"、"来"的韵母是ai,声调也相同;"城"与"灵"、"驴"与"骑"韵母相近,声调相同。这些押韵的歇后语读起来顺口、好记,给人们留下深刻的印象。

3. 不少歇后语有变体,同义歇后语也较多

由于城乡的差异、口语表达习惯的不同以及文化水平的高低等原因,灵丘方言中不少歇后语存在变体,同义歇后语也较多,这是灵丘歇后语形式丰富的表现。

歇后语的变体是指几个歇后语的前一部分(即引子部分)取材大致相同,后一部分(即注释部分)所表示的意义也相同或相近,只是说法略有不同的情况。如:

大闺女讨吃——死心眼/大闺女要饭——死脑筋

义泉岭的外甥——生贼主/义泉岭的外甥——准贼主

豆腐跌了灰堆里——吹不得吹,打不得打/豆腐跌灰堆了——打不得打,提不得提/豆腐跌灰堆上——吹,吹不得;打,打不得/豆腐跌到灰堆上——吃不得,打不得

聋子的耳朵——配号儿/聋子的耳朵——不作主

羊群里的驴——充大个/羊群里的驴——充个头

同义歇后语是指两个或两个以上意义相同或相近的歇后语。可分为两种情况：

(一)前一部分取材不同,后一部分所表示的基本意义相同。如：

黑龙河打冻哈拉——大小害个人/古之河打冻哈拉——大小害个人儿

墨泉岭的外甥——生贼主/义泉岭的外甥——生贼主

卤水点豆腐——一物降一物/老汉儿吃豆腐——一物降一物

七窍通了六窍——一窍不通/擀面棒吹火——一窍不通

皮板虫跌灶火坑了——一板板灰/皮板虫晒暖暖——一对灰板板/皮板虫曳地——灰板一对

公公背儿媳妇儿游五台——费力不讨好/公公背儿媳妇儿过河——费力不讨好

裤裆放屁——两头儿受气/风匣里的耗子——两头儿受气

老母猪栽跟头——全靠嘴/狗撩门帘——全靠嘴

羊群里的驴——充大个/羊群里的骆驼——充大个

(二)前一部分取材不同,后一部分所表示的意义相近。如：

黑豹牛跌到驴槽里——假充大料豆/黑豹牛带口罩儿——假装卫生员儿

两种情况中,第一种较多,第二种较少。

二、灵丘方言歇后语蕴含的文化内涵

1. 反映当地的自然环境特征

灵丘山区面积占 87.6%,地理特点是山多、坡多、沟多、水多,素有“九分山水一分田”之说。境内有大小山峰 500 余座,河流有唐河、赵北河、大东河、下关河、华山河等,其中唐河是主干河流。灵丘的绝大部分村名或者与山有关,村名含有“山、岭、沟、坡、台、峪、岗、梁”等字;或者与水有关,含有“河、水、洼、涧、泉、湾、湖、池”等字。这些反映灵丘地貌特征的村名和一些河名被人们编进歇后语中,颇具地方特色。如：

墨泉岭的外甥——生贼主

亭子岭的驴——能吃能喝不能骑

义泉岭的外甥——生贼主

支家洼的狗——老把式

鹅泉的女——凉到底

沙河槽失火——着了急览

黑龙河打冻哈拉——大小害个人

古之河打冻哈拉——大小害个人儿

有的歇后语则反映出灵丘的自然景象或者特定地方的地形状况、气候特征等。如：

【畚箕掌发山水——没后劲】灵丘山多河多，夏季多雨的时候，洪水从山上飞落而下，河道水势猛涨，汹涌奔流，俗称“发山水”。发山水是以前灵丘人经常见到的景象，所以也就成为歇后语的材料。

【高庄的山药——尽“水梨儿”】灵丘高庄村地处唐河河畔，土地下湿，每年种下的山药容易长成水大的山药，不好吃，吃起来与梨相似，俗称“水梨儿”。

【杨庄过年——听下关】灵丘下关乡杨庄村过去地处偏僻，交通不便，信息闭塞。有一年腊月二十九，村里人确定不了二十九是除夕，还是三十是除夕，便在傍晚时派人去下关看看，看看人家是按哪天过年。

【寒风岭尿尿——一根冰棍】灵丘有寒风岭村，气候寒冷多风，无霜期不到90天，寒冬腊月滴水成冰。这句歇后语是说人在尿的过程中，尿就冻成冰棍儿了，极言寒风岭气候寒冷。

2. 反映当地的生产、生活方式

过去，由于灵丘境内群山连绵、沟壑纵横，良田较少，经济落后，人民生活贫困，被评为国家级贫困县。二十世纪九十年代以来，随着矿产资源的大量开发、民营企业的迅猛发展，经济才迅速发展起来，但是口耳相传的歇后语却作为活化石反映了灵丘过去落后的生产、生活方式。

灵丘的经济生产过去以农耕为主、兼顾养殖业，现代化生产技术落后，机械生产工具缺乏，人力、畜力在生产过程中占举足轻重的地位。所以，在歇后语中，家畜、家禽名称及其行为特征的词作为构成材料频频出现，这与它们在人们日常生活中的重要地位密不可分。过去，农户几乎家家养猪、牛、驴等家畜。牛、驴的饲养是出于生产需要，在生产劳动中，牛驴是农民们的好帮手。羊、猪、鸡则给人们带来额外的收益，而狗作为人们亲密的朋友看门护院，在与这些动物如此亲密接触的过程中，人们对它们的观察细致入微，它们的各种特征已经深深刻在人们的脑海中，因此，许多歇后语中含有家畜、家禽的名称，笔者收集到这样的歇后语40多条。如：

牛吃赶车的——反天呀

大肚子老婆骑产驴——靠前也不对，靠后也不对

一张麻纸糊了个驴头——好大的脸面

老母猪栽跟头——全靠嘴

六月里的羊头——蓝了眼览

羊群里的狗——混干粮

鸡毛打钟——没音

从灵丘歇后语我们还可以看出灵丘的粮食作物和特色食物。灵丘气候复杂多样,受地形影响,南北气温、湿度、无霜期等气候条件差异较大,适宜种植多种经济作物。灵丘县气候温和,粮食作物主要以玉米、谷子、黍子、山药、莜麦、豆类为主,个别地方可种稻子。因此,改革开放之前人们的食物主要是小米、山药、糕、搅拿糕、豆腐、凉粉等。这些作物和食物的名称也就顺理成章地进入了歇后语。如:

高庄的山药——尽"水梨儿"

刀打豆腐——两面光

稀粥锅沿的米颗子——熬出来了

高粱叶烧纸——哄鬼

西门庆吃搅拿糕——自取自受

隔墙送糕——一递一遭

小孩孩儿吃大豆——一把把儿

箭杆棒调凉粉——不挂调料

豆类是灵丘的重要作物,其中黄豆种植最广,豆腐、豆腐干是灵丘县人民的传统食品,色香味别具一格。灵丘县家庭主妇一般都会做豆腐,每逢过年过节的时候,家家户户做豆腐,泡豆子、磨豆浆、做豆腐,忙得不亦乐乎,而且通常要做好几锅,从过年一直要吃到正月十五。做豆腐需要大锅,灵丘人家家都备有大锅,锅的直径足有一米长,平时吃饭也用大锅,做豆腐时用起来可是得心应手。灵丘方言中关于豆腐的歇后语还真有趣,有关于制作豆腐的,如:"卤水点豆腐——一物降一物";有关于做豆腐食物的,如:"刀打豆腐——两面光"、"小葱拌豆腐——一青(清)二白";有关于吃豆腐的,如:"老汉儿吃豆腐——一物降一物";有描述拿豆腐时出现特殊情况的,如:"豆腐跌了灰堆了——吹不得吹,打不得打";甚至还有想象出来的非现实情景,如:"马尾提豆腐——提不起来"、"豆腐渣擦屁股——没完。"可知豆腐在灵丘人生活中的重要地位。

3. 蕴含着当地人的民风民俗

过去,由于灵丘地处偏僻,经济落后,民间不少人信佛信神,祭祀之风兴盛,我们从频频出现的有关佛教、道教方面的歇后语就可窥见一斑,如:"大庙上的牌子——一复如是"、"大水冲了龙王庙——一家人不认得一家人"、"鸡毛打钟——没音"、"小和尚念经——有口无心"、"当一天和尚撞一天钟——得过且过"、"和尚头上的虱子——明摆着"、"二半仙背糖茶壶营业——心也操了,壶也消了”、“五道士画符——自己明白”等。

灵丘县有逢农历初三、初六、初九过庙会的风俗。农历的六月初六是灵丘规模最大的庙会,俗称“六月庙”。唱大戏是庙会的一项主要内容,借以酬神。在电视普及之前,唱戏、看戏是农民们最喜爱的娱乐方式,一些歇后语就反映了唱戏这一民俗活动,如:“刘庄唱戏——神鬼闹气。”灵丘城北有刘庄村,该村每年正月唱大戏,每当唱戏这几日,不是变天气刮大风,就是村民们打架,日久形成此语。在灵丘,除了六月庙这样大型的庙会戏唱得时间较长,一般情况下通常唱三天,东河南镇东岗村,某年村里唱戏,戏台上贴着一副对联:“想听就听,想看就看,听看随便;说好就好,说赖就赖,好赖三天。”此后,就有了歇后语“东岗唱戏——好赖三天”。有时,为了热闹,请戏时还不只请一班戏,而是请两班戏,面对面搭上戏台比赛,以激励双方尽心尽力演唱,歇后语“刘庄唱戏——台对台”说的就是这种情况。现在,由于经济的发展、文化活动形式的多样化,人们唱戏、看戏的热情虽然大减,但是“六月庙”和一些大型的村镇庙会还一如既往地保持着,唱戏仍然是传统的民俗活动内容,只是庙会活动增添了不少现代元素。现在,庆贺戏、庙会戏、集市戏、殡葬戏等各种名目的请戏、唱戏活动仍然继续着,圆着灵丘人的怀旧梦,戏曲已经根深蒂固地扎根在灵丘人的生活中。

节日习俗在歇后语中也有所反映。正月初八是灵丘民间的一个传统节日,俗称“八仙”,这一天人们吃美味的食物,有的地方还举办活动庆祝。灵丘县城有王庄村,该村历史上每年正月初八有“耍八仙”的习俗。假如有哪一年这天不举办活动热闹一番的话,村里这一年出现一些不吉利的事情,群众就认为是不“耍八仙”、不敬“八仙”的缘故。因此,每年正月初八晚上,不管耍得好耍得赖都要耍。于是,歇后语“王庄耍八仙——好了也得耍”就流传开来。再如:“七月十五的面人儿——兴破头了。”反映了灵丘七月十五捏面人儿的习俗。灵丘有七月十五送小外甥面人儿的传统习俗,七月十五前,姥姥家、舅舅家就发上白面,搭配彩色面捏成各种各样的动物或人的样子,蒸好面人儿,七月十五送给外甥表达美好的祝愿。

从歇后语还可看出灵丘人的体育爱好。踢毽子这种活动在灵丘县境内非常广泛,历史也很久远。尤其在冬季其它体育活动不易开展的情况下,这种民间体育活动独占鳌头。冬季来临,在灵丘县境内便可看到青少年结伴成群,在校园内、街巷里、场院里踢起毽子来,比谁踢得次数最多,看谁踢得花样最多。灵丘人把“毽子”叫“毛儿”,过去拿铜钱穿上麻绳,钉好,就可以踢了,歇后语“瞎子踢毛儿——没一个。”是说瞎子踢毽子一次也踢不住。

4. 记录了当地的一些民间故事

灵丘歇后语中,其中一些是由当地民间故事衍生而成的,这些歇后语可以说是民间文学的另一种存在形式。如:

【亭子岭的驴——能吃能喝不能骑】灵丘亭子岭村过去有一财主,养一头驴,能吃能喝,膘肥体壮,但不经常使用,再加上这头驴倔强,主人想骑一直不能,后出此语。

【东窑的女婿——乏苦览】灵丘东河南镇有东窑村,某年该村一女婿到老丈人家干活,丈母娘心疼女婿,说:"可把俺孩乏苦览。"

【东河南的闺女——一捶[tshuei^{52}]就变览】灵丘东河南村地处唐河南岸,村里有一姑娘出嫁回门,走到街巷,婶子大娘们说:"这闺女一捶就变览。"(一捶:一下子)

灵丘歇后语内容丰富,朴实无华。有的歇后语即使取材于流传很广的历史故事,但是加上灵丘人自己独特的理解,表意直白,颇具新意。如:"阿斗的江山——白送"、"刘备摔孩子——收买人心"、"刘备的江山——哭出来的"等。丰富的灵丘歇后语及其浓厚的地方特色体现了灵丘人民的智慧,反映了灵丘人幽默诙谐、豁达开朗的性格。同时,需要指出的是,灵丘歇后语中有相当一部分歇后语语言粗俗不雅,思想庸俗,属于低级趣味,反映出灵丘过去经济、文化不发达的特征和当地不良风貌的一面。随着经济的发展、人们文化素质的提高、观念的改变,这些不文明的歇后语正在逐渐消失,而少量反映新生事物、新现象的新歇后语也崭露头角,这将有待于我们进一步探究。

参考文献:

[1]温端正:《歇后语的性质、范围和分类》,载《俗语研究与探索》,上海辞书出版社 2005 年版。

[2]温端正主编:《汉语语汇学教程》,商务印书馆 2006 年版。

[3]温端正主编:《灵丘方言志》,山西高校联合出版社 1996 年版。

(原载《语文学刊》2012 年第 9 期)

大同方言"圪"字头词拾萃

王跟国

大同市位于山西省北部,所辖县包括大同县、阳高县、天镇县、浑源县、灵丘县、广灵县、左云县。北以外长城为界，与内蒙古自治区丰镇、凉城县毗邻，东与河北省阳原、涞源、蔚县相接，西、南与山西省朔州市相接。大同地处边陲，山峦起伏，沟壑纵横，形成许多天然关塞，自古以来就是北方之重镇，为兵家必争之地，其军事地位受到历代重视，有“九边重镇，北方锁钥”之称。大同市在历史上曾创造了许多灿烂的文化艺术，留下了众多闻名中外的名胜古迹，是山西省的重要旅游地区，云冈石窟、九龙壁、恒山、悬空寺举世闻名。大同自古以来就是多元文化交汇之地，曾是民族融合的大平台，是北魏平城时代改革创新的大舞台，也是佛教中国化的先行者，形成了以边塞文化、佛教文化为主体又兼融儒道文化为一体的独特的大同文化。大同多元文化的背景使得大同方言（此处指包括下辖县区的市）极具研究价值。

“圪”是大同方言最常用的一个词头，构词能力极强，它常常加在一些单音节词前面，构成双音节的名词、动词、形容词、量词、象声词，本文拟就这些“圪”字头词进行探讨。（注：以下所举词例中本字不明的，一律采用记音形式。）

一、名词

圪棒：一段一段的草棍儿或木棍儿。圪渣：渣滓；碎屑；锅巴（浑源县）。

圪槽：两边高中间凹的物体。　圪落：角落。圪洞：大坑。

圪都：拳头。　圪顶（儿）：顶。

圪痂：伤口愈合后皮肤上结的痂。　圪壕：小壕。

圪塄：高的田埂或崖畔。　圪褶子：皱纹或不平的地方。

圪角（儿）：角落。　圪甲：指甲。

圪桩：树桩。圪枝子：树枝。　圪糁：细小的屑粒。

圪针：树木或草的刺；荆棘。　圪恼：垃圾。

圪黏子：小的粘稠物。　圪肘：肘，上下臂相接处可以弯曲的部位。

圪墩：短而粗的物体。圪榄：玉米、葵花、高粱等高大农作物的秸秆。

圪咧：柱状物。圪令：松鼠。　圪梁：土坡，土山岗。

圪毛子：细小的絮状物。　圪嘴子：管状物的头部尖端处。

圪腾：一次停顿。　圪缨：萝卜等的叶子。

圪朵儿：植物的花苞。　圪垛儿：不知道的地方。

圪弯儿：小弯儿。圪蹙儿：皱纹。锅圪蹙儿、锅圪粑儿、圪粑儿：锅巴。

圪碍儿：矛盾，隔阂。读如“圪奶儿”。圪渠渠儿：小水渠。

圪尖:尖端。　　　　　　　　　　圪丝子(儿):丝状物。

“圪A式”名词多数有“突状物”的语义特征,或是物体表面上的突状物,或物体本身是圆锥状、或块状、球状。(白云,2005)如:

圪痂:伤口愈合后皮肤上结的痂。圪膝 、圪膝盖儿:膝盖。

圪台:台阶。　　　　　　　　　圪桩:树桩。　圪丁:长树枝地方留下的硬斑。

圪疤:钉在锅碗等器皿上的小锔子;斑痕。圪塄:高的田埂或崖畔。

圪棱:物体上的条状凸起处。　　圪蛋:圆形块状物。

圪都:拳头。圪锥(堆):堆状物。　圪糁:细小的屑粒。

圪墩:短而粗的物体。圪咧:柱状物圪梁:土坡,土山岗。

圪针:树木或草的刺;荆棘　　　圪顶儿:顶端。

“圪”字头名词中,有时“圪”隐含“小”的意思。“圪A”式名词常指小的事物,如:“圪弯儿”指小弯儿;“圪头子(儿)”指条状物剩下的很小部分;“圪壕”指小壕;“圪糁”指细小的屑粒;“圪毛”指细小的絮状物;“圪渣”指渣滓、碎屑;等等。指小事物的名词可以加“圪”,如:“书角”可以说成“书圪角儿”;指点状的细小斑痕的“雨点”、“水点”可以说成“水圪点儿”、“雨圪点儿”。指大事物的名词前一般加“圪”,如:“转角儿楼”不能说成“转圪角儿楼”;“拐一个弯就到了”不能说成“拐一个圪弯就到了”。

“圪A”式名词可以加后缀“子”、“儿”,构成“圪A子”式、“圪A儿”式,或重叠“圪”后的语素再加后缀“儿”,构成“圪AA儿”式。如:圪棒子/圪棒儿/圪棒棒儿、圪蛋子/圪蛋儿/圪蛋蛋儿、圪槽子/圪槽儿/圪槽槽儿、圪痂子/圪痂痂儿、圪丁儿/圪丁丁儿、圪堆子/圪堆堆儿、圪泡儿/圪泡泡儿、圪弯儿/圪弯弯儿、圪壕子/圪壕儿/圪壕壕儿、圪褶子/圪褶褶儿、圪角子/圪角儿/圪角角儿、圪枝子/圪枝儿/圪枝枝儿、圪糁子/圪糁儿/圪糁糁儿、圪台子/圪台儿/圪台台儿、圪黏子/圪黏黏儿、圪棱儿/圪棱棱儿、圪墩子/圪墩儿/圪墩墩儿、圪咧子/圪咧儿/圪咧咧儿、圪梁子/圪梁儿/圪梁梁儿、圪尖子/圪尖儿/圪尖尖儿、圪毛子/圪毛儿/圪毛毛儿、圪头子/圪头儿/圪头头儿、圪令子/圪令儿等。

王临惠(2001)认为:这类结构中,“儿/子”表示细小的附加意义,具有区别词性、区别词义的作用。我们认为:“子”“儿”附在圪A式名词后主要起区分词性的作用,是名词的标记。“子”不含有“小”的附加意义,“儿”含有“小”的附加意义。如:“那儿有个圪棒子,你给我拿过来。”例中的“圪棒子”通常指较粗大的棒子。“你往手上抹点儿圪棒儿油哇。”“你回来的时候,拿点儿圪棒儿柴。”这两例中的“圪棒儿”明显指小的棒状物。再如:“这个铁圪蛋子有点儿分量哩。”例中的“铁圪蛋子”也指较大的铁球,否则也不会有那么大的分量。“考数学的时候,他给我扔了个纸圪蛋儿。”例中的“纸圪蛋儿”含轻巧义。生活中人们说“土圪堆子”“坟圪堆子”,不说“土圪堆儿”“坟圪堆儿”“坟圪堆堆儿”,这也是因为土堆和坟堆一般都比较大的缘故。有的词儿化后带有亲切、喜爱的感情色彩。如:“给我染个红圪甲儿。”“那小圪都儿胖乎乎的,好看的。”在大同方言中,有的“圪 A”式词不使用,而是一般加“子”或“儿”使用。如:圪头子/圪头儿、圪卷儿、圪朵儿、圪弯儿/圪弯弯儿、圪蹙儿、锅圪蹙儿、圪粑儿、锅圪粑儿、圪碍儿、圪渠渠儿、圪尖儿、圪丝子/圪丝儿、圪顶儿等。

“圪 A 式”中的语素 A 如果可以作词单独使用的话,一般都可以用“圪 A”替代。如:茶壶嘴/茶壶圪嘴、山顶儿/山圪顶儿、树顶儿/树圪顶儿、土锥/土圪锥、坟锥/坟圪锥、这垛儿/这圪垛儿、那垛儿/那圪垛儿、哪垛儿/哪圪垛儿、脓带痂/脓带圪痂(指干鼻涕)、饭黏子/饭圪黏子等。可以与其他词结合成词组,如:灰圪咧、红圪甲、好几个圪棱、三道圪疤、粥圪蛋、土圪蛋等。

从“圪 A”式与 A 的语义关系来看,可分为三种情况:

1.“圪”和一个词根语素组成合成词,合成词词义和这个词根语素意思相同或相近。如:“圪棒”指草棍儿或木棍儿,与“棒”的所指大致相同;“圪槽”和“槽”都指两边高、中间凹的物体;“圪梁”和“梁”都指土坡、土山岗;“圪渣”和“渣”可以指渣滓、碎屑,浑源方言中还可指锅巴;“圪疤”和“疤”都可以指斑痕或钉在锅碗等器皿上的小锔子。此类的词还有:圪痂、圪壕、圪膝、圪褶、圪角、圪桩、圪棱、圪肘、圪墩、圪头、圪点子等。

2.“圪”和词根语素组成合成词,合成词词义与词根语素义不同,但有联系。如:“圪蛋”指圆形块状物,“蛋”指禽类或龟、蛇等所产的卵或者人、动物的睾丸。“圪洞”指大坑,“洞”指窟窿,即物体穿通或深陷的部位。“圪顶儿”指曾祖之爷(大同县),“顶”指物体最高的、最上的部分。“圪甲”指指甲,“甲”意义宽泛,指动物身上、手指或脚趾上有保护功能的角质硬壳。“圪针”指荆棘,“针”指缝制、编织衣服用的针或注射用的医疗器械。“圪碍儿”指矛盾、隔阂,“碍”是动词,意思是“妨害、阻碍”。“圪嘴”指管状物的头部尖端处,“嘴”指人或动物吃食物、说话的器官。“圪缨”指萝卜等的叶子。“缨”指带子、绳子或用线、绳等做的装饰品。“圪朵儿”指植物的花苞或像花苞形状的东西,如“花圪朵儿”,“朵”是量词,用来计量花或成团的东西。“圪垛儿”指不知道的地方,如“这圪垛儿”、“那圪垛儿”、“哪圪垛儿”,“垛”可作动词(意思是“整齐地堆积起来”)、名词(意思是“整齐地堆积成的堆”)和量词(用来计量用于堆砌起来的东西,如:一垛墙)。

3.“圪”和其他字组成双音节的单纯词,“圪”后的字没有意义,或是有意义但与整个组成的单纯词词义没有联系,只是作为构词音节帮助成词。如:“圪丁”指长树枝地方留下的硬斑或者公羊;“圪恼”指垃圾;“圪榄”指玉米、葵花、高粱等高大农作物的秸秆;“圪咧”指柱状物;“圪令”指松鼠。

二、动词

圪熬:坚持;努力向上发展。 圪扒:用手扒住;附在上面。

圪粑:粘得分不开。如:眼圪粑得睁不开。 圪颤:颤悠。

圪蹦:蹦。如:过了半天他才圪蹦出句话来。圪编:被别的东西卡住。

圪嘟:小声说话;微火煮。圪擦:挨近。 圪抽:不情愿地拖延。

圪伏:卷曲身体趴着。 圪吵:多人说话,声音吵杂。

圪窝:蜷缩。圪钻:悄悄躲藏。 圪拽:用力揪。

圪蠕:蠕动;感到身体内部的涌动。 圪茄:赌气,不走。

圪装:假装。 圪窜:慢慢地走。

圪翘:身体扭伤;对人不服气或者生气做出敌对的姿势。

圪吊:吊着,没着落。 圪扳:抗住。

圪长:才能没有得到发挥的机会,受到委屈。(浑源县)

圪眯:短时间睡觉。 圪蔫:水分蒸发,水果或植物萎缩。

圪擞、圪老:捅,捅一捅。 圪挣:挣扎。

圪咂:上下嘴唇合动。 圪掖:把东西塞起。

圪挣:挣扎。 圪堆:像东西一样堆在那儿。 圪混:混在一起。

圪涮:用水冲洗。 圪坨:面食堆成块状。 圪缩:缩小。

圪恩:凑合。 圪恍:虚度时光。 圪瞒:隐瞒。

圪谄:撒娇。 圪囊:低声说话。 圪诌:瞎编造。

圪耐:忍耐。 圪噘:指(嘴)噘起来。 圪纵:收缩。

圪猴:蹲。 圪拦:阻拦。 圪转:转悠,闲走;转动。

圪努:稍微用劲儿。圪夹:夹住;忍耐。 圪嚼:瞎说;唠叨。

圪丁:吃得不合适,积食难受的样子。 圪蹴:蹲。

圪沓:絮烦;提说。 圪拉:拖延,维持(原有关系)。

圪团:把可塑性的东西捏或揉成球形;身体蜷缩。

圪拉:拖延,维持(原有关系)。 圪抗:有病不治,拖延时间。

圪矇:微睡。

圪鬼:暗地活动,专搞歪门邪道损人利己。

圪揉:揉;按摩;磨蹭。

圪搅:搅动;瞎搅和。

圪挤:挤;闭上(圪挤眼)。

圪捣:悄悄扰乱;捣鬼;不正常的性关系。

圪翻:翻;恶心想吐;絮叨,如:你老跟人家圪翻啥哩?

圪洇:液体接触纸、布等物品后向四处浸润、扩散。

类似的动词还有:圪躺、圪卷、圪蜷、圪眨、圪挪、圪摇、圪露、圪抖、圪搐、圪捏、圪占、圪抓、圪爬、圪据、圪搓、圪聚、圪摆、圪扑等。这类动词中,"圪"常常表示动作短暂、轻微、缓慢、连续重复、持续等附加意义。表示动作短暂的,如:"圪宿"指暂时居住。"圪除"指看一下,如:"听说今儿晚上的戏挺好,咱也去圪除一眼去。""圪哄"指暂时欺哄一下。表示动作轻微的,如:"圪噘"指(嘴)稍微噘起来,"圪瞟"指用眼稍微看一下,"圪摇"指轻微地摇动,"圪夹"指轻轻地夹住,"圪扭"指身体小幅度摇摆,"圪矇"指微睡,"圪趔"指身体轻微扭伤或摆出对人一种不服气、敌对的姿势,"圪抿"指轻轻地抿嘴唇或者少喝一点(饮料),"圪涮"指用水简单地冲洗,"圪努"指稍微用劲儿,"圪崴"指脚轻微扭伤,"圪擦"指轻轻地挨近,"圪入"指悄悄地给,"圪闹"指悄悄地取得,"圪捣"指悄悄扰乱、捣鬼、搞不正常的性关系,"圪鬼"指暗地活动、专搞歪门邪道损人利己。表示动作缓慢的,如:"圪攒"强调一点点地、慢慢地积攒钱物,"圪碰"指慢慢地碰机会,"圪对"指慢慢找机会,"圪养"指慢慢地休息调养身体,"圪渗"指液体慢慢沁出,"圪退"指慢慢退出,"圪趁"指慢慢靠近、想参与某种活动,"圪窜"指慢慢地走,"圪转"指慢慢转悠、闲走。表示动作连续重复的,如:"圪绕"指来回走动,"圪揉"指重复地揉,"圪掏"指不停地掏,"圪跳"指不停地显露、表现,"圪弹"指不停地炫耀,"圪撩"指不停地挑逗,"圪逗"指不间断地挑逗,"圪刷"指不间断地刷,"圪搅"指不停地搅动,"圪翻"指不时地翻或者不停地恶心想吐或者絮絮叨叨(如:你老跟人家圪翻啥哩?)。表示动作持续的,如:"圪磨"指干事情慢、一直拖延时间或者一直纠缠人,"圪推"指一直往后推,"圪躲"指一直躲藏,"圪熬"指坚持、努力向前发展,"圪拖"指一直往后拖延。也有表示动作强度加大的,如:"圪显"指有意显示,极力炫耀。本身所表示的动作具有短暂、轻微特征的动词,常常可以带"圪",如:圪钻、圪蹦、圪颠、圪抽、圪蠕、圪掖、圪咂等。

"圪A"可以重叠成"圪A圪A",常常表示动作的连续重复或者动作的持续。如:圪蠕——圪蠕圪蠕、圪养——圪养圪养、圪吵——圪吵圪吵、圪抹——圪抹圪抹、圪眯——圪眯圪眯、圪抿——圪抿圪抿、圪擞——圪擞圪擞、圪涮——圪涮圪涮、圪夹——圪夹圪夹、圪攒——圪攒圪攒、圪洇——圪洇圪洇等。有的"圪"字头四字格动词是在普通词中嵌入"圪"字而成,如:"将就"("凑合"义)嵌入"L"成为"圪将圪就"。

有的"圪A"式动词派生的"圪AA(的)"式和重叠式"圪A圪A"式不再是动词,而是形容词。如:"圪谋"是动词,意思是"不啃声、心里有条理地思谋","圪谋圪谋"、"圪谋谋的"形容人不啃声,心里做事的样子。

三、形容词

1."圪A"式 如:

圪嗲:炫耀的样子;撒娇的样子。 圪抹:炫耀的样子。

圪信:犹豫不定的样子。 圪蹙:被责罚或责骂后不高兴的样子。

圪漾:无精打采的样子。 圪殃:动物临死之前还动弹、奄奄一息的样子。

圪弹:炫耀的样子。 圪独:缓慢的样子。

圪蠰:形容众多虫子在一起蠕动的样子;形容众多事物拥挤的样子。

圪精:形容有精神的样子(例:他走起路来,圪精圪精的,挺有精神么);形容小气、吝啬的样子。 圪悠:晃悠。

圪筋:形容食品有韧性。 圪吱:身体虚弱、有病的样子。

圪怯:有点儿害怕的样子。 圪溜:弯曲、不正。

圪鬼:形容行动诡秘、不正大光明的样子。

圪漾:无精打采的样子。 圪阴:天气有点阴的样子。

圪瘾:形容身体或心里感到有点儿痒、不舒服的样子。

圪抠:形容人仔细认真做事的样子;形容人小气、吝啬的样子。

圪烈:形容性情刚直。 圪乍:娇气十足的;炫耀的样子。

圪丢:精干地坐着或者蹲着的样子。 圪韧:不干也不太湿的样子。

圪燥:身上觉得燥热,不舒服。 圪捏:形容不自在的样子。

圪嗤:微笑的样子。 圪腻:形容菜、肉油多而发腻。

圪料:形容事物特殊、不正常的样子。如:"圪料风"指风向乱变的风。

圪龊:形容人窝囊的样子。 圪菜:形容人撒娇的样子。

类似的词还有:圪腥、圪朽、圪瘆、圪菜等。大部分"圪A"式形容词可以重叠为"圪A圪A"式,表示形状程度的加深或适中,因为重叠式"圪A圪A"本身带有某些程度意义,因此重叠后不能前面加副词"很"。如:圪抹——圪抹圪抹、圪信——圪信圪信、圪漾——圪漾圪漾、圪悠——圪悠圪悠、圪独——圪独圪独、圪筋——圪筋圪筋、圪精——圪精圪精、圪丢——圪丢圪丢、圪蠰——圪蠰圪蠰、圪嗤——圪嗤圪嗤、圪鬼——圪鬼圪鬼、圪燥——圪燥圪燥、圪龊——圪龊圪龊等。

2."圪 AA(的)"式　如:

圪晃晃:形容人个子或者条状物高。　圪凌凌:形容凉粉精到的样子。

圪愤愤:愤怒、生气的样子。　圪抖抖的:显露的样子。

圪莱莱的:愤怒、生气的样子;形容东西密度大、结实的样子。

圪罕罕的:形容肥胖,肉快要溢出一样。

圪正正的:打扮得端正、整齐的样子。

圪竖竖的:形容长得高。圪丁丁的:形容结实的样子。

圪娄娄的:形容事物装载得满的样子。

圪压压的:形容事物多的样子。

圪蹦蹦的:形容说话、办事精明;形容事物结实的样子。

圪溜溜的:形容悄悄地溜走或顺从地跟着走的样子。

圪眯眯的:眯缝眼笑的样子。

圪墩墩的:形容好看的短而粗的样子。

圪堆堆的:形容事物很高、装载得很满的样子。

圪塄塄的:形容事物整整的、实实在在的样子。

少部分"圪 AA(的)"式形容词是由"圪 A"式形容词派生而成,如:圪眯眯、圪莱莱等;有的是由"圪 A"式动词变成的,如:圪丁——圪丁丁的、圪蹦——圪蹦蹦的、圪眯——圪眯眯等。许多"圪 AA"式形容词使用时通常后边总要带个"的"字,如上所举例词。有的"圪 AA"式通常用"圪 AA 儿的",如:"圪温温儿的"形容水温度不高不低。

3. 四字格

(1)由"圪 A" + 双音节后缀构成,常常带有贬义色彩。如:

圪朽烂蛋:不新鲜、衰败、萎缩的样子。

圪扭圪捏:扭扭捏捏的样子,

圪腥啦气:有腥味,不好闻。

圪懒啦气:难闻的气味。

圪料麻岔:歪歪扭扭的样子。

圪料散挺、圪料散斜:形容材地不正溜;形容行动举止不正常。

圪抽圪扯:形容人来回拉扯的样子或者事物不协调的样子。

圪抽哒爷的:不情愿去干某事。

圪丁圪巴:形容表面不平整、不光滑的样子。

圪搐打蛋:形容衣服缝得不平整的样子;形容身材不展阔的样子。

圪搐巴代:形容东西萎缩不平展、有皱折的样子。

圪瘾麻怕:心里隐隐有不舒服的感觉。

圪溜拐弯(儿):弯儿接着弯儿,曲折的样子。

(2)在一些“ABB”式形容词中嵌入词缀“圪”字,构成“A 圪 BB”式。如:白圪生生、兰圪英英、脆圪生生、新圪盏盏、稠圪洞洞等。这类形容词描绘事物的特征鲜明、生动,常常带有感情色彩,多数表示喜爱的感情。

四、量词

有些“圪”字头量词是在量词前加“圪”构成,用法相当于后面的量词。如:“圪截”相当于“截”,“一圪截”意思就是一截儿、一段;“圪卷”相当于“卷”,如:一圪卷纸;“圪绺”相当于“绺”,用于计量理顺了的丝、线、头发等。类似的词还有:圪团、圪锥(堆)、圪节等。

有的“圪”字头量词中后面的语素不作量词,但与整个“圪”字头量词语义关系密切或者有着一定的联系。如:“圪撮”是用来计少量的,计量不可数名词,表示的量是拇指和食指、中指捏住的一点点,如:一圪撮盐、一圪撮米,“撮”指拇指和食指、中指捏的动作;“圪爪”可用来计量爪状事物,如:一圪爪香蕉,“爪”指禽兽有尖甲的的脚和像爪的东西;“圪褡”用来计量布料、纺织品,相当于普通话的“块”,如:一圪褡布、一圪褡头巾,“褡”在古代指可以搭附在身上的长方形口袋。有的“圪”字头量词可以说是单纯词。如:“圪嘟”表示少量的、一点儿,如:一圪嘟泥、一圪嘟浆糊。

五、象声词

有些“圪”字头象声词是在象声词前面加“圪”字构成的,用法相当于后边的象声词。如:圪哼(生病发出的叫声)、圪嗯(常指小孩儿缠着父母要东西的声音)、圪噔(穿高跟鞋走路的声音)、圪哇(婴儿哭的声音)、圪吱(轻微的开门声、叫声)、圪叭(较大的断裂声)、圪叽(笑的声音)、圪噌(细碎的咬东西的声音)、圪刺(流食受热发出的声音)、圪甡(下毛毛雨的声音或者水轻微响的声音)等。

有的“圪”字头象声词的用法和“圪”后边的语素语义关系虽密切,但是用法有所不同。如:“圪榔”常指咬碎干脆食物的声音,如:你听听嗑瓜子儿嗑得圪梆圪梆的。“梆”常指敲击东西的声音或者指说话声音洪亮，如：街上“梆”“梆”的是啥声音？/一天（整天）在街上“梆”、“梆”地比谁也帮子（嗓子）亮。“圪览”指出生不久的婴儿哭的声音，“览”形容人多嘴说话的声音。“圪嘣”指牙齿咬动大豆等硬东西的声音，“嘣”指琴弦等紧绷断裂的声音。“圪嘟”指少量液体冒出的声音，“嘟”常用来指吹号的声音。“圪唠”指说话的声音，“唠”是动词，意思是唠嗑（聊天）。“圪嗒”专指小孩和人聊天说话的声音，“嗒”可以泛指许多声音，如：枪响的声音、水滴滴答的声音。

“圪A”式象声词通常可以重叠为“圪A圪A”式，强调声音的连续。如：圪哼圪哼（形容人不停地哼）、圪嗯圪嗯、圪噔圪噔、圪哇圪哇、圪吱圪吱、圪叭圪叭、圪刺圪刺、圪梆圪梆、圪嘣圪嘣、圪唠圪唠、圪嗒圪嗒等。在日常生活中，“圪A圪A”式象声词比“圪A”式象声词使用频率更高。“圪A圪A”式象声词与“圪A”式相比，“圪A”式象声词更具客观性，即通常只是客观地模拟声音，较少有人的主观感情参与。“圪A圪A”式象声词不仅模拟声音比“圪A”式更生动、形象，而且起着相当于形容词的描绘作用。如：“你听！圪甡圪甡地下雨啦。”例中“圪甡圪甡”描摹出轻微的下雨声，并形容出毛毛雨不间断的样子。再如：“我听见有人在墙根儿圪唠圪唠地说话哩么。”例中“圪唠圪唠”描摹出人低声说话的声音且形容这种声音连续不断。“圪A圪A”式象声词有时甚至还表达一定的感情色彩。有的带有厌恶、不耐烦的主观情绪。如：“这孩子一天圪嗯圪嗯的，麻烦死人啦。”不仅描绘了孩子不停地“嗯嗯”、经常缠人的情态，而且显示出说话人的不耐烦的情绪。有的表示喜爱、赞美的感情色彩。如：“有个孩子跟你圪嗒圪嗒地拉呱儿做伴儿，可不一样哩。”“我妈牙可好哩，大豆吃得圪嘣圪嘣的。”少部分“圪A”式象声词可以儿化，带有喜爱的感情色彩，如：圪甡儿、圪嘣儿、圪噌儿等。

六、“圪”的作用及“圪A”式的兼类问题

总体来说，“圪”字头词中，名词、动词、形容词居多，量词、象声词较少。“圪”没有词汇意义，它的主要作用是把一个单音节词变成双音节词。正因如此，有的时候，“圪”字可换成其他词头“忽”、“日”、“黑”，如：圪颤/忽颤、圪悠/忽悠、圪撩/忽撩、圪搅/忽搅、圪抖/忽抖、圪逗/忽逗、圪跳/忽跳、圪舔/忽舔、圪绕/忽绕、圪嘟/忽嘟、圪摇/忽摇、圪显/日显、圪哄/日哄、圪精/日精、圪腾/黑腾、圪拦/黑拦等。

“圪”字头词具有浓郁的口语色彩，一般不用在庄重场合中。“圪”虽然主

要用于构形,但是有时还具有附加意义。正如前面所分析,“圪”字头名词中,“圪”一般保留物体表面的突状物的语义特征,有时隐含“小”的意思。“圪”字头动词中,“圪”常常表示动作短暂、轻微、缓慢、连续重复、持续等附加意义。一个词前面能不能加“圪”构成“圪”字头词还要受习惯的制约。如:“说”、“唱”、“哭”、“笑”、“睡”就不能作为语素前加“圪”。“泥点儿”可说成“泥圪点子”、“泥圪点儿”,但是“斑点”、“污点”不可以说成“斑圪点”、“污圪点”。

一些“圪 A”式词可以兼类。如:“圪堆(锥)”,可以作名词,指堆积在一起的东西,如:“土圪堆”、“坟圪堆”、“粪圪堆”;也可以作动词,表示“累积、聚集在一起”;还可以作量词来计量成堆的事物,如“一圪堆人”。“圪卷”,可以作名词,通常后边加“子”或“儿”,指卷状物,如:提留上圪卷子滚回家去哇!;也可以作动词,相当于动词“卷”,如:把行李圪卷起哇。还可以作量词,相当于量词“卷”,如:那不是一圪卷纸?“圪腾”,可以作动词,指停顿、犹豫,如:他圪腾了一下,说“好吧!”也可作名词,表示一次停顿,如:他听到这话,打了个圪腾。“圪蹙”,可以作形容词,形容被责罚或责骂后不高兴的样子;它的儿化形式“圪蹙儿”是名词,指皱纹(“锅圪蹙儿”特指锅巴)。“圪泡”,可以作动词,表示物体表面鼓起来,如:塑料圪泡起来了。也可以作名词,表示物体表面鼓起的部分,如:墙上鼓起圪泡来了。“圪扁”,可以作动词,意思是“使……扁”,后边可以跟宾语,如:那种人就好圪扁个嘴。“圪扁的”、“圪扁圪扁的”却用作形容词,如:“看那个嘴圪扁的。”“那孩子嘴圪扁圪扁的,又哭呀。”

参考文献:

[1]白云:《晋语“圪”字研究》,载《语文研究》,2005 年第 1 期。

[2]蒋绍愚:《近代汉语研究概要》,北京大学出版社 2005 年版。

[3]王临惠:《山西方言“圪”头词的结构类型》,载《中国语文》,2001 年第 1 期。

[4]章培恒:《百回本《西游记》是否吴承恩所作》,载《社会科学战线》,1983 年第 4 期。

[5]张子刚:《陕北方言的“圪”》,载《延安大学学报》(哲学社会科学版),1994 年第 4 期。

参考文献

白平、陈志明:《古代汉语》,北岳文艺出版社 1997 年版。

白平:《汉语史研究新论》,书海出版社 2002 年版。

白兆麟:《校勘训诂论丛》,安徽大学出版社 2001 年版。

白兆麟:《新著训诂学引论》,上海辞书出版社 2005 年版。

陈绂:《训诂学基础》,北京师范大学出版社 1990 年版。

程湘清:《先秦双音词研究》,载程湘清主编:《先秦汉语研究》,山东教育出版社 1992 年版。

程湘清:《 <论衡> 双音词研究》,载程湘清主编:《两汉汉语研究》,山东教育出版社 1992 年版。

程湘清:《变文双音词研究》,载程湘清主编:《隋唐五代词语研究》,山东教育出版社 1992 年版。

程祥徽:《传意需要与港澳新词》,载《中国语文》,1996 年第 3 期.

董为光:《汉语词义发展基本类型》,华中科技大学出版社 2004 年版。

董秀芳:《词汇化:汉语双音词的衍生和发展》,商务印书馆 2011 年版。

杜守素、侯外卢、纪玄冰:《中国思想通史》,三联书店 1950 年版。

冯浩菲:《中国训诂学》,山东大学出版社 1995 年版。

Feng, Shengli. Prosodic Structure and Prosodically Constrained Syntax in Chinese. Ph. D. Dissertation, University of Pennsylvania, 1995.

冯胜利:《论汉语的自然音步》,载《中国语文》,1998 年第 1 期。

冯胜利:《汉语双音化的历史来源》,载《现代中国语研究》,2000 年第 1 期.

冯胜利:《汉语韵律语法研究》,北京大学出版社 2005 年版。

郭芹纳:《训诂学》,高等教育出版社 2005 年版。

郭锡良:《汉字古音手册》,北京大学出版社 1986 年版。

郭锡良:《先秦汉语构词法的发展》,载《第一届国际先秦汉语语法研讨会会议论文集》,岳麓书社 1994 年版;又收入郭锡良:《汉语史论集》,商务印书馆 1997 年版。

胡斌彬:《当代"裸 X"词族的语义衍生及认知模型——兼论造词机制与传播动因》,载

《语言教学与研究》,2010 年第 3 期。

胡朴安:《中国训诂学史》,上海书店 1984 年版。

黄伯荣、廖序东主编:《现代汉语》(增订四版),高等教育出版社 2007 年版。

黄侃:《尔雅略说》,上海古籍出版社 1980 年版。

黄义昆:《汉语叠音造词和叠音用词探微》,载《广西大学学报》,1987 年第 2 期.

黄志强、杨剑桥:《论汉语词汇双音节化的原因》,载《复旦学报》(社会科学版),1990 年第 1 期。

黄焯:《文字声韵训诂笔记》,上海古籍出版社 1983 年版。

洪波:《台语和汉语的平行虚化现象及其成因》,载《中国民族语言论丛》,1997 年第 2 辑;又收入洪波:《坚果集》,南开大学出版社 1999 年版。

洪诚:《中国历代语言文字学文选》,江苏人民出版社 1982 年版。

侯光复主编,叶青注:《儒家道家经典全释》的《尔雅》卷,大连出版社 1998 年版。

贾彦德:《汉语语义学》,北京大学出版社 1992 年版。

蒋绍愚:《近代汉语研究概要》,北京大学出版社 2005 年版。

蒋元卿:《校雠学史》,商务印书馆 1935 年版。

荆贵生主编:《古代汉语》,武汉大学出版社 2005 年版。

黎锦熙:《新著国语文法》,商务印书馆 1924 年版。

李建国:《汉语训诂学史》,安徽教育出版社 1989 年版。

李如龙:《汉语词汇衍生的方式及其流变》,载苏新春、苏宝荣编:《词汇学理论与研究》(二),商务印书馆 2004 年版。

李为政:《表果连词"故"来源考——兼论相因生义的第三种模式》,载《古汉语研究》,2012 年第 3 期.

李行健主编:《现代汉语规范词典》,外语教学与研究出版社、语文出版社 2004 年版。

刘利:《"然而"的词汇化过程及其动因》,载《北京师范大学学报》,2008 年第 5 期.

陆俭明、沈阳:《汉语和汉语研究十五讲》,北京大学出版社 2004 年版。

陆宗达、王宁:《训诂方法论》,中国社会科学出版社 1983 年版。

陆宗达、王宁:《训诂与训诂学》,山西教育出版社 1994 年版。

陆宗达:《训诂简论》,北京出版社 2002 年版。

陆忠发:《现代训诂学谈论》,浙江大学出版社 2008 年版。

罗邦柱主编:《古汉语知识辞典》,武汉大学出版社 1988 年版。

骆鸿凯:《尔雅论略》,岳麓书社 1982 年版。

马真:《先秦复音词初探》,载《北京大学学报》,1980 年第 5 期、1981 年第 1 期.

倪其心:《校勘学大纲》,北京大学出版社 1987 年版。

裴瑞玲:《"属实"有副词新用法小议》,载《语文知识》,2011 年第 4 期.

裴瑞玲:《灵丘方言歇后语》,载《语文学刊》,2012 年第 9 期。

戚国辉、杨成虎:《"最好"的词义演变与主观化》,载《宁波大学学报》,2010 年第 2 期.

齐佩瑢:《训诂学概论》,中华书局 1984 年版。

宋学农、东炎、饶星主编:《古代汉语》,山东大学出版社 1997 年版。

苏宝荣:《词语的非常规功能与功能词义研究》,见苏新春、苏宝荣编:《词汇学理论与研究》(二),商务印书馆 2004 年版。

沈家煊:《认知语言学理论与隐喻语法和转喻语法研究》,见沈阳、冯胜利主编:《当代语言学理论和汉语研究》,商务印书馆 2008 年版。

苏新春、孙茂松:《常用双音释词词量及提取办法》,见苏新春、苏宝荣编:《词汇学理论与研究》(二),商务印书馆 2004 年版。

孙永选、阚景忠:《新编训诂学纲要》,齐鲁书社 2007 年版。

唐作藩:《音韵学教程》,北京大学出版社 1991 年版。

王跟国、裴瑞玲:《浑源方言詈词文化信息解》,载《雁北师范学院学报》,2007 年第 1 期.

王跟国:《小议量词"个"的表达功用》,载《北京电子科技学院学报》,2011 年第 3 期.

王跟国:《灵丘话的分音词》,载《中北大学学报》,2012 年第 3 期.

王力:《汉语史稿》,中华书局 1980 年版。

王力:《理想的字典》,载《龙虫并雕文集》(第一册),中华书局 1980 年版。

王力:《中国语言学史》,山西人民出版社 1981 年版。

王力:《同源字典》,商务印书馆 1982 年版。

王力主编:《古代汉语》,中华书局 1999 年版。

王卯根:《论偏义复词的包容关系类型》,载《语文研究》,2007 年第 2 期.

王宁:《当代理论训诂学与汉语双音合成词构词研究》,见冯胜利主编:《当代语言学理论和汉语研究》,商务印书馆 2008 年版。

王云路:《释"零丁"与"伶俜"——兼谈连绵词的产生方式之一》,载《古汉语研究》,2007 年第 3 期.

温端政:《论语词分立》,载《辞书研究》,2002 年第 6 期。

Ullmann, S. Principles of Semantics. 1951.

——Semantics, An Introduction to the Science of Meaning. Oxford: Blackwell, 1962.

杨伯峻:《春秋左传注》,中华书局 2000 年版。

杨端志:《训诂学》,山东文艺出版社 1985 年版。

杨树达:《积微居小学金石论丛》,上海古籍出版社 2007 年版。

叶蜚声、徐通锵著,王洪君、李娟修订:《语言学纲要》,北京大学出版社 2010 年版。

向熹:《<诗经>里的复音词》,载《语言学论丛》第六辑,商务印书馆 1980 年版。

徐流:《论多音节同义并列复用》,载《古汉语研究》,1996 年第 3 期.

周荐:《汉字组合与词典收条》,载《中国语文》,1999 年第 4 期。

周玉秀:《连绵词的构成与音转试探》,载《西北师大学报》(社会科学版),1999 年第 4 期。

徐通锵:《语言论——语义型语言的结构原理和研究方法》,东北师范大学出版社 1997

年版。

许威汉:《训诂学导论》,北京大学出版社 2003 年版。

张儒:《汉字形义溯源》,山西古籍出版社 2005 年版。

张世禄:《中国语的演化和文言、白话的分叉点》,载《学生杂志》,1930 年 17 卷第 17 期。

张应斌:《连绵词献疑》,载《语文研究》,2008 年第 1 期.

张永言:《训诂学简论》,华中工学院出版社 1986 年版。

张永言、汪维辉:《关于汉语词汇史研究的一点思考》,载《中国语文》,1995 年第 6 期.

张振林:《试论缓读析言在上古汉语发展中的历史地位》,载《学术研究》,2007 年第 1 期.

张之强主编:《古代汉语》,北京师范大学出版社 1984 年版。

张志毅、张庆云:《词汇学的现代化转向》,载李如龙、苏新春主编:《词汇学理论与实践》,商务印书馆 2001 年版。

张志毅、张庆云:《汉语词汇学的创新问题》,载苏新春、苏宝荣编:《词汇学理论与应用》(二),商务印书馆 2004 年版。

张志毅、张庆云:《词汇语义学》,商务印书馆 2005 年版。

赵振铎:《训诂学史略》,中州古籍出版社 1988 年版。

周大璞主编:《训诂学初稿》,武汉大学出版社 1987 年版。

周荐:《连绵词问题零拾》,载《语文建设》,2001 年第 2 期。

周荐:《词汇学和词典学研究》,商务印书馆 2004 年版。

朱庆之:《佛典与中古汉语词汇研究》,四川大学博士论文,1990;文津出版社 1992 年版。

朱振家主编:《古代汉语》(修订版),高等教育出版社 1994 年版。

《古代汉语词典》编写组编:《古代汉语词典》,商务印书馆 2002 年版。

中国社会科学院语言研究所词典编辑室编:《现代汉语词典》(第 5 版),商务印书馆 2007 年版。

广东、广西、湖南、河南辞源修订组,商务印书馆编辑部编:《辞源》,商务印书馆 1998 年版。

后　记

书稿完成，稍觉欣慰，不禁想起我们刚读研的时候的情景。当时，只觉得老师布置的语言学著作艰涩难懂，犹能记得听到尊敬的先生们宣讲自己的观点时的新奇感觉，才知道在语言学殿堂中有这样一批孜孜不倦的学者在执著前行。我们从对先生们追求的困惑，到慢慢地理解他们，再到心甘情愿地作他们的追随者。有一天蓦然发现，我们变了，在先生们的潜移默化下变了，语言学研究成为我们生活的一部分。毕业后，我们在大同大学讲授现代汉语、古代汉语、语言学理论等必修课程，也开设过西方语言学理论、训诂学、修辞学等多门选修课。多年来的语言教学过程中，教学相长，获益良多，本书也正是在语言教学和研究过程中酝酿而成。书中一、二、三、五、八章由王跟国撰写，四、五、六、七、九章由裴瑞玲撰写，第十章由两人合写，王跟国撰写15万字，裴瑞玲撰写18万字。

回顾过去走过的路，在先生们的引领和帮助下我们在语言学研究领域中虽然不能说有突飞猛进的飞跃，总也算是渐有进步。时常感慨自己基础薄弱、功夫不到、悟性不高，不能象我们尊敬的先生们所期望的那样做出大的成绩，我们为此而深感惭愧，争取在以后的日子里有更大的进步。在此书付梓之际，对我们尊敬的先生们致敬！也对曾经帮助过我们的领导、朋友们致谢！

作者

2012年11月